中国农业大学现代远程教育系列教材

北京市高等教育精品教材立项项目

发展经济学

（第2版）

齐顾波　陶益清　于乐荣　主编

中国农业大学出版社

·北京·

内 容 提 要

本书系统地介绍经济发展的含义、内容、指标等基本理论和基本方法，聚焦发展中国家经济发展中的资金、劳力、资源、金融、贸易、市场等相关问题，进行综合分析，重点阐释发展中国家的发展战略、目标、政策与实施措施，以及各类发展经验、发展模式与典型案例分析解读等。

书中各章的引言、学习目标、小结及思考题，可为读者提供清晰的学习脉络，更有效地引领读者学以致用。本书适用于经济学、管理学相关专业的学生使用，亦可供关注、爱好发展经济和有志探究经济发展问题的人士参阅。

图书在版编目(CIP)数据

发展经济学/齐顾波，陶益清，于乐荣主编. —2 版. —北京：中国农业大学出版社，2011.9
ISBN 978-7-5655-0346-7

Ⅰ. 发… Ⅱ. ①齐…②陶…③于… Ⅲ. 发展经济学 Ⅳ. ①F061.3

中国版本图书馆 CIP 数据核字(2011)第 139267 号

书　　名　发展经济学(第 2 版)
作　　者　齐顾波　陶益清　于乐荣　主编

策划编辑　张秀环　　**责任编辑**　李　楠
封面设计　郑　川　　**责任校对**　王晓凤　陈　莹
出版发行　中国农业大学出版社
社　　址　北京市海淀区圆明园西路 2 号　　**邮政编码**　100193
电　　话　发行部 010-62818525，8625　　读者服务部 010-62732336
编辑部 010-62732617，2618　　出　版　部 010-62733440
网　　址　http://www.cau.edu.cn/caup　　**e-mail** cbsszs@cau.edu.cn
经　　销　新华书店
印　　刷　北京鑫丰华彩印有限公司
版　　次　2011 年 9 月第 2 版　2014 年 10 月第 3 次印刷
规　　格　787×1 092　16 开本　20 印张　499 千字
定　　价　36.00 元

前　言

发展经济学是早在20世纪40年代末兴起的一门边缘性、综合性的经济学分支学科，曾经为发展中国家的实践提供了直接的指导作用，并在指导实践的过程中得到完善和补充。随着经济全球化发展中问题的研究越来越多元化，发展轨迹的不可预测性更加突出，促使该学科在现代理论的创新之后，21世纪在基本前提、研究假设、研究方法等方面有了新进展。本书在赵冬缓教授主编的《新发展经济学教程》基础上进行完善，侧重补充了创新理论和现实发展中的新案例，以及相关理论对现实发展问题的阐述。

本书主要组成部分包括：发展经济学及其研究对象、经济发展相关的基本概念，发展经济学基本理论与方法，各发展要素，部门和区域发展，贸易战略制定及其政策实施，以及以不同发展途径的发展中国家为例，展示发展实践中的各种经验。本书基本理论与基本方法完整，具备系统性；适时对国内外经济发展案例进行分析，展示了联系实际的指导性；吸纳本学科的最新进展与成果，具备时效性。并且具有以下特色及创新：①基本概念和理论更接近发展经济学研究的前沿，加入最新的发展经济学理论，包括后现代及新民粹主义的概念和理论框架；对现代增长理论以及新制度经济学等经济发展理论及模式进行了补充。②所提供的案例和解释与现实联系更为紧密，关注发展中国家的发展实践和研究成果，以说明在全球化的大环境下，世界经济格局的变化。③介绍制度创新在部分发展中国家战略部署中的作用，特别是中国的案例。④每一章的引言和学习目标可以协助读者理解整体内容，而每一章的总结、思考题和参考文献则引导读者开拓思路，深入分析。

本书适用于具有基本经济学基础的读者。对当今世界经济发展进程中的热点问题，本书提供一些由浅入深进行讨论的视角和方法，诸如发展中国家城乡一体化过程中出现的流动劳动力的社会保障问题，世界经济向多元转化的过程中发展中国家所面临的机遇和挑战等。

在中国农业大学赵冬缓教授的指导下，本书的整体框架由该校齐顾波教授、陶益清副教授和于乐荣副教授共同商定，最后由齐顾波负责定稿。参加编写的人员为：齐顾波，童贤秀（第一章、第八章、第九章、第十四章），于乐荣，张丽（第二章），毛绵逵，齐顾波（第三章），于乐荣，韩瑞贞（第四章、第五章、第六章、第七章），于乐荣，张建珏（第十章），于乐荣，魏骕（第十一章），陶益清，魏骕（第十二章、第十三章）。编写人员均来自中国农业大学。

发展经济学作为一门既已成熟但又待发展创新的学科，其修改编写面临着很大的挑战，挑战来自发展中国家经济的不断创新，挑战更来自于渴求新知识和方法去协助思考和行动的读者们。面对这些挑战，加上编者的能力所限，本书定有缺失之处，期待着读者的批评指正。

本教材于2007年经中国农业大学网络教育学院申报，被评为北京市高等教育精品教材立项项目。

本书从申请教材立项，修改编写，直至出版，都得到了郑丽老师的大力帮助和鼓励促成，深表感激，中国农业大学出版社各位老师对本书出版的极大耐心和积极支持，由衷感谢。

编　者

2010年10月

目　录

第一章 绪论

【引言】

第二次世界大战结束以后，成为政治独立民族的发展中国家，其经济增长和经济发展问题，既不同于发达国家，也不同于其过去，它具有自身的特点。在这种背景下，作为经济学分支学科的发展经济学应运而生，其研究对象是发展中国家和地区，它随着发展中国家的出现而产生，随发展中国家的发展而不断发展。（学术界有“广义发展经济学”和“狭义发展经济学”的提法；广义发展经济学认为凡是研究一个国家或地区的经济发展的问题，都是发展经济学的研究范畴；包括研究一些国家如何由经济落后成为经济发达的国家；“狭义发展经济学”则是在世界上已经有了一批经济实力强大的国家的条件下，研究相对经济落后的发展中国家如何实现经济发展，这个提法与作为一门独立分支学科的发展经济学的内容相一致。）本章将说明发展经济学的研究对象，即发展中国家的特征及分类，以及发展经济学产生和发展的历程及趋向。

【学习目标】

1. 了解发展经济学产生的背景，并理解其作为学科存在的理由。
2. 了解发展经济学不同发展阶段的主要特征及其发展趋向。
3. 掌握发展中国家分类的几种标准。

第一节 发展中国家及其特征

一、“发展中国家”的由来

发展中国家一般是指原先的殖民地、半殖民地和附属国，而现在取得政治独立的新兴民族独立国家。“新兴的民族独立国家”与“第三世界”的说法相同，都是政治概念。“第三世界国家”的名称，最初出于这些国家的不结盟政策，即不介入北大西洋公约的资本主义国家集团，也不加入苏联，东欧等社会主义国家的华沙条约组织。143 个亚、非、拉会员国通常集体地将自己称为‘第三世界’。他们这样做基本上是为了把自己同经济发达的资本主义国家（第一世界）和社会主义国家（第二世界）区分开，它也被贫穷国家本身普遍接受和使用，在它们同经济富裕国家贸易、援助、能源、自然资源的枯竭和粮食供应不断减少等紧迫的国际问题进行谈判时更是如此①。现实中多数政治上不结盟的国家往往贫穷落后，从而不少人用这个概念泛指发展

① 张培刚：发展经济学往何处去——建立新型发展经济学刍议，载于《经济研究》，1989 年第 6 期.

中国家。

第二次世界大战以后，这些贫穷国家最初被称为“落后国家”(Backward Countries)，有时译作“后进国家”。这个名称不仅含有“低下”的意思，而且好似表明这些国家一向落后，还将继续落后下去。后来，就改为“不发达国家”(Underdeveloped Countries)，这个名称暗含着这些国家有潜在的、目前尚未开发的能力。在经济学著作中还常常使用“欠发达国家”(LDC，Less Developed Countries)，说明这些国家同“比较发达”国家比，相对不发达。

1964年，在联合国第一届贸易发展会议上“七十七国集团”首次提出“发展中国家”的概念，至20世纪70年代“发展中国家”(Developing Countries)的提法盛行，几乎为所有贫穷国家接受。然而，这一概念与其说在准确性上有所改进，还不如说是出于外交上的考虑。每一个国家，无论其经济如何停滞不前，也都愿意将自己列入“发展中国家”行列，因为这一概念至少处在发展中，具有乐观的因素。

此外，新马克思主义和激进派的经济学家将发展中国家称作“外围地区”，说明它们和“中心地区”(发达国家)之间的“依附”和“支配”关系。称之为“穷国”，与“富国”相对立。然而低收入国家和不发达国家的范围并不对等。例如，沙特阿拉伯、科威特、阿联酋、文莱等盛产石油的国家，人均收入虽然很高，却同时是不发达的国家。20世纪50年代的日本和以色列是贫穷的，但他们是发达国家。何况，穷与富本是相对而又不断变化的概念。例如，联合国曾经把人均收入低于500美元的国家列入发展中国家，达到500美元和以上者列入发达国家。这种划分方法也不科学，因为人均收入是经常变动的，非常不稳定，而且没有考虑到自力更生能力和需要对外依赖的程度，不能真正反映出经济发展水平。

二、发展中国家的分类

发展中国家的分类是一个十分复杂困难的问题，因为在150多个发展中国家和地区中，没有一个国家可以作为不发达的典型代表。它们的历史文化传统、宗教习俗、国土大小、人口多少、自然条件、资源情况和社会制度、经济水平都具有不同的条件和特色，而且由于政治经济发展不平衡规律的作用，都在不断地变化，更是存在着社会制度和意识形态方面的差异。所以，我们很难用一般性的指标来概括所有的国家。

但是，由于第二次世界大战后，发展经济学家热衷于探索适用于所有发展中国家的发展模型遭到失败，他们转而对不同类型发展中国家的经济进行概括。于是，许多经济学家致力于将不同类型的发展中国家进行分类研究。西方还有专门把新兴的工业国家归为一类进行研究的，例如沃尔特·加里森主编的《对外贸易与投资：亚洲新兴工业国的经济增长》，研究的是中国台湾省、韩国、香港、新加坡“亚洲四小龙”。还有的把小的发展中国家放在一起进行比较研究，如丹尼斯·约翰·盖尔著《小的发展中国家》一书，分析比较了哥斯达黎加、新加坡和牙买加。

(一)世界银行的分类

在现有的国际机构中，处理发展中国家的统计资料都要进行分类。世界银行曾经根据不同情况将发展中国家分成三类：第一类是最不发达的国家；第二类是不出口石油的发展中国家；第三类是参加石油输出国组织的发展中国家。2009年则将世界银行成员经济体和其他人口在3万人以上的经济体分为四类[①]：低收入(LIC)，中低收入(LMC)，中上收入(UMC)，以及高收入国家。根据2007年人均国民总收入，应用世行Atlas方法进行计算，低收入在935美元及以下，中低收入在936～3 705美元，中上收入在3 706～11 455美元，而高收入在11 456美元及其以上，又分为高收入的经济合作和发展组织国家，共27个，以及其他高收入国家(地区)，共39个。前三类国家(地区)144个，包括了发展中国家的大多数；高收入国家(地区)中并非都是发达国家，如科威特，就是由于盛产石油而跻身高收入国家行列的。

世界银行在其2008年的世界发展报告《以农业促发展》中，从农业对发展的促进作用为观察视角，将发展中国家分为三类：传统农业国、转型中国家以及已经城市化国家[②]。

传统农业国——农业是增长的主要源泉，对国内生产总值增长的贡献率平均达到32%(主要是由于农业在国内生产总值中占据很大比重)；大多数贫困(70%)发生在农村地区。这一类国家总计有4.17亿农村居民，他们主要居住在撒哈拉以南非洲，那里82%的农村人口生活在传统农业国家。

转型中国家——农业不再是经济增长的主要源泉，对国内生产总值增长的平均贡献率仅为7%；绝大多数贫困人口(82%)滞留在农村。这类国家共计拥有22亿多的农村居民。在南亚，98%的农村人口居住在转型中国家；在东亚和太平洋地区，这一比例为96%；在中东和北非地区为92%。中国、印度、印度尼西亚、摩洛哥和罗马尼亚都属于典型的转型中国家。

已经城市化国家——农业对于经济增长的直接贡献更低，平均为5%；贫困人口主要是在城市。即便如此，仍然有45%的贫困人口居住在农村地区，农业企业、食品工业和服务的产值占国内生产总值的比重达到1/3。这类国家共计拥有2.55亿农村居民。大多数拉美和加勒比地区、东欧和中亚地区的国家都属于这种类型——这两个地区的全部农村人口中，88%居住在已经城市化国家。

各国都循着从一种类型向另外一种类型进化的演变路径。在过去20年中，中国和印度从传统农业国转变为转型中国家，印度尼西亚正迈向已经城市化国家。此外，各国内部区域不均衡非常显著——比如，许多转型中国家和已经城市化国家仍然存在传统农业地区，像印度的比哈尔邦和墨西哥的恰帕斯州。

(二)其他的分类

联合国分类系统倾向于将第三世界分为三个组：最不发达的44个最贫困国家，88个非石油出口“发展中国家”和在20世纪70年代国民收入显著增长的13个盛产石油的石油输出国组织成员国。

联合国开发计划署(UNDP)启动了超出收入范围的分类方法，将分类标准集中于“人类发展”的各个方面，构成人类发展指数。联合国发展计划署的人类发展报告中使用的人类发展指数，包含寿命，知识和生活标准。寿命用出生时的预期寿命衡量，知识用成人的识字率和上学年数的加权平均来确定，生活标准用调整后的人均收入来度量。其数值的大小在0到1之间，数值越大，则人类发展程度越高。按照该标准，2010年将数据较为完整的169个国家划分为极高人类发展水平，高人类发展水平，中等人类发展水平以及低人类发展水平的国家。极高人

---

① World Bank(2008). 2009 World Development Report Reshaping World Economic Geography: 351.

② 世界银行(2007). 2008年世界发展报告 以农业促发展.

类发展水平的国家有42个，平均人类发展指数为0.878，包括挪威、澳大利亚、新西兰、美国、爱尔兰等。高人类发展水平的国家有43个，平均人类发展指数为0.717，包括巴哈马、立陶宛、智利、阿根廷、科威特、马来西亚、巴西等。中等人类发展水平的国家有42个，平均人类发展指数为0.592，包括斐济、多米尼加共和国、中国、泰国、蒙古、埃及、印度尼西亚、南非、越南、印度等。低人类发展水平的国家有42个，平均人类发展指数为0.393，包括肯尼亚、孟加拉国、加纳、喀麦隆、缅甸、也门、贝宁、马里、尼日尔等。

三、发展中国家的共同特征

发展中国家人口大约占世界人口的3/4以上。尽管它们的历史文化、资源条件、生态环境、社会制度、经济结构、政治体制都不一致，但仍有共同的特点。联合国经济开发特别基金的一位负责人曾经十分生动地描绘说："一个人如看到不发达国家，便可了解这些国家的特点。贫穷的城市里有乞丐，村民只能在乡间谋求简单的生活。工厂不多，动力与电力供应不足。公路与铁路紧张，服务低劣，交通极不方便。缺医少药，高等学术机构也很少。多数人民既不识字，也不会写。少数人却不顾群众死活，居住在金银岛上，过着奢侈的生活。金融银行制度不健全，只能通过高利贷者获得小量贷款。对外输出的几乎都是些原料、矿砂、水果或土产品，间或也包括一些奢侈的手工艺品在内。而这些出口品原料的采取或耕种，却往往操纵在外国公司的手中。"①这只是西方人对落后国家和地区的感性认识。发展中国家共同特征：

(1)生活水平低下。主要表现为人均收入水平低以及贫困现象严重，住房、卫生保健、教育等条件匮乏，因此，大部分人口健康状况差，婴儿死亡率高，预期寿命低，总体人口的识字率低。发展中国家人口平均寿命只有54岁，而发达国家则在70岁以上。2009年世界发展报告显示，低收入经济体系国家的5岁以下儿童中28.9%营养不良，而发达国家这种状况基本已消失。最贫穷的国家识字率为56%，中等收入发展中国家识字率为74%，发达国家识字率高达99%～100%，几乎没有文盲。其中，发展中国家人口多数只上过小学，真正受过高等教育的很少。

(2)劳动生产率低，经济增长速度慢。发展中国家严重缺乏资本和技术。在一些人口多的国家和地区，耕地面积也很少。由于投入要素资源配置中劳动投入比重大，加上劳动力技术水平低，管理水平低，并受制度结构等因素的影响，致使劳动生产率十分低下。

(3)人口增长率高，赡养负担重。发展中国家出生率较高，人口增长速度较快，以致整个世界人口每年平均增长2%，如按这个速度每36年人口就要增加1倍。2000—2007年间，发达国家年平均人口增长率为0.7%，低收入国家为2.2%，中等收入国家为1%，只有中国控制在0.6%以下，并且呈现下降趋势。发展中国家人口占全世界人口的3/4，但只享有世界收入的15%，再加上人口增长太快，生活水平长期不能提高。15岁以下的儿童和65岁以上的老人属于非生产性的成员，成为经济上的赡养负担，发展中国家该比例为45%，而发达国家该比例为1/3。

(4)社会、经济、文化的二元结构。这是发展中国家共有的重要特征。处于由传统社会向现代社会过渡的发展中国家的，尖锐地表现在城乡对立、城乡二元结构的特征上。发展中国家的发展过程，从实质上看，正是城乡二元结构的对立运行过程。发展中国家都有一些相对发达的城市和广大的落后农村地区。城市以工业为主，生产规模较大，技术比较进步，产品主要是在市

① 转引自霍夫曼·保罗：《一百个国家——十二亿两千五百万人民》，第14页.

场上出售，劳动生产率和工资收入均较高；乡村则以农业为主，生产规模小，工具简单，产品主要是自己消费，而不是在市场销售。在这一经济二元结构的基础上，社会、文化等都存在着二元结构。

(5)依赖农业生产和初级产品生产。发展中国家的绝大多数人口生活在乡村，并以农业生产为主要收入来源。在发展中国家，通常约有65%以上的人口生活在农村地区，62%以上的劳动力从事农业生产，农业增加值对国内生产总值的贡献为20%以上；而发达国家农村人口不足27%，农业劳动力比例只有7%，农业增加值贡献低于3%。大多数发展中国家的经济都是面向第二和第三产业的初级产品，即农业、林业和原材料的生产。

(6)国际关系中处于依附地位。发达国家和发展中国家之间经济和政治权利分配的不平等不仅表现在发达国家控制国际贸易类型的支配权力，而且也表现在发达国家在向发展中国家转让技术、给予外援和进行私人投资的过程中对各种条款的支配。发达国家教育制度、医疗保健服务组织方式、政府管理体制、市场经济制度等向发展中国家的转移，也造成了发展中国家经济社会关系中对发达国家的依附性。

四、发展中国家经济发展的制约因素

由于发展中国家的经济基础、社会制度不同，历史文化、价值观念各异，因此各国在发展过程中面临的障碍和困难也不一样。但一些发展中国家在其发展道路上的障碍与阻力也有相似之处，总结起来可归纳为以下几点。

1. 经济因素　发展中国家在其发展初期主要面临的经济制约因素是缺乏资金和市场狭小这两个问题。一般说来，贫穷的发展中国家都处在一种“恶性循环”之中，即国家越贫困就越缺乏发展经济的资金和投资，而用于经济建设的投资越少，经济增长速度越慢，人民也愈加不可能早日摆脱贫困状况。打破这种“恶性循环”的办法通常有两种：一种是在发展初期人民暂时忍受生活困难，从国民经济收入中挤出较多的钱用于再生产，战后日本、印度等都是采取这一战略。另一种方法是积极寻求外国援助，大量借债，以外援为主从事国家经济建设，采取这一战略的有巴西、墨西哥等拉美国家。另一个制约因素是市场狭小。这也包括两层含义。首先由于发展中国家经济基础薄弱、技术落后、出口单一，产品在国家市场上缺乏竞争力，这就使发展中国家产品无法打入国际市场。其次，发展中国家的国内市场也相对狭小，这是由于大多数发展中国家相当贫穷，人民工资收入低，消费水平低，国内购买力也低。此外，发展中国家交通设施落后，信息通信系统不便，这就导致发展中国家国内无法形成统一的大市场，而形成许多分散的、彼此隔绝的小市场，这也导致了国内市场的相对狭小。

2. 政治制约因素　第二次世界大战以来，直至当今，不少新独立的发展中国家政治局势动荡不定，政府更迭频繁，这也是阻碍经济发展的重大障碍。另一些国家战后政权虽然稳固，但其政策和路线经常变更，这也影响了经济发展。实践表明：建立稳定的、强有力的中央政府、安定的政治局面对经济发展有重要意义，许多发展中国家如新加坡、巴西的经济迅速发展都是在建立了牢固的中央集权政治之后才实现的。

3. 文化制约因素　近年来，越来越多的经济学家开始注意一个国家文化和价值观念对经济发展的影响。不少人指出，不同民族的文化和价值观念可以促进或阻碍经济发展进程。例如，在西方经济发展过程中，西方文化中的企业进取精神就促进了经济的发展。这种企业进取精神就是一种冒险和创新精神，就是把新的技术和管理经验应用到工厂和企业中去的精神。

而在一些发展中国家的文化系统和价值观念中，恰恰缺乏这种冒险和创新进取精神。

4. 国际制约因素　一些发展经济学家认为，目前许多发展中国家面临的最大障碍不在国内，而在国际方面。他们认为，目前世界上已存在一批发达国家，这些国家垄断着世界的经济、技术、科学、金融和市场。它们通过现存的国际经济体系剥削发展中国家，使发展中国家无法发展。

第二节　发展经济学的演进与研究内容

一、发展经济学的兴起及其演变

发展经济学是第二次世界大战后形成的一门边缘性、综合性、应用性很强的新兴经济学科。它主要研究前身为殖民地和附属国的发展中国家的经济增长和经济发展问题。它通过对各种发展理论和战略、经济体制和可行性对策进行比较的方法，研究不发达条件下经济发展的背景、过程、影响因素、关键问题以及采取的对策，探究发展中国家如何从传统状态发展为现代化经济。

发展经济学产生的历史背景是：第二次世界大战后殖民体系的瓦解，发展中国家的兴起、东西方对垒、冷战的加剧，新兴的民族独立国家的相继出现。旧的分割世界领土、进行直接殖民统治的方法已不适用。西方发达国家面临这种形势亟须设法保持与新独立国家的旧的经济联系，继续把这些发展中国家作为自己的原料供应基地、商品销售市场和投资场所，因此在促进这些新兴民族独立国家的经济增长的同时，还需要把发展中国家的经济发展纳入西方发达国家既定的轨道。

发展经济学家刘易斯指出，不发达国家（外围地区）有两种选择：或是效仿帝国主义国家（中心地区），或是与中心地区进行贸易来发展经济。西方早期的发展经济学著作的内容确实不超过这两点：即告诉发展中国家的当政者如何效仿中心地区和如何同中心地区进行贸易（即“外向型”或“外贸导向型”经济）。

发展中国家多年的实践证明，西方传统的经济学原理应用于发展中国家往往失败。许多西方经济学家开始认识到，一个贫困、传统的社会同一个“富裕”、发达的社会的经济条件完全不同。因此，传统的经济理论，在应用于发展中国家的经济发展时，不是完全不适用，至少也需要加以修正。所以必须建立专门的发展经济学。于是，从20世纪50年代开始出现了专门的发展经济学著作。1985年世界银行出版的专集《发展的先驱》(Pioneers in Development)就介绍了第一代对发展问题研究作出贡献的10名经济学家。他们是：鲍尔勋爵(P. Bauer)、克拉克(C. Claok)、赫尔希曼(A. Hirschman)、刘易斯(W. Lewis)、缪尔达尔(G. Myrdal)、普雷维什(R. Prebisch)、罗森斯坦-罗丹(P. Rosensten-Rodan)、罗斯托(W. Rostow)、辛格(H. Singer)、丁伯根(J. Tinbergen)[①]。这本书的编者吉拉德·米尔(M. Meier)自己就是一位著名的发展经济学家，他为这部书写了前言和导言，另一位著名发展经济学家保罗·斯特里顿(P. Streeten)为这部书写了跋，世界银行行长克劳森写了序。书中评介的10位经济学家中，除缪尔达尔是

① 吉·米尔. 发展的先驱. 经济科学出版社，1988年版.

瑞典人、普雷维什是阿根廷人、丁伯根是荷兰人外，其余都是英、美籍的学者。尽管其中不少人的原籍是其他国家或地区，如鲍尔出生于布达佩斯，赫尔希曼出生于柏林，刘易斯出生于西印度群岛，而辛格则是出生于德国莱茵省的犹太人，罗森斯坦-罗丹原是波兰人，然而，毫无例外，这些人都接受过经济学的系统教育。这一点说明了发展经济学早期理论观点的形成与西方经济学的联系。

20世纪60年代之后，日本、苏联、东欧，特别是发展中国家专门从事发展经济学研究的经济学家也日益增多。如日本的大来佐五郎，埃及的萨米尔·阿明等。1979年威廉·阿瑟·刘易斯和西奥多·舒尔茨由于对经济发展理论研究的卓越贡献，同时获得诺贝尔经济学奖。目前，世界上各主要国家都设有发展研究机构，各著名大学经济学专业都为本科或研究生开设发展经济学的课程；近40年来有关发展中国家发展问题的期刊和有关发展的文献大量问世。从70年代开始，情况发生了变化。许多经济学家，尤其是发展中国家的经济学家，为了自己国家的发展和民族的振兴，进行了大量的发展理论研究。由于西方发展经济学提出的各种对策和方案没有使他们从根本上摆脱贫困和落后，通货膨胀、贫富悬殊、城乡对立、失业增加、外债负担日益加重，与发达国家的差距不但没有缩小，反而扩大了。因此，对于发展中国家的研究从关注单纯的物质要素向制度化的因素转变。西方和东方的马克思主义者也开始重视发展经济理论的研究。

中国在20世纪80年代开始引入各种现代和当代经济学的理论，其中包括了很多发展经济学的研究成果。许多政府工作人员以及研究者都十分关注对经济发展战略的探讨，重视分析相关理论对中国实践的意义。而且，具有务实主义特征的政府，则在中国发展实践中积累了大量的不同于西方发达国家发展路径的经验。

发展经济学兴起后，其演变大约可分为三个阶段。即20世纪40年代末至60年代初为第一阶段，60年代后期到90年代初为第二阶段，90年代初到21世纪初为第三阶段。三个阶段的研究重点及倾向有所不同。

(一)第一阶段的研究重点

在发展经济学研究的第一阶段，对发展中国家如何发展经济的问题，曾有三种主要倾向：

1. 强调资本积累的重要性　持该倾向的发展经济学家主要有W·A·刘易斯、R·纳克斯·罗森斯坦和W·罗斯托等人。强调资本积累的理由主要有两个：一是R·F·哈罗德和E·多马两位经济学家的动态经济增长模型的运用；二是“马歇尔计划”使欧洲经济战后复兴成功。哈罗德-多马经济增长模型对资本积累在经济发展中的作用作了理论上的说明，马歇尔计划对经济发展作出了成功的示范，这二者的理论和经验被认为也适用于发展中国家。于是，他们强调资本积累在经济发展中的作用。

强调资本积累重要性的理论，后来又经一些发展经济学家的补充，更为系统。其补充主要为两个方面：一是“两缺口模式”理论的提出，其代表人物是H·钱纳里等人。他们认为，资本仅指各种物质生产要素的质量和数量是不够完整的。完整的资本还应包括人力资本，即从事生产活动的人的数量和质量。因此，不但要强调物质资本，人力资本也必须受到足够重视，人的智慧和教育投资也是资本积累必不可少的一种重要方式。

2. 强调计划的重要性　强调计划重要性的发展经济学家主要是J·丁伯根、刘易斯，罗森斯坦-罗丹和钱纳里也有类似的观点。他们认为：①单纯的市场作用不能使发展中国家适应经济发展所必须的结构变化。②先进的计算机程序和高速计算机的出现使复杂的计算模式的建立和计算成为可能。因为发展中国家存在着“贫困的恶性循环”和“低水平的均衡陷阱”。要从这种状况中解脱出来，必须要有H·利本斯坦所说的“关键性的最低限度的努力”，罗森斯坦-罗丹所说的“大推进”，或罗斯托所称的“起飞”，而这些基本的变化，都需要在有计划中进行。同时，还有一些发展经济学家从另外的角度分析计划的必要性。

3. 强调工业的重要性　纳克斯、罗森斯坦-罗丹和刘易斯等人，也非常强调工业化对经济发展的重要作用。刘易斯二元经济结构的研究，从另一方面也说明先进工业部门在经济发展中的作用。普莱维什认为发展中国家首先必须工业化。他的主要理由是：如果发展中国家不率先工业化，就只能生产收入弹性小的初级产品，加上发达国家对市场控制力量强大，发展中国家的贸易条件必将日益恶化。A·O·赫尔希曼在其“不平衡增长”的理论中，也首先强调了工业发展的必要性。

（二）第二阶段的研究重点

进入20世纪60年代后，发展经济学的研究进入了第二阶段。在这个阶段里，其主要研究方向及重点同第一阶段相比有较大的变化。其主要变化为：

1. 更多地从经济结构上去研究　发展经济学家S·库兹涅茨、H·钱纳里，I·阿德尔曼和C·莫里斯等人，根据各种统计资料，进口替代程度、人均收入增长和经济开发的程度等资料，去探索各种类型的发展模式。H·钱纳里1975年出版的《1950—1970年的发展类型》一书和库兹涅茨的《各国经济增长》一书，被认为是系统研究发展中国家经济结构的著作。阿德尔曼和莫里斯特别注意经济发展中的非经济因素，并从非经济因素的角度去研究不同的发展模式。刘易斯的二元结构模式，纳克斯的“贫困恶性循环论”也都是从发展中国家的特殊的社会、经济结构去研究和分析发展问题。

2. 改变了单纯追求经济增长的观点　发展经济学研究的初期，不少发展经济学家往往只重视经济增长的重要性，而忽视发展这一面。60年代后，发展经济学的研究转而重视收入分配、经济稳定、资源利用和劳动力就业等问题。因为50～60年代，发展中国家发展的现实是“有增长而无发展。”以国民生产总值为标准，经济是增长了，但与此同时，收入分配更加不均，经济缺乏稳定性，资源未能有效利用，失业更加严重等。严峻的现实，使发展经济学家从单纯研究经济增长的趋向中转变过来。70年代后的发展经济学论著中，都强调发展的目的不应是单一的。但要完成各个目标，又往往不可能一下实现，因此，在各个目标之间，存在着权衡轻重、替代取舍的问题。

3. 重新估价市场机制的作用　以前的发展经济学家认为，发展中国家市场的不健全，使得价格机制无法发挥有效的作用。因此，要使国民经济顺利、合理地转型，就必须采取周密的计划管理。在这种观点影响下，不少国家曾致力于实行计划化管理，但结果却是令人失望的。针对这种情况，70年代以来，发展经济学家在深入分析政府干预和市场机制利弊的基础上，认识到了市场机制对于提高效率的作用，从而提出把计划与市场二者有机地结合起来。

4. 强调农业和农村发展的重要性　早期的发展经济学理论，把农业只看作为工业化提供充足的低廉的粮食和人力以适应工业扩张的部门，而工业则是经济发展战略中的“领导部门”。刘易斯的“二元经济”模型，赫尔希曼的“不平衡增长”理论，就是这种发展理论的突出例子。70年代以来，发展经济学家认为，农业部门在经济发展中绝非是一个支援部门，至少目前在许多发展中国家是如此。他们还认为,农业和农村的发展,是现在发展中国家国民经济发展的绝对必要条件。如果没有农业和农村的发展,工业发展要么上不去,要么即使上去了,也会产生严重的内部经济的不平衡,以及出现普遍贫穷和大量失业的局面。他们认为,大多数发展中国家的未来,将在很大程度上取决于农业及农村发展状况。在决策方面,他们将重点转移到农业和农村发展,不再强调迅速工业化。

(三)第三阶段的研究重点

第三个阶段发展经济学的研究主要有以下发展。

1. *强调发展的制度因素*　在这个阶段,新制度经济学的观点和方法开始被应用到发展中国家的研究中。发展中国家存在两个基本问题:一是实际国民生产总值的增长率难以维持稳定的速度;二是生产过程难以实现低投入高产出。而这些问题与发展中国家的制度结构相关。发展中国家资本稀缺,但是制度更为稀缺,无论是市场制度,还是政治、法律、文化等制度。解决上述有关经济增长缓慢和经济效率低下的问题,需要进行新的制度设计,以较小的经济和社会成本,进行企业制度、分配制度和政府经济管理制度等方面的安排和改革。这一时期发生的很多国家从计划经济向市场经济的转轨,包括前苏联、东欧社会主义国家以及中国,也引发了发展经济学家对经济发展中的制度因素的研究。

2. *新增长理论兴起*　罗默和卢卡斯为代表的经济学家提出新增长理论模型,把技术进步作为内生要素,因而也被称为内生的增长理论。它彰示了对外开放是有利的,可以从国际贸易和技术引进中获得知识溢出的好处;同时,人力资本比物质资本更重要,更能促进经济的长期增长。其政策含义:政府可以通过对人力资本和科技研究的投资,对生产知识的部门和个人提供刺激来促进经济的持续增长。

3. *重视环境与可持续发展问题*　随着发展中国家经济的增长,环境问题日益突出;同时,能源危机、环境污染等问题的全球化程度也越来越高。环境问题成为经济发展中不可忽视的重要内容。这一阶段的发展经济学开始关注经济的可持续发展,关注人口、资源、环境和经济之间的协调发展。

二、发展经济学的研究内容

鉴于发展中国家的特点,发展经济学的研究具有多重目的性和多层面性,其研究的内容也很广泛。

(一)发展经济学研究的多层面性

1. *经济层面的研究*　经济层面主要指发展中国家如何合理地配置资源、如何实现经济增长及经济增长的物质条件、经济增长模型、经济发展模式与影响因素等。其目的是为发展中国家的经济发展提供理论上的依据。

发展经济学从经济角度分析发展中国家经济时,特别注意发展中国家的经济特点,并结合经济学的基本原理加以研究。在整个体系中,既包括微观经济也包括宏观经济的分析研究。虽然一些经济学基本原理也来自于传统的西方经济学理论,但都是与发展中国家的具体经济状况联系在一起的。

2. *非经济层面研究*　非经济层面主要指发展中国家的政治制度、社会结构、经济体制和市场体制等。其目的是研究它们对经济发展的影响以及它们的相互关系，并试图说明什么样的政治制度、社会结构、经济体制及市场机制能适合发展中国家的增长与发展。

3. *多层面的研究* 发展经济学注意分析不同类型的发展中国家以及它们在经济发展过程中的异同。其中，中上等收入的发展中国家的发展途径、采取的措施、摆脱低速发展的各种条件备受关注。进入 21 世纪之后，中国近 30 年的高速经济增长成为发展研究的焦点，"中国模式"备受研究者的关注。发展经济学家对于发达国家感兴趣的是它们以往的加速增长的时期。如英国 1740—1800 年的产业革命时期，法国 1815—1860 年和日本 1880—1920 年的工业大发展时期的情况。

(二)发展经济学研究的基本内容

发展经济学是研究发展中国家经济增长和发展的学科。发展经济学不仅研究经济增长、发展模式、投资、金融、货币、市场、劳动、贸易、债务等问题，而且还研究人口、教育、价值观念与经济发展的关系等问题。发展经济学更是在不断地探讨经济发展的真正含义、内容和指标，比较发展中国家的各种发展模式，研究发展中国家在发展道路上遇到的障碍，寻求其解决办法等。

1. *发展中国家经济发展如何起步* 世界上至今仍有不少发展中国家的经济发展还没有起步，在很大程度上还保持着传统的社会经济状态。发展经济学要研究这些国家经济发展起步所具备的先决条件和建立什么样的组织结构。

2. *经济发展速度快慢及原因* 发展中国家有些经济发展速度较快，有些发展较慢，有些甚至长期停滞不前，发展经济学要研究引起这些现象的原因，特别是影响发展的关键因素。

3. *经济发展中的资本积累* 经济发展中的资本积累，是靠本国储蓄或强制积累，还是靠国外贷款？如果需要借助于外资补充国内积累不足，什么是最好的方式？

4. *政府在经济发展中的作用* 在经济发展中，各发展中国家政府是怎样管理经济？要管到什么程度才合适？经济发展的经验表明，若政府对经济管理得当，对经济发展就有较大促进作用，政府干预过多成了阻力。

5. *经济发展计划和规划及其实施* 世界上大多数国家为发展经济都有计划和规划，且有多种形式，具体的计划实施又面临着不同的问题。发展经济学要研究发展中国家的制定计划和规划时所应注意的问题，以及实施过程中对不同条件的适应性。

6. *农业和工业的配合及关系* 在经济发展中，农业和工业应该如何协调发展。在经济发展的初期，为什么不能忽视农业的发展而过分重视工业？农业优先与工业优先在经济发展中的利弊等。

7. *城乡差距* 在经济发展中，农村人口向城市移动，城乡间怎样保持平衡，如何防止经济发展过程城乡差距的扩大等。

8. *贫富差距* 随着经济的发展，贫富差距会如何变化？如何避免贫富差距在经济发展中扩大？怎样使经济增长与社会公平在经济发展中同时实现？

9. *人口与人力资源利用* 经济发展中人口增长与经济增长的关系，怎样利用国内的人力资源以及妥善地解决劳动者就业问题。

10. *对外关系* 在经济发展中国际交往将增加，相互的关系也更加紧密。国际政治、经济形式的变动对发展中国家的影响如何？发展中国家如何在动荡的局势中保持国内政治、经济的安定等。

第三节　发展经济学的成效及发展趋向

一、发展经济学取得的成效

(一)形成了较完整的学科体系

当前,发展经济学已经形成了探究不发达经济状况、贫困落后的原因、摆脱贫困落后途径、发展的内部要素、发展的外部环境、发展的战略对策等一系列与发展相关的问题,具有比较完整体系的一门研究发展中国家经济发展的专门学科。如今,不仅在发达国家和主要的发展中国家都设有专门从事经济发展研究的机构。出版了大量有关经济发展的论文、专著、工具书和期刊等,而且在西方大学里,发展经济学已经成为一门多层次的主干课程,有些大学还在发展经济学的基础上开设了经济发展思想史、工业与城市发展、农业与农村发展、区域经济发展、人口与发展、环境与发展、科技与发展、教育与发展、卫生与发展、发展计划、国际经济与发展等专业课程。有的研究机构,例如,设在英国南部的"发展研究院"(IDS),伦敦政治经济学院(LSE)的发展研究所(DESTIN)等机构,更是以对发展有关的经济、社会、政治等问题进行综合研究而著称。

(二)探索出了有价值的理论观点

发展经济学家最初只是将西方经济学的一般理论,特别是将"经济增长理论"应用到发展中国家,建议发展中国家只要从发达国家注入资本(如哈罗德-多马模型),引进技术,提高经济增长速度,实现工业化就可以摆脱贫穷、落后,就可以赶上或超过发达国家(如贫困的恶性循环论)。经过实践,逐渐加深认识,理论从线性阶段模型演变到结构变动模型。在这个过程中,从单纯强调资本的作用,追求增长速度的"大推进"、"大蛋糕"的发展战略,到认识到增长不等于发展,发展是伴随着增长的经济结构的变革,涉及体制、甚至思想观念的转变。通过对衡量发展的指标体系的研究,摆脱了对"不发达、贫困、落后"的笼统、肤浅的认识。刘易斯的"二元结构论"以及费景汉、拉尼斯对刘易斯理论的补充、修正,加深了对发展中国家基本特征的理解。发展战略也从片面强调工业化,到重视城乡关系、工农关系,重视农村和农业的停滞和落后问题,重视"人的基本需要"和"收入分配问题"。在实施工业化过程中,通过平衡与不平衡增长的讨论,尤其是结合市场失灵的经历,重新认识包括实施发展计划在内的行政干预的必要性。在解决就业与城市化的问题中,与发达国家对比,发现现代不发达经济的特殊规律,尤其是人口增长与流动的规律。在分析决定发展的内部要素中,明确了资本与劳动力的质的差异和经济发展的重大关系,以及科学技术在经济增长中的首要地位,"创新"与引进、吸收"适用技术"对发展的重大意义。此外。针对现代经济增长过程中出现的新问题,强调了环境保护与生态平衡的研究。对南北关系与南南关系的探讨,提出了建立国际经济新秩序的理论基础,强调发达国家与发展中国家在当前国际分工日益深化的新形势下相互依存的原理。西方经济学家在探讨土地改革、绿色革命、收入分配和比较"进口替代"、"出口替代"等发展战略的过程中,也发现了各种发展战略与政策的抉择和阶级力量对比,从根本上看是与生产关系、所有制关系的本质联系问题。这说明经济发展不是单纯的发展生产力，而发展经济学也绝对不能完全回避生产关系的问题。

(三)涌现出致力于发展研究的各派发展经济学家

被西方誉为“发展先驱”的有：首先用古典学派的观点和思路专门就经济发展问题做出系统分析的鲍尔，对实际收入增长进行国际比较和深入研究的克拉克，提出不平衡增长理论的赫尔希曼，建立劳动力无限供给条件下的经济发展模式(二元结构)的刘易斯，坚决反对新古典学派观点的结构主义发展经济学家缪尔达尔，提出中心与外缘学说而对拉丁美洲、甚至对整个第三世界的经济发展战略产生了深刻影响的普雷维什，提出大推进理论的罗森斯坦-罗丹，提出了在西方和第三世界广为流传的“起飞”概念和增长阶段论的罗斯托，提出不平衡增长理论并对发展中国家贸易条件恶化进行了周密细致研究的辛格，对长期发展计划的设计做出了卓越贡献的丁伯根等 10 人，其中有 3 人是诺贝尔奖金获得者。

此外，舒尔茨以他的人力资本理论独辟蹊径，揭示了农业在经济发展中的绝对重要性；费景汉和拉尼斯修正、完善了刘易斯的模型；曾任世界银行副行长的钱纳里从大量数据的实证比较分析中，提出了伴随经济增长必然出现经济结构变化的“标准结构理论”；托达罗对发展中国家人口自农村向城市流动机制进行了细致研究；艾文斯对贸易与经济发展理论进行了科学系统分析；麦金农在研究金融与发展的基础上，提出金融深化理论；前世界银行女行长克鲁格被公认为研究就业与发展的权威；还有研究发展中经济收入分配问题提出“倒 U 曲线假说”的库兹涅茨和“非倒 U 曲线”假说的阿鲁瓦利亚，以及对亚洲发展问题有深刻研究的日本学者石川兹等，均对西方发展经济学的发展做出了卓越贡献。

(四)提供有应用价值的现代分析工具和方法

西方经济学在研究不发达经济发展过程中，提出一些分析工具和分析方法。他们对增长和发展的各个方面，如资本、人口、工业、农业、贸易、财政、金融、教育、科技、区域、环境等问题都进行了具体、细致的研究。在分析这些具体问题时所使用的分析工具或方法具有一定的应用价值。例如，他们在评估投资效果时所使用的社会成本和社会效益概念、资本—产出方法、劳动—产出方法，尤其是成本—效益分析方法；在探讨外资、外援利用时所提出的“两缺口分析”；在研究衡量发展的指标体系时提出的“人类发展指数”等综合指标体系，以及采用“影子价格”、“基尼系数”、“环境保护指标”，选择“主导工业部门”、“适用技术”，在一定条件下使用“机会成本”、“边际”的概念。利用这些方法，分析技术引进和技术转让、教育需求膨胀与投资的效益，以及在利用国外资源的必要与可能等问题上都是可以借鉴的；在区域经济发展上，“梯度论”和“反梯度论”之争和“增长极”的概念，都可以给我们很大的启发，对于发展中国家开发落后、边远地区具有重要参考价值。对于发展中国家的债务问题和通货膨胀问题的分析所采取的方法和对策，也是值得重视的。

(五)积累了发展中国家大量社会经济统计资料

发展经济学的建立和发展，推动发展中国家积累了大量原本十分稀缺的社会经济统计资料。统计资料不全是研究发展中国家社会经济问题的最大困难。随着西方经济学家对不发达问题研究的逐步深入，在西方经济学家的帮助下，发展中国家统计机构和统计制度也不断完善。世界银行、国际货币基金组织、联合国贸易与发展组织等机构在这方面做了很大贡献。许多国家的经济发展研究机构也建立了社会经济发展数据库或资料中心。这就为不发达经济的研究提供了必要的物质基础。世界银行历年的世界发展报告提供的有关发展中国家各个方面的统计数字,已经成为研究发展问题的权威资料。许多发展研究机构出版的书目,以及关于各国研究发展问题课题的介绍和索引,已经成为发展研究的主要信息来源。

尽管由于各国发展研究水平的差异,统计机构、项目和统计范围、计算方法的不统一,目前有关发展中国家的统计资料还存在不少问题,在某些方面仍然残缺不全,数字不准确,甚至是错误的。然而,与过去相比,不能不说已经有很大进步。

二、发展经济学的趋向

第二次世界大战后直到20世纪60年代末,在凯恩斯的国家干预主义和苏联高度集中的计划经济与工业化模式的影响下,绝大多数发展中国家走的是依靠计划化、国有化与进口替代来加速资本积累和工业化的发展道路,一般尚未认识到市场机制、农业发展、人力资本以及对外贸易对经济发展的重要作用。这种倾向同样反映在发展经济学的理论研究中,结构主义的分析思路占据当时的主流,绝大多数发展经济学家都强调计划和国家干预、物质资本的积累和进口替代的工业化对发展中国家经济发展的必要性和重要性,并为此提供了大量的理论论证。其中著名的有"哈罗德-多玛模型"(Harrod-Domer Model)、纳克斯(R. Nurkse)的"贫困恶性循环论",罗森斯坦-罗丹(P. N. Rosenstein-Rodan)的"大推进理论"和刘易斯(W. A. Lewia)的"二元经济模型"等。这些理论及其政策主张尽管有其不同程度的片面性,但在当时的历史条件下,对发展中国家的经济发展起到了一定的促进作用。

到了20世纪70年代,发达的资本主义世界普遍的"滞胀"病,导致了凯恩斯主义的衰落和新古典主义的复兴。前苏联传统的高度集中的计划经济模式的弊端,也在前苏联以及其他仿效这种模式的国家日益显露出来。绝大多数发展中国家不仅没有如战后初期所期望的那样实现经济现代化,反而问题丛生,困难重重,它们与发达国家的经济差距没有缩小,反而日益扩大。与此同时,极少数的发展中国家和地区,亚洲的"四小龙"(台湾、韩国、新加坡、香港),则在短短的30年内,成功地实现了经济起飞,成为新兴的工业化国家和地区。他们成功的经验引起了全世界的瞩目。除了美国从外部提供了一些优惠条件和机遇外,这些国家和地区的奇迹主要通过实行对外开放的外向型经济发展战略,而且战略实施同时关注了效率和公平;在重视政府宏观管理的同时,注意发挥个人和企业的作用,发挥市场机制对资源配置的积极调节功能;而且又大力投资于教育、人力资源以及土地改革,这些往往是被发展中国家忽视的领域。不过,在20世纪90年代末,虽然出现东亚经济危机,但是中国对外开放的成效又开始彰显,印度的经济也在21世纪第一个十年的中期开始快速增长,世界经济的多中心格局开始明确,20世纪90年代初的关于世界贸易重力从西方向东方的转移、"太平洋世纪"[①]等预期开始得到验证。

发展经济学也就经历了从徘徊到更深入发展的阶段。一些发展中国家的快速发展证明了经济发展的内生性实质上要基于各国自身条件,而且归功于各自的"家制"良方。当然,这些良方有很多借鉴了西方发展理论,但是,它们形成的关键更多是基于本土的要求,盲目模仿西方

---

① Ozay Mehmet. Westernizing the Third World (second edition). Routledge: 114-115. 1999.

理论的指导已经成为过去。

进入 20 世纪 90 年代之后，发展经济学转向更宽泛的领域，社会发展，持久而日益严重的贫困问题、社会平等、社会性别、自由的发展、分权与治理等话语逐渐成为发展领域关注的新重点。与此同时，发展领域关注的对象也从宏观经济增长转向宏观社会发展和微观社会行为者的行为相结合。在此背景下，传统的围绕着总生产函数的经济发展理论逐渐被遗弃，而倾向于社会和政治视角的发展研究开始逐渐受到关注。

(一)经济发展战略目标的进一步明确

阿德尔曼在《发展经济学：目标的重新评价》(1975 年)中就提出，发展目标必须更加明确，而且要更加集中和具体。使之成为可以识别的、协调一致的指标体系。根据经验，如果不能使发展目标进一步具体化。就会陷入那些实用价值不大的“完善”、“提高”、“协调”、“稳定”等诸如此类的抽象概念中。例如，笼统提出“通过工业化实现经济增长，在经济增长过程中更多地注意就业与分配问题”等。

早期的发展经济学，由于将“经济增长”与“经济发展”混为一谈，单纯地追求发展速度，习惯于将国民生产总值、国民收入及其人均值或增长速度作为主要指标，并以此作为比较各国发展水平的标准。然而，不仅各国计算国民生产总值的方法不同，从而比较起来存在着技术上的困难，更重要的是人均产值反映不了分配状况，而且以这类指标为基础的经济增长率不能说明经济发展的水平。事实证明，人均收入高或经济增长速度快的国家或地区往往并不一定解决了发展问题。因此，不少经济学家建议使用一种综合指标体系来衡量发展水平。联合国社会发展研究所和国际开发总署等机构都曾提出包含变量数目多少不等的指标体系。这类综合指标体系采用加权的方法，在统计学上是可行的。但是变量的选择，权数的多少是受主观价值标准影响的，而且计算起来不是过于烦琐，就是过于简单。再加上发展中国家的统计资料残缺不全，实际应用价值不太大。

近年来，针对过去经济发展战略的缺陷，许多发展经济学家提出要以满足“人的基本需要”为核心的新经济发展战略去代替以“经济增长速度”为核心的旧经济发展战略。此外，由于环境问题已成为全球性重大问题之一，特别是在发展中国家环境污染问题伴随着经济发展日益尖锐，并将影响子孙后代，因此许多发展经济学家都认识到必须将环境保护与治理规划纳入社会经济发展战略之中，必须考虑人类的未来。而且，社会公平、减缓贫困、关注社会性别、正确制度的建设、公民社会建设及分权管理等也成为战略的重要内容。

(二)兼容并蓄，寻求更加完善的理论框架

近半个世纪，尽管许多经济学家企图找到适用于所有不发达经济的“一般理论”，提出过各种“发展模式”，然而，这些“模式”都无法概括不同历史、文化背景、自然、地理环境、社会经济结构的各种不同类型的发展中国家或地区的差异。这一点在希金斯的《发展经济学的问题、原理和政策》(1981 年)、李文斯通的《发展经济学的发展》(1981 年)等著作中均有详细的论述。

芮斯尼克(1975)指出，关于西方主流宏观经济学是否既适用于发达国家也适用于发展中国家，发展中国家是否还需要一种“单独的经济学”的长期争论，还没有得出一致的结论。虽然近年来在西方发展经济学领域中，新古典综合派有卷土重来之势，但有人甚至对新古典综合派的理论是否适用于发展中国家也表示怀疑。还有些人，如莱宾斯坦与巴基斯坦的波托姆利则

认为,新古典理论适用于不发达国家的短期资源要素的配置,然而对处理增长等长期问题则无能为力①。后来这场争论的范围扩大到更加广泛的各种理论和方法的功过评价上,包括对新马克思主义与结构主义,以及新古典主义的评价。赫尔希曼和李森特别重视各派理论的相互影响②。钱纳里·贝尔和李特尔则注意新古典主义与结构主义模型之间的趋同现象,认为结构主义的模型可以结合到新古典理论的框架中③。李森还强调新马克思主义的某些观点和结构主义公式的相似性。并且指出缪尔达尔的"回波"理论和辛格、普雷维什的观点在贸易条件的公式中有一部分一致是最明显的例证。尽管人们并没有从中得出调和的产物,然而这场论战已经使不同学派的学者终于开始从自己栖身的小洞天中走出来,听听别人的意见。斯特里顿表示。尽管在这方面还有很远的路要走,然而应该鼓励这种交流并使之"走下去"④。他们认为,这将有助于使发展经济学在未来更多地注意将实证与规范研究结合起来进行分析,而不是在极其简单的理论基础上就提出政策建议来。此外,不少人重视发展中国家的科学分类,在分类的基础上再形成适合于每一种"类型"发展中国家或地区的"一般"理论。

此外,经典发展经济学理论着重强调经济增长的作用,而无论是结构主义还是新古典主义,抑或是激进主义,其潜在背景都是欧洲中心主义,即发展经济学名义上是研究发展中国家的经济增长问题,实际上却起着如何维持发达国家与发展中国家这样一种二元结构的持续存在。因此,进入新世纪之后,以后现代主义思潮为代表的批判理论开始影响发展经济学的理论走向。

(三)扩大发展经济学研究的范围

在唯经济增长时代,无论哪种发展理论,核心问题几乎都局限在资本积累、技术进步、对外贸易、就业等几个方面。在新的全球化时代,对于发展问题的关注除了上述传统议题之外,贫困与发展、环境与发展、性别与发展、全球化与发展等成为发展领域的全新课题。而在影响发展的因素方面,除了关注纯经济因素之外,对于制度、文化、社会资本、产权、社会行为者的集体行动及个体行动、公共选择等非经济因素及非经济问题的研究,正成为发展领域的新趋势。

1. *有必要联合其他学科进行综合研究*　例如,需要和历史学、社会学、人口学、政治学、教育学以及各个部门经济学和技术经济学等学科进行横向合作,强调对经济发展中经济体制问题、政治体制问题及各种社会体制问题的研究。如芬德莱在《贸易、发展与国家》⑤、西尔在《发展经济学的诞生、生存和死亡》(1979年)、托耶在《发展经济学的辩护》(1984年)中都指出某些西方大学中跨学科发展研究的出现。萨塞克斯大学的英国发展研究院(IDS),就是以集经济、政治、历史、人口、妇女等多学科专家于一堂为特色的著名研究机构,并取得了显著成效。这种跨越学科边界的研究,恰好赋予发展经济学更加接近现实世界的优越性。当代科学发展的一个显著特征就是经常将"重头戏"让给"交叉学科"和"边缘学科"去扮演。

---

① 莱宾斯坦:《发展经济学导论》,1981年《社会研究》,第208页;波托姆利:《西方教科书的理论与发展中国家》,《巴基斯坦发展评论》,1981年夏季号,第105页.

② 赫尔希曼:《发展经济学的兴衰》,剑桥大学出版社1981年版,第10—20页;李森:《发展经济学及其伙伴》,《曼彻斯特发展研究论文集》1983年,第17页.

③ 钱纳里:《结构主义关于发展政策的理论》,《美国经济评论论文与会议记录文集》LVX(2)第314页.

④ 斯特里顿:《发展的两个分歧》,《世界发展》1983年11(10)第878页.

⑤ 载《发展经济学的新格局——进步与展望》,第343页.

2. *从全球的角度出发研究发展问题* 由于战后出现的“世界经济一体化”趋势，发展中国家与发达国家间“相互依存”关系的深化，诸如联合国、世界银行、国际货币基金组织对发展中国家的影响日益增加。无论是哪一种类型的国家，分析发展问题必须从全球角度出发。尤其是在世界经济衰退、保护主义抬头的今日更是如此。因此，近来有关发展的论著多半涉及国际经济与贸易的现象就不难理解了。

无论各国发展条件多么悬殊，由不发达向发达过渡的进程中，一个明显的趋势是对外贸易份额在国民经济中的比重不断上升。尤其是在如今许多发展中国家已在不同程度上完成了初级工业化之后，经济结构能否优化就看是否能更快和以更有利的条件参加世界市场。特别是自然资源短缺和国内市场狭小的发展中小国更是如此。因此，不少人认为，当代经济发展成败的关键就在于贸易份额能否在国民经济中大幅度上升。

斯特里顿指出，这样做的目的是为了使国际环境对发展中国家的不利影响减少到最小程度。卡普林斯基在《未来十年中的国际关系与工业化》(1984 年)一文中主张，应努力用发展经济学的研究成果论证与说服发达国家，使它们认识到有必要调整结构，以扩大与发展中国家的贸易关系；同时努力扩大发展中国家之间的贸易与技术合作关系，以减少发展中国家在发达国家周期性波动面前的脆弱性。应该指出，由于国际经济新秩序尚未确立，发展中国家要求更多参与国际组织决策的活动至今收效不大；相反，多数国际机构仍在发达国家的国际垄断资本——跨国公司的控制下，力图通过国际经济与贸易关系将国家的经济发展纳入它们的经济运行轨道中。

3. *加强对发展中国家关键经济问题的政策研究* 发展经济学从诞生之日起，就不是一门“纯”理论经济学科，而是密切联系实际、指导发展实践的应用性很强的经济学科。它是为了提出如何摆脱贫穷、落后的政策建议的需要而形成的。由于前一阶段建立“一般理论模型”努力的失败，更加推动发展经济学的强化实践性、实用性的倾向。这主要表现在政策研究、实证研究的加强和社会项目评估理论与方法的兴起等三个方面。

第一，加强政策研究。迈耶在其主编的《经济发展中的主要问题》第五版序中指出：“如果在本书第一版中，诺克斯教授观察到的是‘一个国家之所以贫困是由于贫困’的话，那么，经历了四分之一世纪发展的经验后，现在许多人对此都会有争议。他们认为，一个国家之所以贫困是由于政策的贫乏”。这种说法将第三世界的失败归结为政策的好坏，固然有为西方经济发展理论辩护的成分。但是，在同样条件下政策正确与否确实会导致不同的结果。费景汉的《发展中国家宏观发展政策的评价》，麦金农的《不发达国家的利率政策：金融自由化的回顾》，李国鼎的《台湾经济发展的政策背景》，就是这种倾向的代表作。

第二，重视实证分析。近年来，西方发展经济学界没有提出什么堪称惊人的“大思路”，然而却利用越来越复杂的分析技术对 20 世纪五六十年代提出的那些理论进行实证检验。钱纳里不仅提出《结构转换：经济发展的实证研究程序》，而且根据这种程序写出《工业化与经济增长的比较研究》一书。石川滋继《部门间资源流动过程的类型和过程》之后，还写了对亚洲发展中国家的发展进行了更加全面比较的《发展经济学的主要问题》。安纳德和坎勃合写的《经济发展与不平等》是又一个典型例子，它没有提出什么“惊人”的思想，但却检验了关于发展中国家收入分配的库兹涅茨“倒 U 曲线假说”和阿鲁瓦利亚的“非倒 U 曲线假说”。有人认为目前这种没有涌现“大思路”的局面是西方经济学的一种“收益递减”的停滞的表现。但也有人说，这正好是这门学科成熟的标志。

第三，兴起对社会项目评估理论与方法的研究。主要代表人物是芝加哥大学的哈伯格。他根据福利经济学的三个基本假设建立社会项目评估的理论框架。这三个假设是：①竞争的需求价格衡量各个边际单位对需求者带来的利益；②竞争的供给价格（即边际成本）衡量从生产要素供给者看来每个边际单位的机会成本；③将所有的利益（正数）和成本（负数）总和起来就可以衡量整个社会的利益和成本。哈伯格通过对扭曲的外在经济或不经济的校正，提出了如何度量外汇、资本和劳动的机会成本，以及如何计算社会贴现率的办法。他认为，经济效益与其他目标和价值判断是同等重要的，考虑"基本需要的外在经济或不经济"是社会项目评估的主要优点。为了制订发展计划，提高经济效益，也由于争取世界银行等机构的援助，许多发展中国家开展了此项研究。

【本章结构】

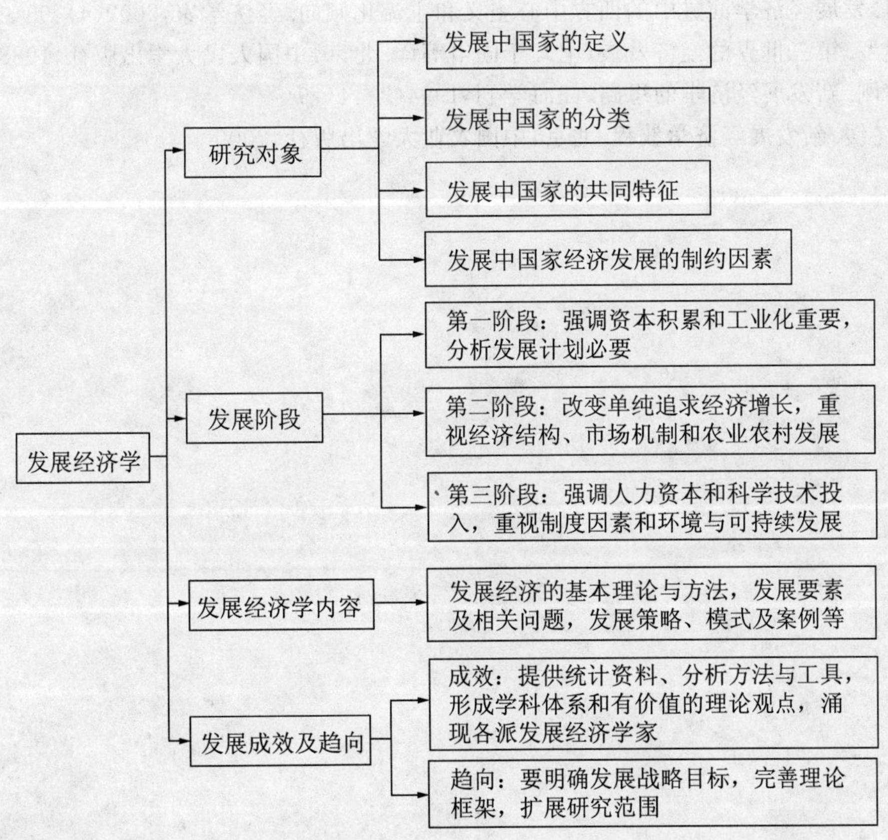

【本章思考题】

1. 发展中国家是如何兴起的？它们有哪些共同特征？
2. 发展中国家的分类方法主要有哪些？
3. 发展经济学不同发展阶段的主要思路有什么变化？
4. 发展经济学包括哪些主要内容？
5. 发展经济学对于发展中国家的发展有什么指导意义？

【参考文献】

[1] G·拉尼斯,等. 发展经济学的新格局:进步与展望. 中国社科院经济所发展室译. 北京:经济科学出版社,1987

[2] Ozay Mehmet. Westernizing the Third World (second edition). Routledge: 1999

[3] The World Bank. World Development Report 2009 Reshaping World Economic Geography. Washington DC, 2009

[4] 杰拉德·迈耶,达德利·西尔斯,等. 发展经济学的先驱. 北京:经济科学出版社,1988

[5] 马颖. 发展经济学 60 年的演进. 国外社会科学,2001(4)22~28

[6] 世界银行. 2008 年世界发展报告 以农业促发展. 胡光宇,赵冰译. 北京:清华大学出版社,2008

[7] 孙早. 发展经济学演进中的西方中心主义和主流化倾向. 经济学家,2002(4):93~99

[8] 托达罗. 第三世界的经济发展(上). 于同申等译. 北京:中国人民大学出版社,1988

[9] 张培刚. 新发展经济学的思路. 江海学刊,1994(3):4~9

[10] 赵冬缓. 新发展经济学教程. 北京:中国农业大学出版社,2000

第二章　经济增长与经济发展

【引言】

经济发展的最终目的，是以人为本，提高人们的生活条件，扩大其选择余地。通过人均收入来衡量经济增长与通过人的寿命、文化或者自尊来反映人类发展之间存在着一定的但并不是单向的联系。发展经济学的理论体系是建立在“发达”与“不发达”，“发展”与“增长”等概念的基础之上，本章介绍经济增长和经济发展的主要含义及其相互联系，以及发展衡量指标和发展要素。通过可持续发展观的产生和演变过程，还阐述了经济可持续发展的兴起与创新。

【学习目标】

1. 掌握经济增长与经济发展的演变及其关联。
2. 掌握经济发展指标和发展要素及其关联。
3. 了解经济可持续发展的兴起与创新。

第一节　经济增长与经济发展

一、经济增长

经济增长的概念是指由于就业人数增加、资本积累和技术进步等原因，国民产值或国民收入单纯在数量上的增长；或者说是一个国家的商品和劳务产出能力的扩大和生产商品、劳务总量的增加。一个国家的经济增长意味着在一个国家的经济规模在数量上的扩大，即投资不断地增加和产量的不断提高，意味着生产中的更高生产效率、物质财富增加和人们经济水准的提高。经济学中所讲的经济增长是指一个国家国民生产总值(GNP)、人均生产总值和人均收入长期、持续、稳定提高的过程。因此，经济增长是一个经济运动的过程。在这个过程中，随着经济增长，实际国民生产总值、国民收入的水平也不断地提高和增加。第二次世界大战后，绝大多数发展中国家追求的目标是经济增长。

现代经济增长理论虽然是从研究西方国家的经济入手的，但经济增长对任何一个国家却都是他们要研究和讨论的中心课题。无论是何种增长模型的讨论，或是对“增长要素的分析”，以及“增长极限”的讨论，其中心可以说仍是找出能使经济稳定增长的因素。因此，发展经济学中所讨论的经济增长应具有以下两个特点：

第一，经济增长的长期性。经济增长作为一个动态化的过程，是一个连续长期的过程。从发展经济学的角度测定经济增长，要求经济增长具有长期性，即要说明经济增长是经济生活中人为努力的结果。各种经济增长模型的建立，也旨在探讨经济长期增长的“稳定状态”及其所具备的条件。短期的经济增长，含有较大的自然性、偶然性和随机性。农业生产是自然再生产和经济再生产交织的过程，生产周期相对较长，受自然因素影响也较大。农业生产上的风调雨顺等自然因素，可能使农业生产大幅度上升，致使短期内整个国民经济增长。但这是天时地利的结果，不是发展经济学中所讨论的经济增长。基于这种原因，发展经济学所研究的经济增长应是长期的过程。因为长期性的经济增长能真实地反映出经济增长的本质，为研究长期经济增长的规律提供依据。

第二，经济增长的持续性。社会经济的发展，人们经济水平的不断提高，消费欲望不断增长和发展是永无止境的。因此，由于人们对经济生活不断提高的需求，相应的经济增长也应是持续和无止境的。当然，作为经济增长的过程可能会有起伏，甚至较大的波动，但长期经济增长的趋势应是持续上升的。其增长趋势不会出现较大的波折和起伏，即经济增长也是一个持续的过程。

对于经济增长的探讨，历来是经济学界的热题之一。现代西方经济学对经济增长理论的探讨，是在凯恩斯宏观经济理论提出后，特别是在第二次世界大战以后发展起来的。虽然大多数都是以研究发达国家经济发展为内容，但对经济增长条件与途径的分析，也为发展中国家实现经济增长提供了参考。

20 世纪 70 年代初，“罗马俱乐部”研究的零经济增长理论一出台，曾在国际上轰动一时，使一些经济学家大为震惊。但人们很快又认识到：世界性经济增长仍是不可逆转的，只不过各国速度不一而已。70 年代后，世界经济增长的事实也打破了零经济增长的理论。当然零经济增长理论所提出的经济增长中出现的人口问题、环境污染问题、生态平衡问题等，也正日益受到人们的重视。

经济增长应包括人均国民产值的提高和国民生活水平的不断改善。这两个指标在经济增长中是相互联系、缺一不可的。因为一个国家国民生产总值的增长，并不意味着其人均国民产值的同步增长(其中还有人口增长的因素)。由于发展中国家人口增长率较高，国民生产总值和人均产值增长速度不一的矛盾尤为突出。因此，如果一个国家的国民生产总值增长不与人均国民产值同时增长，就不能叫做经济增长。在测定一个国家经济是否增长时，国民总产值和人均总产值都应包括在内。只有当总体和个体指标均长期地、持续地增长时，才能称做发展经济学所研究的经济增长。

目前通用的衡量经济增长的主要指标分为绝对量指标和相对量指标。

绝对量指标：

(1)国民生产总值，即 GNP。国民生产总值是指一个国家的所有常住居民在一定时期(季度或年度)内生产的以货币表现的全部最终产品和劳务的总和。该指标曾经长期使用。

(2)国内生产总值，即 GDP。国内生产总值是指在本国领土内所产生的最终产品和劳务之和。国内生产总值等于国民生产总值减去本国在国外的资本和劳务的收入，加上外国在本国投资和劳务的收入。GDP 是 21 世纪之后进行国家间经济总量比较时常用的指标。

(3)国民生产净值，即 NNP。国民生产净值亦称按市场价格计算的国民收入，指国民生产总值减固定资产折旧后所得出的余额。

(4)国民收入，即 NI。国民收入是指国民生产净值减净间接税，加津贴所得出的结果，它代表一国在一定时期内生产产品和劳务中发生的工资、租金、利息、利润等这些要素收入的总和。

以上指标在使用时，同时需要使用人口平均的数值来衡量，比如人均GDP。

相对量指标 除了用上述绝对量指标来衡量经济发展水平外，还可以用下面的相对量指标对经济发展加以衡量。

(1)发展速度。发展速度也叫发展指数，是按可比价格计算的两年总量数字的对比。

(2)增长速度。增长速度是以两年数字的增长额(差额)与基期数字的对比。翻番原是习惯用语，用在经济指标上，是指在原有基础上增加1倍，或者是原有基础的2倍。如从1981年到2000年，中国工农业总产值要翻两番，即到2000年时工农业总产值要等于1980年的4倍，或比1980年增长3倍。

(3)平均发展速度与平均增长速度。一般用水平法计算。假定基期的数字是 a，n 年后报告期的数字是 a_n，则这几年的平均发展速度 $\overline{V}=\sqrt[n]{\frac{a_n}{a_0}}$；这 n 年的平均增长速度 $\overline{V}'=\sqrt[n]{\frac{a_n}{a_0}}-1$。如前例翻两番，年平均发展速度是由2000年的工农业总产值除以1980年的工农业总产值再开20次方得出平均每年发展速度为107.20%。平均增长速度等于平均发展速度减1，则从1981年到2000年工农业总产值的平均年增长速度为7.2%。

按照经济增长的定义来看，经济增长是指后期的国民经济产出量在规模上比前期增加，以价值衡量，就是后期的国内生产总值GDP从数量上比前期增加。新的增加数量与原有的产出规模相比，就是增长率，或者增长速度，即

GDP增长率=[(后期的GDP－前期的GDP)/前期的GDP]×100%

如果考虑人口的增加和价格的变动(即通货膨胀)因素，经济增长就是人均实际GDP的增加，因此，经济增长也就是人均实际GDP的增长。即

人均GDP增长率= GDP总量增长率/人口增长率×100%

经济增长的计算方法，通常是固定一个时期的价格水平作为计算价格，是按市场价格计算的。为了使不同时期的指标具有可比性，必须排除价格变动的因素，按不变价格来计算。其计算方法又分为“基期价格计算”和“计算期价格计算”两种。个人收入的增长，并不意味着其购买力的同步增长，因为不同时期的价格水平是不相同的。因此，如果个人收入的上升幅度为物价上涨的幅度所抵消，人们的实际生活水平就得不到提高。在一些发展中国家经济增长总是伴随着物价水平的提高。剔除物价上涨因素，实际经济增长速度很低，甚至接近于零。所以经济增长要求剔除物价上涨的因素影响(即通货膨胀)，计算出个人实际收入的增长。因为经济增长要求计算出实际而不是名义的国内生产总值和人均产值等。只有这样，才能正确衡量一个国家、地区或部门的经济增长情况。

二、经济发展

经济发展，比经济增长的范围更为广泛，更是一个长期的、持续的过程。它涉及经济和非经济的内容。既包括经济增长这一量的扩张，又包括产业结构演进、教育程度、分配状况以至社会生活的改善等。经济增长视为手段的话，则经济发展便是目的。大多数发展经济学家认为，一个国家的经济是否得到了发展，可以从三个方面加以衡量：首先是国民经济的增长速度，

这通常是决定一个国家发展快慢的重要因素。一般说来,一个国家经济要想获得发展,必须在长时期内保持一个较高的发展速度,战后日本、新加坡、韩国的经验都证实了这一点。第二是看经济结构和生产方式的变化,这种变化包括产业结构的变化、管理方式的变化、经营组织的变化、职工结构的变化、城乡人口比重的变化等。在这一系列的变化中,工业和其他新兴产业在国民经济中的比重应不断提高,对外贸易的比重应逐步增加,从事工业、商业和其他新兴行业的劳动者人数也应不断增加,而农民和农村人口则逐步减少。如果一个国家国民经济增长速度很快,但长期以来,结构性变化很小,工农业人口、城乡人口比重变化不大,这也不能说该国经济已得到很大发展。第三是广大的人民群众是否在经济发展中得到了好处,人民群众参与发展的程度。20世纪60年代以来,不少发展中国家的经济增长速度很快,但这些国家经济增长的成果完全落在少数人手里,广大人民群众的实际生活状况改善不大,一些国家甚至最低层穷人的绝对贫困程度还进一步恶化。这样,即使这些国家有很高的增长速度,也很难说其在经济发展上取得了很大成就。人民群众参与发展的程度是70年代以来提出的一个概念。鉴于一些发展中国家,主要是中东一些产油国经济增长速度和人民生活水平有较大提高后,这些国家的经济命脉和管理权却掌握在外国公司和外国专家手里,本国人民很少参与管理。大多数发展经济学家认为,这样一种发展模式,尽管人民收入增加较快,但仍然不能视为理想的发展模式,因为人民没有参与到发展过程中去,没有真正承担起责任。

20世纪60年代以来,不少经济学家开始已经衡量发展程度的指标问题,目前在这方面也有不同意见。大多数发展经济学家认为,衡量经济发展程度的指标应是可以观察到的、有数量概念的参数。而另一部分人则认为,一些无确切数量概念的指标,如:人民参与发展程度、人民自由选择程度等也应成为衡量发展的指标。目前发展经济学的指标不仅包括人们熟悉的一些传统经济学的指标,如:国民经济总产值、工农业总产值、人均收入、总出口额等,而且包括衡量人们生活质量的指标,如:人口平均期望寿命、婴儿死亡率、人们文化程度等。此外,反映经济结构变化的一些指标,如工业在产业结构中的比重、城乡人口比重、出口在国民总产值中的比重,出口中初级产品与工业制品的比重等都是衡量经济发展的重要指标。

经济发展从目标而言,可分成五个方面:①消灭贫困;②缩小收入水平的不平等;③提高贫困人口收入增长率;③使GDP增长达到最佳程度;⑤建立充满活力、GDP增长、解决贫困与收入不公并能自我发展的经济体制。

现代发展经济学家普遍认为经济增长和经济发展两者既是相互区别又是互相关联的。一方面二者是相互区别的,从概念内涵上看,经济增长是一个相对纯粹的经济学概念,侧重于一个国家或地区在一定时期内产品和劳务数量的增加;经济发展比经济增长的范围更广,除了增长外,还涉及经济结构、社会和政治体制,价值判断等非经济方面,即是多方面、多层次的。从学科的角度看,增长经济学和发展经济学都是涉及经济发展的学科。但增长经济学是研究发达国家经济稳定增长的条件,从历史上分析经济增长的速度和各种增长因素的作用,以及预测未来的长期增长趋势。发展经济学只以发展中国家的经济发展为研究对象,强调使发展中国家贫困落后的广大民众“尽快地和广泛地提高生活水平”,“最有效地分享经济进步的成果”。发展经济学家最感兴趣的是摆脱了低速发展阶段,而进入加速成长阶段的发展中国家。

另一方面,经济发展与经济增长的关系又是极为紧密的。经济增长是经济发展的基础,经济发展是经济增长的结果。没有经济增长就不可能有经济发展,但是有经济增长并不一定有经济发展。如强调单一的经济增长的结果,有可能造成两极分化,致使富者愈富、贫者愈穷,使基尼系数增大,而收入愈加不平均,这点必须引起高度重视。再如经济增长带来的资源破坏、生态环境的破坏和大量的污染等,政府不得不动用大量的钱财来治理,从而带来广大人民福利的极大降低。从非经济层面看,如果经济增长后相关的社会制度、组织机构、市场机制未根本改善,就不能使社会正常发展,也不能算作发展。增长和发展的区别可以用一个简单的例子说明:一个人的成长过程包括两方面:一是增长,如身体长高、体重增加。但另一方面,其他发展也要同时进行,即人的本身素质协调的改变、学习能力的提高、智力的提高、工作能力的发展等。如果一个人只有长高、长重(即增长),而没有本身素质和智力的提高,那么也就谈不上发展。

三、社会发展

发展的最终目标是人文社会的全面发展,不能离开人来讨论发展,没有人的发展就谈不到发展。人的发展是以整个社会的全面发展为前提的。人的发展所涉及的不只限于人的能力的形成,如增进健康和丰富知识;人的发展还涉及运用人的能力去工作、去创造闲暇,或者去从事政治和文化等方面的活动。

社会发展的目标有:①民众对社会政治、经济等其他方面的参与。没有民众的参与就不可能有社会发展的动力。②文化与人的自我变革。在类似中国和印度这样历史悠久的发展中大国,几千年的封建历史使这些国家形成了稳固的传统文化和价值观念。这种传统文化和价值观念与传统社会的农业文明相适应,但与现代社会的工业化所需要的工业文明相差甚远。这种差别成了阻碍工业化进行的主要因素之一。因而,这就要求人们的思想、行为方式、社会关系的模式要有利于促进发展,对不利于发展的传统文化模式进行变革。③教育的发展。教育发展在社会发展中占重要地位。但发展中国家教育的发展与文化的发展很不协调。从教育的数量上看,各种教育都很落后,成人的识字率很低,文盲的绝对数在增多。从教育的结构上看,教育的不适应状况还比较突出。如在农业上,二战前大多数发展中国家是农产品出口国。但二战后,发展中国家反而成了农产品进口国。这是发展中国家农业落后,教育体制又轻视体力劳动,教育培养出的人不是社会所需造成的结果。受过教育的人的失业率反倒高于文盲,这说明在教育体制存在结构上的弊病,不能适应社会发展。

第二节 经济发展指标与发展要素

一、经济发展指标

罗斯托和舒尔茨曾经使用“现代增长”一词说明发展水平。罗斯托认为,只要储蓄率能达到12%以上就算进入了“起飞”阶段。然而,他的阶段论并不适合今天的发展中国家,用12%作为衡量发展水平的尺度也根据不足。库兹涅茨的“现代增长”的特征之一是人均收入要有持续不断地增长。费景汉和拉尼斯则主张,剩余劳动力由农业完全转移到工业是发展的一个重要标准。尽管他们的提法很不一样,然而事实上,西方学者不论是谈发达国家经济的“增长”,还是谈发展中国家的“发展”,所用的衡量标准都是一个,即按人口平均的国民生产总值、国内生产总值或国民收入。另外,发展速度、增长速度、平均增长速度,也是衡量发展的常用指标。

用人均国民生产总值、国内生产总值或国民收入作为衡量发展水平的指标有以下主要缺陷：①它不能反映所生产的产品和劳务的类型或从使用这些产品和劳务中得到的福利的情况。它也没有反映由于环境污染、都市化和人口增长给社会造成的危害。②许多不通过市场的那些所谓"非市场的"产品和劳务（自然经济部门产品和家庭妇女的劳务收入及福利等）也没有计算在内。③不能反映收入的分配状况。④在进行国际比较时，国内相对价格的差别很大，口径也不一致。⑤发展中国家（甚至某些发达国家）的统计资料不完全、不准确。

许多人一直在设法弥补这些缺陷，建立其他的综合指标体系补充或代替传统的衡量标准。这种指标基本上分为两种：一种采取社会、经济和政治因素相互作用的标准或"最佳的"方法来衡量发展；另一种则用生活质量衡量发展。

美国经济学家阿德尔曼（I. Adelman）和莫里斯（C. Morris）提出的发展指数，它是根据经济、社会和政治因素之间相互作用的方式来衡量发展的。这项研究根据 40 个变量，对 74 个国家进行了分组，他们用因素分析法考察了社会和政治变量与经济发展水平间的相互依赖关系，发现某些关键性因素与经济发展水平间的许多相关关系。

（一）阿德尔曼和莫里斯的社会、政治和经济变量[①]

①传统农业部门的大小；②二元结构的程度；③城市化的程度；④基本社会组织的特点；⑤当地中产阶级的地位；⑥社会流动性的程度；⑦识字率；⑧大众传播媒介的水平；⑨文化与种族的同质程度；⑩社会紧张程度；⑪自然人口生育率；⑫观念现代化程度；⑬国家一体化程度与民族团结意识；⑭政治权利集中程度；⑮民主制度的力量；⑯政治上的反对派与出版自由程度；⑰政党竞争程度；⑱政党制度的主要基础；⑲工人运动的实力；⑳传统的上层人物的政治力量；㉑武装力量和政治力量；㉒政府机关的效率；㉓领导层对经济发展（改革）的支持程度；㉔政治稳定程度；㉕1961 年人均国民生产总值；㉖1950/1951—1963/1964 年度人均国民生产总值增长率；㉗自然资源的蕴藏量大小；㉘总投资率；㉙工业现代化水平；㉚1950 年以来工业化程度的变化；㉛农业组织的特点；㉜农业技术现代化水平；㉝1950 年农业生产率提高程度；㉞物质资本是否充分；㉟1950 年以来物质资本增加程度；㊱税收体制的实际水平；㊲1950 年以来税收体制的改进程度；㊳财政体制的实际水平；㊴人力资源的提高程度；㊵对外贸易的结构。

人们对这些研究的主要评价是，他们不是根据人民的福利水平去衡量发展的过程，而是包含着发展中国家必须沿着发达资本主义国家道路发展的假定。例如，他们使用的人均动物蛋白质消费指标和人均能源消费指标以及有关政治民主、出版自由的标准，明显地带有西方国家价值观念的色彩。

（二）世界银行设计的世界发展指标体系

从 1978 年起，世界银行每年发行一期《世界发展报告》。在那里，世界银行也设计了一套反映社会和经济发展主要特征的世界发展指标体系。与联合国社会发展研究所设计的综合指标有所不同，世界银行的发展指标是从几个方面分类加以考察，即首先是反映一国经济概况的基本指标，然后是反映生产、国内成本分摊、财政和货币账户、贸易和国际收支平衡、外部融资和人力资源等情况的指标。具体来说，主要有以下 32 项指标。

---

① 阿德尔曼与莫里斯：《社会、政治与经济发展》. 约翰 · 霍普金斯大学出版社，1967 年版.

经济概况：

①基本指标(包括人均国内生产总值及其年均增长率，年均通货膨胀率和出生时的预期寿命)。

生产情况：

②生产的年均增长率(包括农业、工业、制造业、服务业等的增长)；③生产结构(国内生产总值的分布结构)；④农业生产指标(包括农业的增加值、粮食进口额、化肥消化量和人均粮食生产指数等)；⑤商业能源(如年均能源增长率、人均能源消费、能源进口占商品出口的百分比等指标)；⑥制造业的结构(即制造业的增加值及其分布)；⑦制造业的收入和产值；⑧消费和投资的年均增长率；⑨需求结构；⑩家庭消费结构(包括用于吃、穿、医疗、教育、交通运输、通讯及其他消费等项)。

财政和货币账户：

⑪中央政府支出(包括国防、教育、医疗卫生、住房和社会公益、经济活动经费支出占总支出的百分比，总支出占 GNP 的百分比，盈余或赤字占 GNP 的百分比)；⑫中央政府的经常收入(税收收入、非税收收入分别占经常收入总额的百分比，经常收入总额占 GNP 的百分比)；⑬货币和利率(广义货币年均名义增长率，年均通货膨胀率，银行名义存贷款利率)。

贸易和国际收支平衡：

⑭商品贸易的增长(包括商品贸易进出口额及其年均增长率，贸易比价)；⑮进口商品结构；⑯出口商品结构；⑰国际收支和国际储备；⑱OECD的制成品进口(原产地及其构成)。

外部融资：

⑲OECD 和 OPEC 成员国提供的官方开发援助；⑳官方开发援助额；㉑对外债务总额(包括长期债务总额，国际货币基金组织信贷的使用，短期债务总额)；㉒政府和私人的外资流入；㉓政府和私人的对外债务总额和债务偿还率；㉔对外公共债务和债务偿还率；㉕对外公共借款的偿还条件(包括承诺额，平均利率，平均偿还期，平均宽限期，按可变利率计息的公共贷款占公共债务的百分比)。

人力资源：

㉖人口增长和预测(包括平均人口增长率，将来稳定人口的设想数，达到净再生产率为 1 的假定年份，人口增长势头)；㉗人口统计和生育率(包括人口中每千人的毛出生率、毛死亡率、育龄妇女所占人口的百分比，总和生育率)；㉘医疗卫生和营养(包括每一医生和护士所负担的人口，人均每日卡路里供应量，出生时重量不足的婴儿的百分比)；㉙教育(入学人数占入学年龄组的百分比)；㉚收入分配和国际比较项目对 GDP 的估计数；㉛城市化(城市人口占总人口的百分比，城市人口的年均增长率)；㉜妇女在发展中的地位和状况(包括教育状况、保健和福利等)。

最近试图对发展中国家与发达国家社会经济发展状况作出综合而系统的比较分析的，是由联合国开发计划署主持发行的系列年度的人类发展报告。1990 年年初，人类发展指数(HDI)的内容是报告的中心。人类发展指数是根据发展的三个目标或最终成果将所有的国家按照它们所得的分数从 0 到 1(最低人类发展到最高人类发展)排序：用出生时预期寿命来衡量寿命；用成人识字率和在校年限的一个加权平均数来衡量学识；以及用调整的实际人均收入来衡量生活水平。通过这三个衡量发展的指标，并运用一套复杂的公式，对各个国家的数据进行评价，根据所得出的人类发展指数将所有的国家分为三个组：低水平的人类发展(0.0～

0.50),中等水平的人类发展(0.51～0.79)和高水平的人类发展 (0.80～1)。而且每年的人类发展指数都会在计算方法上有所深入和改进。1995 年开始,人类发展报告还引入性别相关发展指数(GDI)和性别赋权测度指标(GEM),反映人类发展中性别的不平等。GDI 反映的是在基本人类发展方面对矫正性别不平等取得的成绩,GEM 则反映在经济和政治机会方面的性别不平等。1997 年人类贫困的概念被引入,用人类贫困指数(HPI)来进行测量。在 HDI 测量人类发展基本范围内平均成就的同时,HPI 则测度那些范围内被剥夺的情况。表 2-1 反映的是人类发展的基本范围以及测度指标。

表 2-1　人类发展的测度指标

指数	寿命	知识	生活水平
HDI	出生时预期寿命	1. 成人识字率 2. 综合入学率	调整的实际人均收入
GDI	出生时女性和男性预期寿命	1. 女性和男性成人识字率 2. 女性和男性综合入学率	调整的实际人均收入,根据女性和男性所挣收入的比例
HPI-1 (发展中国家)	预期低于 40 岁的人口比率	成人文盲率	1. 不能获得安全用水的人口比率 2. 不能获得健康服务的人口比率 3. 5 岁以下儿童体重不足人数比率
HPI-2 (工业化国家)	预期低于 60 岁的人口比率	成人功能性文盲率	收入贫困线以下的人口比率 长期失业率(12 个月以上)

(三)农村经济发展指标

由于农村经济发展不仅只是从国民生产总值、人均收入方面的指标测定其成就,而且还包括其他方面的量度指标。为此,作为农村经济发展的指标,应包括单个指标和综合指标。单个指标是综合指标的基础,综合指标是单个指标集合的综合衡量。

1. *农村经济发展的单个指标*

(1)农村社会总产值及农业总产值。农村社会总产值和农业总产值是农村经济发展的基本总体指标。前者反映整个农村经济发展的经济情况,包括农村第一、第二、第三产业的产值。后者反映在整个农村经济中农业生产的经济状况(通常第一产业作为统计范围)。农村社会总产值及农业总产值,反映了一个国家农村的基本经济实力,特别是农业总产值在国民总产值中的份额高低,更能反映一个国家的经济水平。

世界经济发展的历史统计数据表明,一个国家的国民总产值(尤指人口平均国民总产值)越高,其第一产业所占的比重就越小,反之则越大。著名的经济学家西蒙·库兹涅茨对世界上不同经济水平的 32 个国家进行了研究,得出了同样的结论①。如就 1965 年的数据看,人均国内总产值为 65 美元的国家,农业总产值占国民总产值的份额 38%;而人均总产值为 900 美元的国家,农业总产值的份额只占总产值的 11.1%。发展中国家人均产值低的例子也正符合上

① 西蒙·库兹涅茨:《各国经济增长》.商务印书馆,1975 年版.

述结论。霍利斯·钱纳里对101个国家的统计分析结果也表明,发展中国家的年人均国民产值越过300美元的临界点后,工业的产值也会越过初级产业(主要为农业)的产值。而当人均收入超过700美元后,工业中的就业人口才开始超过第一产业的就业人口(按1964年美元价值)。世界银行所划分的传统农业国、转型中国家和城市化国家的农业总产值占GDP的比重在1980年分别为:29%,24%以及10%;而该比例2000年为29%,16%以及10%[①]。

(2)农村人均国民产值和人均收入。如一个国家在过去5年中人均农村收入增加了50%,而另一个国家人均收入只增加25%,前一个国家或地区的每人经济水平自然比后者发展得快些。当然,具体快多少,还要根据不同国家的福利水平来计算。因为不同国家统计指标口径不太一样,在比较时要注意。又由于人均收入是用货币收入来计算的,所以这里也有一个名义收入和实际收入问题,在计算时必须采用不变价格,排除通货膨胀影响的因素,从而得到实际收入的变动情况。

(3)所得收入的分配。所得收入的分配主要是指不同收入者的分配,即分配在国民中间是否合理、收入分配的差距及其发展趋势、财产集中的程度等。

由于人均收入通常是按加权平均值计算的,因而还不能如实地反映不同阶层的人的收入是否都有所改善。如所得平均收入在数字上增长较快,但由于贫富差距扩大,实际上可能是富者愈富,贫者愈穷,其基尼系数可能随经济的发展越来越大。为此,在运用所得收入指标时要注意这个问题。

(4)医疗、保健水平。通常的指标是每千人或万人中拥有的医生数及床位数、医疗设施及医院距离、政府对医疗、保健的福利费用以及人口的平均寿命等。经济发展水平高,医疗、保健水平愈高,人的平均寿命也愈高。经济发展水平低,主要着重于解决温饱,医疗保健也难以提高。

(5)农村人口每天平均蛋白质消耗量。蛋白质消耗量是衡量经济发展水平的一个指标。经济发达的国家,人们的食物构成以蛋白质为主,而发展中国家人们的食物构成以淀粉为主。特别是在发展中国家的农村,人均每天摄入的蛋白质量很低。因为把淀粉食物转化为蛋白质为主的食物,有待于经济发展水平的提高。当然,因动物食品匮乏引起摄取蛋白质不足,可以从植物食品中摄取的蛋白质得到补充。如中国20世纪80年代初,每人每天摄取蛋白质量已达66克,超过所有发展中国家水平(57克),并接近世界水平(69克)。但其中只有10%来自动物蛋白(世界平均水平为35%,发展中国家为21%)。

(6)教育及文化水平。农村人口受教育程度及农村人口文化水平的高低,是影响经济发展的重要因素,也是测量经济发展的一个重要指标。一般来说,经济高度发达的国家,其农村人口的受教育程度和文化水平也较高,文盲率很低。农村人口教育及文化水平将在很大程度上制约和影响着经济发展。而农村经济发展快,最终也将促进农村教育文化水平的提高。

(7)就业水平。主要是指就业率、失业率、隐蔽失业率和潜在失业率等。就业水平反映一个国家经济发展水平的高低,就业水平波动也反映一个国家经济的变化。就业水平还包括就业机会是否相等。在发展中国家农村中,主要存在隐蔽失业和潜在失业。虽然农民在农村以农业为职业,但有限的土地总使他们一年中有些时间无事干,同时又找不到合适的工作而形成隐蔽性失业。

---

① 2008年世界发展报告.第7页.

(8)生态环境。生态环境的内容很多,包括空气、水、土、森林等方面的指标。如果单有国民总产值和国民收入水平提高,而生态环境恶化,人们在恶劣的生态环境中生存,就不得不以高的代价去治理(生态系统一旦破坏,短时期内就很难恢复),从而使人们的生活质量不但没有提高,而且对经济发展也有着极大的制约,特别是对将来的经济发展影响更大。

(9)每人平均能源消耗量。发达国家与发展中国家每人平均能源消耗量大约为16∶1。这不但是发达国家工业发展需要大量的能源,而且家庭日常生活所耗用的能源也很高。而在发展中国家,能源消耗量较低,而且农村人均能源消耗量远低于城市。

(10)每平方公里的铁路数和公路数。这个指标是反映一个国家交通运输方面发展的情况。交通运输的发展,是经济发展的先决条件,同时也是经济发展的结果。它们是相辅相成的。

(11)社会安全感。社会安全包括国家和个人的安全。经济水平的增长,不一定都意味着人们的安全感也在提高。有些国家在经济的发展中,却伴随着社会犯罪率的增长,使人们的安全感降低。所以经济发展成就测定也应包括此方面。

除了上面所列诸指标以外,还有一些指标,而且每个指标也可再细分,以作为分析经济发展水平的依据。

2. 农村经济发展的综合指标 个别指标每一个都有其自己的特殊意义。但每一个指标都只能从某一个角度来测量经济发展的快慢及其水平,所以单个的指标对整个经济发展的测定,总存在着不同程度的偏差。因此,在测量经济发展程度时,应多采用综合指标。

综合指标的计算,是一个比较复杂的问题。因为个别指标的量度是不一样的,不能简单相加。每一个国家和地区都有自己计算综合指标的办法。其基本原理是:在计算综合指标时,每一个国家根据自己的价值判断,分别给予个别指标不同的权数(认为重要的给予较大的权数,认为次要的给予较小的权数),然后进行加权计算。

综合指标计算方法有很多类型,这里以综合评分法为例说明其基本原理。

综合评分法可采用百分制,也可采用其他计分方式。综合指标可以先分类计算,如反映生态环境状况的指标,应主要包括水质情况、空气污染程度、森林覆盖率、土壤污染状况等。再按各项指标的高低打分,并确定各项指标在综合指标中所占的权数。假定某个国家根据该国具体情况计算出上述各单项指标的分数分别为80分、90分、70分、90分,如果每项指标占综合指标权数都是25%,那么,生态环境状况综合指标的分数为

$$80\times25\%+90\times25\%+70\times25\%+90\times25\%=82.5$$

再如反映就业状况的指标包括各种失业率、半失业率、隐蔽失业率等,我们也可以同样方式衡量其综合指标,计算出综合指标的分数。

如果我们把各分类综合指标看成一个单个指标,采用综合评分法,就可以计算出某个国家经济发展水平的综合指标。如某个国家收入状况综合指标分数为80分,文化教育状况为70分,生态环境状况为82.5分,就业状况为80分,医疗保健状况为90分(如果上述指标为该国发展水平的主要指标),其中收入状况指标权数为60%,其他四项分别为10%,那么该国家经济发展总水平的综合指标分数为

$$80\times60\%+70\times10\%+82.5\times10\%+80\times10\%+9\times10\%=80.25$$

对于加权的综合指标，同一个国家必须用相同的权数加以比较，才能有不同时期的可比性。对于不同国家经济发展的综合指标，由于其计算方法及综合指标的权数不同，一般要根据具体情况进行参考比较。

二、经济发展要素

任何一个劳动过程即直接的生产过程都需要人、劳动对象和劳动资料这三个基本要素，离开中的任何一个，生产就不能进行。但直接生产过程不等于全部社会经济生活的发展，社会再生产，需要更多的条件，即需要更多的发展要素。这就是说，社会经济的发展，不仅要考虑生产的要素，还要考虑再生产的要素。不仅要考虑微观经济发展的要素，还要考虑宏观经济发展的要素。据此，可以对经济发展的要素概括为以下各项：

(一)人力

“世间一切事物中，人是第一个可宝贵的。”[①]人的可宝贵之处，就在于他可以制造工具，进行生产劳动，改变自然界的物质，创造日益增多的财富，并且能够在改造客观世界的同时，不断改造自己的主观世界。所以说，人是经济生活的主体，没有人就没有经济活动可言，人是经济发展中的最基本的要素。人力包括的体力和智力两方面。经济活动特别是其中的生产劳动，完全离开人的体力是不可想象的，当然随着技术的进步，体力劳动有减少和减轻的趋势。尽管目前世界上在危险和繁重的工种中已有大批的机器人在代替人的劳动，但机器人仍然只是人所操纵的一种新工具。总之，人的体力在生产劳动和经济发展中的作用是永远也不可忽视的。就人的智力来说，又可分为人的技术力和人的组织力。技术力是为了延伸和代替人的体力的作用的；组织力则是为了使众多的人力实现优化组合，发挥分工与协作的力量，也是为了使人和各种物质条件更好地结合起来，产生尽可能大的经济效益。在习惯上，人们把掌握技术力的人称为技术人才，把掌握组织力的人称为管理人才。随着科学技术的发展，对人力素质要求越来越高，人的智力在经济发展中的作用将日益增大。也就是说，从事脑力劳动的技术人才和管理人才的作用将日益突出。所以，人才争夺，特别是对高技术人才的争夺，现已成为激烈的“世界人才大战”。人的体力和智力在经济、文化发达的条件下是由不同的人分别承担的，有所谓体力劳动者和脑力劳动者，而随着经济、文化的不断进步，技术工作和技术性的工种将日益增多，对劳动者文化素质的要求将越来越高，体力和智力将逐渐结合起来，于是出现了所谓“体脑劳动者”，这就看作是一种大趋势。

人力作为经济发展要素其特征：一是人力的数量将随人口的数量而变动。二是人既是劳动者又是消费者。人作为劳动者是一生中的一段时间，人作为消费者则是一生的全部时间，所以对人口数量的增殖必须进行有计划的控制。三是人力的质量可以通过教育、保健和锻炼而提高。人力质量特别是人的智力的提高具有极大的潜力。

(二)土地

“土地(在经济学上也包括水)最初以食物、现成的生活资料供给人类。他未经人的协助，就作为人类劳动的一般对象而存在。”“土地本身是劳动资料，但是他在农业上要起劳动资料的

① 《毛泽东选集》第4卷，人民出版社，1991年，第1512页.

作用，还要以一系列其他的劳动资料和劳动力的较高的发展为前提。”①人们如果从事建筑业的生产，如建造住宅、道路和开凿运河等，土地就成为产品不可分割的组成部分了。土地还是人们进行一切经济活动必不可少的空间，是人们进行一切经济活动的立足之地。若无土地这一要素，其他一切发展要素便都无用武之地了。

土地作为经济发展的要素，其特征是既不能再生，也不能移动，所以土地是有限的。值得注意的是，土地的有限性和人口增加的无限性，就使人均土地日益减少。土地包括水量的有限，对人类的生存与发展乃是严重的威胁。没有水的土地是毫无意义的，既无法进行农业生产，也不能发展工商业，甚至人类也难以生存下去。地球上的水也是有限的，地面上的水和地下水总量就那么多。但水的有限和土地的有限不同，水的分布是不均匀的，人们可以把水从甲地引到乙地，在一定程度上作调剂使用，而土地就无法移动了。

(三)自然资源

资源这个概念使用的范围越来越广泛，但粗分起来可概括为自然资源和社会资源两大类。在此分析的发展要素可统称为资源。而作为发展要素之一的资源，是专指自然资源。自然资源是发展经济的重要物质要素。除土地和水资源已如上述以外，还可以分为矿物、生物、光热资源和能源等。能源中有的就属于矿物资源如煤，有的就属于光热资源如阳光，还有的就是水资源，但由于能源对现代经济发展具有特殊重要意义，所以将其单列出来。资源状况对一国经济的发展关系极大，中东国家就是由于有丰富的石油，所以人均国民生产总值在世界上名列前茅。日本因为缺乏自然资源而长期实行“加工贸易立国”的发展战略，继续实行“科学技术立国”的发展战略。

自然资源作为一个经济发展要素，具有以下特征：①有的资源如矿物资源不可再生，要加倍注意节约和综合利用。有的资源如生物资源虽可再生，但其生长受到自然规律的制约难随人意。有的资源如光热源即使人们不利用，却也丝毫不减少其消耗，宜尽早充分利用。②矿物资源和生物资源的分布有较大的地区差别。如有的地方有煤、铁矿蕴藏，有的地方滨海有鱼，这就为组织经济发展，带来了合理布局的任务。③随着现代科学技术的发展，某些自然资源可以由人工生成。某些自然资源已有替代品，但这些都是十分有限的，所以有效利用和综合利用自然资源就成为十分重要的任务。

(四)技术

技术是经济发展中不可缺少的要素，包括技术人才、技术装备和技术方法。技术作为一个单独的经济发展要素是指人们从事生产、流通等经济活动时所运用的设计、试验、检验、工艺、技术等方法及其所需装备与材料。人们借助于一定的技术来实现一定的经济目的。人类开始从事经济活动时起，技术就成为一种必要条件，原始人如何播种才能保证种子发芽，就有技术可言。随着科学日益发展，技术就越来越复杂，其在经济过程中的地位也就越来越重要。当代的上至宇航工程，下至海洋开发，以及电子计算机的研制和广泛应用，还有克隆牛、克隆羊的出现，无不需要高超的技术，可以说没有技术就没有经济的发展。

技术作业经济发展要素，具有以下特征：①技术是由人直接掌握的。技术的创造、传授、运

---

① 马克思：《资本论》第1卷，人民出版社，1975年版，第202～204页.

用都直接同人相联系，因而技术同人的素质直接相关，素质低的人不可能掌握高超的技术；②技术发展以科学的发展为基础，而科学的发展又以教育的发展为前提。低下的科学与教育水平，不可能有发达的技术。所以振兴技术，必先发展科学与教育。

（五）信息

把信息看作是经济发展的一个要素，是随着新技术革命的发展才被人们重视的。信息没有一个实体，但它无所不在。它是经济技术发展各方面最新动态的反应，可以沟通供给与需求、供给与供给、需求与需求以及科技、教育与经济、国内与国外之间的情报，作为组织和调节经济发展的依据。

信息作为经济发展要素的特征主要是：①信息对于采用者才是信息，才有用；②形成信息的投入少，但效益大；③在经济、技术的竞争中，如果其他条件相同，信息则是决定成败的因素；④信息的储存、运载和转让，比起其他要素来，都是最简便的；⑤随着新技术的发展和生活节奏的加快，信息在诸经济发展要素中的地位和作用日显重要，应用范围越来越广泛。

（六）市场

市场问题实质上是个需求问题，没有需求也就不用生产了。人类一开始就是为了本身生存的需要才进行狩猎、采集、捕捞等最原始的生产。后来人们的需求越来越丰富，从而也对生产提出了越来越高的要求，这就推动了市场的扩展和经济的发展。

出现商品经济以后，人们为交换而生产、为市场而生产。即所谓“以销定产”，市场有需求、有销路，才要进行生产；生产出来销售以后，产品的价值和使用价值才能得到实现。如果没有市场需求，没有销路，就不能进行生产，即使生产出来了，也没有人要。所以，在商品经济条件下，有无市场以及市场的结构和规模如何，决定着经济发展的状况。如果说，人力、土地、自然资源、技术等要素决定能不能进行生产，而市场则决定产品的价值能否实现，从而决定能否进行再生产。正因为市场是如此重要的一个经济发展要素，所以世界各国连绵不断地进行着对市场的竞争。战后日本经济曾经有过高速发展，就同他逐渐占有了美国和英国的一部分市场有关。中国幅员辽阔，人口众多，有着广阔的国内市场，这是进行现代化建设十分有利的条件。

作为经济发展要素的市场有以下特征：①市场不是从物质方面而是从连接供求关系和产销关系方面来保证经济发展的，市场的容量将最终决定经济发展的规模。②市场有自身的体系。市场体系包括商品市场、劳动力市场、资本市场、货币市场、技术市场、房地产市场等。所以，不仅市场的容量决定着经济发展的规模，而且市场体系是否健全及其结构，也决定着经济发展的状况。

（七）资金

在市场经济条件下，一切劳动产品和劳务都是商品，而且社会具有商品化的倾向，因而非劳动产品也可以作为商品进行交换。劳动力也是商品，因而劳动力的价值也可以用货币来表现。这样，经济发展的各种要素都可以用货币来表现和用货币来换取，这些经济发展要素的货币表现就是资金。

资金作为经济发展的要素，其特征有：①可以随着物质产品和劳动的再生产而再生产，但它自身不能孤立地再生产。②可以流通，从商品到货币，再从货币到商品，还包括货币资金的借贷。③可以换取某些可以换取的其他要素,因此它是经济发展中最方便、最灵活、最通用的一种关键性要素。

(八)组织

生产从来是社会的生产,孤立的个人是无法进行任何经济活动的。人们在进行经济活动时必然形成一定的关系,按一定的方式组织起来。组织作为一个经济发展要素包括:①形成最基层的经济单位,而且在单位的内部仍需要按照分工、协作的原则加以组织;②形成经济部门并建立一定的部门之间的经济联系;③形成生产、流通、消费之间的经济联系;④建立一定的国家财政体系;⑤建立一定的信用体系;⑥形成一定对外经济贸易关系;⑦形成一定的经济运行机制;⑧建立一定的经济体制;⑨制定调整各种经济利益的政策与法规;⑩制订经济发展战略等。

组织作为一种经济发展要素具有以下特征:①组织不是一个简单的经济发展要素,它是把人力、物力、财力各类要素有机联系起来的一种要素,没有这种组织机制,便不可能求得经济发展,产生经济效果。所以组织要素不仅不能被替代,而且可以发挥某种要素所不能产生的作用。各种发展要素由于被合理组织而产生的经济效果是组织力的作用,正因为组织具有这样巨大的力量,所以才成为经济发展的一个要素。②经济组织、经济体制、经济法规等都包括在组织这一概念之中,所以组织这一发展要素就是经济过程中的生产关系。③组织这一要素最具有社会性,最能反映不同社会制度的特征。

上面分析了经济发展的 8 个要素,都是发展经济所不可缺少的基本条件,或说是起始条件。其中人力是经济发展中的主观要素,是由于人的需要和人的推动才有经济的发展,所以人力是第一要素。土地和自然资源是经济发展中的物质要素,是发展经济所必需的硬件,各种物质产品的主体,就是人的劳动介入土地和自然资源以后形成的。资金和市场是经济发展中的经济要素,在市场经济条件下,人力、土地、自然资源、技术和信息等发展要素都可以用货币来表现。因此,资金就成为经济发展中置换和调剂各种要素的一种通行要素,离开它,其他各种要素就都缺乏活力。同时,在市场经济条件下,市场是供求关系的总和,因而离开市场的作用,经济的运行和发展就会停滞。技术和信息是经济发展中的文化要素,是发展经济的软件。人的智慧凝结为技术,人的活动表现为信息,人又利用技术和信息达到经济上的目的。组织是经济发展中的社会因素。它反映组合和调整人与人的关系在经济发展中的重要作用。但并不是任何一种组合方式和调整方式都适合经济发展的要求。所以,人们必须适应生产力发展的要求来组织经济活动。

由上可知,经济的发展就是以人力为主导的物质、经济、文化、社会诸种要素有机结合的产物。因此,为了促进社会经济的有效发展,在研究发展战略时应当重视各种发展要素的保护和节约,以及对各要素培育、开发以及组合与调剂的问题。

第三节 可持续发展观的兴起与创新

一、从传统发展观到可持续发展观

可持续发展观作为 20 世纪 80 年代以后人类根本性观念变革,其出现到最终形成主要经历了这样三个大的阶段：

(一)从循环增长观到增长极限论

古代社会赖以存在的农业生产活动是一种在天时控制下的，周而复始的增长极其缓慢的生产活动。由此决定了古代社会的发展观是一种循环的增长观。近代以来的工业革命，使人类的生产活动摆脱了四季循环的天时控制，在人类直接控制时空时，生产活动表现为在科学技术创新推动下的不断增长的过程。因此，支配工业社会的发展就是一种无限的增长论。特别发生在第二次世界大战后的第三次科技革命，短时间内形成巨大的生产力，将人类征服自然的能力推向了一个前所未有的高度同时，这种无限增长观也达到了顶峰。

近代形成的无限增长观，以物质财富增长为核心，以经济增长为唯一目标，认为经济增长必然带来社会财富的增加和人类文明。特别是20世纪30年代以来，凯恩斯主义经济学把国民生产总值作为国民经济统计体系的核心，成为评价经济福利的综合指标和衡量国民生活水准的象征。这种无限增长观又表现为对国民生产总值，对经济高速增长为目标的狂热追逐。

在20世纪50～60年代，随着工业生产能力的迅速扩张，环境污染、资源短缺等问题也同时发生。特别是当时发生在资本主义发达国家的“八大公害事件”，向在狂热中追求无限增长的人们敲响了警钟。自然对人类报复的一系列事件说明，经济增长并不绝对等于人类福利的增长。20世纪60年代末至70年代初，出于对传统增长观的矫正，美国人率先发动了一场“社会指标”运动，提出建立社会、经济、文化、环境、生活等各项指标在内的社会发展指标体系，第一次冲击了以单一GNP为唯一衡量指标的工业发展观。

20世纪70年代，是“人类困境问题”反思的年代，也是传统的发展观受到强烈批判的时代。1972年3月，罗马俱乐部发表了第一个报告《增长的极限》。1972年6月，在斯德哥尔摩召开了联合国人类环境会议，发表了《人类环境宣言》。在20世纪70年代，《增长的极限》一出现，便在全世界引起了轰动，给予传统的增长观以震撼性的冲击。该书以34种文字出版，并被联合国大会列为大会文件向各国代表散发，在西方的报纸、广播、电视节目中，到处都掀起了增长极限问题的辩论。

《增长的极限》认为，物质革命的成功，使以“增长癖”为特征的西方工业文明骄傲自满起来，实际上是对地球维持生命能力的真正无知和对资源的过度利用。不惜一切代价，用倍增的速度，去求取经济增长，那是得不偿失的。这样的增长注定要使社会从自然和人类两个方面都达到极限，从而引起灾难性的冲击。

《增长的极限》提出了对人类命运有决定性意义的5个参数，即人口、粮食生产、工业化、污染和不可再生自然资源的消耗。这些参数不仅增长着，而且是每年都按“指数增长”的模式增长着。如果照此增长下去，这个星球上增长的极限将在今后100年中发生。在此基础上，该报告提出了一个“零增长”模式。

《增长的极限》一书是20世纪70年代悲观派代表作。无论从经济发展还是从保护生态环境来看，停止增长都是不现实的，也是不明智的。但是该书的发表有不可磨灭的历史功绩，主要表现在他提出了全球概念，引导人们把视野扩大到世界性问题上，而且第一次有力地批判了以经济增长为核心的传统经济学的发展观与价值观。

(二)从单纯的经济增长观到经济与社会的协调发展观

对传统发展观的反思,不仅来自发达的资本主义国家,而且发展中国家的经济发展实践也对传统的发展观提出质疑。第二次世界大战结束,新独立的贫穷国家鉴于自身的落后,形成了追求经济增长的迫切愿望。针对二战后发展中国家出现的一系列问题,以研究发展中国家的经济增长为对象的发展经济学应运而生。在罗斯托、刘易斯等早期发展经济学家看来,贫穷国家之所以贫穷是因为“经济馅饼不够大,现代的关键问题是必须把馅饼做大些”。罗斯托直言不讳地说,他关心的是经济增长而不是其他。罗森斯坦-罗丹看到发展中国家与发达国家差距的马太效应,即虽然发展中国家想尽力赶上发达国家,可现实是发展中国家与发达国家的经济差距越来越大。提出了发展中国家要有超常规发展的全面“大推进”战略。对于如何实现经济增长,其他经济学家也提出了开拓国内市场的“进口替代战略”,吸取外国资金技术“开放战略”,优先农业发展的“绿色革命战略”。发展中国家根据实际情况实施这些理论,虽然有各自的合理性和一定的适应性,但在发展观和发展战略上有共同的片面性,即这些理论都将发展的基本含义和主要目标看成是单纯的经济增长。在西方发展经济学家的心目中有一个假设:只要把经济馅饼做得足够大,其他问题会自然解决,发展也就在其中。但第二次世界大战后发展中国家追求经济增长的事实促使人们对这种发展观开始怀疑和反思。

在20世纪60年代,确实有一些发展中国家通过单纯的经济增长方式加快了经济发展的速度,然而仅有的经济增长并没有改善发展中国家千百万人的生活状况,甚至经济增长还带来了种种意想不到的灾难性后果。巴西经济增长率很高,甚至一度超过欧共体的经济增长率,跻身工业16国。但巴西的经济增长并没有给整个巴西社会带来同等程度的社会福利的增长,由于农民极度贫困,社会两极分化严重,到了20世纪80年代,巴西约1.6亿人口中有7 000万居民实际生活水平下降。为了解决一些发展中国家的粮食问题,从20世纪50年代开始,在一些发展中国家出现以提高粮食的产量为目的的绿色革命,绿色革命确实提高了粮食产量,但是绿色革命并没有解决贫富两极分化问题,并没有从根本上解决农民的贫困。第二次世界大战后一些发展中国家在市场经济下的工业化或绿色革命确实推动了经济发展,但市场经济所具有的淘汰机制,又加剧了财富分配不公平,以及对生态环境严重破坏等不良的社会后果。可以说,这是一种有增长无发展的恶性增长。目前,在一些发展中国家出现的无发展的恶性增长,正是19世纪在西方资本主义国家曾经存在过,被马克思所批判的早期资本主义弊端所在。现代西方资本主义国家也确实是把经济馅饼做得足够大而缓解了贫富之间的对立。根据西方资本主义国家经济发展的过程,许多学者提出了经济增长早期阶段必然会出现与社会发展负相关的观点。经济不平等最初是增大的,等到经济发展到更高水平时,这个不平等才会缩小。考察西方资本主义发展史,可以发现,在西方社会中长期存在的贫富两极对立,真正得到缓解是20世纪30年代以后的事。在此之前的几百年资本主义发展中,这个问题始终未能得到较好的解决。20世纪40年代以后,之所以出现了贫富两极对立的缓解,除了“馅饼做大了”这一因素外,还有一个不容忽视的重要因素,是在资本主义经济体制中增加了调节社会贫富差距的社会福利和社会保障体制。第二次世界大战之后,在西方资本主义国家出现的社会福利和社会保障体制,实际是对在资本主义经济中存在几百年之久的经济发展观的一种修正。

历史的事实证明,单纯的市场经济可以创造经济高速增长,但是充满优胜劣汰竞争的市场经济很难解决发展的问题。发展问题只有通过构建发展体制来解决。正是在20世纪50年代以后，在发达和发展中国家出现一系列问题，使人们开始认识到“增长”与“发展”是两个不同的范畴。虽然“增长”是发展的前提，但并不是增长到一定阶段之后发展的问题会自然解决。增长与发展是通过两种不同的体制来解决的。发展应该看成是复杂的、多元化的、经济的、社会的、科学的、文化的……他必然具有一种综合的特点，即包括社会生活的多种表现形式，并符合植根于各国人民的历史财富的道德和文化的目的。

在探讨发展的多重目标中的基本目标时，西尔斯指出：减少贫困、增加就业、促进平等应该是发展的三个最基本的目标。美国著名政治学家塞缪尔·亨廷顿认为，发展包括五大目标：增长、公平、民主、稳定、自主。在现实社会中所选定的发展目标，必须同具体的社会情况和民族的文化、道德相吻合，最终还需通过具体的制度构建来实现。总之，一个完整的发展理论应当是发展观、发展战略、发展制度有机的统一。

(三)从协调发展观到可持续发展观

从增长观到发展观的转变，解决的主要是传统工业经济体制中暴露出的问题。那么，可持续发展观的提出，则是针对工业经济发展中暴露出的人类与自然关系的恶化引起的一系列恶果而出现。可持续发展一词，最初是在20世纪80年代中期，一些发达国家的文章和文件中使用。1987年，世界环境与发展委员会的《我们共同的未来》的出版，标志着可持续发展的正式形成。但由于一些发达国家对可持续发展的内容的解释，包含了一些旨在限制第三世界发展的内容。对此，发展中国家与发达国家进行了一系列对话和辩论，终于在1989年5月联合国环境署第十五届理事会期间，经过反复磋商，达成共识，通过了《关于可持续发展的声明》。《声明》认为，可持续发展是指满足当前需要又不削弱子孙后代满足其需要之能力的发展。1992年6月，联合国环境与发展大会通过一系列文件，使可持续发展成为大会的指导方针。其中最重要的是具有划时代意义的《21世纪议程》的公布。他标志着可持续发展观开始从理论走向实践，“标志着人类历史进入可持续发展的新时期的开始，可持续发展必将成为世界各国现代发展的主导潮流”。①

可持续发展观作为全人类共同的选择和一面时代的旗帜，是一个包含内容丰富的概念：

1. 空间发展　可持续发展所包含的发展空间是指在谋求全球性经济和全人类的可持续发展。在此之前不论是停留在单纯的经济增长观基础上的经济学，还是建立在协调发展观上的经济学，在空间定位上都是以一国或某一区域的增长或发展为空间单元，而可持续发展始终以全人类的发展为前提。在世界环境与发展委员会发表的报告中明确提出：世界各国——发达国家或发展中国家、市场经济或计划经济的国家，其经济和社会发展的目标必须根据可持续性原则加以确定。解释可以不一，但必须从可持续发展的基本概念上和实现可持续发展大战略上的共同认识出发。在可持续发展中包含着这样的深层次的内容：可持续发展是全人类发展的问题，任何国家和区域的经济发展都必须以全球性的可持续发展为前提，以可持续发展为基本方针，实现某一国或某一区域的发展。1992年6月，在联合国第二次环境会议上通过关于全球性可持续发展的《21世纪议程》之后，要求各国根据《21世纪议程》的指导思想制定出本国的《21世纪议程》。联合国环境与发展大会提出的这种要求，充分说明可持续发展的全球性内涵所在。在实现全人类可持续发展上，当代人类遇到的最大的问题，是如何解决发展中国家

① 刘思华主编：《可持续发展经济学》，湖北人民出版社，1997年，第9页。

与发达国家之间巨大差别的问题。在一端是10亿人食不果腹，一端是资源的过度消耗，这样世界上无论如何也实现不了全球性的可持续发展。由此可见，未来的世界经济一体化，不仅仅是生产、贸易、技术的一体化，而且还有经济发展观的一体化。进一步讲，应当是在可持续发展观引导下的一体化。

2. 可持续发展时间　可持续发展所包含的发展时间是指"既满足当代人的需要，又不对后代满足其需要的能力构成危害的发展"①。

3. 可持续发展内容　可持续发展所包含的发展内容是指经济、自然、社会三大系统之间的协调发展。以系统观点来看时，"可持续发展应包括两个主要方面：系统内部的持续能力和环境的持续能力"②。系统内部的可持续发展能力，主要是如何构建一个既有利于经济有效增长，又有利于整个社会公平，健康地分享经济增长的好处的社会体制的建构问题。"环境的可持续能力，是指资源可持续利用的能力，要求在开发利用环境资源时，不仅要从当代人和未来人的需要出发，更要从环境资源的供给能力出发，在环境资源动态承载能力容许的范围内合理利用。"

4. 可持续发展价值追求　可持续发展所包含的一个全新的价值追求是实现社会公平的发展。这种公平包含了两方面的含义：一是人际公平。人际公平又包含：①要实现在满足全人类基本需要上的公平性。基本需要上的公平性也就是生存权利上的公平性。这一公平性具体表现为"尤其是世界上贫困人民的基本需求，应将此放在特别优先的地位来考虑"③；②世界各民族之间在谋求发展上的公平性。这一种公平性具体表现为发展中国家在分享世界科技进步、世界贸易发展、资源份额分配上的公平性；③不论在发达国家，还是在发展中国家，都要解决在社会财富分配上或以社会财富为基础的社会福利事业，社会文化发展分享上的公平性。二是代际公平，代际公平是指当代人的发展与后代人的可持续发展的公平性。

5. 可持续发展要遵循生态自然演化规律　可持续发展迫使当代人类在未来的经济发展中，不仅要遵循人类已经发现的经济发展的规律，更要遵循生态自然演化规律，按照物质循环、再生、生物多样性共存互生等规律，重建人类与自然之间循环制衡、生态经济和经济与社会协调发展的生态文明。长期以来支配社会经济发展的规律，主要是古典经济学家发现的市场竞争规律。要实现经济的可持续发展，仅有这一规律还不够，还必须探求生态自然演化的规律，并将这一规律自觉地运用到可持续发展上来。只有这样，才能找到解决经济、社会、环境、人口等诸因素之间的制衡协调发展规律。可持续发展决不是一个封闭的概念，随着时间的推移，将会有越来越丰富的内涵。

二、从维持型可持续发展到创新型可持续发展

(一)发达国家的维持性可持续发展战略——重点在环境保护

发达国家的环境问题，是发达国家的工业生产发展到一定程度时所造成的环境污染，超过生态环境自净化能力的临界点之后才遇到的。在这一背景下，对环境问题的解决，就表现为这

① 世界环境与发展委员会：《我们共同的未来》，吉林人民出版社，1997年，第52页.

② 吕永龙："持续发展的理论思考"，《科学对社会的影响》，1996年第1期.

③ 刘思华主编：《可持续发展经济学》，湖北人民出版社，1997年，第9页。

样一种选择:在保证工业化带来好处不受损失,甚至仍持续增长的前提下,解决工业发展与环境之间的矛盾。由此决定了可持续发展战略在发达国家的实施,主要表现为:在足够的技术和资本投入的前提下以治理环境为主要目标的维持性发展战略。发达国家出于自身利益的考虑,近几十年来,在改善环境问题上,主要采取的措施有:①污染工业转移。通过技术和经济援助,把危险和对环境具有潜在威胁的产品转移到发展中国家生产。②在国家环境政策的调控下,增加环保资本与技术的投入,实行清洁生产。③通过发展高科技,推进知识经济发展,不断促进对自然资源具替代性的新经济增长。通过上述措施,目前发达国家的环境状况确实得到明显改善。但是,这种环境状况的改善,主要是建筑在污染转移的基础上。

西方国家出现的在高科技推动下的信息产业及知识经济迅速发展,这种以替代自然资源消耗为前提的新经济形态的出现,为人类走向可持续发展的经济社会开辟了一条道路,西方国家是这条道路上的先行者。在西方社会出现的知识经济,并不是在替代原有工业经济的前提下出现的,而是在以消耗自然资源为基础的物质总量生产不变的前提下出现的。因为维持西方社会的吃、穿、住、用的物质消费总量并没有因此而降低,相反,通过知识经济带来的巨大利润,又提高了高消费的物质需求。总之,从全球来看,在不改变原有高消费生活方式前提下的西方社会知识经济的发展,并没有从根本上降低全球性自然资源的消耗,只不过是以无形的资源换取了有形的资源而已。不可否认,知识经济发展对于21世纪的人类步入一个低能耗的可持续发展社会开辟了一条道路。但必须以改变现有的高能耗的生活方式为前提。

西方发达国家所追求的可持续发展,在本质上是一种维持性的可持续发展,是一种在原有利益不受损失前提下,以治理环境为主要目标的浅表层的可持续发展。按西方发达国家所拥有的技术和财力所达到的经济发展水平,完全能在可持续发展模式的创新方面,走在世界前列,为后起的发展中国家作出榜样。但是,目前这种建立在不触动原有的生活方式基础上的可持续发展战略,不足以也不能被发展中国家效仿。

(二)发展中国家的赶超性可持续发展战略——重点在经济发展

“人类需求和希望的满足是发展的主要目标。发展中国家大多数人的基本需求——粮食、衣服、住房、就业没有得到满足。除了他们的基础需求外,这些人民对提高生活质量有正当的愿望。一个充满贫困和不平等的世界将易发生生态和其他危机。可持续发展要求全体人民的基本需求和全体人民机会以满足他们要求较好生活的愿望”①。从全世界的角度看,如何从公平原则出发,解决全球性的两极分化,建立一个自然生态所能承受的健康合理的生活方式和生产方式,是当代人类走向可持续发展的社会遇到的最大障碍。受文化和既得利益的制约,让发达国家在短期改变其高能耗的生活方式是困难的,同样受历史文化和不合理的国际经济秩序的制约,让仍生活在贫困线以下的贫困国家,在短期内走向满足基本需求的发展之路也是困难的。目前,发展中国家走向可持续发展的社会,面临着三大难题:一是缺乏满足基本需求的经济基础和生产能力,如非洲许多国家;二是技术含量很低的粗放型高能耗、低产出、高污染的经济发展,遗患很大。目前,亚洲地区是世界发展中国家经济发展最活跃和发展速度最快的地区,同时也是污染最严重的地区。联合国的一项调查表明,全世界污染最严重的15个城市,有13个在亚洲。据世界卫生组织和世界银行估计,亚洲每年死于空气污染的人数达156万。三

① 世界环境与发展委员会:《我们共同的未来》,吉林人民出版社,1997年,第53页.

是在一些发展中国家出现的有增长无发展,伴随着经济增长的同时贫困日益加剧。这一问题在拉美国家尤其严重。

据联合国拉美经济委员会的最新统计,拉美46亿多人口中,有19亿人生活在贫困线以下,贫困人口占总人口的46%。发展中国家同发达国家相比,走向可持续发展的社会要艰难得多。发达国家在已经占有的世界资源和世界市场的份额的前提下,重点考虑的是生活环境质量的改善问题,而发展中国家不得不既要考虑满足生存需求的经济发展,以西方国家为参照在赶超中实现初步的工业化,又要考虑环境的污染问题。从理想的可持续发展目标出发,发展中国家应当吸取西方的工业化教训,走一条不同于西方的将污染降低到最低限度的道路。但又必须以足够的技术和资本、完善社会环境监控管理体系和普及全民的环保意识为前提,而发展中国家之所以被称为发展中国家,缺少的恰恰是这些前提条件。而这一系列前提条件的出现,又必须以经济发展到一定程度为前提。鉴于西方工业化教训和世界绿色浪潮的冲击,发展中国家追赶西方工业化的道路,肯定会越来越多地采取措施,解决经济发展中的污染、人口、资源等制约的因素,但是,发展中国家走向理想的可持续发展之路还需要一个过程。在环境与发展问题上,迫于生存的压力,大多数发展中国家,不得不选择了在经济发展的前提下兼顾环境问题的发展战略。

(三)模式创新的可持续发展战略——在生态文明框架下对新生活方式、新生产方式、新经济形态的创新

发达国家的重点在提高环境质量的可持续发展战略,发展中国家的重点在经济发展兼顾环保的可持续发展战略,虽然都不是可持续发展理论所设计的理想的发展战略,但是相对20世纪50～70年代以前的对生态问题尚未觉醒的状态而言,这确实是一个巨大的历史进步,而且这些发展战略,都是在接受可持续发展这一思想的前提下形成的。

另一方面,目前的发展中国家和发达国家所实施的可持续发展战略,都是有缺陷的发展战略,由此又形成在推进全球性可持续发展上的一系列摩擦。在发达国家一方,出于对环境质量的高要求,总希望按发达国家标准制定国际贸易、投资、生态环境保护等方面的标准。而对于处在以经济发展为主要目标的发展中国家而言,这些标准又很难达到。同时,发展中国家出于发展经济要求,总希望建立一个公正、合理的更有利于发展中国家分享世界科技进步、资源和市场份额的新的世界经济秩序。但对于这一要求,要维持其经济霸主地位和原生活方式不变的西方,又不肯作出更多的让步。

如果西方发达国家不肯改变自己高能耗的生活方式,在技术与资金上更多地支援发展中国家的经济发展,并将一定的能源和市场份额让给发展中国家,那么西方发达国家,在环保方面的呼声就会显得软弱无力。相反,如果发展中国家一方,不肯放弃盲目追赶、模仿西方工业的发展战略,不是以本地区的历史、文化背景走适合本地区特点的可持续发展之路,而是一直背着要达到西方工业化水准的沉重包袱去发展本国的经济,那么容易陷入有增长无发展和高增长与高污染并存的困境。

要在深层上推进可持续发展,必须从改变现存的不合理的国际经济秩序,不合理的生活方式和生产方式开始,在生态文明的框架指导下,从生活方式、生产方式、经济形态的创新中,推进可持续发展。适应创新性可持续发展的要求,就应当在改变现有高能耗的消费方式的前提下,在大力推进知识经济的创新中走向全新的可持续发展之路。发达国家只有在改变了现有

的高能耗的生活方式下，才能使知识经济所具有的对自然资源的替代性意义充分显示出来；并在从高能耗消费向低能耗消费转变的同时，知识经济和信息产业的发展，又会为低文化含量的消费向高文化含量新消费方式的转变创造条件。

在同发展中国家的关系上，随着高能耗消费方式的转变，不仅会弱化发展中国家对西方生活方式的盲目崇拜和模仿，而且还会为发展中国家经济发展让出一定的世界资源和市场份额，为建立更加公正和合理的世界经济秩序创造有利条件。适应创新性可持续发展的要求，发展中国家也应当逐渐从追赶性发展战略转变到创新发展战略上。根据本地区的历史、文化、条件，走出一条适合本区、本民族特色的工业化、生态化发展道路。

[案例 1]印度尼西亚的可持续发展(张璐，2005)

作为一个中低收入国家和世界最大的群岛国家，印度尼西亚是全球最早提出可持续发展战略的国家之一，也是最早签署《生物多样性公约》(CBD)、《气候变化框架公约》(FCCC)的几个国家之一。早在 1982 年，印度尼西亚环境保护国务部就制定了《环境管理原则》，要求把环境管理和资源的适度利用作为经济发展的一部分来考虑。1990 年又成立了环境影响管理署，对环境影响实行控制管理。

1993 年印度尼西亚国家政策规定中出现“可持续发展”的概念。该规定指出“自然资源的利用应采取有计划、按比例、优化合理、负责任的方式，应考虑到环境的承载能力，力求使人民获得最大利益，达成同环境之间的平衡协调关系，从而达到可持续发展的目的”。基于这样的认识，印度尼西亚对生物多样性、气候变化、森林管理等全球性环境问题采取了一系列对策和措施，取得了一定的进展。其中在保护生物多样性管理方面所提出的建立保护区体系对策、建立国家湿地名录、实施生态标志管理对策等，很值得发展中国家借鉴。

1994 年印度尼西亚又成立了地方环境影响管理署，完善了机构设施，其后又建立了专门的印度尼西亚国际可持续发展委员会、国家可持续发展管理委员会，进行相应的规划工作，评估监督和管理工作。印度尼西亚在实施可持续发展战略的过程中，着重做了四个方面的工作：第一，促进社会人文状况的改善；第二，开展污染防治与废弃物管理；第三，加强土地资源管理；第四，其他资源管理。

此外，印度尼西亚还加强人口控制、污染控制、农药控制等工作。

[案例 2]中国实施《中国 21 世纪议程》

《中国 21 世纪议程》分四大部分，由 20 章构成，分别从不同的侧面描绘了中国的可持续发展战略。

第一部分：可持续发展总体战略与政策。论述了中国持续发展战略的背景和必要性，提出了中国可持续发展的战略目标、战略重点与重大行动，促使可持续发展意识和可持续发展综合能力的提高。

第二部分：社会可持续发展。把计划生育和教育、收入的公平化分配、改变传统的生活和消费模式、社会保障作为促进社会进步的核心。包括人口、居民消费与社会服务，消除贫困、卫生与健康、人类住区和防灾减灾等。

第三部分：经济的可持续发展。把促进经济快速增长作为消除贫困，提高人民生活水平，增强综合国力的必要条件。包括可持续发展的经济政策,农业与农村经济的可持续发展,工业与交通、通讯业的可持续发展,可持续能源的生产和消费,促进人民生活水平的不断提高。

第四部分:资源的合理利用和环境保护。这是社会和经济可持续发展的物质基础。包括水、土地等自然资源保护与可持续利用,生物多样性保护,防治土地荒漠化,减灾防灾;保护大气层和固体废物的无害化管理。推行可持续发展影响评价制度。

《中国21世纪议程》的实施是一个复杂、长期的、动态的系统工程,需要纳入国民经济和社会发展的综合规划和计划,需要国家相关的立法、政策、措施的支撑,需要社会舆论的支持和公众的积极参与。主要通过纳入国民经济和社会发展中长期规划和年度计划,结合经济体制和经济增长方式转变,提高全民族可持续发展意识,加强可持续发展能力建设,通过编制和实施《中国21世纪议程优先项目计划》四个方面来实施。

【本章结构】

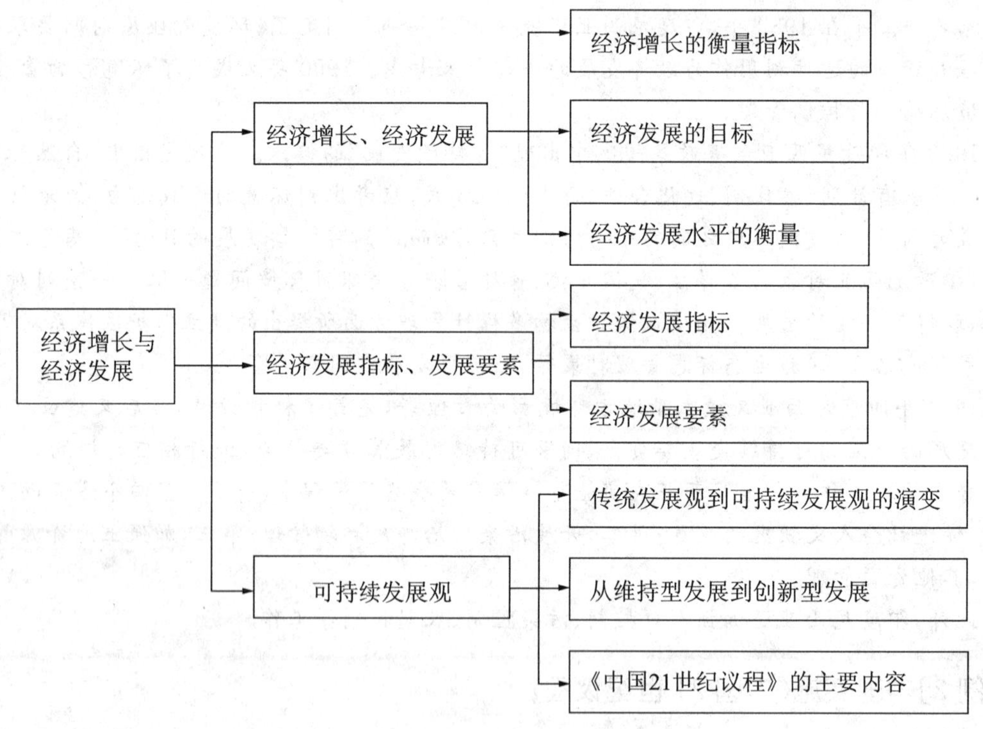

【本章思考题】

1. 经济增长和经济发展的区别和联系是什么?
2. 经济发展的要素有哪些?
3. 什么是人类发展指数?UNDP将人类发展指数分为几个层次?
4. 农村发展的指标都有哪些?

【参考文献】

[1] 韩纪江,胡星.发展经济学.北京:中国农业大学出版社,2003

[2] 刘葆金.发展经济学.2版.北京:中国农业出版社,2000
[3] 张培刚,张建华.发展经济学.北京:北京大学出版社,2009
[4] 赵冬缓.新发展经济学教程.北京:中国农业大学出版社,2000
[5] 周天勇.新发展经济学.2版.北京:中国人民大学出版社,2006

第三章　经济发展理论

【引言】

发展经济学的产生、发展和演化，受到古典经济学、新古典经济学有关经济发展的思想观点的影响。这些思想观点对分析经济增长规律有很直接的启示，其中包括资本积累、人力资本投资、技术创新以及对外贸易等如何在经济增长中发挥作用。20世纪40年代末之后，在凯恩斯理论基础上，经过动态化和长期化推演出哈罗德-多马模式；考虑技术进步的新古典增长模式更为全面地考虑了经济发展的影响因素；新增长模式则将人力资本的作用纳入长期增长过程进行分析。围绕着发展中国家如何缩小与发达国家之间的差距，新古典主义、结构主义、激进主义和新制度主义应用不同的分析框架，探究了贫困的原因以及如何促进发展的规律，本章对这些基本理论进行了介绍。

【学习目标】

1. 了解传统经济学中的经济发展思想。
2. 掌握经济增长理论的主要观点。
3. 掌握经济发展理论的主要观点。

第一节　经济发展理论渊源

经济发展理论虽然形成于20世纪40年代，但是经济发展思想却早已有所体现，从古典学派开始，很多理论观点对经济发展理论的形成均有启示。

一、重商主义

重商主义(mercantilism)是15—17世纪盛行于西欧的经济哲学。重商主义的核心是强调商业行为对于财富创造的作用，货币(贵金属)是财富的唯一形态，而财富的产生则是在货币-商品-货币的商业行为中产生。重商主义把贵金属货币等同于社会财富的唯一形态的观点，决定了其对于国内贸易和国际贸易的态度。在重商主义者看来，除非是开矿，否则财富的唯一来源就是国际贸易，而国内贸易从本质上是不能创造财富的。因此，要使国家富强，就必须使出口大于进口从而保持贸易出超，以保证贵金属的净流入。因此，重商主义主张采取行政手段，鼓励出口，限制进口，特别是奢侈品的进口。重商主义所提倡的鼓励出口，并保护本国弱势产业，加强贸易保护等措施对于当代经济发展的影响是不可忽视的，目前许多发展中国家的出口导向型经济发展模式以及国际贸易的很多规则中，都能看出重商主义的影子。

二、重农学派

重农学派（physiocrates）是18世纪后半叶出现的经济学派，其代表人物是魁奈(F. Quesnay)，杜尔哥(A. R. J. Turgot)等。他们指出货币并非国民的真正财富，而且否认了对外贸易是社会财富的源泉。重农学派透过流通过程，观察到生产过程是经济增长的源泉，认为经济增长的唯一真正源泉是农业。来自农业的财富增值可保证人口的增长，而人口和财富的增长又促使农业发展，商业兴旺，工业扩大，从而社会财富不断地增值。重农学派虽然对再生产过程进行了具有科学性的分析，但是其认为只有农产品才是财富的观点显然是片面的。

三、亚当·斯密

亚当·斯密是第一个以如何实现富民强国作为其分析中心的经济学家，其基本观点集中体现在其《国富论》中。亚当·斯密摒弃了重商主义片面强调国家储备大量金属货币的重要性，否定了重农主义者的土地是社会“纯价值”唯一来源的观点，提出了劳动的重要性。

斯密认为，经济增长是一个宏观问题，主要表现为社会财富或国民财富的增长上。其财富的概念已明显地具有“收入”或现代经济学通用的“国民生产总值”和“人均国民生产总值”的含义。在此基础上，斯密进一步分析了影响人均国民生产总值的两个关键因素，即劳动生产率的高低及参与劳动的人数多少；从而，经济增长或财富的产生就只可能来自两个因素，或者增加劳动投入量，或者提高劳动生产率，其中最为重要的是后者。显然，在斯密的经济增长理论中，人处于核心地位，分别可概括为人口的数量和人口的质量的变动。

针对劳动力数量的变动，斯密认为人口和资本的增加是导致劳动参与人数增加的根本原因，即就业增加。而在生产技术不变的情况下，劳动者人数的增加，特别是在一个劳动现场中劳动力数量的大量增加，导致的必将是分工的细化，而社会化分工的出现则是在既有技术条件下提高劳动生产效率的重要方式。为此，人口、分工、资本成为分析的重要变量。同时，斯密认为，提高劳动参与数量并不是最重要的经济增长手段，而具有决定意义的是提高劳动生产效率，而提高效率的手段一是提高技术水平，二是提高劳动者的素质。因此，技术水平的提高和对教育的重视被作为重要的政策性建议出现于斯密的理论中。这也成为当代经济理论中“人力资本”概念的最早起源。

在斯密的理论中，储蓄和资本积累被视为经济增长的最根本的决定因素。他认为，交换引起了分工，而交换的实现则需要有足够交换用的货物以维持生产者的生活并提供原材料，也即提供生产资料和生活资料，因而需要一定的资本储蓄。同时，他还认为，必要的资本积累同时也是实现社会分工细化和技术水平提高的保证。

在斯密看来，一个封闭的经济系统中，国民财富的增加除了劳动之外，还受到其所具有的资源和技术条件的限制，通过对外贸易可以利用外部力量弥补资源和技术条件的不足从而促进经济增长。

斯密所提出的“自由放任”的经济政策主张和自由市场的经济运行规则，成为古典经济理论的核心思想。而其探究的经济增长的问题，以及人力资本和资本积累的作用，在现代经济发展理论中，始终都是被重点讨论的。

四、大卫·李嘉图

与亚当-斯密的经济理论强调生产为主不同，李嘉图的理论则以分配为讨论核心，其核心理论以《政治经济学及赋税原理》为代表。地租、工资和利润理论、劳动价值论、收益递减规律及比较优势理论构成了其理论体系的基本框架。

尽管李嘉图赞成斯密的经济理论中对于劳动创造财富的观点，但他并不赞成斯密价值论中的二元观点，而认为决定商品价值的由生产中消耗的劳动决定，这种劳动并不是实际的个别劳动而是社会必要劳动，不仅包括直接投入生产的活劳动还包括投在所耗费的生产资料上的劳动。在李嘉图看来，全部价值或曰社会财富都是由劳动生产的，因此经济学的重要任务是阐明和研究财富在社会三大阶级（劳动者、资本所有者、土地所有者）中的分配的规律。工资由工人必要生活资料的价值决定；利润是工资以上的余额；地租是工资和利润以上的余额。由此阐明了工资和利润的对立，工资、利润和地租的对立，触及到了资本主义社会阶级对立的经济基础。李嘉图从劳动价值论的观点出发，认为经济增长从本质上表现为社会财富的增加，而社会财富在此却被李嘉图分为物质形式和价值形式两种表现形式。在他看来，财富的增加可以通过增加生产性劳动或提高劳动的生产效率。但前者不但可以增加产品的数量而且可以增加总的价值，而后者在不增加劳动数量的情况下尽管财富会增加，但社会总价值并没有发生变化。

李嘉图的理论体系中强调农业和土地作为一种经济生活的自然基础，对社会是非常重要的。但是，他认为，随着人口的增长和相应的食物需求增加，人们将不得不对所耕种土地追加投入和开垦新的较劣质土地，因而收益递减规律势必要发挥作用。而农业中零星发生的土地改良和技术进步又不足以抵消这一规律的作用。因此，随着这种规律的作用趋势的加强，粮食价格必然不断上升，从而为维持工人最低的生活水平就必须不断提高货币工资。结果，资本家所获得的利润相应减少，利润率将趋于下降。利润率的降低会抑制资本积累的动机。一旦利润率下降到仅够补偿生产中不可避免的费用和最低限度的风险时，也就是降到最低利润水平时，资本积累动机消失，积累率为零。此时，经济便进入“静止状态”，增长停止；对劳动的需求处于饱和状态，工资也陷入停滞状态。

补救人口增长所带来的困境的办法要么是迅速减少人口，或者是尽可能地增加资本积累。在一定的条件下迅速减少人口并不可能，而要迅速增加资本积累则需要对耕地追加投入或者开垦新的土地。在技术水平一定的外在条件下，如果是一个土地资源贫乏的国家，迅速增加资本积累的成果是陷入普遍的贫困。因此李嘉图认为，要避免经济走向这种静止状态，除致力于技术革新之外，超越本国土地资源固有限制的唯一道路是实行自由贸易政策，保证粮食和原料以低价输入，工业品自由输出。为此，他提出比较优势原理：在任何商品生产上，各国劳动生产率的差距并不都是相等的，因而各国只需生产比较成本有利于自己的商品，然后相互交换，这样就可以提高各自的生产率，彼此获得好处。

李嘉图的理论体系中，影响最大的当属收益递减规律和比较优势理论。但是在他的理论体系中，由于低估了在此后的发展过程中技术变革的巨大进步，该理论的很多结论并没有得到完全的验证，但其理性的分析视角仍然为当代发展经济学的进展起了重要的指导性作用。同时，其根据对打破经济发展的“静止状态”而引申出来的比较优势理论，则始终成为指导国际贸易的基本准则。

五、马尔萨斯

马尔萨斯以人口理论而闻名于世。尽管马尔萨斯并不否认人口对于经济发展的重要作用,但他认为人口的指数增长趋势和食物供应的线性增长趋势之间的矛盾,从长远看必然导致食物供不应求,从而大多数人注定是要在贫困和饥饿状态生存。他认为,从长远看尽管技术进步会缓解这种趋势,但并不能从根本上改变这种结果。在他关于人口与经济发展的关系的论述中有两个层次,首先,认为增长的人口是一国幸福和繁荣的表现或结果,“也许仅仅是过去了的幸福的表现”。其次,认为继续增长的人口是经济发展的重大约束条件。这些观点对西方发展经济学的影响很大。在他的理论基础上形成的“人口陷阱论”是发展经济学分析发展中国家不容易摆脱贫困、落后原因的根据。

马尔萨斯认为尽管现时中存在很多种方法来抑制人口的增长,如战争、瘟疫、各种其他灾害等,但他认为这些方法都是以痛苦的代价来减少人口过程所造成的威胁,在减少人口的同时也会损害经济本身的增长。马尔萨斯认为避免人口过剩的最好办法是“道德限制”,如实行晚婚晚育、限制同房频率等。但他同时也意识到这种道德限制的方法在现时中的可行性是很难的,因此他对于人口与经济增长之间的预期持悲观态度,认为从长远来看,贫困几乎是大多数人不可摆脱的命运。

尽管马尔萨斯从现实主义的角度出发并没有提倡国家干预人口增长的政策性建议,但其人口理论对于现在在众多发展中国家实行的人口控制政策的影响则具有不可忽视的作用。

六、约翰·穆勒

穆勒(1806—1873年)是19世纪英国著名的经济学家和哲学家,也是19世纪最具影响力的古典自由主义思想家之一。他的代表作《政治经济学原理及其在社会哲学上的应用》可谓融合了亚当·斯密、李嘉图和马尔萨斯等人的理论精华。对于经济增长的阐述该书主要分析了经济增长对投入要素的价格的影响。他把人口增长、资本积累、技术进步和自然资源概括为影响经济增长的四大生产要素,并逐个的分析其与经济增长的关系。穆勒的这种分类方法仍然是当代经济发展理论中常用的分析方法。

穆勒把经济规律分为两类:一类是生产的规律,它是自然的、永恒不变的;另一类是分配的规律,受人类意志支配,因而是人为的、可以改变的。这是认为不触动资本主义制度就可以解决收入分配不公平问题的理论基础,也是西方发展经济学在发展中国家推行资本主义制度的理论前提。

穆勒对于经济增长的论述中另一个重要探索是对于经济静止状态的阐述。他认为当技术进步和资本积累两大因素促进经济增长到一定的程度之后,由于人口增长的约束,经济会出现静止状态。他的这一观点无疑是受到了马尔萨斯人口理论的影响,但与马尔萨斯不同的是,他认为这一静止状态是社会经济发展的高水平状态。当然,穆勒所处的时代正是英国工业革命导致的持续繁荣时期,他并没有预见到当代发展经济学中重点考察的贫困的静止状态。

七、马歇尔

从19世纪中叶至第二次世界大战之后的一段时期,西方经济思潮的主流转向以经济活动中各生产要素的配置问题为核心的静态研究。主要的研究取向以价值理论、分配理论和资源配置理论为主，而不是研究动态的经济增长和发展问题。这主要是因为在这一时期由于技术的进步大大超出人们的预期，金属进步所带来的经济增长大大高于人口增长所带来的压力。但在这段被称为“静态的插曲”的时期，马歇尔和熊彼特则是例外。

阿尔弗雷德·马歇尔(1842—1924)是英国的经济学家。以他为代表的剑桥学派第二次系统综合了西方经济学体系，并成功地取代古典经济学体系而被称为新古典理论，形成了现代西方经济学主流理论的基本框架。在对于经济增长问题的研究方面，他认为经济发展是渐进的、和谐的和经济利益逐步分配到社会全体的过程。在他的理论体系中，不仅注意到现实资源的配置，还注意到资本积累的来源和劳动的数量和质量。他还认为在适当的资源配置和技术水平下，工业的报酬渐增趋势会压倒农业的报酬渐减趋势，从而不会出现对经济增长的障碍。与古典经济理论中对于劳动力的重视一样，他十分强调通过教育以开发人力资源的重要性。他认为，把资金用于教育是否明智，不能单以它的直接结果来衡量，依靠教育投资培养出的人才的一件新发明能增加的生产力，有时可以“等于十万个劳动力那样多”。

八、熊彼特

熊彼特在1912年的出版的《经济发展理论》一书中建立了以“创新”为核心的发展理论。他把经济发展看成是对现存经济关系格局(即他所谓“静态的循环周流”)的突破。突破力量来自企业家的“创新”。

熊彼特认为，经济发展是指从经济本身发生的非连续的变化与移动的过程。经济学家应着重了解经济长期动态变化的规律。经济以外的其他因素(如战争和自然灾害等)也有可能使均衡遭到破坏，但那只是偶然因素，而经济本身存在的破坏均衡而又恢复均衡的力量才是本质因素。这种力量就是所谓“创新”活动，正是“创新”引起了经济的发展。熊彼特的“创新”，是指把一种从来没有过的关于生产要素和生产条件的“新组合”引入生产体系，而这种引入是由资本主义灵魂的“企业家”来决定的。它包括以下五种情况：①引进新产品；②引用新的生产方法；③开辟新市场；④采用新的原材料和控制原材料的供应来源；⑤实现企业本身的新组合，例如，建立一种垄断地位或打破一种垄断地位。科学发明给创新提供了可能性，但是没有企业家从经济上进行组合，这些发明就不可能应用于生产并起到推动经济发展的作用。熊彼特在强调企业家在经济发展中的主体作用外，还强调要依靠银行信贷的作用，这样，“创新”才有可能实现。

熊彼特以他的“创新”理论为基础，研究了经济增长的动力、过程和目的。他认为，经济增长的动力是有见识、有组织才能、敢于冒险的企业家。尽管在近代历史中，某些国家政府也起了经济增长发动者的作用，但这与企业家的作用并不抵触，在这种场合，政府或者是代表了企业家从事“创新”，或者是把企业家的能力汇总到一起，由一个制度机构把它们发挥出来。经济增长的过程是通过经济周期的变动来实现的，经济周期的原因在于“创新”。“创新”刺激了投资的增长，引起信贷的扩张，扩大了对生产资料的需求，推动了经济走向繁荣。这个过程具体为三个步骤：第一，为谋取额外利益而进行的“创新”；第二，为分享这种利益而开始的“模仿”；第三，某些企业为保持自己的生存而进行的“适应”。“创新”、“模仿”、“适应”在激烈的竞争过程中推动了经济的增长。经济增长的目的就是“创新者”进行“创新”的目的，即谋取额外利益。没有盈利机会就不可能有“创新”，也就不可能有经济增长。

九、马克思

马克思的经济发展和经济增长理论是马克思主义经济学说中的不可分割的重要组成部分。马克思经济发展理论中，首先从历史唯物主义出发，将人类历史发展划分为五个阶段：原始社会、奴隶社会、封建社会、资本主义社会、社会主义社会和共产主义社会。指出生产力的发展是一种社会结构发展到另一种更高级社会结构的动力。其次，马克思剖析了资本主义社会产生、发展的历史过程，在考察资本主义生产——协作、工场手工业和机器大工业的历史发展过程中分析了技术进步、劳动生产率提高和资本有机构成提高的作用，指出资本主义发展的程度越高，生产的社会化与私人占有之间的矛盾也就越大，从而以公有制代替私有制的社会变革将是不可避免的。于是，马克思作出资本主义必定灭亡和社会主义必定胜利的科学预言。

马克思经济增长理论中，则以社会总资本扩大再生产模型来表述他的经济增长理论。马克思在把商品价值分解为不变资本价值、可变资本价值和剩余价值三部分的同时，又在物质形式上，把生产划分为两大部类，即生产资料生产部类和消费资料生产部类。建立了一个 2×2（两个部类，两种物质资料）的经济平衡增长模型，提出了经济平衡增长模型的前提公式和实现公式。其前提公式是

$$\mathrm{I}\,(v+m)>\mathrm{II}\,c$$

这表明第Ⅰ部类有较高的有机构成，处于比第Ⅱ部类更高的发展阶段。其实现公式是

$$\mathrm{I}\,(v+\Delta v+m/x)=\mathrm{II}\,(c+\Delta c)$$

式中：v 为可变资本；c 为不变资本；m 为剩余价值；x 为 1 个不确定的用于扩大消费的比例；Δv 为增加的用于扩大生产的可变资本。Δc 为增加的用于扩大生产的不变资本。

这个公式进一步表明，虽然生产资料生产优先增长对经济起着决定性作用，但消费资料生产的相应增长也对经济增长起着制约的作用，也是国民经济两大物质资料部类平衡增长不可缺少的条件。显然，马克思的 2×2 经济平衡增长模型既是一 种总量增长理论，又是一种结构均衡增长理论。马克思的经济平衡增长模型是实行计划经济，保持国民经济的经济结构、产业结构按比例平衡发展的理论依据。

十、凯恩斯主义

凯恩斯(John Maynard Keynes)在 1937 年发表的《人口减少的经济影响》一文中，认为人口增长将促进经济增长，因为人口增长会通过投资的刺激提高总需求。美国学者汉森(Alvin Hansen)进一步指出，人口增长将使短期消费增长，即使是失业者，也可能以减少储蓄的方式增加消费，结果将增加就业，促进经济增长和发展；反之，人口减少将促使短期消费减少，结果将减少就业，阻碍经济增长和发展。凯恩斯的学生哈罗德(R. F. Harrod)则把短期波动理论发展成为长期的增长理论，与多马(E. Domar)的类似的思想一起被称为“哈罗德-多马增长模式”。尽管凯恩斯主义的宏观分析模式不是以发展中国家为对象，但是，由于发展中国家的宏观调控很有必要，因此凯恩斯国家干预经济的宏观模式及分析工具对发展中国家有借鉴。

第二节　经济增长理论

一、哈罗德-多马经济增长模式

哈罗得-多马经济增长模型以凯恩斯的“收入决定论”为理论基础，考察一个国家在长时期内的国民收入和就业的稳定均衡增长所需条件的理论。1948 年英国经济学家罗伊·F·哈罗德在《动态经济学导论》一书中系统地提出了他的增长模型。20 世纪 40 年代中期，美国经济学家埃夫赛·多马在《扩张与就业》、《资本扩张、增长率和就业》以及《资本积累问题》等论文中独立地提出了与哈罗德模型基本相同的增长模型。这两个模型一般通称为哈罗德-多马经济增长模型。与凯恩斯所开创的宏观静态经济理论体系强调经济的稳定不同，该模型着重讨论经济的长期动态增长问题。

为了分析的简便，哈罗德模型首先设定了一些假设如下：①全社会所生产的产品只有一种，这种产品可为消费品，也可为资本品；②总体上储蓄总量所占国民收入的比例是一个常量，两者呈现一种简单的比例关系。③不存在技术进步，并且社会资本存量不存在折旧，产品的规模收益不变。④只有两种生产要素，即劳动和资本，并且生产一单位产品所需的劳动与资本不变。

在哈罗德模型中主要从资本的供求（储蓄和投资）出发，讨论了三个变量及其之间的联系而考察经济的动态增长规律，分别为：①储蓄率 S，是指在国民收入均衡的条件下，储蓄所占国民收入的比重，也叫边际储蓄倾向。其公式为 $S=X/Y$，其中 X 表示总储蓄量，Y 表示国民收入。②资本-产出率 V，也叫做资本系数或投资系数，表示在一定的社会经济发展阶段，资本投入量与资本产出量之间的比率关系，公式为 $V=K/Y$，其中 K 表示资本存量，Y 表示国民收入，也即资本产出量。③有保证的经济增长率 G_w，是指在储蓄率 S 和资本产出率 V 已知的条件下，使储蓄全部转化为投资所决定的产出增长率。为此，与此相对应的是自然增长率 G_n，实际增长率 G。实际增长率指在任何时间内实际的储蓄率和实际的资本产出比决定的增长率。而自然增长率则指在自然的人口增长和技术进步条件下所能达到的长期增长率。

根据凯恩斯宏观经济理论，收入 Y 决定储蓄 X 和投资 I，并认为均衡状态下 $I=X$。由于假设资本存量不存在折旧，因此资本存量 K 的增量 ΔK 等于投资 I，也等于储蓄，即 $\Delta K=I=X$。等式两边同时除以国民收入增量 ΔY 就得到增量的资本产出率，也即为经济的增长速度。

$$\Delta K/\Delta Y=V=X/\Delta Y=SY/\Delta Y,$$

因此：

$$G=\Delta Y/Y=S/V$$

同时，可知资本的增长率为：

$$\Delta K/K=X/VY=SY/VY=S/V=G,$$

由此可知，要维持经济的稳定增长，国民收入 Y 和资本存量 K 也必须以同样的不变速率 S/V 增长。

由上述公式可知，上一期资本存量的增量或新的投资形成了下一期产出的增长源泉，形成新的增长，新的增长又促进产出增长和收入增加，形成下一期投资，为此，资本的不断形成成为经济持续增长的决定性因素。

哈罗德认为，均衡的有保证的经济增长要求储蓄能持续地转变为投资，也即表示人们在一定收入水平下有满意的储蓄率，同时存在令投资者满意并与其资本存量相适应的资本产出率。为此，哈罗德模型提出了意愿的充分就业状态下的储蓄率 S_f 和理想的边际资本产出比 Vr，则 $G_w=S_f/V_r$。

而对于长期均衡增长的条件，哈罗德认为关键是要保证长期充分的就业，因此需要具备两个基本条件。首先，必须使每一年的投资等于充分就业的储蓄，即使经济的实际增长率 G 等于有保证的增长率 G_w。其次，为保证连续充分就业，产出增长率要等于自然增长率。

哈罗德认为，上述三个增长率不平衡会导致经济波动，这种波动在不同情况下会表现为短期波动和长期波动，三者相等则出现理想的经济均衡增长状态。当$G<G_w$ 时，说明实际发生的储蓄率小于意愿的充分就业状态下的储蓄率，或新增投资小于意愿的充分就业所产生的储蓄量，其结果是积累性投资缩减，导致经济萎缩或失业存在。如果 $G>G_w$，其结果便是积累性投资扩张，经济增长加快，经济规模扩张。因此，在两者不相等的条件下所产生的将会是周期性的收缩和扩张，从而产生经济的短期波动。当 $G_w>G_n$ 时，储蓄和投资的增长率超过劳动力自然增长和技术进步所允许的程度，或者由于劳动力不足或技术水平的限制，出现储蓄过度或储蓄不足的情况，不能自然地将储蓄转化为所需要的投资，使投资需求不足。从长期来看，社会投资需求的不足将使经济增长缓慢。当 $G_w<G_n$ 时，说明储蓄并没有完全转化为投资，储蓄和资本积累充足，劳动力和技术水平并没有成为经济增长的限制因素，或者各种经济资源还没有得到充分利用，因此再生产增加有充分的余地，经济会出现长期繁荣。而当 $G_w=G_n$ 时，则表明社会全部的劳动力和技术力量在既定的水平下得到了充分的利用，储蓄完全转移为投资，并且社会实现了意愿状态下的充分就业，边际资本产出比达到最优，经济将会出现长期的持续稳定增长。

多马模型的理论基础又是凯恩斯的宏观经济理论，多马通过理论分析，探讨了投资的双重性，即投资不但增加收入，同样会增加生产能力，并在此基础上把凯恩斯的静态经济理论动态或和长期化。其得出的结论和哈罗德的结论非常类似，即如果均衡得以维持，那么就需要主要的宏观变量如资本增长率，产出增长率和国民收入增长率都按照均衡的经济增长率增长。

哈罗德-多马模型对于经济增长与储蓄、投资，以及人口增长、技术水平等因素的讨论，成为目前政府宏观经济调控的重要理论依据。而从理论层面上说，该模型的含义说明，国民收入的增加是投资增量的函数，也就是说经济增长来自于投资。而投资又具有二重性，既可以创造收入，也可以增加生产能力。在资本产出比不变的情况下，要实现经济稳定增长，社会全部储蓄就必须转化为投资。而要实现充分就业状态下的经济增长，就必须有足够多的投资，通过生产能力的扩大而带来新的就业机会。

尽管哈罗德-多马模型对于经济增长理论进行了开拓性的工作，但这一理论模型也不可避免地存在一些缺陷，从而遭到以索罗为代表的新古典经济增长理论的批评。其缺陷主要表现为，资本产出比不变的假定在现实中是不合理的，现实中资本和劳动等生产要素之间的相互替代性使资本产出比并不会固定在一个常量上。此外，哈罗德-多马模型中，过于强调资本的作用，而忽视了技术作为重要生产要素的作用，以及技术进步对于劳动和资本等生产要素的替代作用。而该模型所强调的理想的均衡增长，要求持续的政府干预，而忽视了经济活动中生产要素之间的自动调节作用。

二、新古典增长模式

新古典增长理论是对于20世纪50和60年代出现的一大批旨在克服哈罗德-多马经济增长模型的缺陷而发展出来的新的经济增长模型的统称，其主要代表人物如索罗、斯旺、丹尼森、肯德里克、卡斯以及库普曼斯等。由于哈罗德-多马模型中长期均衡增长的路径具有所谓"刃锋均衡"的尴尬，经济均衡增长的途径非常狭窄。为此，以索罗和斯旺为代表的新古典增长理论在理论上论证了这种"刃锋均衡"是可以避免的。1956年索罗在《对经济增长理论的一个贡献》以及同年斯旺在《经济增长和资本积累》一文中各自提出了相似的模式，合称为"索罗-斯旺模式"。"索罗-斯旺模式"与其他相关研究被统称为新古典增长模式，在此将重点介绍索罗-斯旺模式。

在哈罗德-多马模型中，储蓄的作用被重点强调，而在索罗-斯旺模式中储蓄只被看成是影响短期增长的重要因素。但由于投资的规模效益递减，短期增长会逐渐趋于停滞，因此保持增长的唯一因素是技术进步导致的投资效率的提高。因此，在索罗-斯旺模式中，存在的重要假定为资本和劳动是推动经济增长的主要生产要素，并且这两种生产要素存在相互替代关系，而资本与劳动边际生产率呈递减趋势。

则如果生产函数为 $Y=F(K,L)$，式中 Y 为产出，K 为资本，L 为劳动，n 为外生变化率。假定初始的资本和劳动水平给定，且劳动以不变的增长率增长，即 $L'=nL$。而产出又可分为消费和投资两部分，产出中被用于投资的份额 s 是外生变量，每1单位投资都取得1单位的新资本。同时，由于资本在实际运行中存在折旧，假设折旧比率为 d，由此可获得资本积累的动态方程：

$$K'=sY-dk \tag{1}$$

假定人均资本(资本一劳动比)为 $k=K/L$，有上面的假定可知人均产出公式为：

$$F(K,L)/L=F(K/L,1)=F(k,1)=f(k) \tag{2}$$

对人均资本公式两边求导，得到：

$$k'=(K/L)'=(K'L-L'K)/L^2=K'/L-nk \tag{3}$$

在式(1)两边同时除以 L，得到：

$$K'/L=sY/L-\mathrm{d}K/L=sf(k)-dk \tag{4}$$

由式(3)和式(4)可得到索罗-斯旺模型的基本方程式为：

$$k'=sf(k)-(n+d)k \tag{5}$$

从上述公式可知，资本劳动比 k 成为其唯一变量。如下图所示，索罗-斯旺模型包括三个函数，分别为生产函数，储蓄函数和折旧函数。储蓄函数表明人均储蓄占其收入的常量的连续变化曲线，而折旧函数则表示每年用于补偿资本折旧消耗所需要的投资量的函数。如果资本存量的折旧率为一个常数，则折旧曲线就为一条直线。

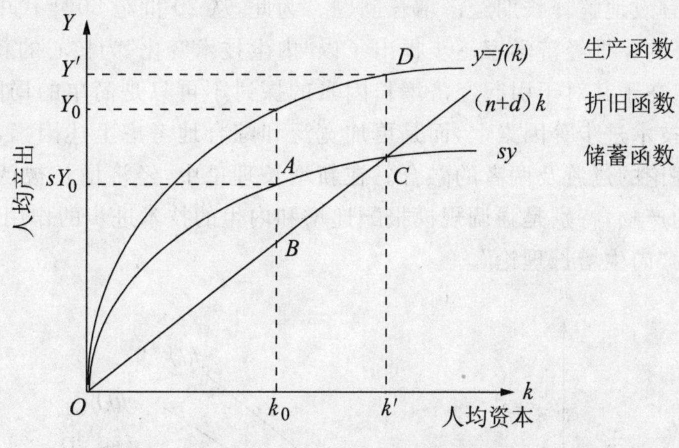

图 3-1　索罗经济增长模型

假设当储蓄等于折旧时，如图 C 点所示，则每年的新增投资恰好等于每年的资本损耗。然而，当储蓄大于折旧时，则净投资增量将促进经济增长。在劳动力数量一定的条件下，储蓄大于折旧则表明具有较好的资本劳动比，其结果是均衡点将在图中向右移动，表明总产量的增长，也即是实现了经济增长。然而，当储蓄率等于资本折旧率时，这种短期增长将会停止，即在 C 点时，经济处于零增长状态。在索罗-斯旺模型中，这种状态被认为是经济发展的长远趋势，即由于资本折旧的存在，长远来看储蓄率总是会和资本折旧率相等而使经济处于均衡状态，或者说不管经济的初始位置在何处，该经济总是会收敛于一条平衡增长路径。

索罗-斯旺模式的均衡增长条件与哈罗德-多马模式的恒等式本质上是相同的，其不同之处在于前者使用了以资本劳动比 k 为变量的生产函数，从而均衡增长条件总可通过 k 值的调整得到满足，从而避免了哈罗德-多马模型中“刃锋均衡”的特征。在索罗-斯旺模式的稳定状态，资本劳动比 k 是常数，也就意味着资本变化率和劳动投入变化率都是常数，经济总产出和资本及劳动力的增长率以一个外生变化率 n 同时增长。索罗-斯旺模式认为，生产函数在既定的资本劳动比下，其函数上移，也即产出增长的重要源泉来自于技术进步。这是因为在既定的资本劳动比下，技术进步能提高资本产出比，从而维持经济长期增长。

总体来说，在索罗-斯旺模式为代表的新古典增长模式中，经济增长速度并不是各个生产要素投入增长率的简单相加，而是生产率不同的各种要素有效组合的结果。经济增长是物质资本生产率、劳动生产率、自然资源生产率和技术进步率等要素生产率的有效结合。从理论上考虑，新古典经济增长模式的意义主要表现在以下几个方面：第一，确认了生产要素之间的相互替代性，表明经济增长过程中的资本产出比是动态变化的；第二，突破了资本积累是经济增长的决定性因素的传统理论框架，第一次提出了技术进步对于经济增长具有最重要的贡献。但是在索罗-斯旺增长模式中，长期人均增长率完全依赖于外生的技术进步率，但对于什么是技术进步以及技术进步的来源则并没有详细阐述，技术进步本身被假定为外生决定的，偶然的，不费成本的资源，因此索罗-斯旺增长模式在引入外生技术变化后仍然存在一个最大的问题就是“解释一切却不能解释长期增长”。

三、新增长理论

由于上述提到的新古典经济增长模型所存在的缺陷，尽管其很好地解释了短期经济平衡现象，但是并不能有效地解释长期经济增长问题。为此，从 20 世纪 80 年代中期开始，以罗默、卢卡斯等人为代表的一批经济学家逐步提出了以"内生技术变化"为核心的新增长理论。新增长理论的最大特点在于其对于引起经济增长因素的探讨不再只是简单的局限在资本积累、劳动力增加、外生的技术进步等因素上，而是更加宽泛和综合地考虑上述因素，标志着经济增长理论向经济发展理论的过渡及两者的融合。在新增长理论中，经济增长被认为是经济体系内部要素共同作用的产物，特别是强调规模报酬递增和内生的技术进步的作用。因此，新增长理论有时候也被称为"内生增长理论"。

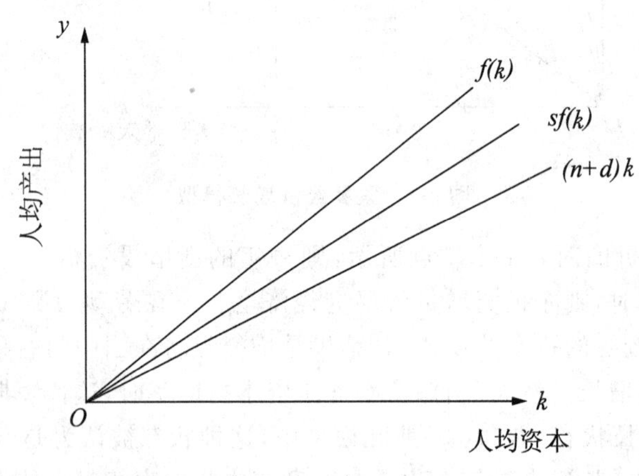

图 3-2　内生增长模型

在新增长模型中，增长被认为是内生的，是由经济体系内部要素变化而不是不可预知的外生技术变化引起的。但是在实际经济运行中，规模报酬递减似乎是共识，尽管在经济体系中可能某一个生产要素的增加会引起总体经济增长，但是如果其他生产要素保持不变，则这种增长呈现报酬递减趋势。这对于单个生产要素的变化是适用的，但是如果所有生产要素同时变化，则结果是规模报酬递增趋势将使得资本投资不断追加，并导致经济持续增长。那么一个逻辑的假设便是由于规模报酬递增，在市场中具有优势地位的厂商将不断地追加投资，改善生产要素的边际回报率，直到整个市场中只剩下最后一个最具有竞争力的投资者为止。但事实是真实的经济运行中这种情况并没有发生。新增长理论认为，这是因为生产要素的规模报酬递增的最终受益者并不仅仅是投资者，这种规模报酬递增具有正外部效应从而使其他市场主体同样获益，这就以为这尽管总体经济由于规模报酬递增而持续增长，但是个别企业却可能是收益不变或递减的。由于厂商并不能保证其生产要素的改进一定能使其获得预期的收益增长，因此而缺乏足够的激励和动力。然而，由于正的外部效益存在，累计的生产函数总是处于规模报酬递增状态而整体向上移动。

如图 3-2 所示，新增长模型的三条曲线中，分别是生产函数曲线，储蓄函数曲线和折旧函数曲线。前面已经阐述过，由于在增长函数中因素为知识和技术进步等内生变量，资本收益率并不是规模报酬递减的，而是呈现递增或者不变趋势，人均产出也可能无限增长，并且增长率在长期内可能单调递增。因此生产函数在不包含规模递减效益的情况下是一条直线，表示单位产出必将产生单位资本增长。而储蓄函数则总是在折旧函数的上方，储蓄大于折旧而剩余的净投资使资本劳动比增加，并导致经济增长。而长远来看，这种增长趋势将会持续下去。

由于投资者在改善生产要素的同时所产生的正外部性使其缺乏足够的激励和动力，那么是否能够既使他们保持其预期的增长，又使正外部性继续存在呢？新增长理论认为需要满足两个条件：第一，对于人力资本和技术进步的投资；第二是充分利用对于人力资本投资所带来的社会正外部性。通常，技术进步被认为是嵌入在资本投资中的，这是因为新机械和新技术的投资也被认为是资本投资中的重要部分。技术进步主要来自科研开发经费的增加，这不仅会带来单个企业的投资回报率，而且对于整个经济体系中的其他企业同样具有积极作用，包括那些并没有投入技术开发的企业。因此，尽管对于单个企业来说，可能投资回报率会保持在固定不变的水平，但是整个经济体系却由于其正外部性而保持增长。而当单个企业增加人力资本投资而获得更高收益之外，整个社会的人力资本积累的增加则是使整个经济增长受益。因此对于发展中国家来说，投资技术进步和人力资源的提高，对于整个经济增长的长期作用将非常重要，而对于教育和培训等方面的投入则被新增长理论重点强调，并成为发展援助的新重点。

随着新增长理论的不断完善，目前学术界通常把新增长理论的研究思路分成五大部分，分别是知识外溢和边干边学的内生增长思路、内生技术变化增长思路、线形技术内生增长思路、开放经济中的内生增长思路、劳动分工和专业化内生增长思路。与哈罗德-多马模型、新古典经济增长模型相比，新增长理论的最大理论贡献是把技术内生化，把知识、技术两个生产要素与传统增长理论中的资本和劳动放在同等重要的地位，这就十分有力地说明了为什么实际经济运行中的规模报酬递增现象，而不是传统理论中的规模报酬递减规律。也正是因为这一突破，说明一个国家的经济增长主要取决于它的知识积累、技术进步和人力资本的水平，而不再是单纯的资本积累，这为很多发展中国家调整发展战略提供了重要的理论依据。

新经济增长的几个典型模型包括：线性生产技术模型、生产型知识资本模型、生产性公共资本模型、以及一般拥挤性基础设施模型。

线性生产技术模型是新经济增长理论最基本、典型的模型，由巴罗等人 1990 年构建。该模型与整个新经济增长理论体系一样是在新古典经济增长理论的基础上发展演变而来，最重要的突破是从宏观经济的微观生产机制上否定了边际产出递减的假设，认为产出的增长带来知识、技术等方面的提高，并将这些内容作为资本积累的内容构建模型（即内生化构建内生增长模型，也称 AK 模型），以此为基础分析宏观经济问题。线性生产技术模型的结论是，人均资本的积累如果包含人力资本积累，则产出就与资本积累成正比例关系，按此关系，只要将产出用于保持人均资本积累和人均消费的合适比例，宏观经济就能实现长期稳定增长。政府可以通过财政政策将用于资本积累的一部分用于教育等人力资本投资，就能促进经济长期稳定增长。

生产型知识资本模型也称为边干边学（Learning by doing）模型，由罗默于 1986 年构建，属于新增长理论模型。该模型的基本思路是认为社会总资本（K）在积累增加的同时，由于专利等封闭手段不可能对技术长期封锁或保密，因此在长期中会增加全社会生产经验，所有的单个劳动力在不断的生产投入中，通过教育、培训等都具备了新的知识和经验，从而提高了劳动者的整体效率，使得单个企业的边际产出不仅不递减，而且会保持稳定增长，从而在宏观经济上使人均实际 GDP 增长率保持稳定或不断提高。该模型比较具体地分析了生产知识和经验对经济长期增长的动力机制，因此具有重要的实践意义：一是政府和企业都要重视生产经验和知识对长期经济增长的作用机制，注重加强研发、不断创新，获得社会整体技术进步的外溢效应，提高社会生产的知识和经验；二是发展中国家在引进资本的同时，要特别注重引进相关技术和消化吸收相关技术（有关分析认为，当年亚洲四小龙的高增长率与其在引进资本投资过程中消化吸收先进生产技术密切相关，而其他一些发展中国家由于这方面的不足并未实现同样的增长)；三是政府应当通过制定行业技术标准等手段进行干预，提高相关行业乃至全社会生产技术标准，推动经济的长期稳定增长。

生产性公共资本模型由阿罗和巴罗在1990年构建，属于新增长理论模型。模型提出了政府提供的生产性公共资本对经济长期稳定增长的动力作用机制，是新经济增长理论对财政政策在经济增长能够发挥何种作用以及如何运用财政政策的一个理论分析。该模型在分析生产性公共资本（如交通、通讯、城市公共设施、教育等能够直接服务于生产的公共服务）性质的基础上，将生产性公共资本的外溢性纳入微观生产机制，通过理论推导得出的结论是，政府通过征税用于生产性公共资本投资，并将公共资本无偿或低价格提供于社会生产，就能够提高企业的边际产出和边际利润，防止边际产出递减，从而提高长期人均实际GDP增长率。该模型还推导出了最优经济增长率与最优税率的关系。该模型的实践意义十分重要：一是生产性公共资本的适当规模对经济的持续稳定增长是必不可少的；二是税收的比重应当适当，过低或过高都不能使长期经济增长率达到最优，在其他条件不变时，最优税收比重(税率)应当与劳动力的产出弹性相等；三是在其他条件不变的情况下，增加劳动力的投入就能够提高经济增长率，因此劳动力充裕的国家应当更加重视生产性公共资本投资。

一般拥挤性基础设施模型在生产性公共资本模型基础上(该模型假定生产性公共资本是纯公共性的)进一步考虑了生产性公共资本具有一般拥挤性(如道路拥挤会提高运输的时间成本等)的情况下，对长期经济增长的动力机制。通过推导得出的结论是：一般拥挤性的生产性公共资本能够阻缓增长率的降低，从而提高长期增长率；生产资本的积累终将导致生产性公共资本的拥挤，拥挤度越大，长期经济增长率的衰减速度越快，生产性公共资本为纯公共性时，存在一个稳定的经济增长率；存在一个与拥挤度相适应的最优税率，并认为由于环境、资源具有公共使用性，因此具有提高长期经济增长率的作用。模型的经济意义除与前一模型类似的外，还包括：生产性公共资本的投资建设应当具有一定的超前性，政府征税融资应当保持最优比率，应当保护性地开发和利用具有公共性的资源，注重环境保护，特别是要重视国家总体的环境保护。

第三节　现代经济发展理论

一、经济发展理论的分析框架

发展经济学在40年的演变过程中，在论证经济发展问题方面，大多数西方经济学家认为，自始至终包含着三种不同的基本分析框架，即新古典主义、结构主义和激进主义。在不同时期各有消长，在不同的问题研究领域，各有影响。对一些有影响、有代表性的发展经济学家的理论应归何种学派在西方往往有不同的看法。例如，人们公认为典型结构分析的刘易斯无限供给剩余劳动模式，有人则说它是新古典范例的产物。又如普雷维什和辛格究竟是结构主义发展经学家，还是激进主义发展经济学家，也无统一的意见。产生这种情况的原因主要有两点，一是对几种基本理论的主要内容的认识尚有分歧，二是对各个发展经济学家的主要论点的判定不尽一致。不过，总的来说，不同的分析框架对于经济增长和发展的理解重点各不相同。结构主义强调发展中国家的社会经济结构的特殊性，主张国家干预和管理，否认发展过程中存在着平稳、和谐的状态；新古典主义强调市场——价格机制的作用，主张完全竞争，反对国家干预，确认发展过程中社会团体之间、穷国和富国之间利益的一致性；激进主义强调穷国和富国之间的不平等地位和利益冲突，主张打破支配—依附的旧格局，倡导发展中国家的自主发展和地区的一体化。

(一)结构主义的分析框架

结构主义的分析框架以非均衡经济发展理论为代表，它在西方发展经济学兴起之时，被一批发展经济学家加以采用，具有很大影响。按照一般意见，属于结构主义的发展经济学家主要是罗森斯坦-罗丹、纳克斯、普雷维什、辛格和缪尔达尔。他们是 50 和 60 年代中有很大影响的发展经济学家，被称为"发展经济学的先驱"。

结构主义发展经济学家认为，新古典主义经济学对发展中国家是不适用的，因为他的理论不切合发展中国家的实际。新古典主义经济学的理论核心是市场—价格机制的运行，而发展中国家，一般地说，商品经济不发达，市场是不完全的，人们不可能如新古典主义经济学家所说那样，在经济行为中作出合乎逻辑的精明选择。另外，新古典主义经济学家把经济变动看成是边际的、增量的调节，而发展中国家所需要的是大规模的经济变化和重大的经济结构的改进。因此，结构主义发展经济学理论体系深受凯恩斯经济理论的影响，重视资本主义经济的非均衡分析、极端重视就业问题以及国家干预主义的政策主张，因此从某种意义上讲有学者把结构主义发展经济学理论看成是新古典主义和激进主义的综合体。综合考虑，结构主义理论是从结构变革的角度去分析和研究发展中国家经济不发达的原因及向发达状态前进的问题的理论。

结构主义发展经济学家还认为，凯恩斯经济学从根本上说也不切合发展中国家的实际。这是因为，凯恩斯从发达资本主义国家的条件出发，把萧条时期的劳动力失业和资本闲置归因于储蓄过多，而发展中国家的贫困和失业的重要原因之一是储蓄不足。凯恩斯观察到的发达资本主义国家的失业是周期性的失业，而这并非是普通存在于发展中国家的一种典型的失业。发展中国家长期存在的劳动力过剩的状况，不仅表现为持久性的失业，还表现为广泛的就业不足、伪装的就业和低生产率的就业。发展中国家就业不足情况的出现是由于储蓄不足、资本短缺。这使的发展中国家经济处于持续的不均衡状态，从而凯恩斯提出的增加有效需求的对策是不可能在发展中国家奏效的。发展中国家的任务是动员更多的储蓄以增加投资。

结构主义发展经济学家认为，与发达国家存在相对完善的市场价格体系和经济结构配置不同，发展中国家经济中存在着市场缺失和结构刚性的缺陷。他们认为，在缺乏弹性的条件下，价格的相对变动对资源重新配置的推动作用很小，供给与需求向均衡交叉点的运动不能自动进行，从而缺口无法填平。而社会经济中现实存在的是部门间的结构差异，使不同部门对市场的反应是不同的，因此结构主义理论认为从不同结构部门的角度分析发展中国家的经济运行会更接近真实情况，如刘易斯的传统部门和现代部门之分、缪尔达尔的地区结构等，因而也使得对发展中国家经济结构的改造问题成为结构主义理论的核心。

结构主义理论的发展经济学家认为，发展中国家经济的最大问题是结构刚性，导致在国内经济发展过程之中，由经济增长而提高的国民收入，不可能自然地、均等地普及到各个地区和各个阶层，以缩小地区间或阶层间的贫富差距。相反，经济的不均衡必然伴随着分配不均，使富者愈富，贫者愈贫。如农村人口向城市流动，并不一定减少城乡差异。因为结构刚性，这种流动可能只对农村中比较适应城市生活的人最富吸引力，其结果首先是农村人才的流失。同时，人口流动造成的外在不经济虽然恶化了城市生活，却不削弱对人口流动的刺激，从而这种无助于经济发展的城乡人口流动会继续下去，这一状况的发生，正是经济不均衡的一种表现。

结构的差异、经济的不均衡也反映在国际经济运行中。一些持结构主义理论的发展经济学家认为，在现有的经济格局下，市场力量自由活动的结果必将产生不均衡效应，使发展中国家蒙受损失。“和国际贸易均衡理论的推断相反，市场力量的作用不会导致生产要素的报酬和收入的平等。如果听其自然，经济发展就会是一种循环的、累积的因果关系的过程：它使已有很好自然秉赋的人们再得照顾，使碰巧生活在落后地区人们的努力受到挫折。一个国家越穷，其他地区经济扩展的回波效应支配力越强大。”[①]这里所说的“回波效应”（指不发达国家忽视本身工农业发展而加紧出口原料所引起的不良后果）指扩大富国与穷国的差距的力量。关于国际贸易条件，他们认为，发展中国家的贸易条件的恶化是一种历史趋势，而且这种趋势还会继续下去。之所以如此，是因为初级产品和制造品因生产率提高而得到的利益在穷国和富国的分配上有差异，发达国家的制造品因劳动生产率提高而得到的利益被强有力的工会组织和垄断企业所吸收，增加了工资和利润，并不表现为价格的下降。发展中国家的初级产品生产率提高虽然缓慢，但因发展中国家的工人缺少组织，企业的垄断性较低，工人之间的竞争和企业之间竞争使生产率提高的效果化为价格下降，这样，得益者是进口初级产品的发达国家。另外，结构主义者认为，由于发达国家与发展中国家的国力大小不平等，外国投资的利益分配必然偏于投资国家。投入发展中国家初级产品出口生产部门的外国资本，事实上是在替投资国家建立“飞地”，和发展中国家的其他部门很少联系。外国在发展中国家的投资所得的利润和利息，往往总是回流到资本输出的国家，至于发展中国家因出口增长而导致的投资所需的机器，又往往无法在国内生产而只得从发达国家进口，正如辛格所说，发达国家作为买主和卖主得到的是“两个世界最好的东西”，而发展中国家得到的是“两个世界最坏的东西”。

结构主义发展经济学理论提出了结构改革的发展战略和政策建议。在发展战略方面，结构主义理论强调发展中国家的经济发展过程中，要实行工业化使经济结构由农业经济向工业经济转变，重视资本积累从而为工业化提供基础，强调计划性以加强政府对市场的替代作用。针对发展中国家经济的非均衡发展状态，结构主义理论强调均衡发展战略，认为应该在政府有计划地安排和干预下，在不同地区和部门之间实行均衡发展。此外，在分配政策方面，强调应根据收入结构的特点出发，主张对收入增长进行重新分配，而不是对现有财产的重新分配。由于结构刚性，发展中国家的对外经济政策受到国内资源配置的限制，一些发展经济学家提出了“两缺口”模式，主张储蓄缺口和外汇缺口必须平衡，实行进口替代战略以实现国内生产结构的转变。

(二)新古典主义的分析框架

新古典主义框架的出现并不是在结构主义之后，而是由凯恩斯等为代表的经济学家在对古典主义经济学的批判反思和对现实经济现象的分析之后形成的主流经济理论。在20世纪50～60年代，在经济发展理论中，强调动态增长的结构主义非均衡发展理论占据统治地位，成为大多数发展中国家知道经济发展的主流理论。但也是因为发展中国家的众多不可调和的结

① 缪尔达尔：《发展与不发展》，1956年英文版，第9—10页.

构性障碍，尽管采用了大量措施如教育、人口流动、工业化等结构调整措施，但原本存在的二元结构、巨大的贫富差距等各种非均衡发展现象并没有得到减缓，预期的经济成效并没有实现。强调自由市场和减少政府计划和干预的新保守主义思想开始取代结构主义而重新成为经济发展的主流，并且逐渐影响了几个具有重大影响的世界性组织如世界银行、国际货币基金组织、联合国开发计划署等。反思的结果认为结构主义发展战略的失败，主要原因来自错误的价格政策和政府的过多干预导致资源配置不当。发展经济学领域的这次转变，学术界称之为“新古典复活”。在这一时期，主要代表人物有鲍尔(Peter Bauer)、怀纳(Jacob Viner)、哈伯勒、舒尔茨、明特(Hla Myint)、巴拉沙(Bela Balassa)等人。

新古典主义经济理论的主要特征即关注对既定资源的静态配置和收入的分配，认为经济发展的过程并不是由于资本积累而推动的动态过程，这一点上继承了古典经济理论的特征。因此，新古典主义在解释经济增长问题时，主要包括两方面内容。

经济发展过程是一个渐进的、连续的、和谐的和乐观的过程。新古典主义代表人物马歇尔认为，与社会发展进程和生物进化进程类似，经济同样是具有进化的、有机性质的体系。“进步”或“进化”，无论是工业的或社会的，都不只是增加或减少，而是有机的增长。① 在此过程中，由于经济发展和技术进步从长远上看将提高劳动力需求，在一个逐渐完善的市场经济体系中，由于资本积累和技术进步导致的产业“内在经济”(指单个厂商在既定资源和效率条件下扩大生产规模而得到的经济效果)效益及产业之间由于联系效应的存在而产生的“外在经济”(指在经济发展过程中由于某个产业的发展而具有较强的联系效应，为这个产业提供上游或下游产品服务的其他产业也随之发展起来，如汽车产业的发展带来的是汽车配件供应及物流等产业的发展)效应，从长远发展的角度将是经济达到意愿状态下的充分就业，经济增长所带来的成果会随着纵向的“涓流效应”和横向的“扩散效应”而使社会各部门共同受益，达到全社会资源配置的“帕累托最优状态”，从而形成连续而和谐的经济增长和社会发展。新古典主义者相信，人类的能力能克服物质环境对经济增长施加的限制，技术进步和劳动力质量的增进会形成报酬递增的历史趋势。马歇尔说“自然在生产上所起的作用表现出报酬递减的倾向，而人类所起的作用则表现报酬递增的倾向。报酬递增律可说明如下：劳动和资本的增加，一般导致组织的改进，而组织的改进增大劳动和资本的使用效率。”②

新古典主义理论对经济发展运行持有市场均衡论的观点。该理论认为，经济的进展是以边际调节来实现的，均衡状态是稳定的，价格机制是一切调节的原动力，从而也是经济发展的重要机制。在自由市场条件下，一切生产要素的配置都在其边际效益为零时达到最优状态，否则会在价格机制的调节下进行持续的调整，直到最优状态实现。为此，新古典主义理论认为，上述均衡实现的前提，第一便是市场经济人假设，作为决策者的经济个体具有理性的“刺激—反应”机制，在特定的利益驱动和成本约束条件下能作出福利最大化的理性选择。第二，价格调节机制的作用前提是价格刺激具有高度灵敏性，这就要求供求价格弹性、需求价格弹性和生产要素的替代弹性都具有高度敏感性，从而能及时地对市场价格作出理性选择和调整；第三，自由的市场环境作为均衡状态实现的基础，需要保证各种生产要素的自由流动和市场参与主体之间的自由平等竞争。只有当上述几个条件全部满足时，市场运行才能处于均衡状态，并最

---

① 庇古：《马歇尔回忆录》，1975年英文版，第317页.

② 马歇尔：《经济学原理》上卷，商务印书馆1983年版，第327页.

终将形成均衡市场价格和均衡资源配置状态。总之,新古典主义者认为基本经济活动是价格导向的、竞争性的。

在资本积累理论方面,新古典主义不赞同古典主义学派关于在既定技术水平下劳动和资本在生产中保持固定比例的假设,而认为劳动和资本是可以互相替代的,即资本的增加并不必然有劳动力的增加。他们还认为,在既定的技术状况下,随着积累的增加,资本的边际效率将逐渐下降。在国际贸易理论方面,新古典主义者对比较成本说作出了推演,提出了“资源赋有”理论。他们认为各国根据各自不同的资源赋有条件,出口的是使用低廉生产要素比例大的商品,进口的是使用昂贵生产要素比例大的商品。这样的国际分工可以使整个世界经济的资源得到最佳的配置。他们赞许自由贸易政策,认为这样双方都会分享利益。

该理论提出了其促进经济发展的政策主张,其核心可归纳为三方面,一是主张保护个人利益和私有产权的重要性;其次反对国家干预经济,主张自由竞争和自由放任;其三是主张经济自由化,包括贸易自由化和金融自由化。从上述分析可知,新古典主义非常强调自由竞争的市场环境下利用价格的自动调节机制以促进资源配置,从而促进经济发展。但由于大多数发展中国家并没有完善的市场体系和价格调节机制,新古典主义则认为市场体系的完善是发展的结果,而价格的扭曲则在很大程度上是因为政府过度干预经济所导致。

(三)激进主义的分析框架

激进主义经济发展理论的兴起主要是在 20 世纪 60 年代,而流行于 70～80 年代,主要代表性学者如巴兰(Paul Baran)、阿明(Samir Amin)、弗兰克(Andre Gunder Frank)、卡尔多索(Fernado H. Cardoso)、桑克尔(Osvaldo Sunkel)、桑托斯(M. Santos)等人。

激进主义经济发展理论的出现一方面来自对发展中国家经济发展现状的反思,另一方面来自对当时主流经济发展理论的批判,其主要的起源地在拉美地区,因此学术界也称之为“拉美学派”。20 世纪 50 年代后,受结构主义发展理论的影响,众多拉美国家开始实行进口替代发展战略,在自身资本积累能力有限的情况下,通过大量借外债以弥补储蓄缺口,并在此后的发展中不断对发展战略进行修正,特别是吸收了新古典主义发展理论的政策主张,推行自由放任的市场价格机制。但是到 60 年代,大量之前没有意料到的问题不断出现,如大量失业、贫富分化加剧、收入分配严重扭曲、外债急剧增加、通货膨胀严重等,与此相伴随的是大量持续的政治动荡、社会紧张和社会冲突,这在 80 年代影响巨大的拉美债务危机中集中爆发出来。在对理论与实践的反思中,以“依附理论”为代表的激进主义理论逐渐出现。

激进主义者对新古典经济学的批判,比结构主义更为尖锐、彻底。他们认为,新古典经济学脱离历史,脱离实际,其理论体系不过是空中楼阁。例如,他们认为,新古典主义经济学所说的资源最优配置的基础是完全竞争的市场价格机制,而事实上不存在这样一种机制,所谓资源最优配置不过是主观臆想。激进主义者认为,造成发展中国家发展进程受阻的主要原因,不只是发展中国家自身的缺陷,更主要的是不公平的发达国家与发展中国家之间的“支配-依附”和“中心-外围”关系。因此,他们的经济发展理论也被称为“依附论”,而他们自己被称为“依附论者”。

激进主义发展经济学家一般都受了马克思主义的思想和理论的影响,但他们所受马克思主义影响在程度上有所不同。有的采用马克思主义的分析方法,有的采用其关键概念,有的采用其阶级划分理论和国际划分理论。尽管激进主义发展经济学家在论证时侧重点各有不同,但他们对不发达的性质和根源观点较为一致。他们认为,不发达是世界资本主义发展体系中的一部分。不发达现象形成的原因在于,世界资本主义体系中存在着支配的中心-受支配的外围关系和不平等的交换关系,在世界资本主义体系中处于外围的、受支配地位的发展中国家始终是处于中心的、支配地位的发达国家的从属,不能自主地决定本身的经济发展战略和政策。在不平等的交换关系中,发达国家从发展中国家取得了大量的剩余,从而得到不断发展,而发展中国家由于剩余的源源流出,从而不能跳出持久贫困的陷阱。

在政策建议方面,激进主义发展经济学家认为,发展中国家工业化的结果将是经济上“依附性”和“附属化”的加深。要使依附状况颠倒过来,就必须改变内部生产结构,改变制度和秩序。也有人认为,除非整个世界改造成为国际社会主义体系,外围就不可能有真正的发展。只有铺平通向社会主义的道路,出现了新社会群体,自主发展才有可能。也有人认为,只有革命和社会主义才是发展的必要条件。另外,他们还认为,实行地区经济一体化,订立国际商品协定,发展本国技术,就可以把中心的不利影响缩小到最低限度。

在激进主义理论发展过程中,有几位重要学者,则分别从各自的视角对这一理论流派进行了阐述。巴兰侧重从发达国家与发展中国家的关系角度分析,认为在不公平的国与国的关系中,处于强势地位的发达国家并不会乐意发展中国家的经济崛起,这样对发达资本主义国家的统治阶层是不利的,事实上发展中国家只不过起了提供原材料和充当市场的作用。而弗兰克则认为,在国际关系中,无论是贸易、投资、技术或其他方面,主要的受益者都是发达的资本主义国家,他们控制了先进技术,垄断了发展研究,制定国际规则,利用各种经济政治手段使其处于支配地位,通过对发展中国家的控制和影响,使发展中国家的经济社会结构成为为发达国家提供服务的单一结构。而阿明认为,在具有中心和外围之分的世界资本主义体系中,外围地区的资本主义关系是有中心引进的,但其构成却和中心有很大不同,支配外围地区经济结构的是按照国外市场需求并受其制约的输出部门,整个经济结构缺乏“自我的内部动力”。对于桑克尔来说,他着重讨论了不发达国家内部的“结构瓶颈”起着“依附机制”的作用。他认为由于发展中国家经济结构瓶颈的存在,如农业的停滞、出口产品结构单一、高额财政赤字等使得发展中国家处于国内殖民和两极分化状态,社会经济部门分化成一个适应发达资本主义国家需要的所谓现代部门,而落后部门除了提供廉价的原材料和劳动力之外,并不会获得更多的利益,在此过程中,前者成为发达资本主义国家剥削发展中国家的工具和帮凶。对此,卡尔多索着重从以跨国公司为主的全球经济一体化的角度讨论了这种国内殖民和两极分化状态产生的原因,认为正是跨国公司在发展中国家投资的结果是在这些国家形成一种内在的分裂,并把这些国家经济中最先进的部分和国际资本主义体系连接起来,为资本主义的扩张而服务。为此,桑托斯对上述各种依附关系进行了系统分类,认为现实中发展中国家与发达国家之间的依附关系是全方位的,主要表现为几种形式,分别是建立在贸易和对自然资源的剥削基础上的“殖民依附”,其次是使发展中国家的经济结构为发达国家服务的“金融-工业依附”,其三是以跨国公司的投资从而使发展中国家的经济结构朝着有利于其获取最大利润的角度转变的“技术-工业依附”。上述种种依附关系的存在,对于发展中国家不仅是一种外生现象,更是一种内生现象,因此根除依附的唯一办法就是努力改变发展中国家的内部结构。

(四)新制度主义的分析框架

进入 20 世纪 80 年代之后,由于一部分发展中国家和地区如“亚洲四小龙”的快速发展,其以市场价格机制为中心的对外开放政策成为众多发展中国家的仿效目标，新古典主义思潮再度复兴，而之前影响巨大的激进主义经济发展理论则逐渐消退。但新古典主义只是一味地强调资本积累、劳动、技术以及市场价格机制等因素对经济发展的作用，而假设实施上对经济发展影响巨大的政治、法律、文化等非经济因素只是既定因素或外生变量。而包括非洲结构调整失败在内的事实也表明，许多发展中国家在新古典主义经济发展理论指导下的发展失败，其主要原因正是这些外生变量本身并没有提供一个适宜经济快速发展的良好制度环境。于是，把制度等非经因素作为经济活动中的一个重要内生变量，探讨发展中国家经济发展问题的理论体系开始逐渐形成，被称为新制度主义理论，有时也被称为经济发展的新古典政治经济学思路，其主要代表人物如科斯、拉坦、速水、克鲁格、奥斯特罗姆、弗鲁博腾、林毅夫等。

传统经济学是在资本主义制度下研究人们的经济行为并论证其制度合理性；而新制度学派研究资本主义制度本身，重视价值判断，看到了其制度不合理的一面。科斯(Ronald Coase)认为："当代制度经济学应该从人的实际出发来研究人，实际的人在由现实制度所赋予的制约条件中活动。"诺思(Douglass C. North)则指出："新制度经济学的目标是研究制度演进背景下人们如何在现实世界中作出决定和这些决定又如何改变世界。"新制度经济学对新古典经济学经济人行为的假定进行了修正，即否定了经济人假说并提出有限理性假定。它是在新古典的分析范式里重新研究和估价资源配置所依赖的制度条件，将传统理论预设为已知不变的参数——产权制度、交易费用、经济组织视为亟待解释的关键性变量。

新制度主义框架下经济发展理论的基础主要来自三个方面，一是新制度经济学，二是新政治经济学，三是新古典主义。其主要观点和内容则可分为以下几部分。

第一，重点强调制度对于经济发展的作用。在发展经济学演变的前两个阶段中，无论是结构主义还是新古典主义，其共同特点都是强调资本积累、技术进步、就业等因素对于经济发展的影响，以及这些因素之间的相互关系，而给他们设定了一个完善的制度环境。而新制度主义则认为，从根本上讲，除非现行经济组织或制度是有效的，否则经济发展根本不会发生，更不会持续增长。新制度主义认为经济发展过程中，制度因素并不是既定的和外生的，而是内生的，经济发展的前提是推动制度变迁，制度变迁促进经济发展，而经济发展又推动制度变迁。在这里，制度是个宽泛的概念，不仅包括影响经济运行的组织关系和组织形态，规章制度，更包括整个规范经济运行和生产要素流动的秩序体系。

第二，强调不同制度环境中经济运行的成本对于经济发展的影响。新古典主义经济发展理论的一个重要假设就是私有产权和零交易成本，理论上自由通畅的要素流动和交易，在完美的市场价格机制下总是可以实现均衡状态。但实际上无论是在什么制度框架下，交易成本都不可能为零，并且支配社会运行的不同的政治、制度和法律结构实际地影响着经济发展的全过程。因此，在经济发展过程中，市场价格机制固然重要，但选择一种使经济活动中交易成本更低的制度体系则更为重要。

第三，由于新古典主义所构建的稳定的完全竞争的均衡体系在现实中并不会出现，生活要素的规模报酬递增最终将导向垄断经济的出现，从而打破完全竞争的均衡状态。与此同时，垄断集团和权力集团之间的权力和利益寻租行为的频繁出现并不是市场价格机制所能解决的问题。因此，新制度主义认为，除了增强市场信息对称之外，最重要的防止寻租行为产生的措施就是制度变迁，通过制度的作用对经济行为进行规范，从而确保经济的健康持续发展。

二、现代经济发展理论简介

(一)"贫困恶性循环"理论

美国发展经济学家罗格纳·纳克斯在1953年出版的《不发达国家的资本形成问题》一书中,系统地考察了发展中国家的贫困问题,探讨了贫困的根源和摆脱贫困的途径,提出了"贫困恶性循环"理论,强调资本积累是克服资本"瓶颈"约束,打破贫困恶性循环的唯一途径。

他认为,发展中国家普遍存在的一个特征是经济发展停滞不前,人均收入水平低,生活贫困。长期贫困的原因,不是因为这些国家国内资源不足,而是因为这些国家的经济中存在着若干个互相联系、互相作用的"恶性循环系列",正是这些恶性循环,使发展中国家长期陷于持续的贫困封闭圈中徘徊,无法实现经济发展。而在这个恶性循环系列中,主要是"贫困恶性循环",其产生的原因在于资本缺乏,资本形成不足。其根源又在于其宏观经济中的两个相互联系的恶性循环:供给的恶性循环和需求的恶性循环。

1. 供给的恶性循环　从供给方面看,资本形成方面存在着一个恶性循环:发展中国家人均收入水平过低,意味着大部分收入用于生活消费,很少用于储蓄,导致储蓄水平低,储蓄能力小;低储蓄能力导致资本稀缺,资本形成不足;资本形成不足使生产规模难以扩大,生产率难以提高;低生产率又引起低经济增长率,低增长率又造成新的一轮低收入。如此周而复始,形成一个"低收入—低储蓄能力—低资本形成—低生产率—低产出—低收入"的恶性循环。

2. 需求的恶性循环　从需求方面看,资本形成方面也存在着一个恶性循环:发展中国家经济落后,人均收入低,生活贫困,低收入意味着低消费和低购买力;低购买力引起投资引诱不足;投资引诱不足引起资本形成不足;资本形成不足造成生产规模狭小、生产率难以提高;低生产率又导致低产出和低水平收入。如此周而复始,形成一个"低收入—低购买力—投资引诱不足—低资本形成—低生产率—低产出—低收入"的恶性循环,如图3-3表示。

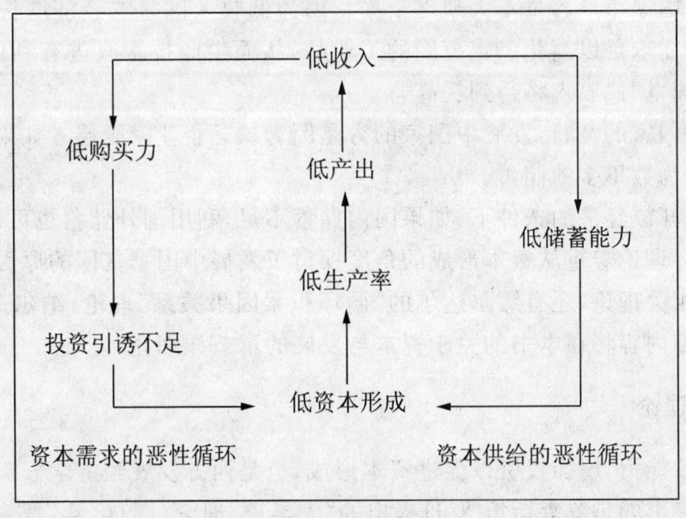

图3-3　贫困恶性循环圈

纳克斯认为产生这两种恶性循环的原因,是发展中国家人均收入过低,而人均收入过低的原因是资本稀缺,资本稀缺的根源又在于人均收入过低。低收入使一国贫穷,低收入和贫穷无法创造经济发展所需要的储蓄，而没有储蓄就没有投资和资本形成，其结果又导致该国的低收入和持久贫穷。由此，纳克斯得出一个命题“一国穷是因为它穷”。

“贫困恶性循环”理论核心是要说明，资本缺乏是产生“贫困恶性循环”的根本原因，资本形成不足是经济发展的主要障碍和约束条件。其基本含义包括两点：第一，资本的匮乏造成发展中国家低水平的供给，又造成低水平的需求，突出了资本形成的特殊地位。第二，第一个循环侧重资本存量、收入、储蓄三个环节的关系，第二个循环侧重生产容量、收入投资三个环节的关系。

如果将上述两个循环联系起来，那么，即使有投资引诱，却缺乏储蓄用于投资；即使有投资，却又缺乏投资引诱来消化储蓄。因此，这两个循环形成一个牢固的死圈，很难打破，从而发展中国家必然会处在长期的经济停滞和贫穷的困境之中。可以看出，这是一种对贫穷国家经济发展前景持极度悲观态度的观点。

因此，要打破“贫困恶性循环”，必须大规模地增加储蓄，扩大投资，促进资本形成。这一理论反映了发展中国家贫困这一重要特征，并初步探讨了产生贫困的根源和摆脱贫困的途径。但是，它过分强调了储蓄的作用和资本的重要性，因而受到一些学者的批评，认为贫困恶性循环理论存在其不可克服的缺陷，即：

第一，混淆了储蓄水平和储蓄率的概念，经济增长的动力应来源于储蓄比率，而不是储蓄水平。

第二，不发达国家缺乏储蓄能力是不符合事实的，如发展中国家的宏伟建筑是需要一定的储蓄能力的，在非常时期发展中国家的集资能力也说明其具有一定的储蓄能力。

第三，发展中国家的低收入者确实是缺乏储蓄能力的，但占其收入40%、人口5%～10%的富裕阶层却有相当大的储蓄能力，如果其削减15%的消费，可使其储蓄率由0提高到2%；

第四，低储蓄率不能只归因于收入低，还有发展中国家的社会制度、政治制度、社会结构缺乏弹性等。

第五，发展中国家市场容量不大缺乏依据。因为低收入国家的经济增长不需要庞大的市场容量，只要市场需求足以消化一定范围的工业品，从而生产技术改进有利可图，则经济增长将起步并逐步加速，国民收入将得到提高。

第六，就发达国家的经验，发展中国家的穷是因为缺乏企业家阶层。如果有企业家阶层存在，他们可以利用为数不多的储蓄。

第七，在现在开放经济的条件下，如果国内储蓄不足，利用国外储蓄也可以发展经济。

贫困恶性循环理论着重从资本形成的角度探讨了发展中国家贫困的原因，此外，从资本形成的角度出发的相关理论，还有缪尔达尔的“循环积累因果关系”理论，纳尔逊的“低水平均衡陷阱”理论等，详细内容将在本书的关于资本与发展的章节详细介绍。

(二)大推进理论

如何提高储蓄能力，增加投资以促进资本形成，也是西方发展经济学家探讨的重要内容之一。这方面比较突出的是罗森斯坦-罗丹提出的“大推进”理论。1943年，罗森斯坦-罗丹在《东欧和南欧国家的工业化问题》一文中，系统阐述了自己关于发展中国家如何实现经济发展的观点，并提出了有名的“大推进”理论。此外，关于促进资本形成的理论，还有著名的来宾斯坦的“临界最小努力理论”、刘易斯的储蓄理论、库兹涅茨的储蓄理论、钱纳里等人的储蓄理论等，本节主要介绍“大推进理论”。

他认为,发展中国家的显著特征是人口众多、农业劳动力剩余、收入低下和资本投资规模太小。而要摆脱贫困、失业和收入不均等问题,必须大力发展工业,实现工业化。

怎样实现工业化呢?他认为,必须增加资本投资,促进资本形成。发展中国家长期经济贫困,工业落后,基础设施不健全,劳动生产率低下,收入水平很低,市场容量狭小,投资规模极小。因而,小量的投资是无法从根本上解决这些问题的,更谈不上工业化了。这好比一部汽车陷入一个大雪坑,仅靠拖、拉的小力是无法拖出来的,必须从汽车的四轮着手,花大力气才能推上来。所以,发展中国家要实现工业化,必须全面地、大规模地在各个工业部门(尤其是基础设施建设方面)投入资本,通过这种投资的“大推动”,来冲破经济贫穷落后和停滞的困境与束缚,“推进”整个工业部门的全面、迅猛地发展,从而迅速实现工业化,达到经济增长、农村剩余劳动力就业、收入水平提高并且均等化的目标。

那么,实现工业化为什么要在各个工业部门全面地、大规模地进行投资呢?罗森斯坦-罗丹认为,这是因为发展中国家经济中客观存在着三种“不可分性”,因此,决定了其投资不可能是平衡的,而必须是“大规模跃进”式的。

一是供给方面的“不可分性”。表现为社会分摊资本供给的不可分。社会分摊资本又称基础设施,即交通运输、通讯、水坝投资。由于这些项目规模宏大,并且互相联系,必须同时建成才能发挥作用,因而一开始就需要有最低限度的大量投资作为创始资本。如果不一气呵成,投资项目达不到最小规模,则资本事实上并未形成,那么经济增长丝毫得不到促进。

二是需求的不可分性。需求的不可分性或互补性要求同时建立一套互相联系的产业来克服市场“瓶颈”。如果投资只集中于一个工业部门或行业,那么,即使这个部门建成了,它也只是一个孤零零的独立部门,因为别的工业部门没有建立,它与其他部门就没有联系,从而它的产品只有被本部门工人购买而没有其他消费者,造成市场狭小和需求不足,最终这项投资将无法产生效益而告失败。如果不是投资于一个部门,而是投资于多个工业部门,建立起互相联系、互相补充的工业部门体系,那么市场需求问题就会解决。这是因为,一旦工业部门体系形成,各个部门间会产生相互依赖性,产生相互需求,从而会形成一个充分的而又有保证的国内市场。使各个部门都得到充分的发展。总之,为了形成广大的、有保证的市场、必须全面地、大规模地在各个工业部门同时并按一定比率进行投资。

三是储蓄的不可分性。储蓄不是随着收入的增长而不断增长的。相反,它的增长是有阶段性的。当收入增长到某一限度之前,为了保证一定的生活标准,消费的相对减少是很有限的。只有当收入的增长越过那个限度之后,储蓄才会急剧地上升,才会使更大规模的投资成为可能,因此,每一阶段的经济发展规模必须大到足以保证收入的增长超过一定的限度。否则,储蓄将不够充分。为发展经济而进行必要的投资将遇到“储蓄缺口”的障碍。

另外,罗森斯坦-罗丹还认为,如果实现全面的、大规模的投资,可以大幅度提高工业生产规模,从而产生规模经济效益。规模经济效益的产生不仅使一个企业本身获得成本降低的好处,而且还会把“外在经济”效益的好处与其他企业或整个社会分享。因为,厂商之间、行业之间存在着互相联系与依存的关系,一个行业生产规模的扩大,会促成一些各厂商共同使用的交通运输、道路、货栈、通讯、信息、清洁、保安、原料供给、产品销售等设施和服务部门的建立,这些措施将给各厂商乃至全社会各个部门的生产活动带来种种便利,从而降低其生产或销售成本。这样,不仅某一个企业增加了获利能力,而且提高了整个工业部门、行业甚至全社会的“获利能力”。

为此，罗森斯坦-罗丹认为，孤立的、小规模的投资不能产生规模经济效益，无法迅速发展经济、改变发展中国家的贫穷落后面貌，只有实行“大推进”式的投资，才能获得规模经济效益，提高社会获利能力，最终实现迅速的经济发展。

“大推进”理论强调了工业化是经济发展的中心和目标，说明了大规模的资本形成的重要性与必要性，这对于人们认识发展中国家的经济现状，找出其摆脱贫困落后的道路，具有一定的启发意义。

但是，这种理论过分强调了工业化和资本形成在经济发展中的作用，成为一种典型的“唯工业化论”或“唯资本论”，这一点受到许多西方发展经济学家的批评。

第一，社会分摊资本并非都是不可分的。如 500 万元不能因只够建半个 1 000 万元的发电厂而放弃，可以选择建一个小规模的 500 万元的发电厂。

第二，由于农矿产品的出口、旅游事业的发展，那些需要工业品的人的收入也会增长，行业发展同样有市场需求。

第三，迅速提高投资率，仅靠民间力量是不够的，还需政府采取行动，进行刺激，但不能过激，否则会造成经济失调。

第四，大推进理论所倡导的全面的大规模的进行投资不切合发展中国家的实际。

另外，不平衡经济的平衡发展，结果仍然是经济的不平衡。

(三)不平衡增长理论

在西方发展经济学中，对于是否选择平衡增长战略还是不平衡增长战略，曾经展开过激烈的争论。平衡增长指的是在整个工业或整个国民经济各个部门中，同时进行大规模的投资，使工业或国民经济各部门按同一比率或不同比率全面地得到发展，以此来彻底摆脱贫困落后面貌，实现工业化和经济发展。但由于平衡理论过分强调国内市场的形成和各部门的平衡增长，从而存在很多局限性，到了 20 世纪 50 年代后期，在对平衡增长理论的批判中，逐渐形成了不平衡增长理论体系。其中美国经济学家艾伯特·赫尔希曼在 1958 年出版的《经济发展战略》一书中，着重从现有资源的稀缺和企业家的缺乏等方面对平衡增长理论提出异议。

赫尔希曼教授指出，平衡增长论者实际上是把一个全新的现代化工业文明强加于停滞的传统社会之上，而不懂得发展是经济从一种类型向其他更先进类型转化的渐进过程，他们为强调国家经济各部门均衡发展和各种的广大市场的全面形成，过低估计了建设项目可能迟迟难以建成，而建成后生产又缺乏效率的情况，并且发展中国家并不具备大推进所需要的资本和其他资源，平衡增长是不可能的。发展中国家应集中有限的资源首先发展一部产业，其他部门通过利用这些产业部门投资所带来的外部经济效应而逐步得到发展，由此提出不平衡增长理论。赫尔希曼认为，国民经济各部门的资本-产出比率或利润率存在差异，因此，就存在有创新能力极强、有较大的发展前途、利润率相对较高的主导部门和比较落后、逐渐衰落、利润率较低的部门。发展战略的路程好比一条“不均衡的链条”，从主导部门到其他部门，从一个产业通向另一个产业，经济发展常常采取踩跷板的推进形式，从一种不均衡走向新的不平衡。

因此，发展战略的任务不是取消而是维持紧张、不成比例和不均衡，使不均衡的链条保持活力，一系列脱离均衡的经济行为构成最理的发展过程。他也承认市场狭小对经济发展的限制，但他认为，各个部门之间的联系效应可以克服市场狭小的束缚，促进各个产业的发展，不发达国家取得经济增长的最有效途径是采取精心设计的不平衡增长战略，首先投资选择应放在若干战略部门，当这些部门的投资创造出新的投资机会时，一个部门在投入和产出上与其他部门之间的“联系效应”就会带动整个经济的发展。具体地讲，投资应放在向后联系效应较大的制造业，制造业的发展既能较快地积累资本，又能带动落后产业，从而最终促进整个经济的增长，摆脱贫困状态。由于从资本形成的角度阐明了不发达国家或地区经济增长的均衡格局，不平衡增长理论以其独特的、比较合乎实际的理论构想，对发展中国家的反贫困战略产生了深远的影响。

这里，所谓“联系效应”是指在国民经济中，各个产业部门之间存在着某种关系，这种关系决定了产业部门之间互相联系、互相影响、互相依存。产业部门的这种关系可以分为“后向联系”和“前向联系”两种形式：

后向联系是指一个产业同向它提供投入的部门之间的联系，如钢铁工业的后向联系是采矿业等。

前向联系是指一个产业同吸收它的产业(购买其产品)的部门之间的联系，如钢铁工业的前向联系是机械制造、汽车等产业。

一般说来，一个产业的后向联系部门通常是农产品、初级产品、原材料、半成品或半加工品等生产部门，其前向联系部门通常是制造业、最终产品等生产部门(但有些产业既是后向联系部门，又是前向联系部门)。如机械制造工业，它既可以为钢铁工业提供机器设备等资本投入而成为后向联系部门，也可以成为吸收钢铁工业产品和钢材的前向联系部门。因此，后向与前向联系的区分是相对而言，有一定条件的。

(四)两缺口模式

新古典发展理论中对于资本积累对于经济发展的作用非常重视，而资本除了国内储蓄、对外贸易等方式之外，合理利用外资成为一个重要来源。到目前为止对于如何利用外资的理论，主要有“两缺口”模型、垄断优势论、产品周期论、内部化理论、对外直接投资诱发要素组合理论、小规模技术理论、技术创新产业升级理论等，都从不同的角度阐述了引进及使用外资的问题。在本节，将只介绍最经典的“两缺口”模型。1966 年 9 月，美国经济学家钱纳里和斯特劳特在《美国经济评论》上发表了题为《外援与经济发展》的论文，提出了“两个缺口”的理论模型，成为发展中国家利用外资的主要理论之一。

1. 两缺口模式的基本框架　在宏观经济分析中，可以得出下列一个表现总收入等于总支出的恒等概念公式：

$$Y=C+I+(X-M)$$

Y 为总收入，C 为总消费，I 为总投资，X 和 M 为出口总值和进口总值，$(X-M)$为外贸纯收入(入超)。上式移项后为

$$Y-C=I+X-M$$

因为总收入减去总消费等于储蓄，即：

$$Y-C=S(\text{储蓄})$$

代入上式得：

$$S=I+X-M$$

移项得：

$$S-I=X-M$$

两边同乘一个负号：

$$I-S=M-X$$

上式等号左端为投资与储蓄之差，称为“储蓄缺口”，右端是进口与出口之差，称为“外汇缺口”。从均衡的观点来看，左右两端必须相等，储蓄缺口要靠外汇缺口来平衡，即如果出现储蓄缺口即投资大于储蓄，这个缺口要靠由外汇缺口即进口大于出口（表示从国外获得储蓄）来平衡。

2. 两缺口模式的调整和平衡　这两个缺口相等正像国民收入均衡公式中总供给与总需求的平衡是发生在事后一样，它也是事后的平衡。这是因为，在事前，投资、储蓄、进口和出口这四个方面是独立运动的，其各自的计划数量也是独立决定的。这样，投资超过储蓄的数额不一定恰好等于进口超过出口的数额。因此，就需对两个缺口进行调整，促其达到平衡。

调节方式主要有两种，即消极方式和积极方式。消极方式是指在不利用外资的条件下，仅就缺口本身进行修补。其中第一种情况是国内储蓄缺口大于外汇缺口，有两种修补办法，分别为增加储蓄，但一般认为发展中国家在短期内很难做到，其次是削减国内投资，但其消极影响是会造成经济增长速度放慢；第二种情况是外汇缺口大于储蓄缺口，同样有两种办法进行修补，其一是扩大出口，但一般短期内很难做到，其二是减少进口，但同样会降低经济增长速度。显然，上述调整是从缺口本身的修补来考虑的，其结果是短期内有效的方法会降低国内经济的增长率，因而只是一种消极的调整。

而积极的应对方式则是从缺口之外开辟财源，通过采用国外资源、引进外资的办法，使两个缺口在促进经济增长率提高的情况下实现平衡。引进外资来平衡两缺口往往具有双重的效应：比如一笔外资以机器设备的形式转移进发展中国家，从供给来看，它表示从国外进口了资源，而这笔进口不需要用增加出口来支付，这就减轻了外汇不足的压力；从需求来看，它又是投资品，而这宗投资品不需要用国内储蓄来提供，这就减轻了国内储蓄不足的压力。

3. 两缺口模式的理论意义

(1)两缺口模式采用结构主义分析方法，探索发展中国家的资源不足、结构失调等问题，指出应在开放经济的条件下发展经济，利用国外资源弥补国内资源约束是发展中国家促进经济增长的有效途径。在一定时期内，任何发展中国家的两缺口中只有一个处于支配地位。但是，大多数发展中国家是受外汇缺口约束的国家。这些国家拥有过剩的生产资源，尤其是劳动力过剩，所有可以动用的外汇都用于进口。如果这类国家能从国外获得资金以进口生产资料，并取得相应的技术援助，这类国家就能利用本国充分的劳动力资源和来自国外的补充生产资料追加新的投资项目。在这样的情况下，外援或外资对于发展中国家解决外汇紧缺，提高实际经济增长率方面确能起重要作用。

(2)突出利用外资的重要作用。成功地利用外资和外援应该达到双重经济效果：一方面，引进项目的建成可以直接地（建成新项目）或间接地（降低成本）增加出口；另一方面，由于外资促进了生产，使居民和政府的收入水平提高，使储蓄能力加强。

(3)强调计划和宏观调控的重要性。两个缺口的不平衡,使外资引进成为必要,而恰当的外资引进又可以助长出口能力,提高国内储蓄水平,最终使两缺口失衡现象自然趋于平衡,消除它们对经济发展的约束,最终实现逐步地减少直至取消国外的援助,依靠自己经济内部的力量来推动经济持续增长。然而,恰当不等于盲目,如果发展中国家缺乏计划地盲目引进,不仅会造成有限外汇资源的浪费,还会使发展中国家背上沉重的债务负担。

(4)提出了发展中国家进行经济改革和提高经济效益的必要性。一个国家不可能长期依靠国外资源来弥补自己的两个缺口。利用外资的成功主要还应依靠国内经济的改革和发展。因此,利用外资的双重效果即刺激出口,国内收入提高能否实现,关键在于国内经济改革成功。否则,两缺口现象将继续存在,国家将继续处于资金不足和国际收支逆差的压力之下。

(五)刘易斯-费-拉尼斯模式

在发展经济学的理论体系中,如何缩小城乡发展差距以及改变城乡二元结构,加快城市化进程,以及城市化与人口流动的关系及两者对于经济增长的影响等,始终是一个重要的发展议题,也是发展经济学的重要研究领域。而这方面的研究又以刘易斯-费-拉尼斯模式最具代表性。该模型由美国发展经济学家威廉·W·刘易斯于1954年、1955年先后发表的《劳动无限供给条件下的经济发展》和《经济增长理论》中始创,由拉尼斯和费景汉两人发展,合称为刘易斯-费-拉尼斯模式。

刘易斯从新古典学派的经济发展观点出发,认定发展中国家一般存在着双元经济结构,即国民经济中存在着具有两种性质不同的结构或部门:一个是只能维持最低生活水平的、以土著方法进行生产的“自给农业部门”。在农业部门中,存在着只有极低的、低到零甚至负数生产率的“过剩劳动力”’另一个是以现代化方法进行生产的“将本主义部门”。该部门中的劳动生产率远比农业部门为高。按照刘易斯的定义,“过剩劳动力”是劳动力的一部分,把这部分除掉以后,即使其他投入要素投入并不增加,而产出总量并不减少甚至还略有增加。这部分劳动力,形式上是就业的,但实际上对生产并未起任何作用,或者只能起极其微小的作用。由于农业部门存在着过剩劳动力,而农业部门自身已不会再生出对这部分过剩劳动力的生产性使用,这样,使之向工业部门转移,对两个部门均为有益,因为这一转移不仅有利于提高农业劳动生产率,而且使工业部门也得到了自身发展所需劳动力。因此,这种过剩劳动力在部门间的转移,对于工业和农业乃至整个经济发展都是必要的。要使这种转移得以实现。必须使工业部门具备吸收这部分从农业部门中游离出来的过剩劳动力的必要条件,即新兴工业部门在早期是劳动密集的,有能力吸收过剩劳动力;工业部门的工资水平和农业部门的人均收入水平的差额,正好足以支付较高的城市生活费用,并提供最低限度的诱因;通过教育和技术培训,使过剩劳动力转变为熟练劳动力;在工业部门,只有在达到边际产品与工资相等这一特定点时,劳动力才会被雇佣。农业过剩劳动力的吸收转换过程将推动经济持续增长。当农业部门的过剩劳动力被吸收进工业部门时,农业部门的工资将开始上升,使贸易条件转向对农业有利,并导致工业部门的工资随之上升。资本积累的速度与规模,已突破了经济发展在最初阶段所遇到的劳动力无限供给的限制。当全部过剩劳动力被吸收时,工业部门的劳动力供给弹性已消失殆尽,因为农业部门已全部商业化,农业部门的生产者也加入了对劳动力的竞争。在这过程中,工业部门的利润部分不断增长,以确保过剩劳动力不断得到利用,并最终全部被吸收。实际工资也将随着劳动生产率的增长而不断提高,于是经济将进入一个自我持续增长的新阶段。

学术界认为该模式对解决发展中国家的就业问题和人口流动问题,在理论分析上,或政策建议上,都用处不大。但该模式突出论证了经济发展过程中的两个重要问题:一是城市工业部门和乡村农业部门结构上和经济上的差异;一是把两个部门联接起来的劳动力转移过程的重要作用。从这方面看,刘易斯模式在发展经济学中,仍是具有分析价值的理论。

拉尼斯-费模式是一种从动态角度研究农业和工业均衡增长的二元结构理论。

1961年,由美国经济学家J·费景汉和G·拉尼斯在《经济发展中的一种理论》一文中提出。该模式以刘易斯模式对不发达国家经济部门的划分为基础;把双元经济结构的演变分为三个阶段:第一阶段类似刘易斯模式,农业部门存在着隐蔽性失业或可转移的过剩劳动力劳动的边际产品等于0,劳动力供给弹性无限大在第二、第三阶段中,农业部门逐渐出现了生产剩余。这些生产剩余可以满足非农业生产部门的消费,从而有助于劳动力由农业部门向工业部门移动。因此,农业对促进工业增长所起的作用不只是消极地输送劳动力,还积极地为工业部门的扩大提供必不可少的农产品。上述三个阶段中劳动力转移和再分配的数量与时间取决于三个因素:①工业资本储备的增长率。这一增长率为工业利润增长率和农业盈余增长率所限定。②工业技术进步的性质和倾向。③人口增长率。

费景汉和拉尼斯认为,刘易斯模式有两点缺陷:①没有足够重视农业在促进工业增长中的作用;②没有注意到农业由于生产率的提高而出现剩余产品应是农业中的劳动力向工业流动的先决条件。他们两人对这两点作了补充,从而发展了刘易斯模式。

(六)增长极理论

“增长极”理论是法国经济学家弗朗索瓦·佩尔鲁克斯于1955年提出的,从区域经济发展的角度对经济发展进行了独特的探讨,对于发展经济学中的区域发展模式和要素配置原则的丰富和多样化,起着重要作用。此外,在这方面类似的理论还有如地理二元经济论、区域核心-外围理论、区际增长传播理论、区域分化理论、梯度转移理论等。

增长极理论的核心思想是,在经济增长中,由于某些主导部门,或有创新能力的企业或行业在某些地方或大城市聚集,形成资本与技术高度集中、具有规模经济效益、自身增长迅速并能对邻近地区产生强大辐射作用的“增长极”,通过具有“增长极”的地区的优先增长,可以带动相邻地区的共同发展。增长极理论强调国民经济计划中的资源配置要集中在不同的经济空间以及不同的行业、部门。在不同的时期中,经济增长的势头不会在所有地区和部门中同时出现,而是集中在某些具有创新能力的行业和主导产业部门;由于供给函数和市场需求的不可分性,这些主导部门和有创新能力的行业通常集聚在大城市中心,从而形成发展极。

熊彼特的创新企业模式是增长极理论得以成立的根本前提,在这一模式中,投资的着眼点在于预期未来的创新会形成新的和超常规的收益,而不在于通过常规格局和现有的技术水平会预期未来收益。一旦出现了“关键创新”以及由此所致之超额利润,会有更多的模仿者加入创新的行列,或者追随创新的模式,从而使增长极对其周边地区产生“扩散效应”。它通过技术、管理、资金、信息等载体把增长的势头从发展极向其周边地区扩散,或从一个产业(比如工业)向另一个产业(比如农业)扩散,形成发展权对某一经济空间增长和发展的带动作用。缪尔达尔据此也提出增长极的回波效应及扩散效应。

该理论的政策主张集中地反映在区域发展模式上,它认为资源配置应主要集中在增长极;如果没有增长极,就要创建增长极,因为在主导产业和有创新能力的部门共同作用下,“点束式”极点增长及其带动作用要比“平面式”板块增长在资源配置上合理得多，在经济效益上合算得多，在用于基础设施建设方面的“社会分摊资本”要少得多。

(七)经济起飞理论

当代美国经济学家兼经济史学家W·W·罗斯托从世界经济发展的角度，用历史的、动态的方法研究了各个国家，尤其是发展中国家经济发展的过程、阶段和问题，提出了经济起飞理论。

罗斯托认为，一个国家的经济发展要经过六个阶段。这六个阶段分别是：

1. 传统社会阶段　这一阶段包括英国科学家I·牛顿以前各种类型的社会。这一阶段经济的主要特点是：没有现代的科学和技术；资源过多配置在农业，而不是在工业；存在着一种僵硬的社会的结构，阻碍着经济变革。因此，生产率低下，人均实际收入仅够维持生存。

2. 为起飞创造前提阶段　这是一个从传统社会向“起飞”阶段发展的“过渡中的社会”。在这一阶段，近代科学知识开始在工业生产和农业生产革命中发挥作用；金融机构如银行正在出现，它动员资本并为新的投资提供资金；商业随着交通运输业的改进而正在扩大。这一时期，在经济上，必须重视农业革命的重要性：既要提供更多的粮食，来养活过渡阶段势必迅速增长的城市人口；还要为工业发展提供广大的市场；更要把一大部分剩余收入用于积累。所以，“农业产量的增长率可能决定着向现代化过渡的限度”。在政治上，必须有相应的变革。如建立一个中央集权的民族国家；担负起重大的技术性任务；发展统一市场；维持一种财政制度使得资源得以充分利用等。还要把“起飞”阶段所必需的大笔社会经营资本积累起来。总的来说，在这一时期，发展的障碍正在被克服，但人均实际收入增长缓慢。历史上，英国是第一个为“起飞”阶段创造充分前提条件的国家。今天大多数贫穷国家正处在这个发展阶段。

3. “起飞”阶段　这一阶段，是“近代社会生活中的大分水岭”。束缚经济成长的阻力最后被克服，传统的经济停滞状态已经被突破。起飞阶段必须具备三个条件：①要提高生产性的投资率，使积累在国民收入中所占的比例由5%提高到10%以上；②建立一种或多种重要的制造业部门，即“主导部门”，带动其他部门的经济增长；③要进行一些政治和社会制度上的变革，推动现代部门的扩张，以保证“起飞”实现。在此阶段，农业中的劳动力逐渐从农业中解脱出来到城市工作，人均收入大幅上升。起飞阶段大致为30年，如英国发生在1783年以后的30年。法国、美国发生在1830年以后的30年。德国发生在1850年以后在20多年。加拿大和苏联发生在第一次世界大战前的20多年。在发展中国家，巴西和阿根廷(1933—1950年)、土耳其(1933—1961年)、墨西哥(1940—1960年)、印度(1952—1965年)等也经历了起飞阶段。事实上，这一阶段相当于资本主义发展史中的产业革命时期。

4. 向成熟推进阶段　这是起飞以后的一个新阶段。一系列现代技术已经有效地推广到各经济领域，从部门情况看，工业将朝着多样化的方向发展，新的主导部门逐渐替代“起飞”阶段的那些旧的主导部门而显示出活力。钢、新式船舰、化学品以及现代工作母机等产品在经济部门中已占主导地位。而钢的发展和大量使用，是西欧和美国向成熟阶段推进的主要标志。较老的各个工业部门趋于稳定。人均收入持续增长。所谓“成熟”，即指在技术上的成熟。衡量一个社会是否完成了“起飞”，并向成熟阶段推进，要看它是否有效地利用资源，加速一系列新的主导部门的发展。进入成熟阶段以后，由于技术的不断改进和新兴工业的迅速发展，经济结构也相应发生变化：从事农业的劳动力在全社会劳动力中所占的比例可能从“起飞”阶段结束时的40%降到20%;对外贸易的作用加强。历史上,经济先进国家用了40多年的时间完成这一阶段。在发展中国家,墨西哥、土耳其、伊朗、印度等国,在60年代进入该阶段。罗期托的“成熟阶段”,相当于资本主义由自由竞争向垄断过渡的阶段,“是一个提供新的富有希望的选择自由的时代,也是一个带有危险性的时代”。

5. *群众性高消费阶段* 在这个阶段社会进入一个高度发达的工业社会。经济的主导部门转移到耐用消费品和服务业方面。在此阶段,有日益增大的资源用来生产耐用消费品和服务;技术工人在劳动中的百分比、城市居民在总人口中的百分比均上升;用来供社会福利和保证之用的一部分资源逐渐增大。美国进入这一阶段始于1913—1914年福特汽车公司开始采用自动装配线时,汽车、主要家用电器、社会福利服务改变了美国居民生活的整个格调。而西欧和日本则是在50年代进入这一阶段。

6. *追求生活质量阶段* 在这一阶段主导部门已经不是以汽车为主的耐用消费品工业,而是以服务业为代表的提高居民“生活质量”的有关部门(包括教育、市政建设、保健设施、环境保护、文娱旅游等)。这些部门的特点是提供劳务,而不是生产物质产品,从此,人类社会将不再以物质产品数量的多少来衡量社会的成就,而以劳务形式所反映的“生活质量”的高低程度,作为衡量社会成就的新标志。经过“群众性高消费阶段”以后,由于汽车工业的迅速发展和汽车的大量使用,出现空气和水源的污染以及城市人口过密、交通拥挤不堪的情况。于是人们所追求的,不仅是小汽车之类的耐用消费品,而且追求环境的优美、生活上的舒适,以及精神方面的享受。这个阶段还要解决种族歧视、黑人问题,以保证社会的稳定发展。

在这六个阶段中,起飞阶段是关键性的。这个阶段是由一个或更多的主导部门推动的,它的迅速增长,带动了辅助部门和派生部门的增长,从而促进整个经济的增长——不平衡增长。而形成主导部门的条件,是这个部门必须在国民经济中占据举足轻重的地位;有技术创新和迅速应用新技术的能力;有带动其他部门增长的能力。主导部门不仅能够自身高速增长,而且能够把这种增长“扩散”到其他部门,对其他部门产生决定性影响。

此外,主导部门不是一成不变的,而是根据不同的发展阶段和条件不断演变的。历史上,起飞前的主导的是食品、饮料之类的部门。在起飞阶段是纺织工业。向成熟推进阶段是重化工业和制造业。群众性高消费阶段是汽车工业。追求生活质量阶段则是包括教育、市政建设和环保、卫生、娱乐等在内的服务业。主导部门的不断更替,推动了经济增长和阶段变迁。

较高的资本积累率,是经济起飞的一个重要条件。实现经济起飞,必须有大量的资本投资。投资来自储蓄。只有当资本积累率在国民收入中的比重占到10%以上,才能促进经济起飞。储蓄可以来自国内,亦可来自国外。当国内储蓄不足时,可以利用外资和外援来弥补。

政治与社会制度的变革,是起飞顺利实现的保证。政府必须保证能采取一系列措施来创造起飞所需的条件。这类措施包括:防止消费早熟,为起飞积累资金;动员国内外资金以提高储蓄率;重视基础设施建设;防止人才和资本外流;加强国家对经济的管理等。

罗斯托的经济起飞理论主要反映在他于1960年出版的《经济增长的阶段——非共产党宣言》一书中。该理论在西方盛行一时,“起飞”一词亦成为经济发展的常用词。但是对该理论,在西方亦有长期辩论。许多人提出了不同观点:①从历史上看,在各发达国家的经济发展过程中,投资率是稳步增长的。几乎不存在由5%或不足5%的投资率一下提高到超过10%的投资率。②经济增长是一个缓慢的过程。犹如一个门槛是无法飞越过去的。③在罗斯托的理论中,经济成长是一个直线型的概念,没有不同的发展道路。发达国家将总是处于成长的高级阶段，而发展中国家将总是处于低级阶段，犹如一列前进的列车，每节车厢的位置都是固定不变的，后边的总是落在后面。然而，发展本身是一个动态过程，先进与落后总是一个相对的概念，经济史已充分证实了这一点。

(八)舒尔茨农业经济发展理论

自发展经济学产生以来，农业是国民经济的基础，但其在经济发展中的作用大部分时候并不为主流经济发展理论所重视。而大多数发展经济学中对于农业的阐述也主要集中在农业作为整个宏观经济发展中一个逐渐弱势的产业，在其发展的不同阶段应该处于什么位置，以及非农产业与农业的关系问题。但是随着发展中国家发展的受挫，以及发展经济学的不断完善，以舒尔茨为代表的一批发展学者重新探讨了农业对于经济增长的贡献，特别是现代农业的作用。此外，该领域还有一些重要学者如张培刚、梅勒、蒂默等也做了重要贡献。

舒尔茨农业经济发展理论是一种以农业为重心，研究发展中国家经济发展的理论，是美国著名经济学家西奥多·舒尔茨于1964在《改造传统农业》一书中提出。舒尔茨把发展中国家完全以世代相传的生产要素为基础的农业称做传统农业。他认为传统农业是一种特殊类型的经济均衡状态。在这种状态中，技术状况长期保持不变，以持有和获取农业生产要素取得收入的偏好和动机长期保持不变，农业生产要素的供给和需求长期保持不变。当农业接近于传统农业的特定的均衡状态时，向农业生产要素进行追加投资的边际生产率不断下降，取得农业收益的成本变得十分高昂，高成本低收益，削弱了对农业进行新投资的刺激。于是，储蓄和投资，农业生产要素的供给和需求便处于均衡状态。实际上，传统农业是处于停滞状态的，维持简单再生产的农业。舒尔茨认为：

(1)传统农业中农民根据他们多年积累下来的经验，能够相当有效率地分配现有的资源，并且，对有利的经济刺激作出反应所需要的时间也不比现代化农业中的农民所需要的时间长。

(2)传统农业社会里劳动的边际生产率并不等于零，那里并不存在大量的隐蔽性农业。舒尔茨根据1918年发生在印度的一场流行性感冒造成农业人口下降，并给农业生产带来严重影响的统计材料证明，农业劳动力的减少，会引起农业耕地面积相应缩减和产量的下降，农业产量的增减和农业人口增减之间存在着极为密切的依存关系。

(3)传统农业中投资的收益率是很低的。穷国的富人不把资金投入农业。而将财富转移到国外。外国在发展中国家的投资也不是用于现有形式的传统生产要素。不能从传统农业中资本稀缺推导出资本投资收益率高的结论。资本稀缺正表明传统农业中，社会所依靠的生产要素是高价的经济增长的源泉。因此，传统农业不可能成为发展中国家经济增长的源泉，要使农业持续增长，就必须把传统农业改造成为现代农业。舒尔茨提出了四方面的措施：①以市场机制为基础，建立健全价格体系。②由政府负责大力推广农业科学技术。③发展教育，提高农民的文化技术水平。④取消大农场，推广家庭农场，把家庭农场作为基本生产单位。

多数发展经济学家认为，舒尔茨的农业经济发展理论基本符合发展中国家的实际，对于发展中国家的经济发展具有指导意义。

(九)中心-外围学说及依附理论

1950年，当代拉丁美洲经济学家劳尔·普雷维什在《拉丁美洲的经济发展及其主要问题》等文中提出从国际经济关系的角度分析发展中国家经济发展。普雷维什采用中心一外围的结构分析方法，研究了资本主义国际经济体系中发达国家和发展中国家的利益关系。他认为，当代资本主义的国际经济体系是由非对称的两部分，即中心和外围组成的。资本主义工业发达国家构成这个体系的中心，贫穷落后的经济不发达国家构成了广阔而复杂的外围。中心利用国际分工，主要从事制成品生产，而外围则从事初级产品生产，中心国家制造业劳动生产率的提高快于外围国家初级产品生产劳动生产率的提高。在国际贸易中，工业制成品的价格理应相对下降，这样，外围国家初级产品贸易条件会趋于好转。但是，由于对中心国家产品需求的收入弹性高，而外围国家初级产品的需求弹性低；并且由于中心国家工会的强大压力维持了工资的高水平以及垄断组织能有效地维护利润水平，从而使工业制成品价格不按劳动生产率的提高比例下降，这样就造成了外围国家初级产品贸易条件不断恶化。因此，普雷维什认为，传统的自由贸易理论和政策不能适用于发展中国家。要改变这种局面，就必须实施进口替代工业化的战略，即采取有节制有选择的保护政策，削减和限制对发达国家工业制成品的进口；在提高初级产品部门劳动生产率的同时，把其余的资源投入工业部门，发展国内工业制成品的生产，采取适当的刺激或其他经济政策措施，提高国内储蓄水平，加快资本积累；实施经济计划，把计划与市场和私人资本的创造性结合起来，并扩大政府对基础设施的投资。

20世纪70年代以后，普雷维什发表了《外国资本主义，危机和演变》(1981年)一书和其他论文，把民族主义发展理论发展成为一个完整的体系。他认为，区分中心与外围的标志不仅仅是出口货物而更重要的是创新还是模仿。外围国按照中心国所走过的轨道，亦步亦趋地摸索前进，采用和引进中心的技术，仿效他们的消费模式和生活方式，引进他们的制度以至文化、思想、意识，因此外围资本主义是模仿的资本主义。但由于外围的社会基础是“特权消费社会”，因此同从中心引进的制度发生了尖锐的矛盾。普雷维什认为，外围引进新技术，提高了本国劳动生产率，产生了经济剩余。如果这些剩余在国民各阶层进行合理分配，并通过储蓄促进资本积累，那么就能像中心那样获得经济增长。但是，由于外围国社会经济结构的异质性，剩余被少数上层阶层所占有，并用于模仿西方的奢侈消费方式。这样，剩余既无助于经济增长也不能改善收入分配。

普雷维什认为，经济剩余的分配和使用不当是外围资本主义国家发生危机的根源。因此，他主张对外围资本主义国家进行改造，通过体制改革使剩余为社会所用。他的方案是：

(1)在承认产生剩余的大企业，跨国公司和私人占有关系的条件下，把经营权移交给国家；

(2)对这些企业征收高额税金，并用它来扩大城乡低收入阶层的就业机会，增加需求，实现经济增长。

他认为只有这样做，才能建立和发展“社会主义”和自由主义相结合的代议制民主制度，克服拉美当时的经济、社会危机。

以“中心-外围”说为基点，激进学派的学者进一步提出了依附理论。何为“依附”？桑托斯的定义为，“依附是指下述情况，在其中一些国家的经济发展以另一些国家的发展和扩张为条件。”①马克(Ancrew Mark)等人认为，“衡量依附的办法是看贸易的重要性、性质以及外国投资水平。如果一个第三世界国家的收入的大部分来自出口，如果出口集中在一两种商品上，如果经济中的要害部门为外国跨国公司所控制，我们可以说该国经济具有高度的依附性，因为其

① 桑托斯：《依附结构》，载《美国经济评论》1970年5月号，第230页.

经济政策不能由该国控制，它是国外做出的。”①

激进经济学家认为，外围的不发达经济使其不得不依附于中心。桑克尔首先分析了外围国家的经济问题——农业停滞、出口商品的高度单一化、工业化的高外汇占用率、财政赤字不断增长等之后，指出这些问题的解决有赖于中心国家的融资及外汇的获取，而“获取外汇具有压倒一切的、不可逆转的必要性，最后合成为依附状况的存在，这就是依附机制的关键之点。”②显而易见，在中心国家具有技术资金优势，而外围国家经济技术落后的情况下，外围国家为实行工业化不得不依靠中心资金技术等，从而形成外围对中心的依附关系。同时，也正是这种依附造成了外围国家的不发达。

桑托斯认为，外围对中心的依附存在三种形式：①“殖民依附”。外围初级产品出口和工业制成品进口的规模及其商品价格取决于中心，并受到盘剥。②“金融-工业依附”。外围国家工业发展普遍受资金短缺的制约，往往靠中心国家的融资弥补，从而形成了外围对中心资金的依附。③“技术-工业依附”。外围国家技术落后，工业的发展有赖于引进中心国家的技术，从而使外围工业受制于中心的技术。

激进经济学家一致认为，依附阻碍了发展中国家经济的发展，给外围国家带来了不发达的不良后果。

(1)外围国家受剥削。发达国家垄断了生产、技术、贸易及市场，通过国际贸易中的“不平等交换”对发展中国家进行国际剥削。伊曼纽尔对“不平等交换”进行了深入分析。他认为在国际范围内，资本和技术可以自由流动，而劳动力却不能。前两者的流动使发展中国家的劳动生产率提高，后者的非流动性使发展中国家的工资水平不会随之提高。因而发展中国家的工资水平大大低于发达国家。工资低、利润低的发展中国家产品与工资高、利润高的发达国家产品进行交换时，会形成不等价交换格局。前者在换取一定量产品时，需出口更大量的另一种产品；后者出口一定量产品时，会换回更大量的另一种产品。外围深受中心的剥削。

(2)跨国公司对外围经济的控制。中心国家的跨国公司在使外围依附于中心的过程中扮演着重要角色。它在外围的投资暂时弥补了外围的资金不足，却又对外围国家经济产生了不利影响。桑克尔和卡尔多索对跨国公司的剖析具有代表性。

桑克尔认为，跨国公司吸取了发展中国家的经济剩余，转移了发展中国家的财富，造成发展中国家的经济扭曲和政治扭曲。经济上，跨国公司一是使用不适用于发展中国家的资本密集型技术，加剧了东道国的失业；二是造成东道国收入分配状况恶化；三是改变了东道国的消费偏好，致使东道国消费早熟；四是其子公司及其附属机构难以与东道国经济融为一体，难以促进东道国经济的发展。政治上，跨国公司以母国的法律、政治及对外政策影响东道国，并削弱了东道国政府控制经济的能力。卡尔多索认为，跨国公司在发展中国家的投资造成了发展中国家国内的二元化。跨国公司在发展中国家的经济活动仅和东道国的“先进”部门紧密相连，在一定程度上带动这一部分经济发展；同时，东道国的其他经济部门相对落后，从属于先进部门，受先进部门的剥削。跨国公司使两部门经济的差距进一步扩大，造成两极分化，形成二元结构。另一方面，跨国公司在东道国培植了先进部门，使这些先进部门成为跨国公司的同盟，为跨国公司的扩张效劳。总而言之，跨国公司在不同程度上控制了发展中国家的经济，阻

① 马克等人：《帝国主义的干涉与发展》，1979年伦敦版，第260页.

② 桑克尔：《拉美经济发展政策与外部依附》，载《社会经济研究》，1969年10月号.

碍了发展中国家经济的发展。

发展中国家如何摆脱依附,发展经济?激进经济学家依据依附理论,提出了一些政策建议:①建立社会主义体系。只有整个世界改造成为国际社会主义体系,外围才可能摆脱对中心的依附,并获得发展。因此,外围国家工人阶级应推翻其买办资产阶级,同国际资本主义作斗争。②与现存国际体系脱钩。发展中国家与世界市场的联系总处于不利地位,这些国家应摆脱现存国际体系,加强外围国家之间的合作,走向集体自力更生道路。阿明提出了由三个方面组成的新发展战略:一是选择以本国资源为基础的自力更生发展道路。二是优先考虑第三世界国家之间的合作与经济一体化。三是建立国际经济新秩序,以提高原料价格、控制自然资源,保证第三世界国家的制成品能进入发达国家市场。

(十)新制度主义经济发展理论

新制度主义作为发展经济学理论的一个重要流派,主要包括以下几个主要理论,如市场经济制度结构理论、公共选择理论与寻租理论、国家理论、制度变迁论等。市场经济制度结构理论认为,对于市场经济的认识不能简单地停留在市场价格机制及"矫正价格"的问题上,而是要深入到支撑市场运作的生产制度结构(产权结构)和制度环境的认识上,重视"矫正制度"的重要性。公共选择理论强调,一些非经济因素实际上决定了公共政策的制度,从而增加了公共政策扭曲市场价格的潜在可能性,因此应该重视多样化而不是单一性的制度环境。而国家理论则认为,政治制度是经济发展的重要内生变量,国家在产权界定和强制执行中的有效性是影响经济发展的重要因素。成功的国家是一个设计出一套产权制度,以利于经济持续发展,发展出一组旨在增进绩效和国家收入的法律制度。而制度变迁论则认为,经济发展过程从来就不是静态的,而是出于永恒的动态之中,长期经济发展的主要源泉乃是新古典主义所强调的如资本积累、技术、人口等生产要素,以及政府对这些要素的控制,而政治经济组织及其激励机制的变迁却是上述生产要素结构配置变迁的基础。因此,在经济发展研究中,重要的是研究这些制度结构的变迁与创新是如何发生的。

(十一)人力资本理论

在现代经济发展理论中,人力资本作为一个重要生产要素,始终都是促进经济发展的重要指标。人力资本理论则从经济学理论层面探讨了人力资本的基本特性、形成过程和人力投资效益的理论。西方经济学认为,所谓人力资本是体现在劳动者身上的、以劳动者的数量和质量表示的非物质资本。广义的人力资本包括劳动人口的增加和劳动力素质的提高两方面。人力资本的概念,早在20世纪初就由美国的欧文·费歇尔提出。到20世纪60年代,美国经济学家西奥多·舒尔茨、恩格尔曼、亚尔伯特·费希洛等人将这一概念发展为人力资本理论。

作为重要的生产要素,人力资本与物质资本在总量生产函数中存在着相互补充或替代的关系。人力资本的形成是通过人力投资而实现的。所谓人力投资主要是指在教育、保健、劳动力国内流动、移民入境过程力的费用支出,可分为:①教育和培训的投资,即智力投资,用于提高人口的智力、知识、能力和技术水平等。投资转为知识存量,又可分为宏观教育投资和微观教育投资。②医疗卫生和营养保健的投资,从而对体质、寿命、力量强度、耐久力和精力的影响。③对人力资源国内流动的投资,包括个人负担的投资和由政府和社会负担的投资。如人才市场的建立、国际移民的投资等。人力投资既能使个人经济受益,又能使社会经济受益,一项人力投资(如教育投资)的结果(如发明创造),不仅能给个人增加收入,而且能推动社会经济增长,增加人均国民收入。由于个人和社会分享了人力投资带来的收益,因此可以得出几点政策性结论:①政府和个人都应合理分担教育费和保健费;②教育和保健费用应看成是生产性投资,不是一种福利支出;③教育政策应视为一国经济发展政策的重要组成部分;④从制定和调整政策方面着手制止和减少专业技术人才外流、早衰和早亡的现象发生;⑤为提高人力投资效果,应对少数"优秀分子"追加投资。

人力资本理论的一个分支为教育成本理论,是指教育费用与学生放弃的机会收入之和。教育费用包括由政府拨出的教育经费和学生个人负担的学费;学生放弃的机会收入是指学生由于上学而可能放弃的收入。具有劳动能力的学生如果选择上学,那么他就会由此放弃选择就业所获取的收入;如果不选择上学而选择就业,但可容纳的职位又不够,那他们可帮助家庭劳动使家庭增加收入(或减少雇员的支出)。总之,在上学与就业两种机会面前,上学就意味着放弃了收入。

【本章结构】

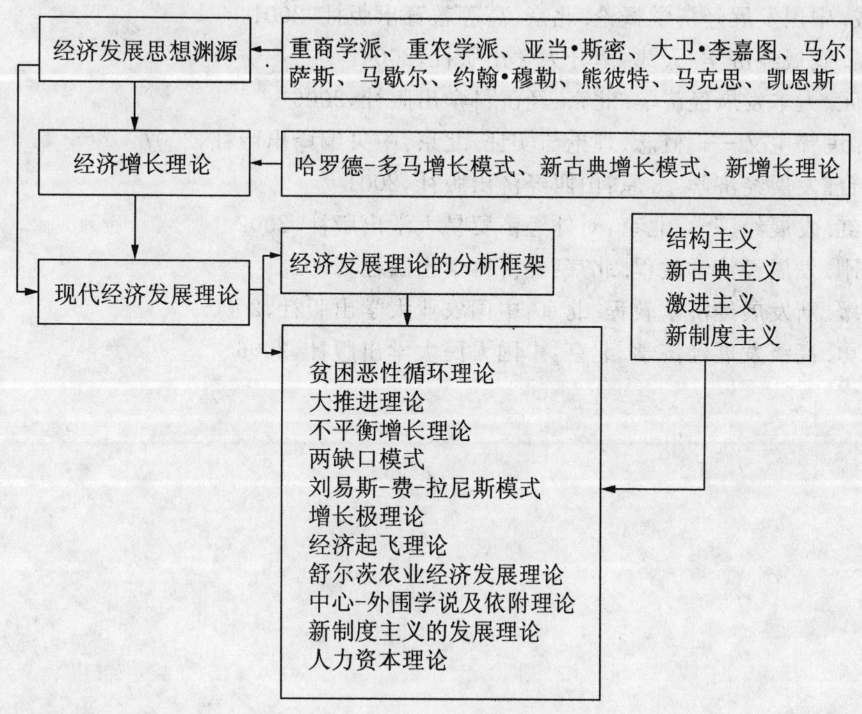

【本章思考题】

1. 举例说明在现代经济发展理论中所体现的古典经济学或者新古典经济学有关经济发展的思想观点。

2. 在新增长理论中,人力资本是如何发挥作用的?

3. 根据结构主义的理论分析框架,为什么新古典经济学和凯恩斯的宏观调控理论都不适用于发展中国家?

4. 简述新制度主义经济发展理论的主要特点。

【参考文献】

[1] R·索洛.经济增长论文集.北京:北京经济学院出版社,1991
[2] 德布拉吉·瑞.发展经济学.陶然,等译.北京:北京大学出版社,2002
[3] 杰拉尔德·迈耶(Gerald M. Meier),约瑟夫·斯蒂格利茨(Joseph E. Stiglitz).发展经济学前沿:未来展望.北京:中国财政经济出版社,2003
[4] 约翰·N·德勒巴克(John N. Drobak),约翰·V·C·奈(John V. C. Nye).新制度经济学前沿(第二辑).张宇燕等译.北京:经济科学出版社,2003
[5] 伦达尔·恩杜鲁.发展经济学新方向:当代的增长、环境与政府.罗永光,卢周来译.北京:经济科学出版社,2002
[6] A·P·瑟尔沃.增长与发展.6版.郭熙保译.北京:中国财政经济出版社,2001
[7] G·拉尼斯.发展经济学的新格局:进步与展望.中国社科院经济所发展室译.北京:经济科学出版社,1987
[8] 何炼成.中国发展经济学概论.北京:高等教育出版社,2001
[9] 家根良.发展经济学.天津:南开大学出版社,2004
[10] 李家元.人本发展经济学.北京:经济科学出版社,2006
[11] 林红.民粹主义——概念、理论与实证.北京:中央编译出版社,2007
[12] 谭崇台.发展经济学.太原:山西经济出版社,2001
[13] 王育红.发展经济学.北京:对外经济贸易大学出版社,2002
[14] 张培刚.发展经济学教程.北京:经济科学出版社,2001
[15] 赵冬缓.新发展经济学教程.北京:中国农业大学出版社,2000
[16] 周天勇.高级发展经济学.北京:中国人民大学出版社,2006

第四章　资本形成与经济发展

【引言】

作为影响经济发展的基本要素之一，资本在发展中国家是稀缺的，早期的经济发展理论强调资本存量及资本形成对经济发展的重要作用，发展中国家的生产函数研究发现资本投入对经济增长的贡献在发展中国家要大于发达国家，这些研究进一步说明资本形成是发展中国家经济发展的主要源泉，是影响经济发展的最重要因素。要促进资本形成，则需要加强储蓄，完善资本形成的机制；与此同时，发展中国家还处于一个发达得多的外部环境中，如果运行开放经济，则可以通过引入外资、举借外债、接受官方援助、进行非官方合作等途径，解决资本稀缺的问题。不过需要注意的是，经济发展中资本并不能独立发挥作用，人力资本增进、技术水平的提高、制度设计的完善等起着更为重要的作用，这是在其他章节将要继续讨论的问题。

【学习目标】

1. 掌握资本形成的相关概念和理论，例如“低水平均衡陷阱”理论，储蓄与资本形成，外资利用与经济发展的关系。

2. 了解发展中国家的资本形成和外债问题，能够结合案例分析资本在经济发展中的作用。

第一节　储蓄与资本

一、资本的概念

资本是一种稀缺的生产性资源，是人们从事生产活动的投入要素之一。

对资本的不同定义取决于不同的研究目的。西方经济学家对资本的定义一般为：凡是用于生产、扩大生产能力及提高生产效率的物资都叫资本。它不仅包括设备、厂房，而且包括技术和知识。因此，资本有物质资本和人力资本之分。

物质资本是指在一定时间内用来生产其他消费品或生产资料的耐用品。因此，物质资本具有三个基本特点：①物质资本是投资过程的结果；②物质资本代表着本期生产能力，并同其他互补性生产要素结合代表未来时期的生产能力；③物质资本是指长期存在的生产物资形式，如机器、设备、厂房、建筑物、交通运输设施等，因此大部分物质资本具有耐用性，从而有折旧问题。如果没有特别指明，我们一般所讲的资本即指物质资本。

“人力资本”则指知识和技术,因为知识和技术的改进可以提高劳动的质量,用同样数量的劳动,能够得到更多的产出。人力资本同样是投资的结果,所以我们把应用于提高知识和技术的投资结果称为“人力资本”。

二、储蓄

发展中国家的经济起飞需要有足够的资本,一些关键的产业部门要迅速发展起来,必须在社会上能为这些产业部门筹集到大量的资本。在发展经济学中,资本的来源是储蓄。因此,探讨储蓄的发生,寻求资本来源的扩大,是资本形成的重要内容。

(一)储蓄的概念

储蓄是指一国在一定时期内国民收入中扣除消费的部分都是储蓄。因此,储蓄是放弃现实消费的结果。如果用 Y 表示国民收入,C 表示消费,S 表示储蓄,I 表示投资,则用公式表示为:

从供给方面看:

$$Y=\text{消费}+\text{储蓄}=C+S$$

从需求方面看:

$$Y=\text{消费}+\text{投资}=C+I$$

当国民收入处于均衡状态时,

$$C+S=C+I$$

即:

$$S=I$$

$$S=Y-C$$

(二)国内总储蓄水平

资本来自储蓄,而储蓄来自于生产剩余。

假定国民经济中有家庭、企业、政府三个部门,一国的国内总储蓄来自家庭储蓄、企业储蓄加政府储蓄。对于经济增长来说,最重要的并不是储蓄的绝对量,而是其相对量,即储蓄在国民收入中的比例。

1. 家庭储蓄　对于家庭储蓄来说,储蓄水平主要取决于个人或家庭收入水平的高低、社会收入分配的平等状况、存款利率的高低,以及价值观念和习俗的改变等。因此,影响居民储蓄倾向的因素主要有:

(1)收入水平。收入大于消费才有储蓄,个人收入水平高,用于消费后的收入剩余就多,从而储蓄就多。因此,要提高个人储蓄,就要首先提高个人可支配收入。

(2)收入分配。根据凯恩斯的消费理论,低收入消费倾向高而储蓄减少,高收入则储蓄增多。所以,一个社会的收入分配状况影响着储蓄率的高低。有些学者认为,储蓄主要来自富人,因而主张在经济发展初期可以采取扩大收入差别的办法来增加富人的收入和储蓄。但有些学者认为,这样做的结果会扩大贫富差别,加剧贫困,并且使社会消费不足,产生投资引诱减弱的后果。因而,他们主张采取收入均等化政策,先提高穷人的收入水平和全社会的消费能力，增强投资引诱，生产扩大了，全社会的收入水平提高了，储蓄自然会增加。

(3)风俗习惯。一些学者还指出，发展中国家的居民商品货币观点淡薄，缺乏储蓄、投资和盈利动机，在这种情况下，应当教育人们树立商品经济观念，鼓励他们多收入，多储蓄。另外，一般人认为，东方人节俭，但有时由于以黄金、珠宝代替货币形式储蓄，这样也难以动员其转化为投资。

(4)利率水平。储蓄存款利率是调节储蓄存款量的杠杆，可以通过提高储蓄存款利率的办法，鼓励人们少消费，多储蓄。

(5)信用发达程度。发达国家金融机构发达，储蓄率也高。另外，通货膨胀可以刺激消费；一个国家政治上的不稳定会促使资本外逃，降低国内储蓄率。

2. 企业储蓄　企业储蓄来自利润，利润可以转化为投资。总投资中包含着资本折旧和重置资本和净投资。净投资是资本形成的主要来源。而如果重置的资本设备比报废的资本设备效率更高的话，折旧费、重置投资也就成为资本形成的重要来源之一。因此，扩大企业生产，提高企业获利能力，增加企业利润并将利润用来进行再投资，对经济发展具有十分重要的意义。

3. 政府储蓄　政府储蓄主要来自税收。税收收入减去政府的“经常性”支出就是政府储蓄。政府储蓄可以转化为政府投资，从而产生资本形成。因此，提高税率、增加税收都可以扩大政府储蓄，形成政府投资。除此之外，政府还可以通过赤字财政政策、发行债券、多印发钞票和通货膨胀等手段来增加政府的收入和储蓄，提高政府储蓄创造的资本形成率。这种手段曾一度被有些学者所推崇，并较成功地运用于一些发展中国家。但这些措施逐渐暴露出弊病，一些学者认为这是一条危险的道路，坚决反对采用这些手段。

(三)储蓄的类型

储蓄一般可分为自愿储蓄与非自愿储蓄。

1. 自愿储蓄　自愿储蓄是指为了需要而目前暂时不消费，并完全自愿地将部分收入存放起来。从一个国家来看，自愿储蓄能力的高低取决于国民储蓄倾向。

2. 非自愿储蓄　非自愿储蓄也称强制储蓄(compulsory savings)，它是指政府通过强制力量迫使社会公众节省消费而实现的储蓄。一般包括通货膨胀和征税两种形式。

(1)通货膨胀。首先，通货膨胀作为发展中国家强制储蓄的手段之一，可以将原来用于生产消费品的资源转而用来生产生产资料，从而有效地促使储蓄增加。

例如，原来每件西服的价格是 1 000 元，2 000 元可以买 2 件西服，现在每件西服的价格是 2 000 元，用 2 000 元只能买 1 件西服，西服的销量少了 1 件，因此生产这件西服的资源可以用来生产机器设备等，增加了资本品，这就是强制储蓄的结果。

其次，通货膨胀可以促使收入更加集中于高收入阶层，而高收入阶层的储蓄倾向比较高，有利于资本形成。

另外，在物价普遍上升时，产品成本的若干部分，如工资维持不变，企业利润增加，这部分增加的利润大部分将用于再投资，结果加速了资本形成。

(2)征税。税是指在法律允许的条件下，强制地把一部分资源从民间转移到政府手中。

课税促进资本形成，核心问题是税率的确定问题，即什么样的税率才能影响投资及储蓄。各国国情不同，很难确定一个统一标准，但一般认为应坚持以下原则：

首先，对储蓄最好免税，或课以轻税，以鼓励储蓄；其次，对奢侈品，尤其是进口奢侈品应课以重税，以促使其奢侈消费转化为储蓄；再次，土地税应根据其潜在的生产能力课税，善于利用土地而产量高的，应相应地少纳税。另外，需要鼓励的投资项目应减免其纳税额，而对投机行为应课以重税。

三、储蓄与资本形成

在经济发展中，即使有了足够的储蓄也不一定能顺利地实现经济增长，因为储蓄还有一个能够顺利转化为投资的问题，以及社会是否有足够的投资需求的问题。

由于储蓄是资本形成的必要条件而非充分条件，因此发展中国家储蓄转化为资本要经过三个阶段：

第一阶段：储蓄，把生产的一部分节省下来，不用于消费。

第二阶段：将储蓄集中起来，即通过金融机构或其他信用机构把零星储蓄汇集在一起。

第三阶段：投资，形成资本。由金融机构把资金贷给厂商，用以购买机器设备、建设厂房，以增加资本存量，储蓄转化为资本。

四、投资决策

发展中国家物质资本稀缺，资本的分配就必须谨慎，因此必须进行投资决策。投资决策依据的指标视所要达到的目的不同而不同。决策投资时，分配资金的指标主要有以下几个：

(一)资本/产出比率

在"哈罗德-多马"模式中，将资本/产出率当作决定经济增长率的变量之一。事实上，传统的投资标准之一是把资本/产出比率用作关键的经济指标。据此，应该对那些能使每单位投资得到最大产出的活动，或在能使每单位产出所需投资最少的活动进行投资。不论私营的或公共的经济决策者都要寻求资本/产出比率最低的活动进行投资，并将他们的其他资源集中于此，以使最稀缺的资源得到最合理的应用。

(二)边际资本/产出比率

该指标现在通用以 ICOR(incremental capital-output-ratio)表示，即资本形成的增量与产出增量之比。

$$\text{边际资本/产出比率}=\frac{\text{相邻两年资本存量差}}{\text{相邻两年产出量差}}$$

在"哈罗德-多马"模式中，资本/产出比率是平均的概念，而只有在比较稳定的条件下，才可以假设资本/产出比率的平均值和边际值是相等的。事实上，只有在发达国家，由于除资本以外的其他投入要素的配合容易得到满足，因此，他们的资本/产出比率在相当长的时期内都是比较稳定的，"哈罗德—多马"模式正是以此作为计算的基础。对于发展中国家来说，由于资本应用的其他配合要素(例如熟练劳动力、管理人才等)不容易得到满足，因而他们的资本/产出比率表现为不稳定，资本/产出比率的边际值的升降比平均值大，边际数值更能显示出经济变动的趋势。因此，在发展中国家现在实际应用的是边际资本/产出比率指标。

(三)均等边际报酬

如果其他生产资源固定不变,而资本是可变的,则根据"边际报酬递减规律",资本的边际报酬会随着资本用量的增加而减少,资本的边际收益线是下倾的,其斜率为负值(图4-1)。

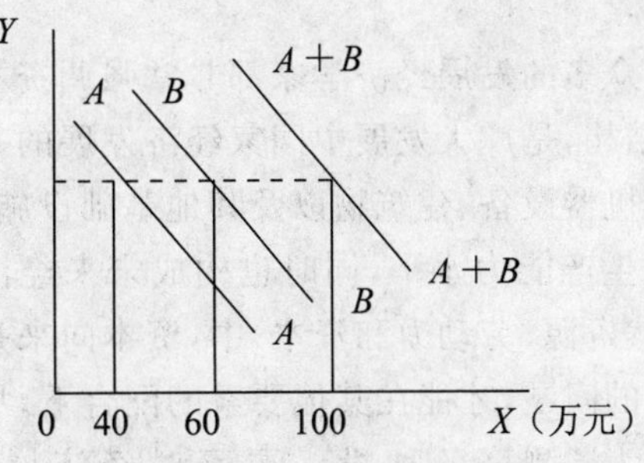

图4-1　均等边际报酬

现假设有A和B两个投资计划,其边际报酬线分别为AA和BB,BB线位于AA线之上,表示在一定资金下,B计划的边际报酬比A计划的边际报酬高。假设有100万元资金,怎样分配给A、B两项计划呢?

根据西方经济学的边际均等原则,当两个项目的边际报酬相等时,资金分配最适当。因为此时两项目的总收益(报酬)最大。从图4-1可知,当60万元用于计划B,40万元用于计划A时,两项的边际报酬相等,这时的总投资正好是100万元,它的总利润最大。

(四)资本/劳动比

发展中国家失业问题一般都很严重,为此在投资决策上应分析选择资本/劳动比最小的方案,即一定量的资本吸收劳动力最多的投资计划。一定的资本若能创造较多的就业机会,失业问题便容易解决。

资本的劳动力吸收率是指资本用量的增量与劳动用量增量的百分比,用公式表示为:

$$资本的劳动吸收率=\frac{\Delta L/L}{\Delta K/K}$$

式中:K为资本用量;L为劳动用量;Δ为增量。

(五)再投资率

这个指标可以写成如下公式:

$$再投资率=\frac{人均收入-人均消费和资本消耗}{人均资本产出量}$$

上式中,人均收入减去人均消费和资本消耗后的差额是生产剩余。只有当生产剩余大于人均资本用量时才有资本积累。二者之比为再投资率。再投资率越大,表示资本的积累越快,从而技术改进越容易,经济发展越迅速。所以应优先考虑再投资率高的项目。

第二节　资本形成与经济发展

一、资本形成在经济发展中的重要作用

从生产活动的角度来看,经济发展是自然条件、劳动力、资本三因素的投入和组合过程。

早期发展经济学家认为，自然条件是影响经济活动的重要因素，尤其影响农业的丰欠，所以自然条件影响一个国家的经济结构；而劳动力在发展中国家是丰裕的，其影响可以不予考虑；资本对大多数发展中国家都是稀缺的，因此，资本的多寡，就成为制约发展中国家经济发展的关键因素。

众多的发展经济学家都非常强调资本形成在经济发展中的地位，认为资本形成的规模、速度、结构，是广大发展中国家经济发展的基本约束条件。在他们看来资本形成的结果是物质资料即机器设备、建筑物以及其他基础设施的生产。这些物质资本的规模与结构反映着一个国家的生产能力水平，同时也构成未来经济发展的基础。对于广大发展中国家，在诸生产要素（自然资源、劳动力和资本）中，资本向来是一种稀缺程度最高的资源，也只有成功地解决资本形成的问题，才能在其他要素的配合下，尽快摆脱贫穷落后的状况。

为了测算各种投入要素对经济增长贡献的大小，一些发展经济学家，例如麦迪逊（A. Maddison）、纳迪里（M. Nadiri）等人利用索洛、丹尼森等人用对发达国家经济增长因素分析的方法，对发展中国家的经济增长诸因素进行了类似的研究，这一研究被称为“发展中国家的生产函数研究”。

麦迪逊在 1970 年出版的《发展中国家的经济进步和政策》一书中，考察了 1950—1965 年间 22 个发展中国家和地区的经济增长情况。他使用了传统的分析方法，不同的是他考虑了卫生和教育的改进对劳动力素质的提高，因而他把劳动投入看作是人力资源，并称为“有效劳动供给”。据此，麦迪逊将影响经济增长的因素分为人力资源、资本和资源配置效率三大类，其各自增长率及其对经济的增长贡献如表 4-1 所示。

表 4-1　1950—1965 年 22 个发展中国家和地区的经济增长因素分析 %

国家和地区	经济增长率	人力资源增长	资本增长	资源配置效率
阿根廷	3.2	1.05	2.80	−0.65
巴西	5.2	2.35	3.05	−0.20
斯里兰卡	3.6	1.60	2.00	−0.20
智利	4.0	1.50	2.45	0.50
哥伦比亚	4.7	1.80	2.90	−0.10
埃及	4.2	1.50	3.00	−0.30
希腊	6.4	1.30	2.85	2.25
印度	3.5	2.35	2.30	−1.20
以色列	10.7	3.20	5.60	1.90
马来西亚	3.5	2.80	1.80	−0.35
墨西哥	6.1	2.45	3.20	0.45
巴基斯坦	3.7	1.70	1.85	0.15
秘鲁	5.6	1.20	3.40	1.00
菲律宾	5.0	2.40	2.55	0.05
韩国	6.2	2.90	2.20	1.10
西班牙	7.5	1.20	3.80	2.50
台湾	8.5	1.70	3.50	3.30

续表 4-1

国家和地区	经济增长率	人力资源增长	资本增长	资源配置效率
泰国	6.3	2.70	3.40	0.20
土耳其	5.2	1.70	2.50	0.95
委内瑞拉	6.7	3.10	4.65	－1.05
南斯拉夫	7.1	1.70	4.85	0.55
平均	5.55	1.94	3.06	0.55

麦迪逊的分析说明：经济增长率平均为 5.55%，其中人力资源（劳动力）平均增长率为 1.94%，对经济增长贡献是 35%；资本平均增长率为 3.06%，对经济增长的贡献占 55%；资源配置效率的平均增长率 0.55%，对经济增长的贡献占 10%。将这一情况与丹尼森等人的研究成果作一比较，可以得出如下结论：

资本投入增长对经济增长的贡献在发展中国家要大于发达国家；资源配置效率的增长对经济增长的贡献在发达国家要大于发展中国家。因此，对发展中国家来说，以技术进步为核心的资源配置效率提高对经济增长的作用相对较小，而资本投入的增加是经济增长最重要的源泉。换言之，资本形成大小是发展中国家经济发展水平高低的关键。

纳迪里将影响经济增长的因素分为四大类：劳动投入、资本投入、全部要素生产力、资源流动对全部要素生产力的贡献。

其中劳动投入又分解为就业增长、卫生与营养的改善、教育状况三小类，表明劳动投入包含着人力资本的因素。在此分类的基础上，纳迪里研究了第二次世界大战后一个时期内一些国家经济增长中各类要素的相对贡献，其中所选的国家有很多是发展中国家，并与麦迪逊研究所选的国家相同。其研究结果如表 4-2 所示。

表 4-2　1950—1965 年发展中国家和地区的经济增长因素分析　　%

国家和地区	年　代	收入增长率	劳动投入	资本投入	全部要素生产力	资源流动
阿根廷	1950—1962	3.19	1.58	1.43	0.18	0.18
巴西	1950—	5.49	1.44	1.66	1.39	0.39
智利	1950—1962	4.20	1.05	0.32	2.83	0.11
哥伦比亚	1950—1962	4.79	2.35	1.04	1.40	0.33
厄瓜多尔	1950—1962	4.72	1.47	1.07	2.18	－0.35
洪都拉斯	1950—1962	4.52	2.17	0.95	1.40	1.38
墨西哥	1950—1962	5.97	2.41	2.85	0.74	0.44
秘鲁	1950—1962	5.63	1.40	1.40	2.83	0.36
委内瑞拉	1950—1962	7.74	2.59	2.04	3.11	0.56
希腊	1950—1961	5.29	2.80	1.63	0.86	0.60
印度	1950—1960	4.47	1.86	1.55	1.06	
以色列	1950—1965	11.01	3.50	4.11	3.04	
日本	1952—1967	8.97	2.45	4.49	2.03	0.19
菲律宾	1947—1965	5.95	2.24	1.01	2.50	

资料来源：纳迪里《要素投入和全部生产力的国际比较》载 1971 年第 12 届国际"收入与财富研究学会"大会文章。

从表中可以看出,除日本和以色列以外,所考察的发展中国家的经济增长因素中,对经济增长贡献最大的要素是投入量的增加,其中主要是劳动投入量的增加。相比之下,全部要素生产力增长对经济增长的贡献要明显小于要素投入量增加所作的贡献。

这一研究结果与麦迪逊的结论虽然有所不同,即纳迪里将资本和劳动合并为要素投入来同要素的生产率进行比较,并且明显降低了资本投入对经济增长贡献的比重。

但这两个研究有一个很大的共同点,即后一研究支持了前一研究的结论,都认为:全部要素生产力(或资源配置效率)对经济增长的贡献在发展中国家要小于发达国家,而资本投入对经济增长的贡献在发展中国家要大于发达国家。因此,这两个研究的共同结论是:资本形成是发展中国家经济发展的主要源泉,是影响经济发展的最重要因素。

纳迪里、麦迪逊等人的实证研究,进一步肯定了"唯资本论"关于资本形成是经济发展的关键和主要约束条件的观点,使这种理论成为发展经济学的重要组成部分。

二、资本形成与经济发展关系的理论考察

在20世纪50～60年代,一些西方发展经济学家根据"哈罗德-多马"模式和罗斯托的"起飞"理论,认为资本形成是经济发展的约束条件和决定性因素,从而形成了强调资本形成在经济发展中的作用和地位的"唯资本论"。

早期的西方发展经济学的工业化理论也体现了"唯资本论"的思想。工业化理论认为,经济发展的过程就是工业化、城市化的过程,而实现工业化和城市化与农村人口(主要是农业中剩余劳动力)向城市工业部门的转移有密切关系。另一方面,工业部门的扩张,包括通过实行保护主义政策建立发展民族经济所需要的"幼年工业"和"进口替代"工业。但是,农村人口向城市的转移须以城市工业部门的扩张和对劳动力需要的扩大为前提,而工业生产的扩张则需要有不断的投资作支持。因此,农村人口转移的规模受到投资和资本积累水平的约束;对于发展"幼年工业"和"进口代替"工业来说,同样需要有一定的投资和资本积累。所以,资本积累是实现工业化、城市化的关键。

在刘易斯的著作中,上述观点反映得最为明显。他说:"经济发展的中心问题是要理解一个社会由原先储蓄和投资还不到国民收入的4%～5%,转变为自愿的储蓄达到国民收入12%～15%以上这个过程。它之所以成为中心问题,是因为经济发展的中心事实是迅速的资本积累(包括运用资本的知识和技术)。"①后来,费景汉和拉尼斯进一步论证了刘易斯的人口流动模式,并提出费－拉尼斯模式。他们认为:"农村剩余劳动力向城市转移后,农业生产率提高并生产出更多的农产品,农民将剩余的农产品出售给工业部门,得到相应的收入,再将这些收入存入银行形成储蓄。这时,工业部门从农民手中(或工业化)创造了条件。"②

20世纪的50年代,一些发展经济学家在探讨发展中国家贫困的原因和摆脱贫困的出路方面,得出的重要结论之一是:

经济增长停滞不前,人均收入水平低是发展中国家贫困的原因,而经济增长停滞,收入水平低的根源在于缺乏资本和投资。因此,资本稀缺是经济发展的阻碍或约束条件。要摆脱贫

---

① 刘易斯:《劳动力无限供给条件下的经济发展》,载阿加瓦(A. N. Agarwala)和辛格(S. P. Singh)编:《不发达经济学》,1973年英文版,第416页.

② 费景汉和拉尼期:《经济发展理论》,载《美国经济评论》1961年9月第533－565页.

困，实现经济增长，必须大量积累资本，大幅度提高投资率。这些理论中，具有代表性的是除前述纳克斯的"贫困恶性循环"理论、大推进理论外，还有纳尔逊(R. R. Nelson)的"低水平均衡陷阱"理论等。

(一)"低水平均衡陷阱"理论

美国经济学家纳尔逊 1956 年发表的《不发达国家的一种低水平均衡陷阱理论》一文中，利用数学模型，分别考察了发展中国家人均资本与人均收入增长、人口增长与人均收入增长、产出的增长与人均收入增长的关系，并综合研究了人均收入和人口在按照不同速率增长的情况下的人均资本的增长与资本形成问题，从而形成了"低水平均衡陷阱"理论。

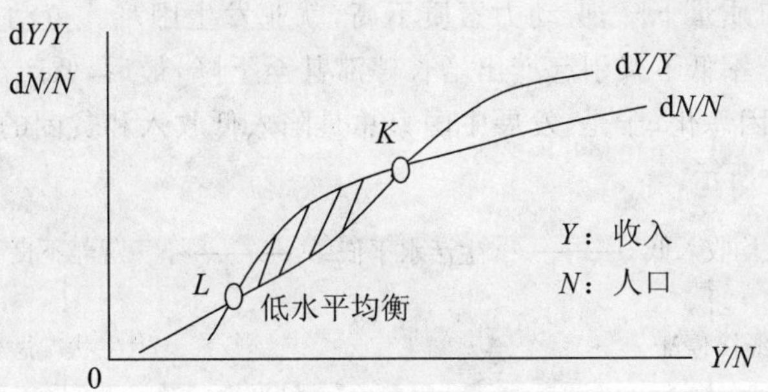

图 4-2　低水平均衡陷阱图

如图 4-2 所示，只要人均收入保持在临界水平以下，超过收入增长率的人口增长率总会使经济拉回到"低水平均衡陷阱"中不能自拔。因此，他认为发展中国家人口的过速增长是阻碍人均收入迅速提高的"陷阱"，必须进行大规模的资本投资，使投资和产出的增长超过人口增长，才能冲出"陷阱"，实现人均收入的大幅度提高和经济增长。这一理论的核心是强调资本稀缺对经济增长的障碍，说明资本形成的重要性，其结论与"贫困恶性循环"是一致的。

当然，纳尔逊的理论提出以后，同样受到许多经济学家的批评：

第一，其基本思想是属于马尔萨斯主义范畴，和马尔萨斯人口理论本质是一致的，即把人口和经济增长对立起来，对经济发展持悲观态度，从而低估了技术进步的作用；

第二，假设人口增长与人均收入水平有密切关系，这是经不起事实验证的。因为医疗卫生事业的发展，许多国家死亡率下降，但不取决于收入水平的提高。同时，从一些发展中国家和地区的统计资料看，人口出生率与人均收入呈负相关关系。

例如印度、菲律宾、墨西哥，人均收入相差很大，但出生率都高；相反，斯里兰卡、韩国、台湾人均收入相差大，但出生率同样都低。

第三，决定人口增长的不仅是人均收入水平，还有社会制度、风俗习惯、收入分配状况等诸多因素，"低水平均衡陷阱"理论倡导者往往不能认识到这一点。

(二)"循环积累因果关系"理论

"循环积累因果关系"理论是诺贝尔经济学奖获得者缪尔达尔于 1957 年提出的。

缪尔达尔是持结构主义思路的发展经济学家，采用制度的、整体的、动态的方法来研究经济发展问题。他认为事物的发展首先产生"初始变化"，而后产生次级"强化运动"，最后产生

“上升或下降”的结果，反过来又影响初始变化。同样，社会经济的变动是由技术进步、社会、经济、政治、文化和传统等诸多因素决定的。经济发展决不只是单纯的产出增长，而是包括整个社会、经济、政治、文化以及制度等各个方面的变化，其中主要有产出与收入、生产条件、生活水平、态度、制度和政策等因素。

缪尔达尔指出，在动态的社会经济发展过程中。各种因素是互相联系、互相影响、互为因果的，并呈现出一种“循环积累”的变化态势，即一个因素发生变化，会引起另一个因素发生相应变化，产生次级变化，强化先前的因素，使经济发展过程沿着原先的因素的发展方向发展。这种经济变动不是均衡的、守恒的，而是一种“累积性的循环”。

在发展中国家，人均收入水平很低，以致生活水平低下，营养不良，卫生健康状况恶化，教育文化落后，从而人口质量下降，劳动力素质不高，就业发生困难。劳动力素质不高又使劳动生产率低下，劳动生产率低下又引起产出增长停滞甚至下降，最后，低产出又造成低收入，低收入又进一步使经济贫困恶化，于是，发展中国家总是陷入低收入和贫困的累积性循环困境之中而不能自拔，如图 4-3 所示。

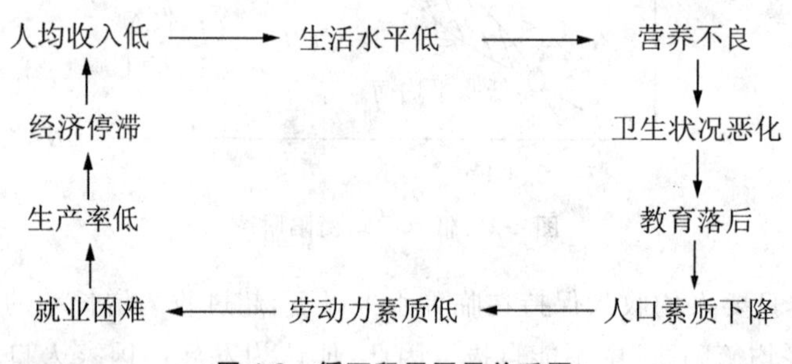

图 4-3 循环积累因果关系图

综合上述分析，缪尔达尔认为收入水平过低是造成发展中国家贫困状况的一个重要原因。他进一步指出，产生低收入的原因来自社会、经济、政治和制度等许多方面，其中，起着重大作用的是资本形成不足和收入分配的不平等，为此，应当通过权力关系、土地关系以及教育体制等方面的改革，使收入趋于平等，以增加广大穷困群众的消费，从而提高投资引诱并增加储蓄以促进资本形成，使生产率和产出水平提高以带动人均收入水平的提高。这样，发展中国家将从低收入和贫穷的累积性循环困境之中解脱出来，而进入一个正常的、良性的循环积累因果运动。

总的说来，上述介绍的 20 世纪 60 年代中期以前产生的资本形成理论，从资本积累在经济增长中的地位、作用和资本稀缺对经济增长的障碍正、反两方面，强调了“资本形成是经济发展的唯一决定因素”的观点。60 年代中期以后，情况发生了变化，西方发展经济学认为，资本形成是经济发展的重要因素或约束条件之一；并且强调，人力资本增进、技术水平的提高在经济发展中起着越来越重要的作用。

(三)“临界最小努力”理论

“临界最小努力”理论是美国经济学家利本斯坦(H. Leibenstein)于 1957 年提出的。这一理论的出发点是承认“贫困恶性循环”或“低水平均衡陷阱”状况的存在。

利本斯坦认为，要打破“恶性循环”、跳出“陷阱”，发展中国家必须首先使投资率大到足以使国民收入的增长超过人口增长，从而人均收入水平得到明显提高，即以“临界最小努力”使国民经济摆脱极度贫困的困境。

在利本斯坦看来，发展中国家经济发展过程中，存在两种对立的力量，即提高收入的力量和降低收入的力量。如果提高收入的力量小于降低收入的力量，则收入增长被人口增长过快的负力所抵消，经济退回到“低水平均衡陷阱”中；如果提高收入的力量大于降低收入的力量，发展中国家人均收入会大幅度提高，低水平稳定均衡即被打破。

在两种对立的力量中，提高收入的力量决定于上一期的收入水平和投资水平；降低收入的力量决定于上一期的投资规模和人口增长速度。

利本斯坦指出，要实现“临界最小努力”，必须具备一定的条件，如激发群众的经济增长动机，改变人们的传统观念以鼓励敢于承担风险、善于追求利润的精神，创造适宜的投资环境，培育有创新能力的企业家群体，大力开发和利用新技术等。

“临界最小努力”理论，从投资不足方面探讨了发展中国家贫困落后、经济增长停滞的原因，使人们注意到投资规模对促进经济的积极作用和人口压力在发展中国家造成的现实和潜在的威胁，这对发展中国家制定经济发展战略具有一定的启发作用。但是，这一理论同样夸大了资本形成对经济增长的促进作用，忽视了其他因素对经济发展的影响。

另外，有些发展经济学家指出，发展中国家要突破“贫困恶性循环”而谋求经济增长，并不一定需要“临界最小努力”，较少的资本投入同样可以达到目的。

第三节　外资利用与经济发展

发展资金的筹集，仅仅依赖国内资源会受到很大的约束，在一个开放经济中，可以通过引进外资、利用外国援助等途径从国外获得必要的发展资金。1966 年，钱纳里和斯特劳斯根据凯恩斯理论和“哈罗德-多马”模式的基本思路，对发展中国家的经济进行了研究。他提出，在开放经济的条件下，经济增长取决于四大因素：即储蓄、投资、进口、出口，通过对 50 多个发展中国家经济的研究，提出了著名的“两缺口模式”，论证了外资对发展中国家的重要作用。第二次世界大战以来，国际间资本流动规模日益庞大。这种资本流动不仅发生在发达国家之间，也发生在发达国家与发展中国家之间。主要是因为发展中国家资本和技术的稀缺也对外来资金提出了客观需求，无论是发达国家到发展中国家的直接投资，还是从发达国家政府和国际金融机构的借款，都成为解决发展中国家资金需求的渠道。

一、国际资本流动

(一)流入发展中国家的资本主要有三种类型

第一种，单边的官方资本(包括发达国家的和石油输出国组织国家的)和多边资本(例如世界银行及其分支机构国际开发协会和国际金融公司)。第二种，直接私人投资。第三种，商业银行贷款(包括出口信贷)。

由于资本的类型不同，借款条件也不一样，对于输入资本的国家来说，在资本的名义价值同它的实际价值(用可购买的商品和劳务的量来表示)之间便存在着区别。

另外，对于资本输入国来说，还有必要对国际援助的利润、国际援助的得益即国际援助的价值做出区分。

国际援助的利润是援助的名义值同用援助在受援国所具有的生产率折现的还款价值之差，计算国际援助的利润的方法同一般计算投资利润的方法是一样的。国际援助的得益是援助的名义值同用受援国在资本市场上借款所须付出的利率折现的还款价值之差，这里使用的是成本一收益的分析法，由此法计算出的得益，一般被称为“援助成分”，这里的意思是，如果这样计算所得的结果为正，则受援国是真正得到了援助的；如果从资本输出国引入资本同从国际资本市场上借入资本没有差别，则在这项资本转移过程中，没有任何援助的成分在内。如果援助被限于购买援助国的商品，而且这些商品的价格同国际市场价格不同，则援助国提供的援助的价格就会发生变化，援助的得益相应也会变化。倘若援助国商品的价格高于国际市场价格，则援助成分的价格就降到了其应有的水平之下。

从提供援助的国家的观点来看，受援国因援助而获利并不必然意味着援助国蒙受了损失，对援助国来说，假定他是从别的来源借入资金来向发展中国家提供援助的，这借入资金可能付出的利率构成了他提供援助的机会成本，如果这机会成本高于它向受援国索要的利率，才能说它在这项援助中蒙受了损失。另外，如果援助国不在提供金融援助的同时增加出口，也不存在实际资源由援助国向受援助国转移的问题。可能存在的情况是，其他国家向受援国转移了实际资源(在受援国用援助资金向这些国家购买资源的条件下)。

(二)引进外资和经济增长

国民经济一旦出现缺口，在不影响经济总量增长的前提下，便需要引进国外资金予以弥补。发展中国家利用外资的形式或来源主要有国际组织的援助、国外官方援助、私人投资三种形式。国外私人投资有证券投资、直接投资、跨国公司投资三种类型。

1. 官方援助　在发展中国家所接受的国外资金中，有相当一部分来自发达国家的官方援助。不同的国家在提供外援时有不同的动机，同一个国家在提供各项援助时，其动机也各不同。概括起来说，发达国家在提供官方援助时，其动机大体存在如下三类。

第一，政治、军事和历史的动机。绝大多数发展中国家在历史上都曾是发达国家的殖民地和附属国。第二次世界大战以后，发展中国家纷纷独立了，但发展中国家同发达国家之间的历史联系仍然保持下来；发展中国家在政治、军事和经济上仍然对发达国家有所依附；发达国家同样需要维护其在发展中国家的政治、军事和经济利益。相当多的官方援助就是在这个背景下产生的。

美国的许多官方援助都是与其政治经济在世界的扩展及保持其世界霸主地位相关的，而英国和法国的官方援助多集中在前殖民地国家和地区内，其目的也与美国相仿。而一些发展中国家由于殖民时期形成的依赖，经济结构甚至社会结构难以摆脱前宗主国的影响，因此自然也就需要接受这些援助。如地处西部非洲的马里共和国 2009 年财政收入有 50％来自其所接受的官方援助，而这些援助又多来自其前宗主国法国。

第二，经济的动机。发达国家向发展中国家投资，不仅为了提高发展中国家的经济增长率，也为了促进本国的经济增长，增加本国的财富。就此而论，国际援助是互相有利的。

如果国外贷款的利率高于发达国家自身的资本生产率而低于发展中国家的资本生产率，借贷双方都能获利。如果在发达国家中存在着未充分利用或闲置资源，则通过国际援助活动，其闲置资源可充分利用，发展中国家也能获得国外资源；援助方和受援方都能获益。

第三，人道主义动机。援助贫穷国家特别是最贫穷国家中的最贫穷人口，也常是官方援助的动机。从全球的观点看，由于收入的边际效应是递减的，在富国和穷国之间转移收入，势必增进全球的经济福利。

2. 跨国公司投资　跨国公司在发展中国家投资，其动机比较单纯，即追求本公司总的利润的最大化。它们的投资也有与其他资本输出明显不同的特点，即它们的投资活动并不只是资金的投入，还包括实物资本、生产技术、管理能力和推销技术的输入。人们一般都不怀疑，跨国公司的投资向发展中国家输出了实际资源。

一般认为，跨国公司投资对发展中国家的经济发展既有利又有弊。

有利方面：

(1)引进外资可以帮助发展中国家填补储蓄缺口，解决由进口大于出口造成的国际收支逆差问题。

(2)从国外获得国内生产急需的特殊商品和劳务(主要是资本品、中间产品、原材料等)。

(3)从国外获得可以提高国内劳动生产率的技术和生产方法，以增强国内的产出能力。

(4)通过采用国外的生产方法、程序，促进国内的技术创新，创造出适用于国内的技术。

(5)弥补国内技术、管理、企业家才能方面的不足，培养自己的企业家阶层。

(6)通过将外资企业的辅助性产业(如零件加工厂、修配厂)转包给当地的企业，培育国内企业家；并通过这种转包活动为国内产业创造前向和后向联系效应。

(7)通过外资企业的活动，建立国内同海外银行、市场的联系，并从海外获得新的资源供给。

(8)利用外资企业的资金和条件来培训国内的劳动力、技术人员、管理工作者。

(9)通过外资企业的生产经营活动扩大国内就业，尤其是熟练工人的就业。

(10)从跨国公司等外资企业的利润收入中征收税收，增加国库收入。

(11)通过削减国内在自由贸易、要素流动方面的障碍，来促进要素的合理流动，发展国内各地区之间、国内与国外的贸易，提高资源的利用效率。

(12)通过外资企业的发展，促进国内生产的专业化，形成规模经济，提高社会获利能力，以迅速增加国民收入。

不利方面：

(1)由于跨国公司的投资集中在发展中国家的城市地区，它们的活动扩大了这些国家的城乡收入差距。

(2)它们操纵了发展中国家的消费趋势，不利于这些国家的经济发展。跨国公司运用其先进的技术和有竞争力的价格手段不仅部分排挤了发展中国家的传统的消费品工业，而且在广大的消费者中间刺激起新的消费口味并塑造了新的消费习惯。这些消费口味和消费习惯与发展中国家所处的发展阶段极不适应，而且，对它们今后的发展极为不利。

(3)跨国公司向发展中国家输入了不适用的技术并且阻碍了这些国家资本商品工业的发展，使得这些国家资本积累的净额比跨国公司的投资要小得多。

(4)跨国公司规模庞大、力量雄厚，常常危及发展中国家的民族自主权，并使发展中国家政府对经济政策失去控制。由于跨国公司进入国际资本市场极易、其自身又拥有丰富的资源，它们很容易绕过发展中国家的货币政策的控制。它们还可以通过向国外转移利润的方式来逃避课税。只要与全球利润最大化的目标相悖，跨国公司就会不理睬发展中国家向它们提出的要求。它们还会利用自己的卖方垄断和买方垄断的地位来过度地开发发展中国家的各类资源。

(5)还有一个利润的汇出问题。对于发展中国家来说，接受直接投资同接受贷款相比，有一个潜在的不利之处，就是前者所导致的利润外流(以外汇形式)比起后者来，延续的时间要长得多。如果外汇紧缺，这种情况对国际收支和国内储蓄的危害极大。

二、经济特区

发展中国家通过建立经济特区来引进外资已成为一种非常有效的经济手段。经济特区是一国在本国领土上，划定的一定地区，实行与国内其他地区不同的特殊优惠政策，以吸引外资、引进技术、增加外汇收入、繁荣经济。

(一)经济特区的类型

经济特区有三种类型。即自由港和自由贸易区、出口加工区、科学工业园区。

1. 自由港与自由贸易区　这是一种以转口贸易和过境贸易为主的经济特区。早期发达资本主义国家建立的大都是自由港或自由区，过境区、边境区基本上也属于这一种类型。

这类自由港或自由贸易区，是将港口或区域划在该国海关的关境之外，外国货物进出港口或区域免缴关税或只限几种货物缴纳关税，并且准予在区内自由进行改装、加工、销毁或长期储存。设立自由港或自由贸易区的目的是为了繁荣经济，吸引外国船只、商品进出，发展转口、过境贸易，从而增加该地区的各项收入。目前设立自由港和自由贸易区的国家近40个。有的自由港内又设有自由贸易区。这类特区有以下特点：

(1)进入该地区的商品不交关税，也不办报关手续(或只有几种商品需要报关缴税)。

(2)商品进区后可以拆散、储存、分级、分类、修理、再加工、重新包装、重新标签、清洗、销毁、与国内或国外商品混合或重新出口，海关不予监督控制。

(3)进出该地区的活动不加限制。如已纳税的进口货物，可以从纳税地区进入自由区与其他货物混合后，再免税进入纳税地区。

(4)当进口货物的实际毛重大于货物净重加海关规定的法定皮重时，可以在区内改装。货物在过境途中发生损坏，也可以在区内进行检验。

(5)进入该地区的商品如要运进该国国内其他地区，则需要办理报关手续，缴纳进口税。

2. 出口加工区　出口加工区是指以加工出口产品为主的特区，又称加工出口区；它是由政府划定的特定地区，用来吸引外商投资设厂，其产品全部或大部分出口。

发展中国家通过设立出口加工区，主要是争取利用外资，引进先进的技术和设备，增加外汇收入，扩大本国就业机会，以加速本国经济的发展。

发达国家则通过向发展中国家的出口加工区投资，扩大资本输出，利用发展中国家的廉价劳动力，降低其产品成本，提高国际竞争能力，进一步扩大国际市场，以获取高额利润。

发展中国家在出口加工区内向外国投资者提供种种优惠，例如，在一定时期内，对所有机器设备以及进入该地区的出口产品、原材料全部免税；免征5～10年的所得税，以后的课税也较低；免除外汇管制，对于投资资金的汇出限制较宽；财政贷款利息低，条件优惠；实行特殊关税制。除此之外，发展中国家政府在出口加工区内设置服务设施，为生产经营活动和生活提供便利，如设有修配厂、邮局、医院、仓储设施、运输系统、银行、培训中心和展览中心等，并且扩建港口、码头，修建出租仓库和标准厂房等，使出口加工区对外来投资者具有更大的吸引力。

中国广东省深圳特区的蛇口工业区是典型的出口加工区。

世界上各国各地区建立出口加工区的目标模式大致有以下两类：

(1)“就业创汇”型。韩国和我国的台湾是这种类型的代表。台湾和韩国在创建出口加工区时的条件很近似：市场狭小，劳动力过剩，深重的外汇缺口所造成的压力，巨额的贸易逆差靠美援弥补。1965 年，美国停止了对台湾的一切经济援助，1970 年战后美国连续 10 年为韩国提供的无偿援助也停止了。这些经济压力迫使他们不得不建立以就业创汇为目标的出口加工区。

这种目标模式的特点是：重视加工区的静态比较利益，近期效益明显，直接以就业和创汇来促进国内经济发展，但对本国技术水平的提高不利，并且受国际市场冲击影响较大。

(2)“地区开发”型。有许多发展中国家，由于国内建设资金有限，又想改变国内广大农村的落后面貌，使工业化也能在边远地区出现，于是便纷纷采取出口加工区的形式，利用国外资金建立工业区。这类最典型的国家是菲律宾、马来西亚和印度等。

菲律宾于 1969 年颁布的共和国第 5 490 号法令已把加工区作为促进工业化和发展地方经济的重要手段。在规定加工区的 4 项具体目标中，第一项就要求从人口稠密的大马尼拉市区分散到各地，并在农村地区建设新的卫星城市。菲律宾的第一个出口加工区选址在偏僻的巴丹，经过 8 年的建设，已从一个贫穷的渔村，发展成为一个工厂林立、市场活跃的新型城市。印度把加工区设在和巴基斯坦交界的坎德拉和甘地达姆地区，也是为了促进这两个过去一直比较落后地区的经济开发。

这种目标模式的特点是，以开发地区经济来促进国内经济的发展，重视地方资源的利用和加工区的前后向关联效应，受国际市场冲击较小，但投资成本较大，短期内效益不太明显。

3. 科学工业园区　科学工业园区是以发展技术知识密集型产业为主的特区，是一种“技术促进”型的经济特区。20 世纪 70 年代末 80 年代初，有些发展中国家和地区仿照美国的“硅谷”纷纷建立科学工业园区，如中国台湾的新竹科学园区，菲律宾的特别出口加工区等。

(二)经济特区的问题和前景

有些发展中国家或地区从经济特区的设立中得到发展，例如，巴拿马、香港和新加坡，利用转口贸易的有利条件促进了出口加工区的经济迅速增长，台湾和韩国从开发出口加工区中获得了外国资本和技术。

但是大多数发展中国家如菲律宾、斯里兰卡、印度尼西亚等的出口加工区并不理想。许多发展中国家已经发现，出口加工区并非通向出口导向工业化的捷径。失败的远远超过成功的。在许多情况下，出口加工经济特区存在着很大风险，即成本超过收益，得不偿失，使发展中国家消耗了本来就很稀缺的宝贵资源。大多数情况下，发展中国家建立经济特区的基本目的——吸收外资、引进技术、增加就业、促进发展——都没有实现。其主要表现是：

1. 资本的流入少　为什么外国在发展中国家投资的作用不大呢？这主要是因为出口加工区引进的多半是劳动密集型的装配和简单的加工业务。发达国家的厂商将原料或零部件解运到出口加工区的子公司，然后把装配好的制成品返销或出口到第三国。

20 世纪 70 年代，外国公司在出口加工区的投资很少有超过 100 万美元的，许多厂商的投资远远达不到 50 万美元。联合国贸发组织的报告指出，为创造每个工作职位而提供 5 000 美元以上的投资是个例外。在出口加工区，两个突出的行业是电子行业和服装加工业，外国投资往往只限于提供显微镜、缝纫机和电熨斗。

相反，发展中国家却为出口加工区的道路、房屋、公用事业等花费了大量资金，而且厂房占用的土地是廉价提供的，因此收入可能弥补不了支出。

2. 就业增加不多　根据总部设在伦敦的经济情报所调查的35个国家中的18个国家的资料表明，自1978年以来，出口加工区内的就业人数有所增加。然而，根据联合国贸发组织估计，第三世界出口加工区内全部就业人数不足100万，占第三世界官方登记的工业劳动力的2.6%，与上千万的失业人口相比，这一数字并没有重大意义。

值得进一步研究的是，出口加工区内增加的就业人数究竟是创造了新的就业机会，还是简单地将国内其他地区在职人员迁来。

3. 外汇收益很低　由于出口加工区通常必须用高比例的进口原料和零部件，外汇纯收益一般是低的。利润通常不用交税，因而发展中国家在经济特区的收入主要来自工资、厂房租金、水电费和运输费。由于定价低廉，这些收入寥寥无几。

4. 技术引进成效不大　由于出口加工区引进的多为劳动密集型工业，很少有尖端技术的工艺。装配前的先进技术留在工业发达国家，调查研究与新产品的开发都在发达国家进行，出口加工区的简单装配工作在培训技术工人上作用很有限。

5. 对工业发展的推动作用很小　由于出口加工区生产所需进口量很高，它们与发展中国家经济部门主要是通过服务行业和建筑业保持联系。只有当出口加工区企业所支付的工资用于购买本地消费品时，才会产生增殖效果。

[案例 1]越南的外国直接投资

越南是一个以农业为主、工业日渐发展的东南亚发展中国家，拥有丰富的农作物及矿产资源，经过近30年的战后恢复，具备了一定的经济基础。

越南的经济改革开始于1986年，改革期间越南积极推行市场经济，加大对外资源的利用，使经济上了一个台阶。与大多数发展中国家一样，越南利用外资主要通过三个渠道：外国援助、外国直接投资和外债。外国援助一般来说规模相对较小，优惠程度日益降低，且资金到位率低；而举借外债，债务压力增大；因此，越南政府较为重视吸收外国直接投资。过去的十几年来，外国直接投资在越南经济发展中起到举足轻重的作用。

20世纪90年代的前半段是越南外资的迅速增长时期，其后随着亚洲金融危机，越南吸引外资一度跌入低谷。2000年外资流入开始缓慢回升，据越南计划投资部统计，截至2003年12月31日，越南累计吸收外资有效项目4 324个，协议金额407.94亿美元，法定注册资金185.53亿美元，实际到位资金246亿美元。

从投资领域看，外国直接投资主要集中在工业和建筑业，其次是服务业领域。从投资方式看，合资经营方式仍是目前最主要的投资方式，但近年采用独资方式引进的外资也不断增加。从投资来源看，外资项目分别来自世界64个国家和地区，东南亚、东亚各国和地区是越南的主要投资来源地，投资额占越南吸收外资总额的80%以上。中国企业特别是民营企业近年来对越南的投资也大幅度增加。2003年中国对越南投资首次突破1亿美元，在当年对越南投资的国家和地区中列第4位。

与此同时，越南外国直接投资中也存在一些问题：第一，外商投资产业结构、地域分布不合理。近年外资过多集中于工业领域，农业则没有得到足够的重视。投资的地域主要分布在基础设施较好和社会经济较发达的省市，广大的北部山区和西部贫困地区吸收的外资项目则很少。第二，外资主要来源于亚洲国家和地区，欧美跨国公司投资少。与欧美公司相比，发展中国家的投资项目一般规模比较小、技术水平不高，资金到位率比较低，许多项目甚至中途取消。因此，目前的投资来源不利于越南通过吸引外资弥补国内资金的不足，不利于越南掌握先进的技术、先进的管理方法和生产经营经验，增强竞争力。第三，基础设施落后、投资环境不够理想。第四，外资企业的经营效益普遍较差。在越南投资的外资企业尽管享受一定的优惠措施，但是盈利的比例还比较低。导致外资企业经营效益差的原因有多方面，比如各种不公平的对内对外措施长期存在；合资、合作经营的双方在组织管理方面存在分歧等。

（改编自林珏《发展经济学案例集》，2005）

[案例 2]发展中国家的外债问题

发展中国家在几十年的经济发展过程中，外资起了非常重要的作用，但也带来了一些负面影响，其中发展中国家的沉重的外债负担便是其中之一。这些国家从 20 世纪 70 年代以来，外债越欠越多，以致在 80 年代初遇到世界性经济危机后爆发了国际债务危机，对世界经济的发展也造成了非常严重的影响。1982 年以来，国际债务问题虽然有所缓和，但问题没有彻底解决。长期以来发展中国家债务问题一直是七国首脑会议和国际金融组织会议的重要议题之一。世界银行 2010 年 2 月 3 日发布的名为《2010 年全球发展金融：发展中国家的外债》的报告显示，金融危机后流向发展中国家的净资本流量呈现大幅下跌态势，不过发展中国家外债指标已出现改善。自 2000 年以来，发展中国家的增长速度超过了新增外债的积累速度。根据来自 128 个发展中国家的综合数据，自 2000 年以来，发展中国家的增长速度超过了新增外债的积累速度。发展中国家在 2008 年未偿外债对出口收入的比率与 2000 年的 122.2%相比，已降至 57.8%。债务对国民总收入(GNI)的比率与本世纪初的 37.2%相比，已降至 22.1%。偿债对出口的比率在 2008 年为 9.5%，是 2000 年的一半。

尽管采取了各种措施，一些国家的债务负担并没有得到缓解。截止 2009 年 1 月底，俄罗斯共有外债 4 650 亿美元，2009 年俄银行和公司需要偿还本息近 1 400 亿美元，未来 4 年到期外债高达 4 000 亿美元。而当时俄罗斯外汇储备已不到 4 000 亿美元，原 6 000 亿美元外储为缓解卢布贬值在 6 个月内已减少了约 2 000 亿美元。因为俄罗斯 GDP 的 30%，预算的 50%和外汇收入的 60%全部来自石油和相关产品的加工和出口，在油价暴跌的冲击下，俄罗斯按期偿还外债的能力大幅下降。

债务危机的根本解决还有赖于发展中国家自己的经济发展。由于债务国国内经济政策的调整，降低了发展速度，减少对外国的依赖。同时采取鼓励出口，改善国际收支状况，增强对外支付能力，实行紧缩性的财政政策和货币政策，实行严格的外汇管制，防止国内资金的外流等办法，可使债务危机达到缓解。

债务危机的形成，既有发展中国家内部的原因，也有国际经济环境的外部条件，因此债务危机的根本解决，仍然取决于能否有一个长期有利的国际经济环境，债务国能否成功地执行国内的经济调整计划以及债务国能否有充足的外部资金流入来支持其实现持续的经济增长。只有具备这三方面的条件，才能真正恢复债务国的清偿能力，从而使债务危机得到彻底解决。

【本章结构】

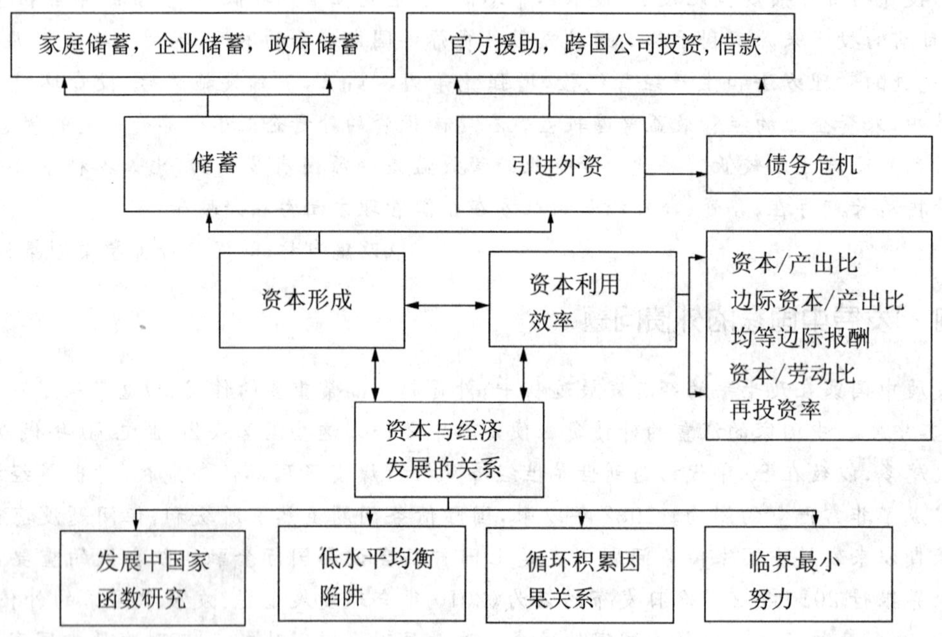

【本章思考题】

1. 请简单描述资本分类，以及资本形成的过程。如何做出正确的投资决策？

2. 资本形成的相关理论有什么异同点？缪尔达尔循环积累因果理论和罗森斯坦-罗丹大推进理论对纳克斯“贫困恶性循环”理论，纳尔逊“低水平均衡陷阱”理论有什么贡献？

3. 资本形成在经济发展中有什么作用？资本利用的效率如何影响经济发展？如何提高资本利用的效率？

4. 发展中国家可以通过什么途径解决资金短缺的问题？这些途径各有什么利弊？

【参考文献】

[1] 费景汉，拉尼斯. 经济发展理论. 美国经济评论，1961

[2] 林珏. 发展经济学案例集. 北京：中国社会科学出版社，2005

[3] 王东. 发展中国家债务状况日益恶化. 国际展望，200(12)：18～19

[4] 威廉·阿瑟·刘易斯. 劳动力无限供给条件下的经济发展//威廉·阿瑟·刘易斯. 二元经济论. 北京：北京经济学院出版社，1984

[5] 赵冬缓. 新发展经济学教程. 北京：中国农业大学出版社，2000

第五章　自然资源、环境保护与经济发展

【引言】

自然资源为人类提供生存环境、各种生产原料、生态服务等，是经济发展中最为基础的要素，难以为其他资源所替代。自然资源使用的外部性，加速了生态环境的破坏，加上不可再生资源的耗竭，继而影响到发展中国家的可持续发展。技术创新能够在一定程度上缓解对资源的滥用，但是通过制度约束才能更有效地进行环境保护。

【学习目标】

1. 掌握自然资源的概念，种类，特性及其经济价值，能够区分自然资源的种类。

2. 了解自然资源，环境保护与经济发展的关系，能够结合案例分析自然资源在经济发展中的作用。

3. 认识到保护资源和环境的重要性并且知道相应的保护措施。

4. 了解发展中国家的环境污染和资源枯竭等的问题，并能够选取适当的解决方案。

第一节　自然资源与经济发展

一、自然资源的含义

自然资源的含义有多种表达，但其内涵基本上可以分为两种：一是存在于自然界的各种自然力和自然物，是自然界客观存在的，有其自身发展、演变的客观规律；二是能被人类利用生产经济价值的自然力和自然物，是社会财富生产、积累的基础。另外，自然资源是一个动态的概念。在人类社会生产力水平低下的时代，自然界中可以为人们利用的物和自然力是很有限的，随着生产力水平的提高和科学技术的发展，越来越多的自然物和自然力作为自然资源，进入生产过程，自然资源的外延呈现无限扩大的趋势。因此，从更广阔的意义上说，人类赖以生存和发展的自然界中的全部物质，都必将成为自然资源。对人类发展的某一特定阶段来说，自然资源表现为现实的自然资源和潜在的自然资源。

自然资源按其各自的天然特点，可分为：

(1)生态资源。如阳光、空气、水分等；这类资源为流动资源，最好的例子是太阳辐射。人类无法控制太阳辐射射入大气层的速率和质量。一旦太阳辐射进入大气层，人类的影响就显

现出来了。例如，大气污染会降低太阳辐射资源的质量。人类利用太阳能的效益取决于利用方式：一种方式是以生物量形式储存太阳能，人类早已能对此进行控制。20 世纪后期，人类开始致力于其他储存太阳能的形式，如太阳能电池。流动资源变为储存资源。

(2)生物资源。如植物、动物、微生物等；是一种很复杂的资源类别，这些生命吸收了流动的太阳能和流动的或储存的水资源，还消耗了土壤的养分。这些生物可以在没有人类的情况下建立起平衡。而人类也可以操纵这个复杂的生物系统，建立和维持另一种平衡。在太阳能量一定，生物繁殖能力一定，以及人类自我约束的条件下，生物资源是可以再生的。

(3)土地资源。如土地面积、土地肥力等；土地资源的稀缺，是经济学赖以建立的基础之一；然而当地价很高时，土地也可创造，如今天的日本和香港，填海造地；在沙漠地区建设灌溉设施和投入肥料可创造出良田。当今的城市工商业和农村用地都是荒芜的土地同劳动力、资本相结合的产物，土地本身具有很大的经济价值。土地肥力是无限的资源，随科学技术的发展，土地肥力可不断增加。

(4)矿产资源。地球上的矿产资源是相对可耗尽的，因为矿产资源的形成要经历较人类历史更长的时间，同时，人类不可能勘探并挖掘出所有既存矿藏。

按照自然资源是否可重复使用的特征，分为可再生资源和不可再生资源，诸如石油、天然气、气候条件等均为不可再生资源；而多数生物资源、土地肥力等均为可再生资源；按照自然资源的使用过程中成本和收益是否能够通过市场进行定价，分为可分拨资源和不可分拨资源，可分拨资源即是那些使用过程中能够通过市场体现出其成本和收益的自然资源；而不可分拨资源即具有外部性特征，使用过程中不能完全体现出其成本收益的自然资源。诸如空气质量、未界定产权的自然景观、公海的鱼群等。

二、自然资源的特性

由于全部自然资源均表现为可以利用的自然物和自然力，因此，从人类开发、利用的角度看，自然资源在总体上呈现出以下特点：

(1)稀缺性。自然资源的稀缺性是指在经济发展的特定阶段，用于生产产品的自然资源不能满足需要的情况。稀缺性包括绝对稀缺性和相对稀缺性。绝对稀缺性是指自然资源存在的数量绝对有限。我们目前生存的地球有确定的重量和面积，它的重量接近于 6.6×10^{21} t，表面积为 5.1 亿 km^2。为此，很多经济学家、生态学家和战略学家惊呼“我们只有一个地球”。自然资源的相对有限性包括：①目前人类已探明的可利用资源的数量有限。②特定的技术条件下，已探明的自然资源利用率、已利用资源的更新性和替代性以及自然资源的利用效率等有限。也就是，目前，人类对已探明的可利用自然资源还不能全部利用，利用效率不高，也不能将全部已利用的资源加以更新或有效地替代。

(2)区域性。自然资源的区域性，或说是地理位置的不可移动性。自然资源的形成、演变有其内在规律，在地理上形成明显的地域性。不同的区域，资源的性质、数量、质量及组合特征、演变方向等不同。例如，中国气候资源，从南到北热量差异相当明显。从东到西，离海远近、湿度和降雨条件不同。东部湿润、半湿润季风区，雨量充沛、雨热同季。目前集中了全国耕地和林地的 92%左右。而西北干旱、半干旱内陆地，土地面积大，热量充沛，但降雨量少，土壤肥力和土地生产力也低。因而，中国水、土、气等因素的空间组合区际差异大，组合多不协调。自然资源的地域差异性是地区经济发展不平衡的主要原因之一。

此外，自然资源还具有整体性、可更新和再生性以及动态性特点。

三、自然资源在经济发展中的地位

自然资源是经济发展的要素之一，它在经济发展中的作用和地位是显而易见的。但对自然资源与经济发展关系的研究是经济科学中的一个薄弱环节。人们至今不能完全解释有些严重缺乏自然资源的国家和地区的经济能迅速发展；有些自然资源异常丰富的国家和地区却依然贫困、落后，甚至自然资源获得迅速开发而依然没有充分发展；经济发达国家或地区多分布在北半球，经济不发达国家或地区多分布在南半球等。

(一)丰富的自然资源有助于发展的起步与持续发展

在一个国家经济增长过程中，自然资源是否起着决定性的作用，在经济学家中没有一致的意见。但没有疑义的是，一国所有的自然资源状况对其经济增长的制约作用极大。所以，各种经济增长理论或发展经济学著作都无一例外地分析研究了自然资源的作用。

自然资源所提供的原料，对于工业发展有双重意义：一是用于出口换汇；二是供本国工业发展使用。在发展初期，出口换汇可以弥补资金和外汇的缺口，引进技术和设备。更重要的是，经济发展意味着工业原料国内使用量的增加。无能源、缺原料的国家，固然可以依靠进口来支持国内工业的增长，但是这类国家同国内自然资源丰富而种类齐全的国家相比，对世界市场依赖的程度必然更高。

石油输出国组织在20世纪60年代以来所取得的巨大进步，很有说服力地表明，拥有丰富的自然资源能够大大加快经济增长和发展的速度，科威特直到20世纪50年代仍然是中东地区最贫穷的国家之一，却蕴藏着占世界第三位(仅次于苏联和沙特阿拉伯)的石油资源。1961年独立后，科威特政府逐渐收回了曾由外国人控制的石油工业，从而使经济增长进入了一个崭新的时期。1985年科威特的人均国民收入达到两万美元，在全世界位居第二。

凭借资源优势实现国民经济高速增长，石油可以说是最具有或曾经具有过极重要的作用。此外，马来西亚的锡矿、橡胶，扎伊尔和赞比亚的铜矿，厄瓜多尔的香蕉等。这些资源的开发利用状况，直接影响到这些国家的经济增长。1960—1970年，扎伊尔的铜矿石产量以每年2.5%的平均速度稳步递增，同期国内生产总值平均每年增加近4%；同一时期，赞比亚的铜矿石产量也以3.8%的平均速度逐年稳步增加，其国内生产总值的年平均递增率达11.8%。对于马来西亚，天然橡胶则是一得天独厚的自然资源，其产量在世界上所占的份额很大，1961年的产量占世界总产量的36%，1979年已升至44%。所以该国政府一直将发展橡胶生产作为一项基本经济政策。

目前大多数最为贫困的发展中国家几乎都缺乏一些重要的自然资源。诸如孟加拉、埃塞俄比亚、阿富汗这些穷国，几乎没有任何可以立即大规模开采和利用的自然资源。有不少发展中国家连可耕种的土地也非常缺乏，甚至无力解决本国人民的吃饭问题。因此，那些缺乏石油资源、其他自然资源也不丰富的发展中国家，如果没有国际社会有效和无私的援助，今后经济增长的前景仍然是暗淡的。

特别要进一步指出的是，在一定的历史阶段，自然资源在经济发展中处于主导地位和决定性作用。主要表现在以下三方面：

(1)自然资源的状况是影响劳动生产率高低的重要因素。“劳动生产率是由各种情况决定的，其中包括：工人的平均熟练程度，科学的发展水平和它在工艺上应用的程度，生产过程的社会结合，生产资料的规模和效能，以及自然条件。”因此，一般说来，在其他条件相同而自然资源优劣不同的情况下，人们即使花费了等量劳动，但劳动生产率是不同的。因此自然资源的状况对经济的发展影响很大。

(2)自然资源是形成产品实体的物质基础和源泉。物质产品是社会财富的基本形式。经济发展归根到底表现为产品形式社会财富的增加，而物质产品则是劳动作用于自然资源的结果。自然资源作为构成产品实体的物质要素，对于产品的性质、种类和数量影响极大，因而自然资源也是社会经济发展的重要条件。

(3)自然资源是制约产业结构和生产力布局的重要因素。产业结构一般是指以社会分工和协作为基础所形成的各产业、各部门之间的关系体系。制约产业结构的因素是多方面的，除了社会需求状况、科技发展水平及各产业、各部门之间的协同关系等因素外，自然资源的状况也是重要因素之一。自然资源的状况对产业结构的制约作用，首先是通过自然资源的结构状况影响和制约具体劳动的结构来实现的。不同国家或不同地区的自然资源结构不同，则由此形成的具体劳动的种类就不同。正是由于具体劳动的种类不同，才最终形成该国或该地区具有地方色彩的社会分工和产业部门结构。如果一国自然资源的种类比较齐全，数量较多，那么该国就有可能建立一个产业部门比较完整的、各业协调发展的产业结构体系；反之，如果一国资源贫乏，就无法形成产业部门较完整的产业结构体系。例如日本是一个自然资源，特别是矿产资源贫乏的国家，因而资源的严重短缺一直是影响其经济发展的最突出问题。这种状况一方面造成日本90%以上的矿产资源要由国外供应；另一方面决定了日本国内的经济必然是以生产制成品为主的“加工厂”型的经济。20世纪70年代以后，西方国家石油危机的爆发，又进一步迫使日本政府调整产业结构，逐步使资本密集型产业向知识密集型产业过渡，大力发展省能型产品和高精尖产品。可见，自然资源的状况对产业结构的形成和发展变化有着明显的影响。

自然资源不仅对产业结构有着影响和制约作用，而且对生产力布局结构也有着同样的作用。自然资源具有地理位置的区域性这一特征必然会对生产力的空间布局产生制约。

(二)自然资源不是经济发展的决定因素

历史和现实却向人们昭示了这样一个道理：自然资源的丰裕与经济发展的程度并无直接的因果关系。新加坡、突尼斯、中国香港等国家和地区也极缺乏工业原料资源，但也能在过去20多年中基本上摆脱了贫穷，使经济发展水平进入现代化。

有意义的是这些国家在70年代石油危机之后，仍能保持经济增长的良好势头，而没有如许多发展中国家那样陷入经济困境。在另一方面，像玻利维亚、赞比亚和扎伊尔这类国家，战后的历史证明：相当富裕的天赋资源并不能保证国家富有。这类国家在利用其矿产收入促进经济多样化以实现更稳定的经济增长方面成效甚微。因为丰富的资源是宝贵的财富，但丰裕的自然资源并非构成经济发展的充分条件，要想使自然资源优势转化为现实的推动力，还有待于一系列条件的具备和成熟，其中极为重要的一条便是科学技术的普及和应用。

从历史上看，同等数量人口提供较高生活水平的能力不断提高，是因为科学技术是不断进步的，而科学技术水平的进步必然使自然资源的作用加大。例如，有些经济史学家把欧洲的文艺复兴归因于贮存干草方法的发现使得畜群能安然过冬。18世纪40年代至19世纪50年代，英国农业革命的新轮种法，发生在产业革命之前，它可能是引起产业革命的原因之一。18世纪爱尔兰引进马铃薯使人口大量增加，因为同样面积的耕地就可养活比原先多1倍的人口。19世纪法国农业改革主要是由于引进了“土地轮种法”（北部种植甜菜，南部种玉米），因而小麦的种植可以不用休耕而连续耕作4年。20世纪60年代，在南亚和东南亚的发展中国家，由于推广了小麦和稻米的新良种（号称“魔种”），产量提高了1倍，甚至2倍。

四、自然资源的稀缺性与人类经济发展的关系

自然资源的稀缺性与人类经济发展前途的关系如何，是人们普遍关心的又一个重要问题。长期以来，人们对资源的稀缺性认识不足。认为自然界能提供无限的资源，因而导致人类对自然资源的掠夺性开发和粗放式利用。20世纪60年代以来，随着人口的爆炸式增加，经济发展对资源需求急剧增加，自然资源与经济发展的矛盾逐渐突出，自然资源越来越稀缺。由此产生了各种有关经济发展前途的论调。这方面主要有完全悲观论和完全乐观论。悲观论观点以罗马俱乐部为代表。70年代初，以美国麻省理工学院D. 米多士（D. Meadows）为首的研究小组提出了《增长的极限》报告，被西方国家报纸称作“70年代爆炸性杰作”，也是罗马俱乐部的代表作。主要提出“增长极限”和“零增长”理论。认为随着人口的增长和对资源需求的增加，资源将消耗殆尽，经济增长无法维持。并指出人类不能期望依靠科学技术进步来摆脱这种危机，只有停止地球上人口增长和经济发展，也就是实现“零增长”。乐观论观点以美国赫德森研究所所长H. 卡恩（Herman. Kahn）为代表。他发表了《今后200年——美国和世界的一幅远景》，从乐观的立场出发，对D. 米多士的《增长的极限》进行了批驳。H. 卡恩指出，人类面临的人口增长、粮食短缺、资源枯竭、环境污染等基本问题，随着科学技术进步，是在近期或中期的未来完全可以解决的问题，是处在世界贫穷和世界繁荣之间过渡时期的问题。

生态学家保尔·额尔利奇与经济学家米利安·西蒙在1980年以5种金属——铬、铜、镍、锡和钨的价格打赌。额尔利奇认为：地球上的资源必须在越来越多的人中间分配，而全世界的人口在以每年7 500万的速度递增，大大超过了地球的承受能力——它所能提供的食物、淡水和矿产的量。随着资源日趋枯竭，日用品的较高价格将会是不可能避免的。西蒙认为地球资源是取之不尽的，增长的人口将奉献出更多的创意，人类将无限制地进步。当物资变得稀少时，人就以新的发现来应变，他们会用新资源替代老的或尽可能保护它。他打赌自然资源的价格肯定要稳幅下降。到1990年，由额尔利奇小组选出的5种金属的综合价（剔除1980年以来的通货膨胀因素）之后，结果下降了。

价格的跌落部分是由于技术进步：探矿者们发现了新的矿藏，计算机及其他先进的机器和新的化学处理方法，使人们能够有效地提取和精炼矿石。此外，金属已让位于那些更便宜的材料，尤其是塑料。卫星和光纤通讯取代了铜线，新型陶瓷在切割工具中充作了钨的代用品。

但是，这并不是说明自然资源真可以取之不竭，而只说明要看人类充分有效地利用自然资源的能力。

任何对自然资源状况与经济发展前途的盲目乐观的展望或悲观失望的预测都有失偏颇。人们既要充分认识自然资源稀缺性和人类对资源需求的不断增长的矛盾，从而反对任何对自然资源的滥用，并积极寻找替代资源或更新已被利用的资源；又要看到经济发展，特别是技术进步，为解决这一矛盾提供了可能。这是因为：①多数发展中国家，甚至一些发达国家，对本国的资源勘探并不充分。目前，世界上地理发现的时代已经结束，没有可能再发现新大陆。但

是，地质勘探的纪元才开始。②现有的资源尚未充分开发利用。基本已知的资源和现有的技术，只要加上资本、劳力和科学的管理，发展还大有可为。③资源的不足可以替代。科学技术的进步，替代的范围可以扩大，资本和劳动力可以弥补自然资源的不足。④提高自然资源利用效益有很大的潜力，特别是多数发展中国家资源利用的经济效率很低。

因此，只要合理开发利用资源、积极更新、加快技术进步等，自然资源稀缺性问题能够得到解决，经济会不断发展。

第二节　合理开发利用自然资源

一、自然资源的经济价值

在所有资源中，对发展中国家最重要的仍然是土地资源。这是因为，农业在经济发展中始终处于举足轻重的地位，特别是粮食生产更是如此。然而，发展中国家要打破农产品就等于粮食的传统观念。传统的自给自足的落后农业以糊口为目的，绝大部分耕地用于生产粮食是可以理解的。因为不如此不能获得维持生存所需的营养。在生产力提高、条件适合的情况下，因地制宜地发展林、牧、渔业不仅有利于土地资源的良性循环，而且可以提高人民饮食的营养成分。此外，还有许多农作物的营养价值等于零，如棉、麻等工业原料和橡胶、咖啡、可可、茶等食用原料，甚至营养价值是负数的如烟草，但却具有较大的经济价值。

地下资源的开发显然能极大地促进发展，其中最重要的是能源（石油、煤炭）和其他工业生产所必需的矿石。通常值得重视的是价值高又易于运输的工业原料，或者是价值虽低但容易得到的资源。天然形态的自然资源，经济价值的高低取决于：①化学构成或品位高低，以及由此决定的提炼或纯化到正常市场标准所需成本的多少；②由运输难易程度决定的运输成本高低；③距离市场远近。

在一定条件下，运输成本高低比资源本身品位质量更为重要。例如，智利阿塔卡沙漠铜矿蕴藏量丰富，品位又高，但运到太平洋港口需要修一条成本很高的铁路。安第斯山脉水力资源丰富，但是生产成本加运输成本超过了任何可能的市场标准，因此，都是非经济资源。

要充分体现自然资源的经济价值，就必须提高自然资源的利用效率，这仍是大多发展中国家亟待解决的问题。

资源的利用效率，是指各种资源的投入量与因该项投入而发生的产出量之间的比率，亦即以单位投入之产出量表示。实际上就是指资源利用的经济效率，通常以资源生产率来反应。在发展中国家普遍存在着资源利用效率低的问题。在一个国家或地区，经济发展不仅与资源条件密切相关，而且经济发展的快慢以及持续时间的长短，一般都以资源的数量与合理利用程度为基础。不同种类的资源，不同的资源组合形式，产生不同的产品和不同的生产效率。在资源组合效率固定不变的情况下，更多的产出只能通过更多的投入才能得到。

对发展中国家来说，提高资源利用效率的途径主要有：

(1)技术革新。实际上是通过技术上的变革而使相同的产出由更少的生产要素来生产，或相同的投入获得更大的产出。技术革新源于资源的相对稀缺性。为了促进相对不太稀缺的、比较廉价的资源替代较稀缺、较昂贵的资源，改变资源的相对稀缺性，便导致了对技术进步的需求。如在劳动稀缺经济中,出现用节省劳动的机械代替人类劳动的趋势,而在土地稀缺经济中,则用增加单产、节约土地投入的办法(用化肥、灌溉和高产作物品种等)代替土地。发展中国家一般来说土地相对劳动稀缺,故技术革新重点应放在提高单产、节约土地投入上,而不应盲目发展农业机械化。

技术革新是提高农业资源利用效率的根本方法。从总的趋势来说,技术革新是无止境的,但在某一特定社会,技术革新则受到社会所能获得的知识和技能水平的限制。

(2)改善资源流通渠道。首先要改善交通运输条件,使物畅其流,以促进资源的开发,改善资源地区配置的不合理现象;其次,发挥市场机制的作用,通过价格调节促进资源的合理流动与组合,并促进资源的相互替代,缓和某些资源的稀缺性;再次,建立健全市场服务体系,完善市场服务机构和设施。如代办银行托收转账业务、办理保险、修建仓储设施、流通货栈等。

(3)综合利用各种物质资源。这也是缓和物质资源稀缺性的重要途径之一。物质资源的综合利用,可以发挥各种资源的优势,使每种资源本身都能得到充分的利用。同时,资源利用间的最优组织还可以发挥群体优势。这样,无疑有利于资源利用效率的提高。

二、自然资源合理开发利用的步骤

合理开发利用自然资源,是指在自然资源的利用过程中,协调人与自然之间、自然因素与自然因素之间的关系,把开发、利用、治理和保护统一起来,以达到利用的最大效果。合理利用的标志,一是能以最少的资源投入,得到尽可能多的优质的产品;二是被利用的自然资源不被破坏,永续利用。也就是既有好的经济效益,又有好的生态效益。实现经济效益和生态效益相统一,使经济持续稳定的发展。在保护自然资源和自然环境的前提下,为充分发挥自然资源在经济发展中的作用,首先,应充分开发自然资源的潜力。大多数发展中国家对所拥有的自然资源并没有作充分的调查,以致"家底"不清。就是虽已查明自然资源的存量,但受技术、资金等方面条件限制,并没有得到开发利用。因此,发展中国家在开发利用资源过程中应按照有效的步骤进行。

(1)首先必须充分查明所拥有的自然资源存量,积极创造条件,制定自然资源开发利用计划和规划,保证自然资源在经济发展中得到充分开发利用。

(2)因地制宜,充分发挥自然资源对提高劳动生产率的作用。如优质自然资源有提高劳动自然生产率的作用,充分发挥这个作用,能够加快经济发展速度。又由于自然资源具有鲜明的区域特征,因此,只有因地制宜开发利用自然资源,才能较好地发挥自然资源的作用。从根本上说,这是涉及能否合理安排生产力布局的重大问题。

(3)是注意发挥自然资源在产品中的物质基质作用,提高自然资源的综合利用率。如果说,因地制宜,大力开发自然资源,是从增加供给方面缓和资源紧缺的矛盾;那么充分发挥自然资源的物质基质作用,提高资源的综合利用率,则是从减少需求方面缓和这个矛盾。在自然资源综合利用上,大多数发展中国家主要的问题是自然资源直接利用率低,自然资源的物质基质得不到充分发挥,相反,对自然环境造成污染和破坏。所以发展中国家必须努力提高生产过程中自然资源的直接利用率,相对增加资源数量,提高生产和消费的利用率,在产品结构上优选资源消耗少的产品等,都可以提高自然资源的综合利用率。

三、合理开发利用自然资源的原则

影响自然资源合理利用的因素很多，主要有两大类，一类是直接的微观的基本影响因素，如自然条件、能量密度、知识技术密集等；另一类是间接的宏观的综合影响因素，如生态条件、社会条件、经济条件和科学条件等。由于各种自然资源具有不同的特征，因此，在开发利用时，必须遵循自然规律和经济规律的要求，按照下列原则进行：

1. *人与自然关系相协调的原则*　人与自然的关系，实质上就是"人口-资源-环境"三者的关系，其中人居于主导地位，对资源、环境起着决定的主导作用，合理开发利用自然资源，首先要解决好人口问题，处理好人与资源，人与发展的关系。

人口的不断增长，加速了对自然资源的利用过程，加之人们目前对自然界认识、利用和改造能力有限，往往造成人与自然间的人为对抗。人口与资源的量比关系在相对减少，而对资源的需求量则在相应增加，对资源品种、质量的要求也越来越高，从而导致了人口增长与资源供应间的矛盾。这个矛盾在世界上带有普遍性，要协调人与自然资源的关系，除有计划地、合理地开发利用自然资源外，严格控制人口增长是关键措施。

2. *因地制宜，合理布局，充分发挥自然资源优势原则*　这方面最突出的要数农业。农业产量是生物因素、环境因素和人为因素综合作用的结果。由于农业资源有明显的地域性，农业生产又是在一定的地域上进行，受着自然环境条件的影响。提高农业生产量和农业生产力，必须保持生物与环境和人为因素的最佳结合，而生物与环境的最适结合又因物种特性和环境系统功能不同而异。同时，在不同地区、不同条件和不同发展阶段中，发展农业生产的生物与环境的结构和对物质能量投入的需求不同，生产要素中主导要素和环境因素不同。因此，在开发利用农业资源时，必须十分注意从实际出发，因地制宜地了解和分析这个问题，根据当地的资源条件和农业生产特点，从影响农业生产发展的自然环境因素中，找出主导要素和限制因素，采取相应的措施，使生物与环境达到最佳结合，实行合理的农业生产布局，以发挥资源优势。

3. *局部和全局相结合原则*　自然资源的整体性决定了开发利用自然资源，必须考虑到各国自然资源要素之间的关系，局部的开发利用与全局的关系，某种自然资源开发利用对其他自然资源的影响。正确处理局部与全局关系，要遵守局部利益服从全局利益，不能只考虑局部地区的资源利用而忽视了整个地区的资源利用，不能只强调个别资源的利用而忽视了其他资源和自然资源的整体利用，要进行综合开发，综合利用，使整个地区的各种资源得到充分利用。

4. *利用和保护相结合的原则*　人类要生存就要进行工业、农业的物质资料的生产，就要利用和消耗一定的自然资源，但是地球上的自然资源是有限的，只有把利用与保护结合起来，才能使生产正常进行。保护是为了更好地利用，特别是对限量资源，保护得当，才能延长其使用年限。对于可更新和再生的资源，虽然它是可更新和再生的，但如果不加保护，资源的生态平衡受到破坏，也不能永续利用。

保护资源是保持已有的天然或人工的生态平衡。对农业生产来说，应特别注意保护土地资源、水资源和生物资源。对于土地资源，要做到养地、用地、护地结合；对于水资源，要防止流失和水质污染；对生物资源，要保护它的一定的生产条件和环境，在开发利用上不超出其再生产能力。

5. *改造与适应相结合的原则*　自然资源中的阳光、雨水、土壤等，人类可以直接利用于生产。但是要想使各种资源发挥尽可能大的作用，就需要对自然资源进行改造。所谓改造自然资源，就是要建立新的更为优越的人工生态系统，为发展生产提供更好的条件，如兴修水利，改良土壤，建设港口，开挖运河等。

人类对自然资源的改造，是推动生产力发展，促进社会进步的过程。早在蒙昧时期，人类就已开始了对自己生活环境的改造。农业、畜牧业的产生就是把天然的生态平衡改造为某种人工的生态平衡。农作物，耕地，家畜家禽等，都是人工对自然界改造的成果。今天，先进的农业已能将光，热，水，气，土等资源进行综合改造，创造人工气候室，一年四季种植作物。虽然改造自然资源需要花费大量的人力、物力、财力，需要先进的科学技术，而且今天尚有许多未被认识和还不能做到的事，如利用台风的知识和避免台风危害的能力等，人类改造自然的能力还有一定的局限性。但是，随着科学技术的发展，人们的认识不断提高，改造自然资源的能力也在不断增强。

但改造毕竟不能毕其功于一役，或一朝一夕。因此，对于人类现在尚无力改造的自然资源，只能是千方百计地去适应它，使之为人类造福。如缺雨干旱地区，种植耐旱品种，低洼易涝田，种植高秆品种水稻；深水河道行大船，浅水河道行小舟等。在人类的社会实践中，改造和适应并不是截然分开的。在经济合理的前提下，对自然资源利用，实行改造与适应相结合，正是按自然规律和经济规律办事的良策。

6. 经济效益与生态效益相结合的原则　重视经济效益与生态效益相结合，本质上是从生态学角度研究自然资源利用的目前利益和长远利益的关系问题。经济效益和生态效益要很好地相结合，就不能以掠夺自然资源，破坏生态环境的办法去追求经济效益，而应该在重视经济效益的同时，也注重生态效益。

第三节　资源利用与环境保护

一、保护自然环境的意义

自然环境是指人类进行劳动和生产的物质空间。环境在经济发展与居民的生产中充当一个极为重要的角色。一方面环境向人类提供生产必需的各种生活资料，供应人类进行生活所必需的各种自然资源；另一方面环境还能为人类生活和生产提供活动的场所，消化人类生产和生活所排出的各种废料。

自然环境和经济发展是对立统一的关系。经济发展既利用自然环境中的资源，改造自然环境，同时又破坏自然环境，而严重的环境问题又制约着经济的发展。因为：其一，经济发展中对资源的开发利用必然会冲击自然环境的内部结构和生态关系。随着经济的发展，对资源的需求与日俱增，又必然会强化这种冲击作用。如果冲击超过一定限度，环境质量必然要急转直下。其二，由于技术水平所限，人类不可能使资源得到100%的利用，因而开发、利用资源必然会产生某些排泄物，如果处理不当，必然形成对环境的污染。因此，向人们提出了经济发展与环境保护或经济发展与自然资源开发利用的关系问题。

二、全球的环境问题

20世纪末，环境问题对整个人类社会及后代的生存都产生了影响。而且，要减低这种负面影响，却不能单依靠单个国家或地区的努力；作为全球共同的问题，需要所有国家的共同行动。

(一)生态环境遭受破坏

这一问题主要表现在：

1. *森林锐减* 全世界的森林覆盖面积约为 48.9 亿 hm^2，约占陆地面积 1/3，是耕地面积的 3 倍多，其中郁闭林地面积占一半以上，将近 50%的面积位于热带地区。目前，世界上的森林每年减少 1 800～2 000 万 hm^2。据联合国粮农组织统计，自 1950 年以来，全世界森林已损失了一半(主要在发展中国家)，其中减少最多的是中美洲(66%)，其次是中部非洲(52%)，再次是东南亚(38%)。20 世纪 60 年代世界森林面积约占陆地面积的 1/4，1978 年约 1/5，2000 年降到 1/6，约 21 亿 hm^2。森林遭受破坏，会给环境带来一系列严重后果。引起全球性气候的变化、地区性生态系统退化、破坏物种基因库等。

2. *土地沙漠化* 即良田变荒漠，这是当前世界上特别是发展中国家最严重的环境危机之一，涉及大约 100 个国家的 9 亿人口受到沙漠化和干旱的影响。全世界有 3.5%以上的土地面积正处在沙漠化的直接威胁下，每年有 2 100 万 hm^2 农田由于沙漠化而变得完全无用或近于无用的状态，每年损失的农牧业产量，价值达 260 亿美元。受沙漠威胁最严重的是干旱地区，其总面积约 4 880 万 km^2，占地球陆地面积的 1/3 左右。发展中国家的干旱地区面积约占全球干旱地区面积的 2/3。

3. *土壤侵蚀* 即在水和风力的作用下，土壤剥蚀，迁移或沉积的过程。土壤侵蚀是发展中国家第三个突出的生态环境问题。据称，在过去 100 年内，地球上有 30 亿亩土地遭受侵蚀，约占可耕地面积的 27%。例如印度，由于水蚀，即水土流失，约有 60%的耕地发生过度侵蚀，每年表土流失量达 47 亿吨，是美国土地流失量的 3 倍多。水土流失，不但损失大量肥料，而且破坏了土壤结构。对于前者，通过增施化肥可获得某种程度的补偿；对于后者，即很难挽回。风蚀对土壤的破坏也极为严重，特别是在南美的一些国家。如委内瑞拉经常受风蚀的土地面积有 4 350 万亩，占可耕地面积的 64%。

4. *积水和盐渍化* 据 1977 年联合国调查，全世界水浇地总面积的 1/10，即 3.15 亿亩属积水区，其生产力已下降 20%。盐渍地有 3 亿亩，生产力受影响情况与积水区差不多。非洲、亚洲和拉丁美洲等许多国家拥有相当大面积盐渍土地，其中有些国家的盐碱性土壤约占全国总面积的一半以上。印度全国有水浇地 6 亿亩，其中受到积水和盐渍化严重危害的占 15%。印度在恒河干支米姆拿河上兴建的"昌巴尔"现代化大型灌区，灌溉面积达 850 万亩，1960 年放水，1971 年盐渍化面积已占总灌溉面积的 24.6%。南美洲每一个拥有较大灌溉工程的国家都受到积水和盐渍化的影响。

森林破坏、水土流失、土地干旱并沙漠化，土壤受风蚀以及灌区积水和盐渍化，再加上城市蚕食，道路占地等，致使耕地资源一再缩小。全世界现有耕地 205.5 亿亩，约占世界土地面积的 10.5%，而每年要损失 7 500 万～10 500 万亩的耕地。如按此速度发展下去，人均耕地面积也会从 1987 年的 4.1 亩下降到 2000 年的 3.1 亩。

5. *臭氧消耗* 20 世纪 80 年代大气层的臭氧减少开始受到世界范围的关注，认为这会导致皮肤癌和白内障的增加。1987 年，开始努力减少氯和溴的产出以降低臭氧消耗。到 20 世纪末，这些化学物质的浓度不仅保持恒定，还开始下降。当然，并不是所有与臭氧有关的问题都得到解决。相关物质的黑市生产估计还在每年 2 万～3 万吨。

6. 全球气候变化　全球温室效应主要是由于空气中二氧化碳等气体含量的增多所导致。大气中二氧化碳的成倍增多将使发展中国家的国内生产总值减少2～9个百分点，而工业化国家的GDP也将减少1%～1.5%。人工温室气体增加的主要责任在工业化国家。但是，到21世纪中期，发展中国家的能源消费是经济合作组织(OECD)国家的两倍多。发展中国家与发达国家一起，应为减少温室气体(greenhouse gases)签订协议、做出各种努力。例如，可再生替代能源的研究和使用、减少温室气体散发的税收和配额政策。

7. 生物多样性受到威胁　有着丰富生物多样性的国家集中在发展中国家。有着1 000种以上植物物种的20个国家中，18个是发展中国家。17个国家有500种以上的植物物种濒临灭绝，其中12个是发展中国家。1992年的生物多样化约定得到了这些发展中国家的广泛支持。虽然种质所属的生态系统和物种为发展提供了有价值的要素，也有许多国际行动支持对生物多样性的保护。但是，对于多样性价值的具体衡量：是动植物生存的权利、还是其提供的物质利益、还是其为人类带来的愉悦，仍然有很多争论。而且地球上物种的数量和世界范围物种消亡的比率也还不清楚。联合国环境规划署估计地球上物种数在700万～2亿，在未来25年，物种消亡数将达到14万～500万。即按照低限估计，2%的物种濒临灭绝；按照高限估计，这个数字达25%。要注意的是，按照低限估计的消亡比率已经达到物种自然消亡比率的大约1 000倍。①

(二)环境污染严重

环境污染严重主要表现在：

1. 空气污染　1986年世界卫生组织公布了世界上污染最严重的大城市名单。这些城市几乎全部在发展中国家。它们是意大利的米兰、西班牙首都马德里、伊拉克首都巴格达、伊朗首都德黑兰、印度首都新德里及巴西的里约热内卢。一般说来，在发展中国家城市化与工业化的早期阶段，往往伴随着收入提高和环境状况的恶化。城市污染程度往往随着国民收入水平的上升先提高而后下降。在现代化过程中，大气污染对健康构成了威胁，大气污染的主要来源是能源利用、车辆尾气排放和工业生产。

2. 水污染，环境卫生差　目前，发展中国家，为发展经济，大办工业而牺牲环境是普遍存在的问题。水体污染以及污水的处理与净化没有很好地解决，直接影响着城市居民的饮用水供应问题。在低收入的发展中国家，1995年只有55%的人口能用上安全的水，虽然这个数字比1982年的37%有所提高。发展中国家的城市人口中，只有27%居民的住宅与地下水道系统相连，42.1%的居民使用家庭便坑、马桶或化粪池处理系统，其余30.9%的人连便坑也没有。由于没有基本卫生设施，发展中国家城镇居民面临传染病与流行病的威胁。污水造成的污染给健康带来的危害十分严重。据调查，在河川、湖泊及沿海的许多城市居民中，传播着几种严重的水传染病，如痢疾、伤寒、霍乱和肝炎等。这类疾病的死亡人数占这些国家死亡总数的40%，此类疾病的人数占这些国家各类疾病总发病人数的60%。

3. 持续的有机污染物　这些污染物是用于各种经济活动的化学物质，包括在农业生产、工业生产和疾病防治方面。它不能自然分解，在食物链的不同层次的动物脂肪组织中积累。由于持续有机污染物保持时间长、能在空气中传输很长距离，所以即使没有应用的国家也会涉

① 世界发展报告1999/2000.

及。有机污染物对人类和动物都是有害的，例如，这些物质会导致人类的癌症、免疫系统疾病和生育系统疾病。仅农药使用中引起的中毒事件，全世界每年发生 50 万起，其中发展中国家竟占 37.5 万起。尤以印度的农药污染最为突出。由于食物污染，印度人体中 DDT 的含量明显高于其他国家。

（三）环境问题的经济学分析

由于外部性导致的市场无效率、政府的政策失灵、环境信息的不对称性以及巨大的人口压力，均是造成发展中国家环境问题的重要原因。

1. 经济的外部性　这是用以解释环境问题成因的基本理论。外部效应是指个人或经济单位承担的收益或成本是另外的个人或经济单位的直接后果，而且没有得到任何补偿的现象。环境污染是典型的负外部效应的例子。例如，一个生产厂商向河流排污，造成湖泊污染，渔民却要承担由此而带来的成本，而且湖泊景观净值降低，厂商却不对渔民的损失进行补偿。或者某化工厂对大气造成污染，周围的居民因呼吸污浊的空气影响身体健康，而化工厂却不对居民健康所受损害负责。外部成本和外部收益的存在导致厂商的边际私人成本和边际社会成本不一致，其差额为边际外部成本。

私人生产成本是由产品生产者或服务提供者自己承担的生产成本。边际私人成本是指产品生产者或服务提供者没多生产一个单位的产品或服务自己承担的生产成本。边际外部成本是指多生产一单位的产品或服务，由其他人而不是生产者或服务提供者承担的成本。边际社会成本是指整个社会承受的边际成本，包括生产者和其他人承受的成本，等于边际成本和边际外部成本之和。见图 5-1，边际社会成本曲线 MSC 是边际私人成本 MPC 和边际外部成本之和。市场供给曲线是边际私人成本曲线 $S=MPC$，需求曲线是边际收益曲线 MB。企业在决定生产和供给数量时，仅考虑自己的私人成本，忽视生产行为造成的外部成本。如果产业没有受到规制，企业可以任意污染，那么企业会选择 $MC=MB$ 的生产量，但是市场均衡无效率，因为边际社会成本超过了边际收益。由于企业的生产造成过度污染，造成无谓的损失。边际收益等于边际社会成本时，才能使配置有效率，曲线 MSC 与 MB 的交点 A 处，形成的才是有效率的市场均衡状态。

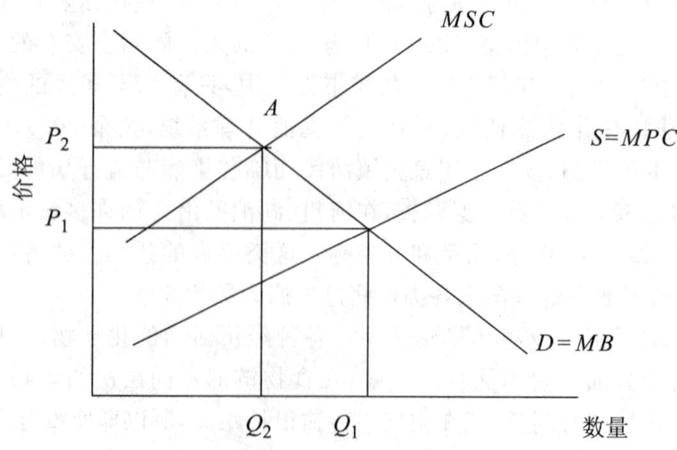

图 5-1　外部成本导致的市场无效率

2. 政府政策失灵　这通常也是造成环境问题的一个重要原因。由于信息不对称、政策实施的时滞、公共政策的局限以及寻租活动等原因,政府的政策和行为也会引起环境的污染和破坏。政府政策失灵是指政府制定和实施的政策扭曲了环境资源使用和配置的真实成本,使得这些成本对于个人而言是合理的,对于社会而言却是不合理的,由此造成对环境的破坏。例如,许多国家对农业用水和化肥、农药实施价格补贴,直接导致农民使用水资源时无效率,并过度使用化肥农药,造成水污染,危害生态和人的健康;有些国家对伐木和开发牧场实行价格补贴,导致过度伐木,加剧生态破坏。

3. 环境信息的稀缺　生产者和消费者对生态系统的了解有限,以及由于信息的公共性和机会主义行为,造成环境信息的不对称。诸如对环境造成破坏的外部成本不能及时得到计算和反馈,会导致更为公开和无所顾忌的破坏行为。

4. 发展中国家巨大的人口压力　发展中国家人口增长过快,尤其是农村人口压力较大,只能通过强化有限资源来补充生活所需。尤其是生态脆弱地区,乱伐森林、过度放牧、过度垦殖等行为,超过自然资源的自我恢复能力,加剧了环境的退化,并形成了贫困—人口增长—环境退化—贫困的恶性循环。

三、环境保护与经济发展

(一)环境保护

由于环境问题的日益突出,环境保护便应运而生。环境保护,是指对人类赖以生存和发展的自然环境和人为环境的保护。包括对大气、水、土地、矿藏、森林、草原、野生动物、野生植物、水生生物、名胜古迹、风景游览区、温泉、疗养区、自然保护区、生活居住区等的保护。其目的是防止环境污染和生态恶化。在一些国家里,随着现代化工业和交通的发展,首先产生废水、废气、废物、噪音等引起的污染;随着农业现代化的发展,又产生农药、化肥和农业废弃物等引起的污染;随着生活条件的变化,又产生生活废弃物的污染;同时,由于对自然资源的滥用,又产生生态条件的日益恶化。可见,环境问题主要是由人类的生产和生活引起的,反过来又对人类的生产和生活产生重大的影响。保护环境的实质是要求人们按照自然规律来利用和改造自然界,而不能违背自然规律。

环境保护远远不是一般意义上的防治污染问题,必须综合治理。经济学家必须超出一般价值观念去考虑什么是“经济的”,什么是属于“不经济”的范围。如果当农作物、蔬菜、水果都被大量农药污染时,禁止吸烟或戒烟又有什么意义?当地球——我们现时拥有的唯一的地球——正在被一些可能使我们子孙后代畸形的物质所污染时,经济发展与所谓更高的生活水平又有什么意思?

况且,环境保护对持续发展的意义是直接的。例如,全球气候变化可能会使海平面升高,威胁到岛屿经济和低地平线的国家,如孟加拉国。气候变化还使发展中国家的农业生产受到损害。俄联邦和大部分非洲地区到2050年作物产量将显著减少。海平面升高1 m将使孟加拉国的水稻产量减少一半。

(二)环境保护与经济发展的关系

环境保护脱离不了与经济发展的联系。经济增长与环境保护两者之间的关系,既存在着矛盾的、对立的一面,也存在着可以协调、统一的一面。经济发展带来环境问题,却又增强了解决环境问题的实力;环境问题的解决,又为经济持续稳定发展打下了基础。只要人们采取适当的对策,经济增长和环境保护的对立则可以在发展中统一起来。

在对待经济增长和环境保护的关系上,国际上流行两种观点和两种发展模式。

1. *优先发展论* 这种观点只注意经济增长,不顾环境保护,以牺牲环境为代价去谋求国民经济的增长。这种牺牲环境为代价的经济增长只能看作是社会的逆发展。在一些发达国家,当环境污染和生态环境破坏形成社会公害,引起公众的强烈不满和反对,并影响到经济的持续发展时,才被迫去治理,付出了惨重的代价。世界上许多发达国家就是沿着这条道路走过来的。这也就是人们常说的所谓"先污染,后治理"的道路。甚至国内外都有人认为这是"客观规律"。

2. *停止发展论* 这种观点认为,既然国民经济和社会发展带来了环境污染和生态环境破坏,那么,解决环境问题的唯一出路就是停止经济发展,才能摆脱环境问题的困境。

上述两种观点,都是片面的。环境污染和生态环境破坏是特定生产方式的产物。"先污染,后治理"决不是客观规律。"停止发展论"只看事物的表面现象,没有看到事物的本质。这种主张,不仅发展中国家不能接受,因为他们的环境问题大半是由于发展不足造成的;就是发达国家也不会接受,如果照他们的主张去办,环境问题将失去解决的物质基础。

自然资源利用中的环境保护与经济发展是相互依存而又彼此制约的,保护自然资源环境是发展中国家持续、稳定、协调地发展经济的必要条件,发展经济则是保护自然环境的物质基础。对于发展中国家而言,既不能不顾生态环境的承受能力而盲目地追求经济发展,也不能离开经济发展而片面地强调保护和改善环境。正确的作法应该是将经济发展与环境保护切实地统一起来。

(三)环境保护政策

1972年世界人类环境会议之前,环境问题基本上被看作是一个由工业化发展造成的污染问题,认为环境保护工作就是处理"三废"。所以,直到21世纪70年代初,解决这个问题的办法就是运用工程技术措施去减少污染。环境问题被狭隘地理解为一个单纯的技术问题,而不是一个社会问题。

世界人类环境会议澄清了这个问题,指出环境问题不仅是一个技术问题,而且也是一个重要的社会经济问题,仅仅用自然科学的方法无法从根本上解决环境问题,必须有一种全面治理的态度,从发展过程中去解决环境问题。要解决环境问题,首先得研究经济活动与环境相互影响的机制,利用这些机制在发展过程中的每个阶段,即在制定和实施发展规划的全过程中,始终重视对环境的影响,不仅考虑经济效果,也要注意环境效应;通过经济、法律手段,促进经济与环境协调发展。随着人们认识的提高,环境经济政策也发生了根本的改变。

在20世纪60年代,大多数国家的环境政策是针对业已造成的污染进行单项治理,实施的基本是所谓第一代环境政策。随着环境问题的发展,许多国家认识到,这种头痛医头,脚痛医脚的政策不能彻底解决问题,于是提出了被称为综合防治的第二代环境政策。所谓综合防治不是一个一个项目地治理,而是对区域规划、资源利用、能源结构、有害物质的净化处理、自然净化等各方面因素综合加以考虑,以求得出整体上的最优的防治方案,以最少的费用取得最佳的环境效果。

近年来，随着对环境问题认识的不断提高和深化，提出了第三代环境政策，即把环境问题同经济政策和社会效益结合起来，作为一个整体进行研究。环境保护工作的重点是，经济增长、资源利用与环境效益相结合的长期政策，着重于经济增长与环境保护的协调发展。1979年5月，国际经济合作与发展组织成员国在巴黎召开了第二次环境部长会议，讨论今后应采取的环境政策，中心议题就是制订预见性的环境政策。所谓预见性的环境政策，是要求在社会经济发展决策之前，全面考虑环境问题，拟定协调经济发展与环境建设的长远决策。预见性环境政策要求在环境方面开展两类活动：一类是主动计划当前社会需要而又有条件实施的环境效益，如积极地促进人类的健康和福利，创造舒适的环境条件，保护景观等；另一类是根据人类活动，预见到可能产生的环境恶果，采取必要的防止措施，如减少危害环境的产品和原材料的生产，鼓励产品循环使用等。因此，预见性环境政策涉及的行动范围十分广泛，不仅包括污染控制，还包括资源保护，提供舒适的环境，改善生活质量，甚至选择适宜的经济发展和消费、生活方式等多种领域。

预见性环境政策可以保证在重大问题决策过程中的初始阶段充分考虑环境方面的要求。政策的着眼点是事前规划，而不是事后的废物处理。在预见性环境政策的指导下，可以采取预见性环境行动，并通过多种手段来实现。其中包括环境影响评价、技术评价、地区发展规划、土地利用规划等，把环境和自然资源的利用、保护与社会发展结合起来。还可以采用某些经济手段，如税收、财政刺激等，但要注意考虑并研究税收和财政政策的变化对环境工作的影响。

联合国环境规划署根据世界环境发展的态势和各国专家的研究意见，提出了"对环境无害的发展政策"。对环境无害的发展政策的目标是：①使用自然资源时，应将废物量减少到最小限度；②在生产中最大限度地回收利用各种废料；③尊重生态系统的完整性；④当环境退化不可避免时，必须将退化减至最低限度；⑤最大限度地利用环境改善与经济社会发展之间的互补性。

而在1992年的第二次联合国环境与发展会议上，一方面，把温室气体、生物多样性的损失、人口增长和工业发展带来的环境影响等作为主要问题提出，而且焦点仍多集中于发展中国家；另一方面，环境的相互依赖的特点、环境问题的全球化，已促使国际金融和技术援助对实现持续的环境发展目标成为必然和可能。

发展中国家保护环境，协调经济发展与环境保护关系，保证经济持续发展可采取以下具体对策：

(1)通过科学论证，制订科学的环境指标和环境标准，以此作为环境保护的客观准则。例如什么叫新鲜空气，什么叫洁净的水。

(2)增加环境投资，采取生物措施和工程措施，积极保护环境，提高环境质量。

(3)增加环境保护费，积极治理已被破坏的生态和被污染的环境。恢复生态环境系统平衡或降低对生态破坏和对环境污染的程度。

(4)严格控制人口增长。人口多，增长快是发展中国家产生环境问题的主要根源。因为每增加一口人，就需要相应增加住房、交通、道路和娱乐场所等设施，相应增加食物、衣着等物质供应和教育机会。发展中国家人口基数大，增长速度快，与经济落后相配合，已经对生态环境造成巨大压力，并加剧生态破坏和环境污染。因此，发展中国家保护生态环境的关键是把人口增长与经济发展、生态环境统一。

(5)合理环境配置。环境配置包括产业配置和人口配置,也就是产业结构选择及空间布局。合理环境配置就是实行有利于环境保护的产业结构政策和产业地区配置政策,优先发展那些污染少的事业,控制公害型产业发展,防止企业过分集中于城市,尽可能将工厂、矿山配置在人烟稀少的地方。在人口布局上,必须控制人口过分向城市集中和城市规模过大,合理分布人口和布局城市。

(6)加强对污染企业的管理。发展中国家加强对污染企业的管理,保护生态,必须综合采用行政、经济和法律手段。对于那些对环境保护有贡献的企业发放津贴、低息贷款、减免税收,以资鼓励。对造成环境污染的企业征收排污费,课以罚款和对造成的损失加收赔偿费,对严重者追究法律责任。积极促进环境保护立法。比如在中国已经开始不断完善资源及环境保护的立法,草原法、水法、森林法等已相继制定。

(7)加快技术进步。科学技术水平决定人类经济活动对生态的破坏和环境污染程度,以及对环境保护、治理的能力。科学技术水平低、生产工艺落后、劳动生产率低等是发展中国家产生环境问题的又一主要原因。

(8)广泛地进行环境保护方面的宣传教育,研究制订防治环境污染和生态破坏的方针,政策和措施。

(9)加强环境保护的国际性合作。环境保护领域的国际合作应以主权国家平等的原则为基础。在各国国内,坚持防患于未然,从治本入手,切实做好环境保护的预防工作,如兴建防护林带,绿化城市和居住环境,净化用水资源等。在国与国之间,应根据各发展中国家的共同利益,就环境保护各领域的问题达成一致性的协议。鉴于发达国家对环境污染负有主要责任,以及发达国家拥有较为雄厚的资本和技术能力,必须通过国际舆论责成发达国家率先采取切实可行的环境保护措施来保护全球性的环境,要求发达国家通过资本援助来帮助发展中国家解决其所面临的环境问题。如 1995 年 2 月瑞士汽巴-嘉基化工公司针对工业发展中的环境保护问题与中国化工部进行合作。1998 年中,150 个国家认可了联合国“与沙漠化抗争”的决议,这个决议的动力不是设立不同的项目来对付沙漠化,而是通过双边或多边捐助将这个目标置入国家发展战略。1988 年,由世界气象组织(WMO)和联合国环境规划署(UNEP)联合建立了“政府间气候变化专门委员会”(IPCC),其主要职责是评估有关气候变化问题的科学信息及评价气候变化的环境和社会经济后果,并制定现实的应对策略;1992 年,开始启动《联合国气候变化框架公约》(UNFCCC)缔约方大会(COP);1997 年,《京都议定书》出台。自此,在全球范围内已建立了以联合国为领导的、以 UNFCCC 和《京都议定书》为框架、以 IPCC 为政策信息咨询的全球应对气候变化的机制,促进了一系列国家政策的出台,创建了全球碳市场和新的治理架构,从而为世界各国在减缓与适应气候变化方面的努力奠定基础。另外,贸易措施也是防止和解决环境问题的有效途径。自由贸易能给全球带来福利,但也与对环境的破坏有很大关系:如进口水果造成的害虫侵害;进口有毒废物造成的负面影响等。这些方面,贸易壁垒是必须的。

四、环境损害值与环境保护费

环境污染必然要给社会经济造成损失,从而形成环境损害值。为了控制污染,消除环境损害，就需要付出一定的费用，即用于解决环境影响的技术和基础设施等费用，称为环境保护费。科学地确定环境保护费和环境损害值之间的比例，是处理好环境与发展关系的重要环节。

环境损害值：据计算，环境污染带来的社会经济损失一般占国民生产总值的3%～5%。如美国1970—1975年为3 000亿美元；法国1979年高达800亿～900亿法郎；苏联1986年仅切尔诺贝利核电站泄漏事故的直接经济失就达80亿卢布；日本1975年为61 340亿日元。再如由于水污染，在雅加达，每年花在烧水上的费用高达5 000万美元，对每个家庭来说，额外支出的燃料费花去29%的家庭收入。如果能够广泛提供清洁水源，那么不但能减免费用，还会由于少用燃料而减少大气污染。水源污染还严重威胁外汇收入。1991年，秘鲁霍乱的爆发造成了该国几个月内出口和旅游市场的损失估计共达10亿美元。

环境保护费：1970—1988年，世界上大多数国家花在环境保护方面的费用为其国民生产总值的0.5%～20%，发达国家为1%～2%，发展中国家为0.5%～1%。据预测，到2000年，全世界花在环境保护方面的费用大约平均占国民生产总值的2%左右。

一些环境经济专家曾估计，在现代生产规模、技术水平和自然资源条件下，把国民生产总值的2%用于环境，即可大大缓解环境恶化的过程。为了完全制止恶化过程，需要拨出国民生产总值的6%左右；而为了全面和迅速地恢复生态循环，则必须拨出国民生产总值的8%～10%。而且，预防性措施的成本与损失所造成的收入、资源和基础设施方面的成本相比要小得多。相对较少的初始支出可用来防止由环境危机带来的巨大成本。

由于环境保护投资大量增加，世界上许多国家的环境状况有了显著改善。今天，越来越多的人，包括对未来世界曾持有悲观看法的代表人物如《增长的极限》和《全球2000年》的作者——罗马俱乐部和美国环境质量委员会，都对未来有了比较乐观的看法。

五、可持续发展与环境损益分析

环境经济学家试图用“可持续性”这一词来阐明经济增长与环境保护两方面之间的理想平衡。可持续性的基本定义是“既满足当代人的需求，又不损害后代人满足需求的能力”。经济学家认为，当全部资本的资产存量始终保持不变或者不断增加时，这样的发展道路才是具有可持续性的。这些定义隐含的一个事实是：未来的增长与总体生活质量关键取决于环境的质量。在环境经济学中，把环境质量看作是一种特殊商品，纳入价格机制的运转范围，运用成本效益分析方法对环境保护和治理进行评估和决策。成本效益分析在环境保护中的应用被称为环境损益分析。环境损益分析已成为规划、设计、管理、决策等的一种重要手段，用来预测资源分配利用和环境保护改善的净社会效益、经济效益、环境效益和生态效益，以指导制订具体策略措施，取得更高的经济效率。首先，我们要搞清几个相关概念：①环保费用又叫环境投资，包括防护费用、治理费用和管理费用；②环境损失是环境污染或破坏所造成的各种损害在经济上的表现；大致分为国民经济、社会和心理以及自然生态系统等三种损失；③环境资本指的是环境资源的经济价值。使用环境资源要按其质量和功能征收环境资源税，或用影子价格来表示环境资源对于社会的使用价值；④环境外部费用，以上提到的环境损失和环境资本未包括在生产成本和市场价格之内，所以称为外部费用，并且，环境经济问题叫外部不经济性。

近来在环境经济学中，人们力求把环境外部费用和外部不经济性考虑到环境决策和管理规划中。

环境损益分析是动态的，对于新建项目和规划设施，必须选定一个适当的时间范围或阶段，计算在这个时期内的总费用和总效益，然后把二者相减求取净效益总值。再按贴现率，将不同时点上的净效益折算为现值，然后把每年的净效益现值汇总。如果计算的结果表明，总的效益现值大于零，则说明经济上合理有利。如果总的净效益现值小于零，则说明该项目应予以放弃。

此外，由于世界范围内消费水平的日益提高和人口增长率的居高不下，要实现可持续发展将面临重大挑战。消费方式和生产方式的变革将是发展的选择。

[案例 1]"公用地的悲剧"及其解决

自从哈丁(Hardin. G.)富有感染力的文章1968年在《科学》上发表以后，"公用地的悲剧"就成为刻画环境退化的一个术语。戈德温(Godwin. K.)和谢泼德(Shepard. B.)把哈丁的文章称作是"社会科学家描述环境问题和资源问题的主要框架"。哈丁在文中描述了这样一种情形：有一个对所有人开放的公共牧场，每个理性的放牧者都想在公共牧场放养尽可能多的牲畜，因为每个放牧者从其牲畜那里获得直接利益，而只承担由于过度放牧所产生的成本的一部分。当每个人都这么做时，牧场由于过度的放牧造成退化的灾难就会发生。哈丁发人深省地总结道："这就是悲剧所在。每个人都被锁在一个迫使他在有限范围内无节制地增加牲畜的制度中。毁灭是所有人都奔向的目的地，在信奉公用地自由化的社会中，每个人都追求各自的最大利益。"哈丁并不是注意公用地悲剧的第一人。亚里士多德很久以前就说过："最多的人共用的东西得到的照料最少，每个人只想到自己的利益，几乎不考虑公共利益。"戈登(Gordon. H. S.)也在1954年提出了公共渔场的类似例子。不过，哈丁把这种理论扩展到对人口增长、环境污染等问题的解释。在环境问题日益严重的今天，由于"公用地"的普遍意义，"公用地的悲剧"已被用于描述各种类似问题的分析上，诸如污染问题、资源管理、国际合作、饥荒问题等。"公用地"的概念可以包括大气、海洋、自然循环、食物链等，而放牧者可以是一个企业、跨国公司或一个国家的象征。在相互联系愈来愈紧密的世界里，局部利己行为的集合或追求短期利益的经济繁荣，可能导致人类长期的可持续发展能力的损害。

从分析方法上看，哈丁的理论已经形成了任意个人的公用地两难困境的博弈。在开放的公用地中，放牧者所面临的决策与囚犯两难困境博弈中每个囚犯面临的决策有相同的结构。对在这个两难困境中的每个局中人来说，"不合作"策略牢牢地压倒"合作"策略，但是每个人选择其"最佳"的个人策略所达到的均衡，不是共同的最佳效果。每个博弈者都试图得到最佳的结果而避免最坏的结果，而最终得到次优结果。许多学者对处理和解决"公用地的悲剧"进行了探讨。哈丁在以后的一篇文章中，认为唯一的选择是人们必须响应个人精神之外的强制力量，即国家应做出努力来解决"公用地的悲剧"。奥尔森(Olson. M.)得出的结论是：如果没有外部强制和对个体的特殊激励，将不会有成功地提供公共物品的集体行动。海尔布伦纳(Heilbroner. R. L.)等人提出应由中央政府对绝大多数自然资源系统进行控制的建议。然而，其他的分析家则以同样有力的词语要求在任何资源共有的时候，强制实行私人产权。史密斯(Smith. R. J.)认为：避免有关自然资源和野生动物的公用地悲剧的唯一办法，是通过建立私人产权制度来结束公共财产制度。我们认为，由中央政府管理或私人产权制度并非解决问题的唯一途径，应该根据具体的情况利用多种方法突破社会的两难困境。具体来说，需要综合运用三种方法处理“公用地的悲剧”：第一，明确公用地或公共资源的产权，或利用领地划分的方法使个体或组织对公共资源的权利清晰可见。第二，通过建立权威或提供一定的制度安排来进行资源的合理分配和使用。第三，利用信息或制定规则等手段改变对策结构，提高信息的传输效率，增加群体中个体的合作。

日本的平野、长池、山之家村的发展就是一个避免“公用地的悲剧”的成功案例。许多世纪以来，日本一直存在大量的公用地并主要由当地村民进行管理。平野、长池、山之家村三个日本村庄地处能区分许多小气候的山脉上。农民耕种自己的私人土地，公用地出产各种对当地农民有价值的农产品。在早期，每个村庄都由村民大会管理，而村民大会通常由在村庄中有政治地位的家庭的户主组成，每个村庄规则明确规定哪些土地属于公共所有，哪些土地属于私人所有，规则明确规定哪些人有权使用公有土地。每个村庄多有一个详细登记的规定数目的家庭，未经允许，家庭不可分割，进入公用地的权利则按比例授予每个家庭。结果，成员会的家庭在进入公用地的方面没有利益。这样，人口增长率极低(1721—1864 年间仅为 0.25‰)，村庄内的所有权形式也处于稳定状态。除了规定一切土地的所有权情形之外，村民大会也制定了详细的分享规则，以各种方式规定了家庭可从公用地获取多少有价值的各种产品。在进入公用地时，人们要遵守一定的规章，以确保自行繁衍成熟的动植物群体能保存下来。这个案例的启示是：在一定的自然条件下，面临公用地两难困境的人们，可以确定他们自己的体制安排，通过明确产权和建立权威等规则来改变他们所处情况的结构。

[案例 2]环境退化和人口迁移与产权的作用：印度的案例分析

在过去的 20 多年里中，人们看到工业化进程中生产和消费的大量废弃物和由于森林退化和土地侵蚀等而造成的自然资本加速减少是当前威胁环境的两大主要问题。印度和大多数发展中国家一样，主要是第二种情形破坏了环境的支撑能力，因为贫穷引起了高人口增长率对环境的巨大压力，而自然资源产权的变化能增加环境支撑庞大人口的能力。人口迁移、产权变化和环境退化之间的联系可以借助于一个即时均衡系统来说明，其中农村迁出人口、环境退化及土地产权是此系统的内生变量。人口的增加会导致对农村土地和水资源的压力；环境退化会增加农村人口的外迁；土地及其他公有资源的产权变化能限制农村人口的外迁，因为农村人口向城市流动是基于农村与城乡收入差异及城市就业状况等原因造成的，一旦农村产权制度的变化减少了城乡差距，农村人口外迁就会减少，同时城市的环境也会因此得到好转。由此，乔普若(Chopra. K)和古拉特(Gulati. S. C.)等人研究了印度 89 个贫瘠地区上述关系的状况后发现，通过产权制度的明确或对资源所有权或使用权的更改，投入环境保护的劳动开始增加，人们的收入增加，并有可能保持较高的消费水平，这使人口迁移的决策发生改变，同时增强了农村环境承受庞大人口的能力并影响了城市环境的改善。这些产权的变化包括：明确耕地的产权以及拥有公有资源的人群范围；以契约的形式规定团体成员的义务和责任，制定“游戏规则”，包括实行轮作制和圈养牲畜；逐渐形成保证上述规则实施的机制等。在 1980—1991 年，加汉豪斯巴、阿加姆、阿姆德格、尤得坡等区域出现了人口外迁减少，环境改善，公众参与指数提高等情形。

[案例 3]亚马逊森林的命运

巴西亚马逊森林是世界上目前仍然保留着的最大原始荒野。亚马逊生态区占巴西国土的60%,森林面积 400 万 km^2,其中雨林占 65%,林区木材总量占世界木材总储蓄量的 45%,生物种类占世界总数的 1/5,淡水资源占世界总量的 18%。亚马逊流域对全球气候和生态环境的影响举足轻重,被称为“地球之肺”。地球失去亚马逊森林将会加速温室效应,进一步变暖。巴西拥有世界上品种最多的生物,亚马逊森林一旦消失,这些生物也将随之消失。

然而,亚马逊雨林目前正遭受严重的破坏,毁林速度惊人,以每年超过 200 万 km^2 的速度开垦。截止 2002 年,亚马逊地区被毁森林面积已达 60 万 km^2。有专家估计,如果不采取果断措施,亚马逊森林可能在 20 年内消失。造成雨林大面积减少的原因主要是毁林造田现象十分普遍,缺乏有效管理,无序采矿、修路、建房,人为或自然引发的大火都使森林面积不断减少。虽然如此,巴西政府为发展经济,还将耗费巨资实施“大跃进”计划,在亚马逊地区兴建公路、铁路、水力发电站和房屋,这无疑将加速亚马逊森林的毁灭。

自然资源不是取之不竭、用之不尽的。当有朝一日亚马逊森林损失殆尽时,不但会威胁到巴西子孙后代的可持续发展,甚至生存,对于全球的环境状况也会产生非常恶劣的影响。

【本章结构】

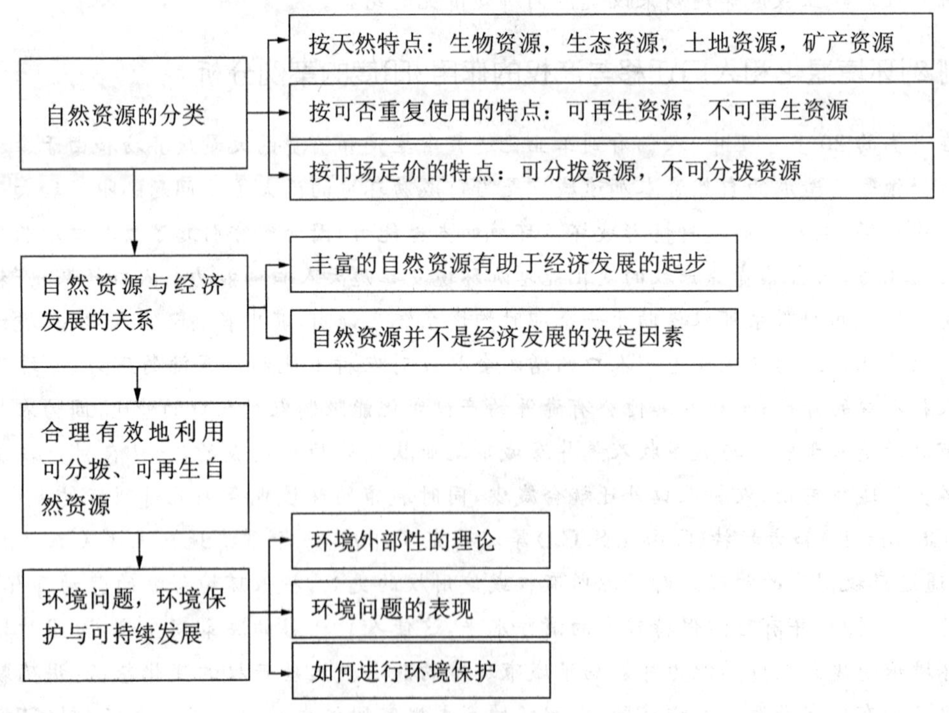

【本章思考题】

1. 发达国家和发展中国家对环境造成的不良影响有什么不同？发达国家在哪些方面有

助于解决全球的环境问题？

2. 环境外部性理论是怎样解释环境问题的产生的？

3. 如何在环境保护方面为可持续发展做出贡献？

【参考文献】

赵冬缓. 新发展经济学教程. 北京：中国农业大学出版社，2000

第六章　人力资源与经济发展

【引言】

人口素质表现为身体、文化两方面。先天遗传、后天营养、医疗卫生条件决定了人口身体素质的水平，文化素质则取决于社会经济制度、历史文化传统、科学教育水平、价值观念取向、物质享受条件和家庭生活环境。在社会经济活动中人口素质表现为劳动力的素质。作为社会经济活动的主体，劳动者的素质直接决定着经济发展的速度与水平。发展中国家在人口过度增长成为经济发展主要障碍的同时，人力资本的高度匮乏，又成为经济发展的重大制约因素。本章通过阐明人口质量与经济发展的关系，说明什么是人力资源和人力资本，人力资本形成的途径，如何更为有效地利用人力资本，并着重探讨发展中国家教育在人力资本形成过程中的作用。

【学习目标】

1. 了解人力资本与经济发展之间的关系。
2. 掌握人力资本形成的途径。
3. 把握提高发展中国家教育投资效率的对策。
4. 认识发展中国家失业和劳动力转移。

第一节　人力资源与经济发展

一、人力资源的概念

人力资源亦称为人力资本，是指包含在人体内的一种生产能力，如果这种能力没有发挥出来，就是潜在的劳动生产力；如果发挥出来了，它就变成了现实的劳动生产力。

在西方传统的经济学中，资本实际上仅指由生产活动中的厂房、机器设备、原材料和燃料等构成的各种物质生产要素的数量和质量，即物质资本。这样的资本概念是不完整的，完整的资本概念还应包括人力资本。人力资本是与物质资本相对应的概念。物质资本是体现于物质产品之上的，人力资本是体现在劳动者身上的。

古典的经济学家和第一阶段的发展经济学家认为劳动同质，即假设不同国家或地区的劳动力质量差不多，对产出的贡献相等。因而他们的注意力集中于物质资本，将物质资本看作经济发展的决定因素。这种假设自然是错误的。在不同的国家和地区，甚至在同一国家或地区的不同时期，劳动者的身体素质、文化和科学技术水平、劳动习惯以及劳动时所使用的生产工具、原材料的质和量都不相同，从而劳动生产率有很大差别，这就涉及劳动力的质的问题。到 20 世纪 70 年代初期，经济学家们普遍认识到，最终决定一个国家或地区经济和社会发展速度的不是物质资本或物质资源，而是人力资源，即劳动力的数量和质量，尤其是劳动力的素质问题。劳动力的素质包括两个方面：身体素质和智力素质。

身体素质是人的生物属性。劳动者的身体素质包括劳动者的身体发育和健康状况及劳动者智力机能的完好状况等。一般可通过劳动者的平均身高、体重、人口的平均预期寿命等指标进行比较。发育正常、身体健康、智力良好为劳动者掌握文化科学知识和劳动技能提供了物质基础。

智力素质是人口质量的社会属性。劳动者的智力素质一般包括劳动人口掌握的文化知识、科学技术、生产经验和劳动技能等方面的内容。先天的生理因素仅仅是智力素质发展的自然基础，而对人口智力水平起决定作用的是后天的教育训练。智力素质一般可通过劳动者文化水平的构成，受过各类各级教育者所占劳动力总数的比重，文盲、半文盲占人口的比重，从事科学技术研究和应用的人数占人口的比重等方面进行比较。人口的智力素质主要决定于一个国家的教育水平。

人口是人力资源形成的基础。因此，在经济发展过程中，人口问题是人力资源理论的一个重要内容。

二、人口与经济发展的关系

在发展中国家，大都存在资本短缺、劳动力数量庞大、而质量低下的问题，人口的迅速增长对人力资源数量的利用和质量的改进都产生巨大的压力，对经济增长和发展产生极其不利的影响。

（一）人口现状与前景

目前，世界人口尤其是发展中国家的人口增长很快，“人口爆炸”已成为人类面临的严峻问题。1987 年世界人口已突破 50 亿大关。世界人口从 10 亿增加到 20 亿经过了 100 多年时间，从 20 亿增加到 30 亿只经过了 35 年时间，而从 30 亿增加到 40 亿再增加到 50 亿，总共只花了 27 年时间。据预测，世界人口到 2020 年，要达 80 亿；到 2040 年，达 100 亿，而且 90％之多的人口在发展中国家。除美国以外，几乎所有的人口大国都是发展中国家，这些国家人口基数大，增长速度高，分布又极不均匀，加重了人口问题的势态。

（二）经济发展过程中的人口转变

在经济发展过程中，人口增长率等于人口出生率减去人口死亡率。根据出生率和死亡率的相互变动关系以及经济发展程度对人口增长率的制约，一个国家的人口增长过程大致可划分为四个阶段，见图 6-1。

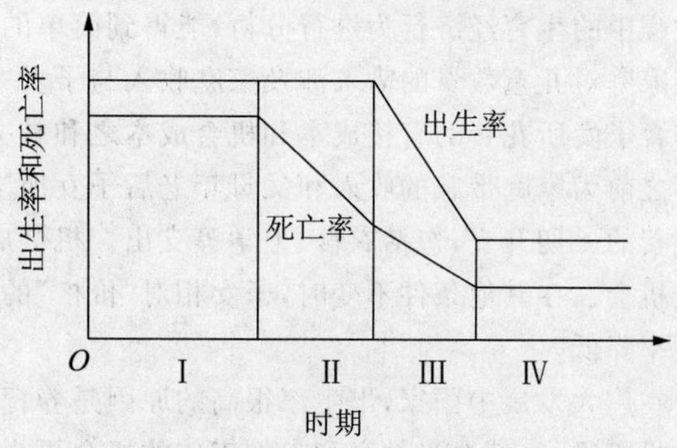

图 6-1 人口发展的四个阶段

第一阶段，经济发展水平相当落后，人口出生率和死亡率都很高，但人口的增长率较低。这一阶段发生在传统社会。这时大部分人口居住在农村地区，主要从事农业及少量简陋的手工业与消费品生产，交通运输、商业、银行及保险业不发达；社会上存在大量的文盲，儿童被视为社会和父母的财产，大家庭被看作是使低收入家庭增加收入所必需的，因而人口再生产没有受到人为的控制，出生率接近于生物学意义上的最大值。由于生产力落后，人的食物等基本生活资料得不到保障，加以战乱、疾病等原因，死亡率极高，基本接近出生率。人口数量长期维持在一个固定水平上。

第二阶段，经济进入经济成长阶段。农业和工业生产率有所提高；交通运输工具得到改进；劳动力的流动增加；教育逐步发展起来；收入有所增加，人们可以得到质量较好的食物；医疗卫生设施扩充起来，人们可以使用现代药品。所有这些因素使死亡率逐渐下降。另一方面，随经济的发展，就业机会增加，子女能够给家庭带来更多的收入，人们不会努力控制家庭规模。随着人民生活的改善，预期寿命渐渐提高；同时，宗教的教条和社会的习俗又忌讳计划生育，这些因素使得出生率居高不下，导致人口迅速增长。

第三阶段，国家经济高度发达。人们的生育观念发生显著变化，妇女受教育水准提高，就业机会增多，节育措施普遍实施，凡此都会导致出生率的迅速下降。由于危及人类生命的传染病等问题在第二阶段已得到解决，这个阶段死亡率会继续下降，但较第二阶段缓慢，第三阶段期间人口增长率会不断下降，绝对数将呈缓慢增加。

第四阶段，出生率和死亡率最后拉平。这是人口变化的最后一个阶段，在这个阶段出生率和死亡率都会降到一定标准，生育率会控制在略高或等于死亡率的水平，两者基本达到平衡。这时人口增长又会同第一阶段一样趋近于零。

世界各国一向都经历了人口发展的第一阶段。产业革命后，发达国家和地区开始进入第二阶段，第二次世界大战后进入第三阶段。现在，发展中国家绝大多数已超越第一阶段，多数正处在第二阶段，少部分进入第三阶段初期。也就是说，发展中国家还处在高出生率和低死亡率的阶段，人口增长异常迅速。随着经济的发展和人类对人口问题认识的加深，全世界各国人口发展都将进入第四阶段。

(三)发展中国家高生育率的原因

人口转变的理论可说明，发展中国家人口增长过快，主要原因在于出生率高，而死亡率在急剧下降。那么，发展中国家的出生率为什么居高不下，尤其与发达国家相差甚大？对经济发展过程中的生育经济行为进行分析，能得到简单的解答。

家庭对儿童数量的需求涉及家庭收入与子女“价格”的关系问题，所谓子女“价格”是指父母养育子女所花费的直接成本和机会成本之和减去子女为父母带来的预期收入（包括子女未成年之前为家庭带来的收入和父母年老后子女所支付的赡养费用）。直接成本是指抚养子女所花费的一切开支，包括衣食、上学等支出。机会成本是指父母在抚养和照料子女时所放弃的挣钱机会。在其他条件不变时，子女相对“价格”的上升必然导致对子女数量需求的下降，因而出生率降低。

在广大发展中国家，出生率很高的原因是养育子女的成本低廉。由于教育落后，对子女的智力投资很少，妇女受教育和参加工作的机会更少，子女从小就可能帮助家庭创造收入，父母年老后因无养老金不得不依靠成年子女赡养。此外，由于死亡率下降是近二三十年的事，人们的传统生育观念还没有发生明显的改变。"多子多福"的传统观念,还根深蒂固地存在于贫苦居民的心里。在发展中国家,只有当大多数阶层的人们能够从经济发展中得到好处时,以下因素将成为降低生育率的最有效的力量。这些因素包括:受教育妇女人数的增加和妇女地位的改观;非农业妇女工资性就业机会的扩大;由于收入和财产重新分配所带来的家庭收入水平的提高;由公共卫生计划和营养状况的改良所导致的婴儿死亡率的降低;家庭以外的老年保险和其他保险体系的完善。

(四)人口增长对经济发展的影响

1. 人口增长对人均收入产生不利影响　主要表现在三个方面:一是加重了人口对土地的压力;二是消费品成本的上涨;三是由于家庭成员增加,开支扩大,降低了资本的积累。而且,人口中儿童人口所占比例的增加趋势以及预期寿命较长,使得国民收入无论怎样增长,都被日益增长的人口所抵消,从而使按人平均的收入下降。

根据马尔萨斯人口理论由纳尔逊于 1956 年提出的"低水平均衡陷阱"是对这一实际状况的理论概括。发展中国家人均收入提高时,人口增长速度也必然随之提高,结果人均收入又会退回到原来的水平上。除非投资规模迅猛提高到超过人口增长的水平,由于人口增长有自然的极限,人均收入才能超过人口增长率上升。因此,在最低人均收入水平增长到与人口增长率相平的人均收入水平之间,有一个"陷阱",必须使收入增长率超过人口增长率,这时人均收入才能提高。见图 6-2。

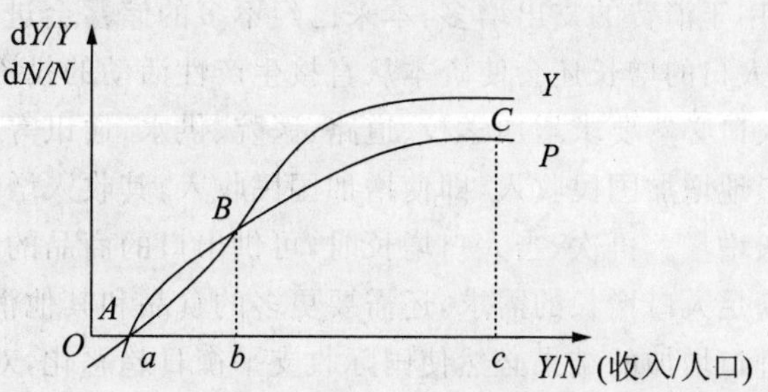

图 6-2　"低水平均衡陷阱"

图 6-2 中,纵轴为人口增长率与国民收入增长率分别用 dN/N 和 dY/N 表示;横轴为人均收入水平。P 为人均收入与人口增长率关系的曲线;Y 为人均收入与国民收入增长率的关系曲线。在人均收入最小值 a 上,人口增长率是 0,当人均收入小于 Oa 时,人口增长率为负,生活处于极端贫困状态。出生率和死亡率相抵,人们只能维持生存的最低水平。在超过 Oa 的人均收入水平上,较高的收入意味着饥饿和疾病的减轻。由于出生率只是限定在生理的极限内,下降的死亡率推动了人口的激增。在人均收入 Ob 处,人口增长率达到最高值。假定继续保持这个水平直到更高的人均收入水平 Oc,那么根据人口转变第三阶段的理论,出生率将开始下降,人口增长曲线变成下倾曲线,并再次向横轴逼近。当人均收入逐渐增加时,人口增长率和国民收入增长率也随之有所变化,但是只要人均收入还处在低水平,即不超过 Ob,国民收入的增长会被人口增长所抵消,结果人均收入又退回到 Oa 水平上,这就是"低水平均衡陷阱",B 为不稳定均衡点。在人均收入突破 Ob 而继续提高之后,国民收入的增长将超过人口的增长,直至达到点为新的更高水平的均衡。

2. 人口迅速增长使生活水平下降　生活水平的提高是经济发展所追求的重要目标,人均收入是影响生活水平的重要因素,因而,人口数量直接影响生活水平。迅速增长的人口,使得对食品、衣着、住房等的需求增加,但由于原材料、熟练劳动力及物质资本等生产要素的相对短缺,食品、衣着及住房等的供给不可能在短期内增加。需求超过供给的结果使得生产要素成本及供给价格上涨，造成居民的生活费用上升，从而使原来低下的生活水平更趋下降。

3. 人口增长延缓农业发展　发展中国家的大多数人口居住在农村地区，农业是这些人口的主要职业，因此，农业在发展中国家占有极其重要的地位。人口在增长，但土地的供应并无弹性，人口对土地的压力增大。这样便增加了农村的隐蔽性失业，进一步降低了按人平均的劳动生产率。人均生产率的下降，又降低了储蓄和投资的倾向，使改良技术设备和其他改良措施都难以在土地上及农业部门中得到应有的推广。况且，由于在农业部门中资本形成较为困难，经济一般停滞在维持生存的水平上，人口的迅速增加，赡养新增人口所需的食品严重短缺，必须进口食品，因而加重了国际收支平衡的困难。

4. 人口持续增长产生失业积压　随着人口的增长，劳动力的数量趋于增长，随之失业和半失业趋于增加，劳动力不得其用的现象也变得普遍。由于人口增加，劳动力在总人口中的比例增加，但由于缺乏匹配的资源，扩大就业变得不可能；同时人口的增长，降低了收入、储蓄和投资，造成资本形成受阻，使得就业机会减少，失业增多；再者，由于相对于土地、资本及其他资源来说，劳动力增多使每个工人可以得到的补充的生产要素下降，造成失业和半失业。

5. 人口增长延缓资本形成，阻滞经济增长　首先，因为人口增长，每人平均的收入水平下降，用于消费的支出增多，本来已经不多的储蓄会进一步下降，从而投资的水平也会下降。其次，人口的增长还会使资本从直接生产性活动的投资大量转移到一般的社会投资上，迅速增加的人口必然要求增加学校、道路、医院、供水、通讯等基础设施，而一般社会投资不会直接立竿见影地增加国民收入，即使增加国民收入，其收入增量一般要低于直接生产性活动投入所得的收入增量。再次，当人口增长时，可供出口的商品的国内消费量也迅速增加，出口被迫缩减，为了满足人口增长的需求，还需要更多的食品和其他消费品，于是造成进口额的增加。出口减少和进口增加的结果必然使国际收支平衡日趋恶化，对经济发展中投资计划的实现必然产生不良影响，从而进一步阻碍资本的形成。最后，低收入、低储蓄和低投资下的人口增长，迫使人们继续使用低水平技术。

三、人力资源对经济发展的贡献

人力资源是一切资源中最主要的资源，在经济增长中，人力资本的作用要大于物质资本的作用。舒尔茨认为，"人力资本"的根本特点是它的作用大于物质资本的作用：人口质量重于人口数量。要发展经济，人口质量问题比土地以及人口数量更为重要。人力资本投资的作用大于物质的投资作用，关键在于确立两者的最佳比例。他认为，物质资本投资和人力资本投资都是发展经济不可缺少的生产性投资。如果没有人力资本的投资，物质的投资再多也不能发挥其作用。特别是在现代化的生产中，人力资本投资的作用更大于物质资本投资的作用。至于人力投资和物质投资的合理比例确定，应视收益率的高低来调节。收益率高的就应该增加投资，收益率低的就应减少投资。当二者的投资收益相等时，就是最佳比例。既然人力资本的作用要大于物质资本的作用，资本积累的重点就应从物质资本的积累转移到人力资本的积累上来。

20世纪60年代以来，西方发展经济学家从三个侧面考察了人力资源对经济发展的重要作用。

1. 关于外资利用　人力资源对提高外资的吸收能力具有显著作用。在20世纪40至50年代，某些发展中国家的政府在物质资本决定论的指导下，大量吸收外国资本，来追求国民经济的迅速发展，然而20多年的经济发展实践并未收到预期的效果。与此形成鲜明对照的是二次大战后的日本和西欧，在利用外资恢复并振兴经济方面获得了巨大的成功。同样利用外资何以在不同国家会产生大不相同的结果呢？其原因便在于人力资源方面存在巨大的差异。日本和西欧在战争中物质资本受到严重的损失，然而这些国家中具有较高文化教育水平和生产技能的劳动者，尽管遭受了不少的伤亡，依然大量存留。因此，这些国家的资本吸收能力很高，一旦注入大量的物质资本，经济便会迅速地恢复起来。而发展中国家由于教育十分落后，劳动者的文化水平和生产技术水平不高，因此这些国家的人力资源质量差，外资吸收能力低。在这种人力资源的约束下，大量地引进外资，并不能较快地提高经济效率，更难以有效地推动经济发展。因而，要使不发达国家经济较快发展，仅增加物质资本的投资是不够的，必须同时扩大人力资本投资，使二者平衡增长。

2. 关于余值增长率　人力资源质量的改善有利于余值增长率的提高。在经济核算理论中，国民收入增长率大于国民资源（劳动和资本）投入增长率之差是余值增长率。从理论上来分析，如果其他情况不变，产出应与投入同比例地增长，增加1%的投入应该只增加1%的产量，而且如果考虑到报酬递减的因素，产出的增长应慢于投入的增长。那么究竟是什么因素导致经济增长快于投入增长，亦即余值增长率的来源是什么呢？一般认为主要因素有两个：一是规模报酬递增规律的作用，二是人力资源质量的提高，后一因素被认为是最主要的因素。

据舒尔茨测定和估计，美国1929—1959年的余值增长率大约为60%，其中教育的收益可能占这个余值的3/10到1/2。美国战后的农业生产增长，只有20%是物质的资本投资引起的，其余80%主要是教育以及与教育密切相关的科学技术的作用。丹尼森计算，教育、医疗卫生、知识的增进等因素对经济增长的贡献加在一起，约占余值增长率的60%以上。

3. 关于教育水平与收入水平的关系　人力资源素质影响劳动生产率水平。对发展中国家的教育收益率进行经验研究的结果表明，一个人所受的教育年限与他所获得的收入成正比例变动关系。在同一年龄组内，文盲的收入是最低的。在一般情形下，收入水平基本上反映了劳动生产率水平。这样，从教育与收入之间的关系中又一次看到人力资源是促进经济增长的一个极为重要的要素。

[案例]中国人口现状分析

中国是世界上人口最多的发展中国家。人口众多、资源相对不足、环境承载能力较弱是中国现阶段的基本国情，短时间内难以改变。统筹解决人口问题始终是中国实现经济发展、社会进步和可持续发展面临的重大而紧迫的战略任务。从20世纪70年代以来，中国政府坚持不懈地在全国范围推行计划生育基本国策，鼓励晚婚晚育，提倡一对夫妻生育一个孩子，依照法律法规合理安排生育第二个子女。经过30年的艰苦努力，中国在经济还不发达的情况下，有效地控制了人口过快增长，实现了人口再生产类型由高出生率、低死亡率、高自然增长率向低出生率、低死亡率、低自然增长率的历史性转变。中国政府坚持人口与发展综合决策。将人口发展纳入国民经济和社会发展总体规划，努力使人口发展与经济社会发展相协调，与资源利用和环境保护相适应。从数量、素质、结构、分布来看，中国人口的现状如下：

(1)人口数量。国家统计局测算数据表明，2005年1月6日，中国人口总数达到13亿（不包括香港、澳门特别行政区和台湾省），约占世界总人口的21%。由于实行计划生育，中国13亿人口日的到来推迟了4年。

庞大的人口数量一直是中国国情最显著的特点之一。虽然中国已经进入了低生育率国家行列，但由于人口增长的惯性作用，当前和今后十几年，中国人口仍将以年均 800 万～1 000 万的速度增长。按照目前总和生育率 1.8 预测，2010 年和 2020 年，中国人口总量将分别达到 13.7 亿和 14.6 亿；人口总量高峰将出现在 2033 年前后，达 15 亿左右。

受 20 世纪 80—90 年代第三次出生人口高峰的影响，在 2005—2020 年期间，20～29 岁生育旺盛期妇女数量将形成一个高峰。同时，由于独生子女陆续进入生育年龄，按照现行生育政策，政策内生育水平将有所提高。上述两个因素共同作用，导致中国将迎来第四次出生人口高峰。

(2)人口素质。中国政府加大公共卫生事业建设力度，不断提高人口健康素质。平均预期寿命已从新中国成立前的 35 岁上升到 2004 年的 71.8 岁，孕产妇死亡率从 20 世纪 50 年代初期的 1 500/10 万下降到 2004 年的 51/10 万，婴儿死亡率从新中国成立前的 200‰下降到 2004 年的 29.9‰，5 岁以下儿童死亡率从建国初期的 250‰～300‰下降到 2004 年的 28.4‰。传染病、寄生虫病和地方病的发病率和死亡率均大幅度减少。非典型肺炎、禽流感等新发传染病得到有效的监测和控制，艾滋病防治工作取得明显进展。

从总体上讲，中国人口健康素质仍然不高。每年出生缺陷发生率为 4%～6%，约 100 万例。数以千万计的地方病患者和残疾人给家庭和社会带来沉重的负担。防治艾滋病形势依然十分严峻。据估计，截至 2003 年 12 月，中国现存艾滋病病毒感染者和艾滋病病人约 84 万，2004 年疫情处于从全国“低流行”和局部地区及特定人群“高流行”并存的态势。

中国政府加快发展教育事业，人口科学文化素质显著提高。2004 年，中国普及九年义务制义务教育的人口覆盖率达到 93.6%，6 岁及以上人口平均受教育年限达到 8.01 年(其中男性 8.5 年，女性 7.51 年)，比 1990 年提高了 1.75 年；人口粗文盲率(15 岁及 15 岁以上不识字或识字很少的人口占总人口的比重)降低到 8.33%，比 1990 年时下降了 7.55 个百分点。各种受教育程度人口占总人口的比重分别为：大学以上占 5.42%、高中占 12.59%、初中占 36.93%、小学占 30.44%，受高层次教育的人数大幅度增加，受小学教育人口比重逐步下降。

中国人口科学文化素质的总体水平还不高，主要表现在：一是人口粗文盲率大大高于发达国家 2%以下的水平；二是大学粗入学率大大低于发达国家；三是平均受教育年限不仅低于发达国家的人均受教育水平，而且低于世界平均水平(11 年)。并且，城乡人口受教育程度存在明显差异。2004 年，城镇人均受教育年限为 9.43 年，乡村为 7 年；城镇文盲率为 4.91%，乡村为 10.71%。

(3)人口结构。从人口年龄结构看，在 2004 年末全国总人口 129 988 万人中，0～14 岁人口为 27 947 万人，占总人口的 21.50%，15～64 岁人口为 92 184 万人，占 70.92%；65 岁及以上人口为 9 857 万人，占 7.58%。上述数据表明：

第一，当前中国人口社会抚养比较低，劳动年龄人口比重大，劳动力资源丰富，为经济快速发展提供了强大的动力。未来一二十年是中国经济社会发展的人口红利期。但庞大的劳动年龄人口也给就业带来了巨大的压力，目前，中国城镇每年新增劳动力近千万，农村剩余劳动力 2 亿多。劳动年龄人口将保持增长态势。据预测，2016 年 15～64 岁劳动年龄人口将达到峰值 10.1 亿，2020 年仍高达 10 亿左右。这对就业、产业结构调整和社会发展事业提出了更高要求。

第二，2000 年，65 岁以上老年人口比重达 7%以上，根据国际标准，中国已经进入老龄化社会。据预测，到 2020 年，65 岁老年人口将达 1.64 亿，占总人口比重 16.1%，80 岁以上老人达 2 200 万。中国老龄化呈现速度快、规模大、“未富先老”等特点，对未来社会抚养比、储蓄率、消费结构及社会保障等产生重大影响。

第三，从人口性别结构看，2004年末男性人口66 976万人，占51.5%，女性人口63 012万人，占48.5%，总人口性别比为男：女=106：100。从20世纪80年代开始，出生人口性别比持续升高，第五次全国人口普查时为117，2003年119：100，少数省份高达130：100。为遏制出生人口性别比升高的势头，国家采取了一系列措施，颁布了《人口与计划生育法》、《关于禁止非医学需要的胎儿性别鉴定和选择性别的人工终止妊娠的规定》等法律法规，启动了"关爱女孩行动"，倡导男女平等，综合治理出生人口性别比偏高。

(4)人口分布。从城乡分布来看，2004年末全国城镇人口达到54 283万人，占总人口的41.76%，乡村人口为75 705万人，占58.24%。近年来，由于积极推进人口城镇化和产业结构升级，实施城市带动农村、工业反哺农业的发展战略，人口城镇化率以每年超过1个百分点的速度增长。采取多种措施和合理规划，引导农村富余劳动力向非农产业转移，努力改善农民进城务工环境，促进农村劳动力有序流动。2004年，中国流动人口已经超过1.4亿。大量农村劳动力进城务工，为城市发展提供了充裕的劳动力，同时也改善了农村的经济状况。按人口城镇化率每年增加1个百分点测算，到2020年还将从农村转移出3亿左右的人口。

与此同时，流动人口管理与服务体系却严重滞后，亟待完善。庞大的流动人口对城市基础设施和公共服务构成巨大压力。流动人口就业、子女受教育、医疗卫生、社会保障以及计划生育等方面的权利得不到有效保障，严重制约着人口的有序流动和合理分布，统筹城乡、区域协调发展面临困难。

第二节　人力资源闲置与开发利用

在发展中国家，人力资源对经济发展的贡献已毋庸置疑。但人口增长过快，造成严重的人口压力；失业率过高，人力资源未得到充分利用；此外，教育投资效率低下，人力资源质量难以提高。怎样有效利用人力资源来促进经济发展，是发展经济学的一个重要内容。

一、失业的范围

由于发展中国家劳动力的大规模增加已远远超过其经济所产生的就业机会，劳动力不得其用的现象甚为严重，有如下表现形式：

(1)公开失业。包括自愿失业和非自愿失业。自愿失业是指能够胜任某项工作的人拒绝考虑这种工作而暂处在闲置状态；非自愿失业是指积极寻找工作但又找不到工作。

(2)就业不足。这是指那些实际工作的时间少于他们能够并愿意工作的时间的劳动者。例如，一个劳动者一天能够并愿意工作8小时，但由于工作机会缺乏，实际上只工作4小时。

(3)隐蔽的就业不足。这是指有些劳动者看起来全天在工作，但实际上他们工作任务只需要较少的时间就能完成。这种情况之所以会出现，或者由于特殊的照顾，或者由于有某种非经济因素的作用。例如在某些发展中国家的国营企事业单位中，几个人分担一个人的工作，是造成工作低效的原因之一。

(4)潜在失业。这是指有些人因无工可做，而选择非就业的活动。有些人受过一定教育后本来想参加工作，但因无就业机会而被迫继续上学；有些妇女本来愿意参加社会和经济活动，但因传统风俗习惯和道德因素的制约，不能去寻找工作，不得不围着灶台转。

(5)过早地退休。这是指为了给年轻人创造就业机会而过早地让一些尚有工作能力和专业技能的劳动者退休。这种形式，表面上看来可以增加就业，实际上是一大浪费。

(6)就业无生产性。这是指能够从事生产性劳动的人，由于缺乏其他投入要素的相应配合，生产率极低，生产出来的成果甚至还不能补偿他们的生活必需品。

二、发展中国家劳动力利用的特点

(1)发展中国家公开失业率通常大大高于发达国家。根据各国官方发表的材料，发展中国家的失业率平均在8%～9%，而发达国家只有在经济衰退阶段失业率才会这样高。

(2)发展中国家各种隐蔽性失业和就业不足也比发达国家严重，若把这些和公开失业的劳动力合并计算，发展中国家闲置劳动力的比重不会低于30%。

(3)发展中国家的农村中一向存在着大量剩余劳力。反映在实际田间劳动时间低于农民所能够劳动的时间，明显的就业不足。计算剩余劳力是以劳动力为自变量，产出为因变量，由此推算劳动的边际生产率，如果劳动边际生产率是负值或等于零，则说明有剩余劳动力。

(4)发展中国家城市中的公开失业有普遍增加的趋势。原因在于乡村流入城市的人口增长加上城市自身的人口自然增长高于城市各部门所创造的就业机会。而乡村流入城市的人口增长量是造成就业压力的主要原因。有两个因素促进了农村向城市的人口流动：一方面是拉力因素，城市与农村收入差异大，城市就业或升迁机会较多，生活条件较农村好；另一方面是推力因素，因农村存在剩余劳力现象，收益又低，使农村劳力流入城市的机会成本很小。

(5)发展中国家失业问题的原因比较复杂，不仅有经济方面的原因，还有社会方面的原因。因此，要解决发展中国家的失业问题，必然全面考虑，采取各种对策。发展经济学家一般认为，以解决西方发达国家失业问题为中心的凯恩斯主义就业理论和政策对发展中国家不适用。

三、人力资源发展战略

要解决发展中国家的人力资源闲置问题，一方面是减小人口增长带来的就业压力，这一点在人口与经济增长的关系中已提及；另一方面是从增加劳动需求进行考虑。发展经济学家普遍认为应采取全面的城乡就业战略。

第一，大力促进农村经济的发展。这是解决农村剩余劳动力的出路和阻止农村人口流向城市的重要战略措施。发展农村经济有以下政策思路：

首先，发展乡村工业，主要是能吸收大量劳动力的劳动密集型工业。国家要从资金、技术上为农村小型工业的发展提供帮助，同时阻止现代化工业部门生产那些在农村同样能有效生产出来的产品，避免现代大工业与农村小工业争原料和产品市场。

其次，改变不利于农业部门的贸易条件，缩小工农业产品的价格剪刀差。在许多发展中国家，农产品价格被政府压得很低，而工业品价格却人为地抬得很高；对农产品的出口征收重税和施加限制条件，而对工业品的进口实行关税保护，这一切措施都阻碍了农村经济的发展和农民生活的改善。

最后，把现在集中在城市的公共服务逐步向农村扩散。在农村创建更多的学校、医院、道路、娱乐场所，无疑等于增加了农民的社会收入；从而弱化农村劳动力向城市迁移的动机，这既有利于人口的合理分布，又有利于人力资源的有效使用。

第二，提高农民的收入水平，缩小城乡收入差距。城市的高工资收入水平是吸引农村剩余劳动力流入城市的主要因素。根据对城乡人口流动的经济考察，城乡收入差距越大，城市失业率就越高；只要城市工资收入水平上升得快于农村平均收入，从乡村到城市的人口流动就不会间断，尽管城市失业率水平还在上升。因此，在发展中国家，缩小城乡收入水平差距的所有经济政策都有缓和人口从乡村向城市流动的作用。

第三，消除经济发展过程中的要素价格扭曲现象。在发展中国家，现代部门工人工资往往高于市场均衡工资，这是由于政府最低工资法、工会的压力和跨国公司的高工资政策的示范效应。与此相对应，由于政府为了鼓励投资而实行的低利率和低汇价政策，现代工业部门投入资本的成本价格也往往低于市场中的均衡水平。高昂的工资增加了资本家的劳动成本，便宜的资本降低了资本的使用成本，从而要素价格的扭曲促进了资本密集型技术的采用，削弱了城市工业部门吸收劳动力就业的能力。因此，消除要素价格扭曲是增加就业机会的重要措施。政府应取消最低工资法，限制工会的权力，对外国公司工资收入征收调节税，以此来降低工资水平。同时，政府还应该取消对资本的优惠政策，提高贷款利率和外汇价格，从而增加资本的成本。这样，现代工业部门的雇主就会被引诱雇佣更多的劳动，使用更少的资本来生产一个既定的产出。

第四，选择适宜的劳动密集型生产技术。如上所述，理顺要素价格的关系能够刺激劳动密集型生产技术的采用。但是，在要素比例相当刚性的部门中，价格的调整不可能有效地增加劳动就业。这就是说，在要素替代弹性很小时，依靠要素价格的调整是不能解决失业问题的。因此，要创造更多的就业机会，必须直接地选择那些使用劳动力多，资本少的技术进行生产。首先必须大力发展乡土技术研究和推广应用，逐渐减少对发达国家以资本密集型技术为特征的进口资本品的依赖；其次，从物资、技术和资金上大力支持创办和发展小型企业，这些企业一般使用劳动密集型技术，包括乡村小工业，城市的小商品生产和服务业。

四、提高教育投资效率

在发展中国家，不仅存在人力资源不得其用的现象，而且人力资源的素质也极低。劳动者文化技术水平低是经济发展中的一个严重障碍。因此经济发展的一个重要问题便是提高对人力资源的投资效率，提高人力资源的素质。这一措施在本章最后一节中详细阐述。

第三节　人口流动与经济发展

发展中国家人力资源开发中另一个棘手的问题是人口流动问题。大量的人口从农村涌入城市虽然是经济发展的一般趋势，但这种人口流动也对经济发展产生了一系列不良的影响。为了正确认识人口流动现象，应该将人口流动放在经济发展的环境中来加以讨论。

一、无节制的人口流动对经济发展的不利影响

在20世纪50～60年代，发展经济学家基于对“唯工业化”的推崇，一般都肯定由农村到城市的人口流动对发展中国家经济发展的积极推动作用，认为丰富的人力资源由边际生产率低

的地区向边际生产率高的地区流动，可以刺激技术进步，促进资本积累，因而对社会是有益的。据此又认为农村到城市的人口流动是经济发展过程中的必然现象，城市工业化必然要求从农业部门中分离出一部分剩余劳动力来，以满足工业化的需要。

到20世纪60年代末70年代初，许多发展中国家的城市失业问题越来越严重，人们对人口流动的社会经济效益的看法也发生了变化。人们已经认识到，如果人口流动不受节制，则城市流入人口增长率将超过或继续超过城市就业机会增长率，流入劳动力将超过并继续超过城市工业和服务业的吸收能力。这种不受节制的人口流动不但难以有效地刺激经济增长和资本积累，而且日益加剧了城乡经济的不平衡，不断恶化城市的失业问题。从这种观点出发，大部分发展中国家反对采用50～60年代加速人口流动的各种政策，极力主张控制农村劳动力向城市的转移，以缓和城乡不平衡和城市劳动力过剩的矛盾。

从经济发展的角度看，农村到城市的人口流动从两个方面加剧了城乡发展的不平衡。从供给方面看，由于受过良好教育的年轻人在人口自农村向城市流动的潮流中居主导地位，因此，人口流动促使城市中谋求职业者的增长速度快于已达到很高水平的城市人口增长速度。这种现象一方面使城市劳动力供给膨胀，加剧了城市中的谋职竞争，另一方面造成了乡村中人力资源的流失，使农村宝贵而有价值的人力资源不断减少。从需求方面来看，在发展中国家，城市创造就业机会比农村困难，因为城市创造就业机会需要同时投入大量的物质资本，而且，城市工资的上涨，加上养老金及其他津贴的强制性规定，使得雇主们不愿采用劳动密集型的生产技术。这样一来，劳动力供给的迅速增加和对劳动力需求的相对减缓，使城市劳动力供求的短期不平衡转化为城市劳动力的长期性过剩，这种情况加重了城市的社会负担，从而降低了城市的整体经济效益。

二、人口流动的一般特征

发展中国家的人口流动是一个不同于发达国家人口流动的过程。

1. 年龄性别特征　从农村向城市流动的人口大部分年龄在15～24岁之间。随着妇女受教育机会的增加，妇女在人口流动中所占的比例不断增长。观察表明，妇女的人口流动基本上有两种类型：一是随家庭迁移到城市，二是独自来到城市。随着经济发展后一种类型呈增长态势。

2. 教育特征　许多研究结果表明，在教育程度和人口流动之间存在着一种稳定的联系。在其他条件相同的情况下，人们所受的教育程度与参与人口流动的可能性成正比。由于城市中有限的就业机会基本上是按照教育程度来配置的，使得具有中等教育程度的人就业的可能性较大，只具有初等教育程度的人则很难保证有就业机会。因此，中等教育辍学者目前在人口流动中的比例越来越大，只具有初等教育程度的人在人口流动中的比例趋于下降。

3. 经济特征　由于经济因素是影响人口流动的主要因素，因此在流入城市的人口中占百分比最高的是那些在农村没有土地、缺乏技术而无法生活的贫困农民。虽然近年来发展中国家的城市中大部分地区出现了某些现代工业部门，但由于大多数农村居民都是穷人，所以流动人口中的大多数在经济上极为贫困。

三、人口流动的模式

发展经济学家根据对人口流动影响因素及一般情况的分析，考察了人口流动的模式问题。

目前，较有影响的人口流动模式是刘易斯-费-拉尼斯人口流动模式和托达罗人口流动模式。

(一)刘易斯-费-拉尼斯人口流动模式

西方经济学界中最早提出系统的人口流动理论的是刘易斯，他早在1954年以《无限劳动力供给条件下的经济发展》为题写成文章，论证了劳动力由乡村向城市转移的问题。刘易斯的论证，一般称为"无限过剩劳动力"发展模式或二元结构发展模式。从新古典学派的经济发展观点出发，认定发展中国家一般存在着二元经济结构，即国民经济具有两种性质不同的结构或部门，一个是仅足糊口的，只能维持最低生活水平的，以土著方法进行生产的农业部门，在农业部门中，存在着只有极低的，低到零甚至为负数生产率的"过剩劳动力"。另一个是以现代化方法进行生产的城市工业部门，这个部门中的劳动生产率远比农业部门高。

按照刘易斯的定义，"过剩劳动力"是劳动力的这样一个部分，把这部分除掉以后，尽管其他要素投入并不增加，而产出总量并不减少，甚至还略有增加。这部分劳动力，形式上是就业的，但实际上对生产并未起任何作用，或者只能起极其微小的作用。当这部分劳动力有机会得到其他工作而离开这个部门之后，余下的劳动力可以保持产出总量并不减少。因此，这部分劳动力在这个部门中是过剩的劳动力。这部分劳动力，实际上处于就业不足或隐蔽的、伪装的失业状态。在没有失业救济条件下，这部分劳动力的生活是靠劳动人口自己维持的。

在城市中的现代工业部门中，劳动生产率自然远远高于农业部门的劳动生产率，从而工业工资水平远远高于农业工资水平。两种工资水平的差异，促使"过剩劳动力"由农业部门向工业部门流动，并由此而引起种种经济结果，其过程，可由图6-3表示。

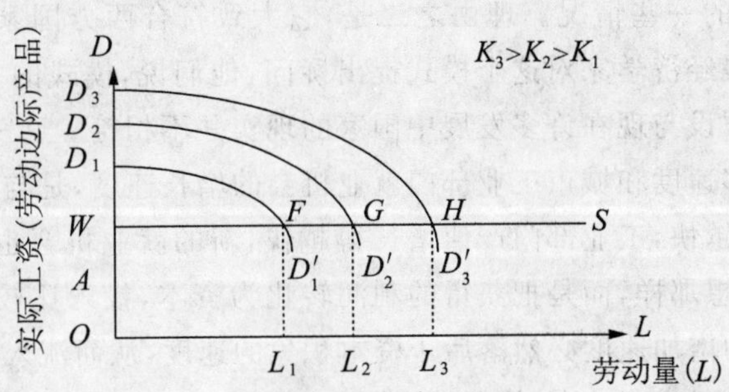

图6-3　刘易斯人口流动模式

图6-3中，横坐标表示劳动量，纵坐标表示实际工资或劳动边际产品，OA 表示农业部门的糊口水平的平均实际收入，OW 表示工业部门的实际工资。在 OW 工资水平，来自农村的劳动力供给是"无限的"，或者说，是完全弹性的，可以用 WS 来表示劳动供给曲线。假设开始时，工业部门的资本固定为 K_1，渐减的劳动边际产品曲线可由 $D_1D'_1$ 表示，显然，$D_1D'_1$ 也就是工业部门对劳动力的需求曲线。根据利润最大化原则，工业资本家必然在劳动力边际产品等于实际工资的条件下，决定其雇佣劳动力的数量。换句话说，由 WS 与 $D_1D'_1$ 两线相交之点，求得均衡的劳动力雇佣量 OL_1。此时，工业部门的总产出价值等于 OD_1FL_1，而付出的工资总量等于 $OWFL_1$。于是剩余产出 WD_1F 将采取利润的形式归工业资本家所有。如果工业资本家将所得的利润再投资，则工业部门资本存量将由 K_1 增为 K_2，其结果，劳动力的边际产品和对

劳动的需求将由此提高，$D_1D'_1$ 曲线向右上方位移为 $D_2D'_2$。劳动力供给与劳动力需求的新的均衡点为 G，工业部门的劳动力雇用量由 OL_1 增为 OL_2。总产出扩大为 OD_2GL_2，工资额和利润额也分别扩大为 $OWGL_2$ 和 WD_2G。如果工业资本家再把所获的利润 WD_2G 作为投资，工业部门资本存量将由 K_2 增至 K_3，于是劳动边际产品和对劳动力的需求又进一步提高，工业部门的均衡劳动力雇用量再由 OL_2 增加到 OL_3。

只要农业部门尚有"过剩劳动力"存在，上述过程将一直循环进行下去，一直到农业部门的"过剩劳动力"被工业部门吸尽为止。这时，劳动力供给曲线，将由水平直线变为具有正斜率的曲线。城市的工资和就业量将继续增加，农村劳动者的收入将不再是仅足糊口，而逐步上升，工农业将逐步得到均衡的发展，国民经济结构将逐步转变。

拉尼斯和费景汉两人在刘易斯模式的基础上，提出了他们的模式。他们指出，刘易斯模式有两个缺点：①没有足够重视农业在促进工业增长中的重要性；②没有注意到农业由于生产率的提高而出现剩余产品，应该是农业中的劳动力向工业流动的先决条件。他们两人，对这两个问题作了分析，从而发展了刘易斯模式。

拉尼斯-费模式，把二元经济结构的演变分为三个阶段。第一阶段类似于刘易斯模式，农业部门中存在着隐蔽性失业，劳动边际生产率为零或接近于零，劳动力供给弹性无限大。第二，第三阶段中，拉尼斯和费注意到，农业部门中逐渐出现了生产剩余。这些生产剩余可以满足非农业生产部门的消费，从而有助于劳动力由农业部门向工业部门移动，还积极地为工业部门的扩大提供必不可少的农产品。后来，人们都把这两个模式合称为刘易斯-费-拉尼斯模式。这个模式受到了不少发展经济学家的赞扬。理由之一是，它比较简单明白，能够说明发展中国家二元经济结构变化的一些情况。理由之二是，它大致符合西方国家经济增长的历史经验。但是，也有不少的发展经济学家对这个模式提出疑问，他们说，模式的整个推理过程建立在三个假设之上，而这些假设与现在许多发展中国家的现实并不相符。这三个假设是：

(1)劳动力的转移速度和城市工业部门就业机会的增长速度，是与工业部门资本积累速度成比例的。资本积累越快，工业部门产值增长得越快，新的就业机会也就越多。可是，如果工业资本家不像模式设想那样，而是把获得的利润转化为资本，投入比较先进的，节约劳动的工业生产，则就业机会的增加速度必然落后于资本积累的速度，从而流入城市的农村劳动力的一部分将不可能得到就业机会。这种情况可由图 6-4 说明。

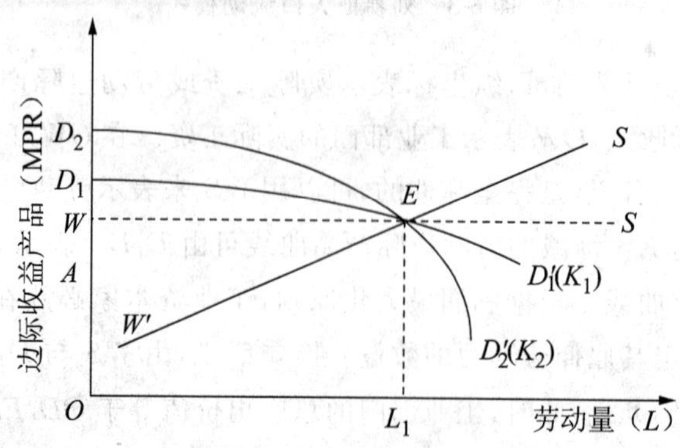

图 6-4 扩大的资本投放到节约劳动的生产上的变化

由图 6-4 可见，劳动力供给曲线已不是 WS，而是 $W'S$。由于扩大的资本（K_1 增为 K_2）投放在技术先进而节约劳动的生产上，新的劳动力需求曲线 $D_2D'_2$ 不是位于旧的劳动力需求曲线 $D_1D'_1$ 的右上方，而是与它相交于 E 点，这是因为节约劳动的先进技术提高了劳动生产率，从而 $D_2D'_2$ 的斜率比 $D_1D'_1$ 大。从图中也可看出，尽管总产出大大增加（OD_2EL_1 的面积比 OD_1EL_1 的面积大得多），总工资（$OWEL_1$）和就业量（OL_1）却毫无增加，增多的剩余产出以超额利润的形式归属于工业资本家。这种情况，叫做“反发展的”经济增长，因为经济增长的果实完全为少数人所享有，而广大的劳动者的收入水平则原封未动。

（2）农村中有“过剩劳动力”，城市中存在着充分就业。这一假设也往往与现实不符。大量的调查研究表明，一些发展中国家的情况恰恰与之相反，城市中有大量的公开失业者，农村中不一定有大量“过剩劳动力”。

（3）在农村“过剩劳动力”耗竭之前，城市中的实际工资一直保持不动。但许多发展中国家的现实情况是，即使公开失业在增加，城市中的工资，无论就绝对水平或相对于农村的收入而言，都在继续上升。

因此，刘易斯-费-拉尼斯模式对解决发展中国家的就业问题和人口流动问题，在理论上，或政策建议上，看来针对性不强。但是，这个模式突出地论证了经济发展过程中的两个重要问题：①城市工业部门和乡村农业部门结构和经济的差异；②把两个部门连结起来的劳动力转移过程的重要作用。从这方面看，刘易斯-费-拉尼斯模式，在西方发展经济学中，仍是具有分析价值的理论。

（二）托达罗人口流动模式

发展经济学家托达罗（M. P. Todaro）认为，从西欧和美国的经验看来，劳动力从农村流向城市，便是经济发展的一个重要标志。劳动力从传统农业释放出来，重新配置到城市生产部门，使城乡生产有明显的分工，促进了工业化，也促进了城市化。

托达罗认为，要建立一种符合发展中国家现实的人口流动理论，必须对农村人口流入城市和城市失业同步增长的矛盾现象，做出合理的解释。从这点出发，托达罗提出了他的模式。

按照托达罗模式，人口移动基本上是一种经济现象，尽管城市中存在失业，移入城市的人们还是可以做出合理决策，他们所关心的，与其说是城乡现实的收入差异，不如说是城乡预期的收入差异。无论已经开始流动的人口，或者准备流动的人口，都在把农村的现得收入和如果移入城市后能找到工作机会的预期收入比较，决定其行为。影响他们的预期的是两个因素：城乡实际工资的差异估计有多大；在城市求得工作机会的可能性估计有多大。

托达罗在分析人口流动的动机时，特别强调预期。他们在比较城乡现实工资差异的同时，还须权衡进入城市后有多大风险会在相当长的时期内处于失业或就业不足的状态。假设某一农村劳动者，作农业工人的实际收入为 50 货币单位，凭他的文化水平和劳动熟练程度，到城市工作的实际收入为 100 货币单位；但是，如果进入城市后一年之内找到工作机会的概率只有 20%，则这个农村劳动者预期一年内的城市实际工资，只有 20 货币单位，而不是 100 货币单位，从而，以一年的估算而言，他移居城市不是合理的行为。相反，如果在城市谋得工作的概率是 60%，则一年内预期的城市实际工资是 60 货币单位，比他的农村现实实际工资多 10 货币单位。这样，即使城市的失业现象已相当严重，这个农村劳动者仍然会试试运气，做出流入城市的决策。

发展中国家从农村流入城市的人口，大部分是15～24岁的青少年，他们对城市工作机会的前景估计，时间自然要放长远些。他们可能会感到，未来风险大一些，预期的实际工资小一些。但是，这些年轻的移民们，尽管看到进城初期找到工作的机会不大，却又会设想，在城市里住久一点，社会接触面会渐渐扩大起来，就业的可能性会渐渐增加，还是会认为由农村流入城市是合理的行为。总之，只要未来的预期城市收入的"现值"，看起来要大于未来的预期乡村收入的"现值"，人们就会由农村向城市流动。

归结起来，托达罗模式具有下述四点含义：

(1)促使人口流动的基本力量，是比较利益与成本的合理经济考虑，这种考虑还包含心理因素。

(2)是预期的而不是现实的城乡工资差异，使人们做出移入城市的决策。所谓预期的差异，包含两个因素：一是工资水平，二是就业概率。如果城市工资为农村工资的1倍，那么，只要城市失业率不超过50%，农村劳动力就会不断向城市流动。

(3)农村劳动力获得城市工作机会的概率，和城市失业率成反比。

(4)人口流动率超过城市工作机会的增长率，不仅是可能的，而且是合理的，在城乡预期工资差异很大的条件下，情况必然是如此。因此，在许多发展中国家，城市高失业率是城乡经济发展不平衡和就业机会不平衡的必然结果。

托达罗认为，他的模式不仅有理论上的意义，还有政策上的意义。前面介绍的发展中国家全面城乡就业战略，就在很大程度上借鉴了托达罗模式理论。

(三)卢卡斯的劳动力转移理论

2002年，在对低收入和中等收入国家农村向城市地区移民的理论研究中，卢卡斯将刘易斯的经典理论模型与新增长理论及其后来的城市集聚经济理论连接起来，假设了一个劳动力从使用土地密集型技术的传统领域向人力资本密集型现代领域的转移，而经济增长的潜力无限①。在卢卡斯的模型中，城市是新移民积累现代生产技术所要求的技能的地方。在文章的结论中，卢卡斯提及集聚收益带来城市的吸引力。他认为：即使在后殖民世界迅速增长的经济体中，从农业占据90%的经济向城市占据90%的经济过渡，也需要几十年的时间。既然每个人可以选择提前而不是推迟移民，随着时间的推移，城市一定会成为大家所向往的更加美好的理想之地。

卢卡斯在其理论模型中分析了从农村移民到城市的人群虽然在一定时期内找不到工作，但是由于对人力资本积累的预期，即在城市有着更好的促进人力资本增长的环境，也会促成这些人群选择继续留在城市。他的分析中认为，这些流动人口将固定的时间分配给当前技能水平下所能获得的工作，与此同时，他们在这些工作中还进行着人力资本积累，以增加未来的收入。因此，人力资本投资的积累在高人力资本的环境中能够获得较高的收益。

卢卡斯的理论中，承认人力资本集聚将带来正向外部溢出效应，在这个效应下，农业的规

---

① Robert E. Lucas, Jr. Life Earnings and Rural-Urban Migration. Journal of Political Economy, 2004, vol. 112, no. 1, pt. 2: S30-S58

模收益不变,而制造业和服务业的规模报酬递增。在这个观点影响下,政策制定者采取的政策,不同于在经典观点影响下的政策。在经典观点影响下,政策更会倾向于限制劳动力流动,尤其会限制从农村向城镇的移民。而受到人力资本外溢效应的观点所影响的政策,则会促进移民,尤其是促进技能工人的移民和集聚。

四、人口流动的政策

如前所述,不受节制的人口流动不仅不会促进经济发展,反而有碍于经济发展。但是人口流动的外溢效应,也是发展中国家在制定相关政策时不能忽视的。发展中国家的人口流动政策,牵涉到工资、收入、农村发展和工业化等各个方面,应该通盘考虑。

第一,应当逐步消除城乡就业机会的不平衡现象。如果听任城市工资率的增长速度快于农村平均收入的增长速度,则尽管城市的失业情况日渐加剧,但由农村流入城市的劳动力将源源不断,不仅会引起城市许多社会经济问题,还会造成农村劳动力的不足,特别是在农忙季节尤为突出。因而,有必要通过增加农业投入和加速农业发展来增加农村的就业机会,缓解农村人口向城市的过度流入。

第二,改进单纯提供城市就业机会的传统办法。解决城市就业问题的传统办法仅仅关注提供就业机会,但是忽略了对流动人口提供一系列配套的社会保障措施。有些发展中国家因此出现城市新的"贫民"聚居区,缺乏医疗卫生、基础教育等公共服务。有些发展中国家的流动人口与城市原居住人口享受的是两套管理体制,在获取工作机会、接受医疗服务、获取教育机会等方面流动人口处于不利的状况。这些不配套的政策会形成新的城市贫困群体,而且不利于进一步的人口流动。

第三,要适当控制工资补贴和政府直接雇用人员的数量。如果政府只考虑增加就业机会,而随意给雇用单位以工资补贴或增加自己的录用人员,其结果将扩大预期的城乡收入差距,还会造成流动人口与原有城市部门人员间的新的收入差距。

第四节　教育与经济发展

一、人力资本投资理论

人力资本投资理论是经济学的核心问题。以往的经济学家曾认识到人是财富的重要组成部分,有的还把人当作资本的一部分。例如,威廉·配第在《政治算术》中提出,可以从劳动所得,计算劳动者作为财富的价值及其相对关系。亚当·斯密在《国民财富的性质和原因的研究》中提出,应把人获得的有用的能力列入固定资本,即把人的能力看作资本的一部分。指出一个人为了获得某种才能,就需要学习,需要付出一定的费用,而这些费用是可以偿还的,是可以取得利润的。马歇尔也认为企业和私人在教育方面的花费所形成的智力,将和单纯投资一样有利可图。但人力资本理论把人力资本投资当作经济学的核心问题加以研究。人力资本理论是60年代初开始形成的。舒尔茨、贝克尔等是其中著名的代表人物。这一理论被发展经济学家吸收并推广到发展中国家以后,就成为智力开发战略的理论基础。人力资本理论认为,人力资本包括人口的数量和质量。而人口的质量又分为两种不同的能力:一种是先天的能力;另一种是后天获得的能力,即通过父母对婴儿的保育、抚养、健康保健,通过学校教育,在职训练,成人教育等所获得的能力。他认为,人们为获得或增强这种后天能力所花的投资,所用的时间,所做的"牺牲"都是人力资本的投资,人力资本包括以下几个主要内容:用于教育的支出(包括在职教育支出)。通过教育可以提高劳动力的质量,即提高劳动者的工作能力、技术水平、熟练程度、从而可以增加国民收入。用于保健方面的支出。通过保健可以增进劳动力的健康水平。以及用于劳动力国内流动的支出。劳动力的国内流动有助于解决国内不同地区劳动力的余缺调剂和发挥专长的问题。在劳动力供大于求的地区,或是学非所用,用非所长,都是人力的浪费、人力资本的损失。因此,用于劳动力国内流动的支出,无疑也是一种人力投资。

人力资本理论的核心是提高人口质量,而教育投资则是人力资本投资的主要部分。教育投资是一种生产性的投资。因为教育是一种生产活动,是使隐藏在人体内的能力增长的一种生产性活动。教育的结果能使生产增加,能对社会提供更多的贡献。教育投资应以市场供求关系为依据,以人力价格浮动为衡量信号。在一个复杂多变的动态世界中,一个国家企图对所需要的各级各类人才做出长远规划,然后按计划执行,这实际上办不到。办法只有一个,即由市场供求来调节。对各级各类学校教育的投资,只能根据市场需求来调节。但是,教育制度是由一连串的联立方程式组成的。改变一个变量,其余的变量也随之改变。因此,把教育和经济的关系过分狭隘地固定化是危险的。经济是在不均衡状态中发展的,教育也是在适应和不适应中发展的。

大多数发展中国家已经相信,民族发展的关键在于迅速扩大受教育的机会和途径。教育越普及,人们所期待的社会发展也就越迅速。因此,所有的国家都致力于在尽可能短的时间内普及初等教育。但是,许多国家也认识到正规学校教育并不等同于知识的普及。因此,更为重要的是改革现存教育体制,使教育真正满足人们和经济发展的需要。

在多数发展中国家的市场经济体制逐渐完善的过程中,家庭或个人的教育投资选择更多地依赖于市场信号,即依据教育的成本—收益分析结果进行决策。

教育成本包括①显性成本,即各种教育费用支出减去私人或政府的公共教育支出。②隐性成本,即机会成本,也就是因为上学而放弃的收入。

教育收益包括①个人收益,即个人接受教育而获得的各种好处:比如未来可能有提高的收入、掌握的市场知识等促进合理支出、卫生保健常识促进身体健康、职业适应性增强获得的更多就业机会,以及代际影响等等。②社会收益,即服务于社会的收益、个人不能独自享有的收益,如促进经济增长和社会风气好转等。

根据教育的成本和收益进行计算,成本和收益均为预期。计算时需要对该级教育的未来年份的收益和成本进行贴现,然后将受益的贴现值和成本的贴现值进行比较,得出净现值。贴现收益大于贴现成本,投资有利;否则不值得进行。

如果贴现率为 r,一般用利率表示,即教育的机会成本;V 为 n 年的全部预期收入;G 为 n 年的全部预期成本,Et 为第 t 年的收入,Ct 为第 t 年的成本,Cet 为显性成本,Cit 为隐性成本,则 n 年的全部预期收入和预期成本的贴现值 V 和 C 分别为:

$$V = \sum_{t=1}^{n} Et/(1+r)^t$$

$$C = \sum_{t=1}^{n} Ct/(1+r)^t = \sum (Cet + Cit)/(1+r)^t$$

该级教育的净现值可用公式表示为：

$$NPV = \sum_{t=1}^{n} (Et - Ct)/(1+r)^t$$

用净现值衡量教育投资决策的判别标准是：如果某级教育投资的净现值大于等于0，则说明该项目能取得大于或等于贴现率的经济效益，经济上可行；净现值最大为最优方案。

另一个方法是计算内部收益率，即贴现收益和贴现成本相等时的贴现率。

$$V=C,\ \text{or}\ NPV=0$$

求解 r，得出内部收益率。一个家庭可以把教育投资的收益率与其他投资收益率进行比较，如果它是最高的，那么教育投资方案最优。

二、发展中国家的教育

(一)发展中国家教育的主要问题

发展中国家教育得到了迅速发展，但仍存在一些待解决的问题。

1. 中途辍学率高　虽然发展中国家每年初等教育和中等教育的学生注册人数的增长都非常显著，但是相当大比例的学生尚未完成学业就中途退学。例如，一些拉丁美洲国家初等教育辍学率高达75%，亚洲和非洲初等教育的辍学率大约分别为20%和54%。某些亚洲和非洲国家的初等教育辍学率分别高达64%和81%。非洲国家中等教育的辍学率是38.7%，亚洲和拉丁美洲国家是18%，欧洲国家大约是11.4%。

2. 教育脱离实际，经费分配不合理　社会片面要求文凭和学历；学校盲目追求学分、升学率，采取一成不变的教育方法，填鸭式地向学生灌输知识，扭曲了教育本身的目的。盲目模仿发达国家的教育体制，专业设置、课程内容脱离本国国情的现象，在各发展中国家各层次的教育部门中不同程度地存在着。长期实行免费教育的斯里兰卡，到70年代发现，新近毕业的大学生一半成了失业者。

此外，发展中国家教育经费大专院校所占比重大，中、小学所占比重小。在发展中国家，一个大学生一年的教育费用可以使88个适龄儿童受到一年的初等教育。在许多非洲国家（如，塞拉利昂、肯尼亚和坦桑尼亚）高等教育和初等教育的教育费用的比例高达283∶1。一项关于公共教育支出分配的研究表明，发展中国家作为一个总体，6%获得高等教育的学生得到近40%的资源。而且，发展中国家不同教育程度的人均相对收入的差别远远低于人均教育费用的差别。例如，一个大学生的平均教育费用是一个小学生平均教育费用的87.9倍，而一个大学毕业生的平均收入仅仅是一个小学毕业生平均收入的6.4倍。如果说相对收入是相对劳动生产率的反映，那么，这个差距意味着高等教育的大规模投入是不明智的。

3. 教育的性别差异　几乎在任何一个发展中国家年轻女性所受教育都大大少于年轻男性。108个国家中有60个国家的妇女在初等教育和中等教育的入学注册人数上比男性至少低10%。这种教育的性别差异在最穷的国家及中东和北非差别最大。表6-1显示了发展中国家1997年在识字、平均受教育年限、入学注册方面的差异。如果把所有的发展中国家作为一个整体,妇女识字率比男性低21%,妇女在初等教育、中等教育的入学率分别比相应的男性低6%、17%。

表6-1　1997年受教育的性别差异:女性占男性的百分比　　%

国　家	成人识字率	初等教育入学率	中等教育入学率
所有发展中国家	79	94	83
最不发达国家	65	83	66
亚撒哈拉地区	75	85	76
阿拉伯国家	66	91	85
东亚	83	100	88
东南亚及太平洋地区	91	99	95
南亚	59	86	70
拉丁美洲及加勒比海	98	98	101

资料来源:1999年人类发展报告表25。

注:所有数字都是以男性平均指数化为100来表示,数字越小,差别越大。

4. 知识失业和智力外流　由于教育脱离实际,毕业生往往学用不一致,使原已掌握的知识和技能在长期得不到使用的情况下而被遗忘,即出现受过教育的人失业的问题。

智力外流在发展中国家也有日益增长的趋势。托达罗认为,智力外流不仅仅减少了发展中国家关键性专门人才的供给,更严重的是,智力外流还表现为国内科学家、医生、建筑师、工程师、大学教师眼光向外的倾向。他们不去思考和研究国内迫切需要解决的重要问题,而是把注意力转到国际最先进的科学技术和学术成就上。虽然他们的"身体"还在国内,但他们的"脑袋"已迁移到发达国家。托达罗把身体和脑袋都迁往国外的专门人才叫做"外在的"(external)智力外流,而把身体留在国内而脑袋迁往发达国家的专家学者称为"内在的"(internal)智力外流。

内在的智力外流在发展中国家甚至比外在的智力外流更普遍、更严重。例如,医生潜心研究尖端的心脏病,而把地方常见病作为次要专业;建筑师只热心于国家纪念碑和现代建筑的设计,而对低成本住房、学校的设计却漠不关心;工程师和科学家把主要精力放在最新的、最现代化的电子设备的研究上,而简易的机械工具、手工和畜力操作的农业机械,基本卫生设施和净水系统,劳动密集型机械加工等等适宜技术研究都在他们的兴趣之外;一些学院经济学家讲授和研究一些完全无关的、复杂的数量经济模型,而贫困、失业、乡村发展、教育等发展中国家的重要经济问题被认为在理论上没有什么意义。

(二)提高教育投资效率

1. 调整教育体制的投资方向　长期以来,许多发展中国家把教育投资的重点放在高等教育上。根据上述分析可知，高等教育的投资效率相对较低，一方面是因为出现了大量的知识失业和智力外流；另一方面是如果考虑中小学教育的社会收益，高等教育的投资收益率要低于中学特别是小学的投资收益率。因此，为了提高教育的投资效率，在发展高等教育的同时，更要加快中小学教育，特别是乡村小学教育的步伐。

2. *改变教育体制以外的各种刺激*　发展中国家教育深化与知识失业的产生与教育体制以外的各种错误刺激有关。首先，城乡收入差距的不断扩大导致了对教育需求的持续增加，从而造成了对教育扩张的巨大压力。因此，缩小城乡收入差距，有助于缓和教育体制特别是大学教育扩张的速度和规模。其次，为了消除教育深化过程，政府和企业必须改变对劳动者的接待方法，不按文凭而按实际情况来雇佣人员。

3. *减少对高等教育的补贴*　发展中国家高等教育的过度发展是与政府对大学的大量补贴有直接关系的。这种补贴造成书读得越多，受教育者所花的开支就越小的畸形现象，这无疑是大学教育持续膨胀的重要原因。因此，为了发展中、小学教育，限制大学教育的发展速度，政府应该减少对大学生的各种补贴，相应地增加学费，并且让教育受益者本人承担较大比例的教育费用。而这笔费用现在通过国家贷款方式筹集，将来由受益者本人的收入偿还。这可能比由学生家庭和亲友承担教育费用更加有效地抑制对大学教育的巨大需求。国家还可以用免去贷款偿还的引诱方式来鼓励一部分人到落后的农村去工作，这对国家的发展是有利的。

4. *改革各级学校教育体制*　发展中国家的教学方式和教学内容基本上是从西方发达国家移植过来的，严重地脱离了发展中国家的实际情况。这也是造成教育投资收益率低下的重要原因之一。因此，改革各级教育体制使之服务于本国的经济发展是人力资源发展的一项重要任务。具体措施应该包括编写适合本国特点的教材和参考书，开设与农村经济发展有关的课程，创办和发展本地所需的技术学校和成人教育机构，按照对本国的贡献来衡量学术研究成就等等。

5. *制止智力外流*　发展中国家的外在智力外流是教育投资效率低下的又一表现。本国花费大量的资源培养出来的高级专门人才不为本国发展做出贡献，而为他国服务，这显然是流出国人力资源的巨大损失。制止人才外流对所有发展中国家来说都是重要的，但又是难于实现的。有的发展经济学家主张对外流的人才进行征税，以此来补偿迁出国的损失。有的发展经济学家提出更激进的主张是干脆不让科技人员出国。但是，这都不是制止智力外流的好办法。现在一般认为，为国内专门技术人员创造一个良好的生活和工作环境，尽量缩小穷国科技人员收入水平与富国的差距，将是留住人才的较好的战略措施。

6. *开设与农村需要有关的教育课程*　为了使农村劳动力具有更高的劳动生产率，初等教育以及为中途辍学者和成年人举办的非正规教育应该更加直接地满足农村居民的需要，无论他们是小农、手工业者、企业经营者，还是商业部门的工作者。当然，这些专业训练和知识要与创造农村经济活动机会相联系。否则，参加正规教育、获取文凭，仍然是参加就业、改变生活状况的唯一选择。

7. *扩大妇女受教育机会*　妇女教育非常重要，这并不仅仅是一个平等的问题。大量的经验数据表明，对妇女的教育歧视除了加重社会的不平等以外，还阻碍了经济增长。从经济上看,提高妇女教育主要有三个理由。一是大多数发展中国家妇女的教育收益率高于男性;二是增加妇女的教育机会不仅提高了她们的劳动生产率,而且导致更多的劳动力参与生产,晚婚,低生育率,以及极大提高儿童的营养及健康状况。而儿童营养与健康状况的改善及母亲所受教育对今后几代人力资源将产生乘数效应;三是由于发展中国家的贫困和资源贫乏者多为妇女,因此,通过教育提高她们的地位,对打破贫困恶性循环和教育不足有重要影响。设立专项基金、妇女参与发展项目等已被证明是扩大妇女受教育机会的有效途径。

(三)教育资金的来源

1. 财政拨款　发展中国家教育资金来源的主要渠道是政府的财政拨款。但为了更有效合理利用资金,扩大教育辐射范围,有必要开辟教育资金的其他来源。

2. 社会集资　政府应当积极支持社会集资办学,并且予以正确引导。这样能动员新的闲散资源。社会集资办学在政府财政困难情况下,对稳定教育发展水平有重要意义;同时社会集资办学更多地讲求教育投资效益,不仅使资金最佳组合,而且为社会及时培养所需人才。

3. 个人负担　针对发展中国家由于教育私人收益率高于社会收益率而产生的过度需求,应实行部分收取教育经费措施,尤其是对有大量私人收益的高等教育,应向个人征收费用,取消或降低其中的生活补贴。政府可把收费得到的收入补贴初等教育支出,用来增加获得初等教育的机会。对于初等教育入学率已经很高的其他发展中国家,可以把这一部分收入用于提高初等教育的质量,扩大中等教育以及高等教育中供不应求的学科。

4. 学生信贷计划　教育信贷可以达到回收成本、提高效率和实现公平的目标。特别是中等收入的拉丁美洲和亚洲国家里,有可能通过贷款回收当前贴补的一大部分,同时使偿还的负担保持较低的程度。这样使一些穷困但学业优良的学生可以谋求入学机会,从而提高教育的效率和公平性。当然,教育是一项时间很长的投资,风险也很大,政府可以发挥重要作用,也就是由政府提供贷款,或为商业银行贷款提供保证。

[案例]中国人力资本存量

1952 年中国总人力资本(指 15 岁以上人口平均受教育年数与 15～64 岁人口的乘积)为 3.52 亿人年,到 1978 年达到 21.4 亿人年,增长了 5.1 倍,到 2000 年达到 66.5 亿人年,比 1952 年增长了 19 倍,比 1978 年增长了 2.1 倍。中国总人力资本存量占世界总量比重由 1980 年的 17.6%提高到 2000 年 24.0%。这相当于印度的 1.95 倍,美国的 2.79 倍,俄罗斯的 5.91 倍,日本的 7.34 倍。2000 年中国城镇总人口 45 844 万人,劳动年龄人口 3.2 亿人,平均受教育年数约为 10 年,总人力资本为 32 亿人年,约占全国总数的一半(为 50.7%),也不同程度大于上述国家。这表明,中国已经是世界上总人力资本最大的国家,也是总人力资本增长最快的国家,美国需要花 60 年时间才增长了一倍,而中国只花了 20 年时间。

【本章结构】

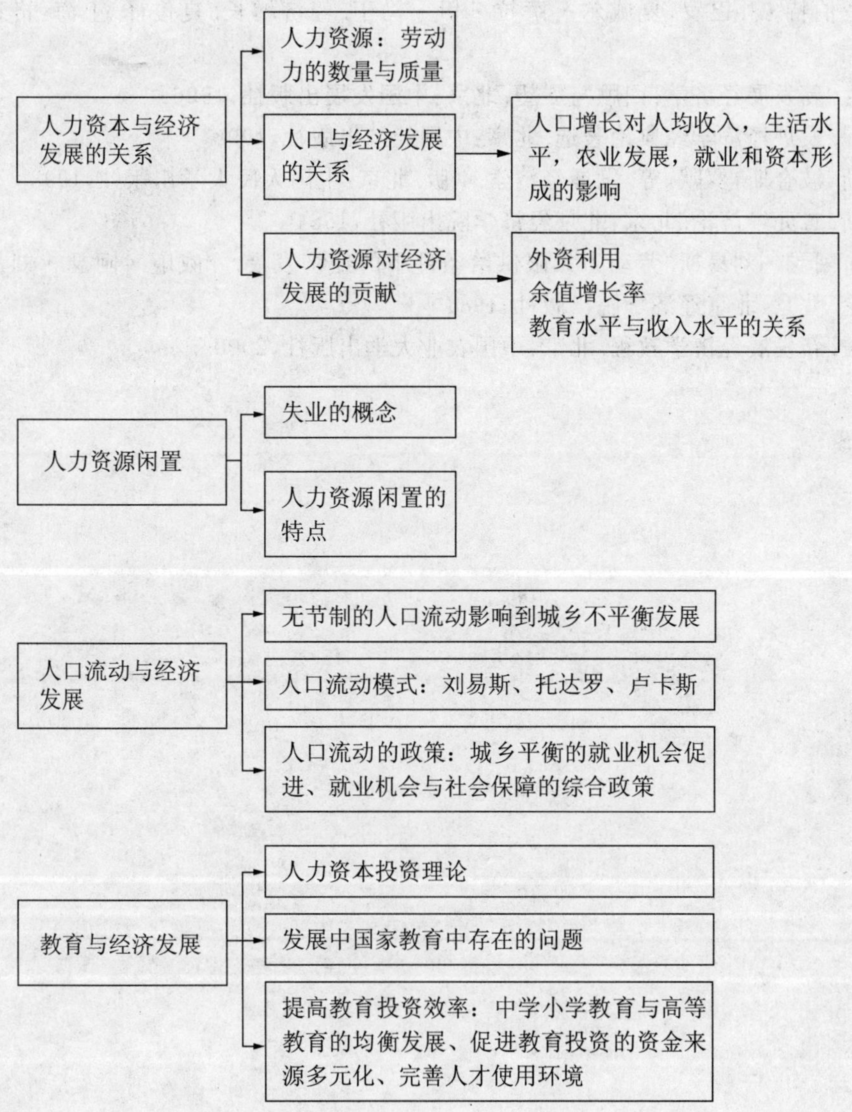

【本章思考题】

1. 人力资本理论的主要内容是什么？

2. 造成发展中国家高人口增长率的原因是什么？用什么方法可以降低人口增长率？

3. 中国人口流动状况如何？分析其间政策和制度变化对流动行为造成的影响。

4. 结合地方实际，论述发展中国家教育存在的问题及措施。

5. 人们常常断言：发展中国家的教育体制，尤其是农村中的教育体制机能失调。即不适合社会和经济的实际发展需要，你是否同意这种观点？请说明理由。

【参考文献】

[1] [美]罗伯特·J.巴罗,夏威尔·萨拉·伊·马丁.经济增长.夏俊译.上海:格致出版社,2010
[2] 陈宗胜.新发展经济学:回顾与展望.北京:中国发展出版社,1996
[3] 郭熙保.发展经济学经典论著选.北京:中国经济出版社,1998
[4] 吉利斯,波金斯,罗默,等.发展经济学.4版.北京:中国人民大学出版社,1998
[5] 刘易斯.二元经济论.北京:北京经济学院出版社,1984
[6] 威廉·阿瑟·刘易斯.劳动力无限供给条件下的经济发展.//威廉·阿瑟·刘易斯.二元经济论.北京:北京经济学院出版社,1984
[7] 赵冬缓.新发展经济学教程.北京:中国农业大学出版社,2000

第七章　技术进步与经济发展

【引言】

新古典增长模型已经将技术进步作为影响经济增长的因素之一纳入其分析。本章将在技术这一生产要素变化的前提下，考察经济发展；主要关注技术进步如何通过提高投入—产出率以及改善经济结构来促进经济发展。同时，针对技术进步的两个路径：即技术创新和技术引进做相关理论及机制分析。按照技术进步对资本—劳动占用比例的影响，描述了资本节约型、劳动节约型以及中性技术进步各自的特点。本章还对信息通讯技术为代表的新经济进行了介绍。

【学习目标】

1. 了解技术进步的不同途径。
2. 理解技术进步对经济发展的作用过程。
3. 掌握根据要素比例变化结果所区分的不同类型的技术进步。
4. 了解信息通讯技术等的市场特点。

第一节　技术进步对经济发展的贡献

技术，是指人类在认识自然和改造自然的反复实践中积累起来的经验和知识。技术有广义和狭义之分，狭义的技术单指生产技能和技巧；广义的技术，不仅包括生产者的操作技巧，还包括相应的生产工具和其他设备，以及生产的工艺过程、作业程序、管理方法等。

技术进步，是指新知识创造、新技术发明在社会生产中得到推广运用，并产生物质财富增值，从而不断提高社会经济效益的全部过程。这是一个把知识变成物质生产力以实现社会物质财富增值的上升发展过程。它通常包括：科学研究的新进展、新科技成果的推广应用和管理方法的改进，以及社会生产者本身的知识进展。

在传统经济理论中，虽然有不少学者在其著作中阐述了生产效率的提高对于财富增加或经济发展的意义，但是，却很少有人将技术因素独立出来，专门分析技术进步对于提高生产效率和扩充财富的独特功能。只是到了现代，经济学才对技术问题给予了特别关注和重视。但是这种关注和重视又存在其相对性。例如，新古典经济学通常是在假定技术不变的条件下来证明边际收益递减规律的，然后又在此基础上来分析整个生产、成本、市场结构、收入分配乃至经济增长等问题。然而，如果去掉技术不变的假定，其他一切问题就需要重新考虑了。

造成这种局面的原因，很大程度上是因为没有把“技术”列为一种生产要素。事实上，生产要素是指影响生产活动的、获得一定产出所必需的各种因素，那么，技术无疑是此类因素之一。技术作为一种无形的要素，渗透在资本、劳力、土地等有形要素之中，改变有形要素的状态和性质，对经济发展产生巨大影响。

第一，不同的技术决定各种资源在生产过程中的不同组合方式，技术进步改善资源配置。劳动、土地和资本等生产要素在生产过程中总要按一定的比例、以某种具体形式结合在一起才能形成现实的生产，而各种生产要素结合的比例和具体形式从根本上来说则是由生产过程中所使用的技术决定的。例如，是多用一些劳动还是多用一些机器设备，是多投入一些资本还是多使用一些土地，这些要素比例问题显然是由技术状况决定的。所谓“节约资本型技术”、“节约劳动型技术”和“中性技术”等概念就正是基于这些显然的事实而建立起来的。

不仅如此，技术的进步也可以改变资源结合的方式。管道输油技术的出现，使原油运输对航运和铁路的依赖减少；农业机械化使传统的牲畜耕作方式和大量的手工劳动成为历史；电脑系统在工厂中的应用使管理者不必进入车间即可监督工人劳动和了解生产中的各种情况。

技术进步引起资源在部门间转移，改善资源配置状况。如农业过剩劳动力向工业转移，技术落后部门资本向高技术部门转移等。

第二，技术进步不断改变劳动手段和劳动对象。劳动手段是劳动者用以改变或影响劳动对象的所有物质资料和物质条件，其中最重要的是生产工具，特别是机器设备。一般说来，许多较大的技术变化，往往首先体现在机器设备等劳动手段的变化之上。机器生产代替手工工具生产以及自动化生产流水线代替以往的分离的机器加工操作，就是最典型的例子。劳动对象是指在生产过程中将劳动作用于其上的东西。技术进步可以改变劳动对象的属性和扩大劳动对象的规模。如新技术可以改变原材料的物理或化学属性，甚至可以导致新材料的出现；技术进步可以为人们寻找和获得新的矿藏等自然资源提供新的手段，因而可以扩大劳动对象的数量和规模，或者降低人们获得这类劳动对象的成本。

第三，技术进步可以提高人力资源的质量。这主要表现在三个方面：一是较高技术水平要求劳动者具有较高的教育程度，因而迫使劳动者接受更多的教育和培训；二是高技术的现代化往往与分工的深化相联系，因而能使劳动者在专门化的工作中获得高度熟练的技能；三是技术进步导致的高生产率为劳动者获得更多的闲暇提供了可能性，而更多的闲暇又可以为提高劳动者的精神素质和体力素质创造有利的条件，并且也为劳动培训提供更良好的设备条件。

第四，技术进步可以开发出新的产品和劳务。比如一种新技术的使用可能导致一种新产品的出现。而由于消费的互补性，一种新产品的出现可能要求互补新产品的研制开发，因而形成新的技术。因此，新技术与新产品、新产品与新技术之间呈现连锁效应。

第五，技术进步引起和促进产业结构的实际变化。一国产业结构的变化可以由多种原因引起。资源状况的变化、新市场的开发、民众消费偏好的变化、开放程度和进出口结构的变化等因素都可能引致产业结构的改变。然而，产业结构的任何变化都离不开技术状况的改变。没有技术条件的变化，任何产业结构的实际变化都是难以设想的。技术进步可能作为上述诸因素的伴生或辅助条件而促成产业结构的改善，也可能作为一个单独的因素成为产业结构变化的诱发剂，例如，现代电脑技术的出现就是电脑行业形成的基本或首要原因。

技术进步的诸多作用，归结起来落在两点上：提高投入产出率和改善经济结构。其中投入产出率的提高更具有根本性。经济结构的改善往往是由于某一部门产出的增加或成本的节约的结果。图 7-1 和图 7-2 都表明了这种投入一产出率的增加。

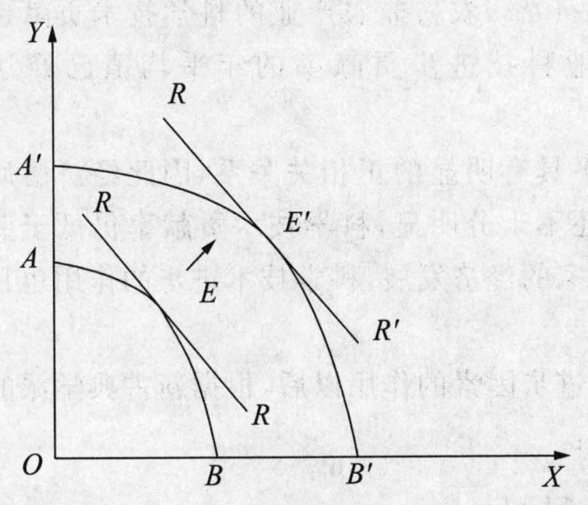

图 7-1　技术进步引起生产可能性曲线移动

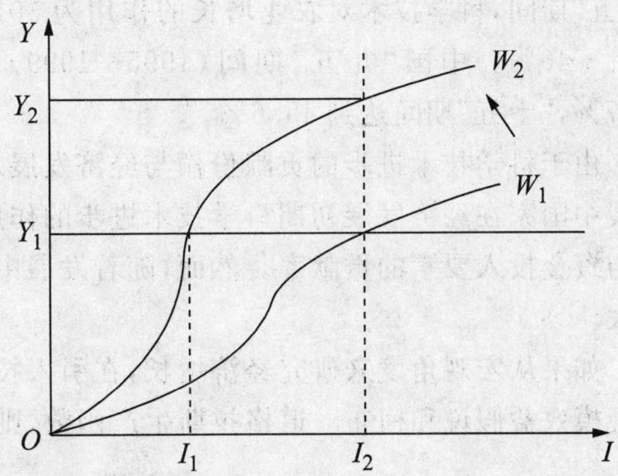

图 7-2　技术进步引起投入一产出曲线向上移动

图 7-1 假设一国厂商生产 X 和 Y 两种产品。技术进步前的生产可能性曲线 AB 与等收益线 RR 相切于 E 点，厂家在 E 点上进行生产。技术进步后，生产可能性曲线向外移动至 $A'B'$，并与等收益线 RR' 相切于 E'，厂家在 E' 点上进行生产。由于 RR' 代表的收益大于 RR 代表的收益，则该图表明，在相同资源限制的情况下，技术进步使收益增加。

图 7-2 假设一国总投入 I 与总产出 Y(也可以看作某一厂商的生产曲线)在技术进步前有 W_1 线表示的关系。技术进步后这条曲线向上移动到 W_2。很明显，对任意一个投入(如 I_1)，技术进步后可获得更大的产出(如 $Y_2>Y_1$)；对任何一个预需的产出(如 Y_1)，技术进步后所需的投入减少(如 $I_1<I_2$)。故技术进步改变了投入一产出比例。

经济发展实践证明，科学技术进步对促进经济发展的作用是巨大的。据美国经济学家丹尼森计算，1950—1962 年间，美国国民收入增长额的 42%是靠科学技术进步实现的；同期法国的 71%、意大利的 72%、西德的 62%、荷兰的 58%、英国的 53%的新增国民收入也归功于科学技术的应用。另据前苏联经济学家康托罗维奇计算，前苏联国民经济增长中靠科学技术实现的部分：1961—1965 年为 40%，1966—1970 年为 71%，1971—1975 年为 44%，1976 年为 60%。进入 20 世纪 80 年代以后，其国民收入增长量的一半以上和劳动生产率增长量的 75%是应用科学技术的成果。日本通产省技术研究所考察结果表明，50 年代日本劳动生产率增长量的 60%是依靠科学技术进步实现的。中国科技部研究中心的测算结果表明，1978 — 1997 年中国 GDP 年均增长 9.81%，科技年均进步率为 5%，贡献率为 47%，并预测，2006—2010 年科技进步对经济增长的贡献率达到 58%，2010—2015 年达到 60%。①

20 世纪以来，农业科学技术进步在促进农业生产发展方面发挥了极为显著的作用，而且通常大于总的科学技术进步的贡献率。据发达国家统计，本世纪初，这些国家农业增长量中不到 20%是依靠科学技术进步实现的，而现在这个增长量的 60%～80%应归功于农业科学技术进步的作用。在 1929—1972 年，美国农业增长值中的 81%和劳动生产率增长量的 71%归功于农业科学研究和技术推广。

根据测算，中国在 1972—1980 年间，农业总产值增长量中 27%是依靠农业科学技术进步

① http://www.sts.org.cn/fxyj/ffyj/documents/xzfx.htm

实现的，而1978—1984年期间，因科学技术进步而产生的增长占35%。在"六五"、"七五"、"八五"期间，科学技术对农业增长的作用为30%～40%，农村非农产业的科学技术贡献也在30%～40%。中国"九五"期间(1995—1999)农业科技进步贡献率的年平均值已经达到40.7%，"十五"期间达到45.6%。[①]

由于科学技术进步的贡献份额与经济发展水平具有明显的正相关关系，因此经济落后的发展中国家在经济发展初期科学技术进步的作用还不十分明显，科学技术贡献率仍低于劳动力与资金投入要素的贡献率。然而，随着发展中国家的经济发展，科学技术进步的作用也日益增大。

如果从宏观角度来研究经济增长，在引入技术进步因素的作用以后，根据新古典学派的固定规模效益假说和柯布—道格拉斯生产函数，则有：

$$Y=\mathrm{f}(A、K、L)=AK^{b}L^{1-b} \tag{1}$$

(1)式中，Y 代表最大产出量，A 代表投入到生产活动中赋予了经济意义的技术进步要素。K 为资本品，L 为劳动的投入量。对(1)式作时间 t 的全微分后为：

$$\frac{\mathrm{d}Y}{\mathrm{d}t}=\frac{1}{A}Y\frac{\mathrm{d}A}{\mathrm{d}t}+b\frac{1}{K}Y\frac{\mathrm{d}k}{\mathrm{d}t}+(1-b)\frac{1}{L}Y\frac{\mathrm{d}L}{\mathrm{d}t} \tag{2}$$

对式(2)；两边同除 Y 得：

$$\frac{\mathrm{d}Y}{\mathrm{d}t}*\frac{1}{Y}=\frac{1}{A}*\frac{Y}{Y}*\frac{\mathrm{d}A}{\mathrm{d}t}+b\frac{1}{K}*\frac{Y}{Y}*\frac{\mathrm{d}k}{\mathrm{d}t}+(1-b)\frac{1}{L}*\frac{Y}{Y}*\frac{\mathrm{d}L}{\mathrm{d}t}$$

即

$$\frac{\Delta Y}{Y}=\frac{\Delta A}{A}+b\frac{\Delta K}{K}+(1-b)\frac{\Delta L}{L} \tag{3}$$

由(3)式可知：

(1)总产值的增长速度 $\Delta Y/Y$ 取决于资本品、劳动和技术进步的增长速度，即 $\Delta K/K$、$\Delta L/L$ 和 $\Delta A/A$；

(2)$\Delta A/A$ 就是技术进步因素对经济增长的贡献。在这里，把技术进步视为一个完全独立于资本品和劳动之外的经济增长因素，这纯粹是理论上的抽象。在现实中技术进步是物化在资本品中、体现在劳动者能力之中，或反映在对资本品和劳动的组织管理之中。人们是很难从资本和劳动中把它分离开来的；

(3)即使 $\Delta K/K=0$ 和 $\Delta L/L=0$，即生产中占用的资本品和劳动不增加，只要有技术进步，$\Delta A/A>0$，经济就可增长。当然，若有技术进步，劳动及资本品用量也增加的话，产出 Y 当然增加更快。这进一步说明了经济增长不但受资源用量 $K+L$ 的影响，也受技术进步 A 的影响。

---

① http://www.agri.ac.cn/AgriSciFare/GN/ZH/200,705/10,832.html

第二节　技术创新与技术引进

技术创新实际上是技术一经济概念,源于人们关于技术进步与经济发展的探求。技术进步的核心正是技术创新。从社会角度来看,可以对技术创新作如下解释:技术创新是由创新主体一企业所启动和实践,以成功的市场开拓为目标导向,以新技术设想的引入为起点,经过创新决策、研究与开发、技术转化和技术扩散等环节或阶段,从而在高层次上实现技术和各种生产要素的重新组合及其社会化和社会整合,并最终达到改变技术创新主体的经济地位和社会地位的社会行动或行动系统。

一、技术创新理论

1911 年,美籍奥地利人约瑟夫·熊彼特出版《经济发展理论》一书,首先提出"创新"概念,建立了在西方经济学中颇有影响的创新理论。按照这种理论,经济发展的关键是在经济生活中不断实现"创新"。那么,什么是"创新"呢? 熊彼特认为,"创新"是一种"新的生产函数",是生产要素和生产条件的"新组合"。它一般包括五个方面的内容:①引进新产品或提供一种产品的新质量;②采用新技术、新生产方法;③开辟新市场;④获得原材料的新来源;⑤实现企业组织的新形式。"创新"是一个"内在的因素","经济发展"也不是外部强加的,而是"来自内部自身创造性的关于经济生活的一种变动。"发展主要就是采用不同方式去使用现有的资源,从事新事业。

熊彼特还认为,"创新"和"发明"是两个不同的概念。他认为"发明"是新技术的发现,而"创新"则是将发明应用到经济活动中去。一种新发明只有当它被应用到经济活动中去时,才成为"创新"。发明家不一定是"创新者",谁是创新者? 他认为只有敢于冒风险,最先把一个发明引入生产体系的企业家才是"创新者"。因此,他将"创新"活动的倡导者和实行者称为"企业家"。在他看来,静态经济的主体是"经济人",动态中的经济主体则是"企业家"或"创新者"。"企业家"与一般企业经济管理者不同之处在于,普通企业经营管理者只是按照传统方式"经营"管理企业,而"企业家"则有远见敢于冒险,有进取精神,不因循守旧,不故步自封,不断倡导和实行"创新活动"。

熊彼特去世后,"创新"理论在其追随者和拥护者的推动下发展成为两门经济学,一是以技术变革和技术推广为对象的技术创新经济学;一是以制度变革和制度形成为对象的制度创新经济学。这里主要介绍技术创新理论方面的两个主要发展:一是爱德温·曼斯菲尔德所研究的"模仿"和"维持"的关系;一是莫尔顿·卡曼和南赛·施瓦茨所研究的"技术创新"和"市场结构"的关系。

(一)"模仿"和"维持"的关系

"模仿"和"维持"的关系,即影响新技术在同一部门的不同企业之间推广的经济因素问题。"模仿"是指某企业首先采用一种新技术后,其他企业以它为榜样跟着采用。"维持"是指某个企业首先采用一种新技术后,其他企业并不"模仿"采用,依然使用原来的技术。曼斯菲尔德提出了"技术推广模式",说明新技术首先被某企业采用后,需要隔多久才被该部门多数企业采用。为了说明这一过程，他提出了“模仿速率”和“模仿比率”的概念。“模仿速率”是指以首先采用新技术的企业为榜样的后来企业跟着采用新技术的速度；“模仿比率”是采用某种新技术的企业数占该部门企业总数的比例。他认为一种技术的采用，受三个主要因素和四个补充因素影响。三个主要因素是：①模仿比率。模仿比率越高，模仿速率越高，模仿者冒风险的可能性越小；②相对盈利率。采用新技术的企业相对盈利率越大，模仿的可能性就越大，从而“模仿比率”也越大；③采用新技术的投资额。采用新技术所需要的投资越多，则资本供给来源越困难，模仿的可能性越小，从而“模仿速率”也会越小。四个补充因素是：①原有设备还可以使用的时间长短；②该部门销售量增长率高低；③该项新技术初次被采用的年份；④该项新技术初采用的时间在经济周期中所处的阶段。

(二)“技术创新”与“市场结构”的关系

所谓“技术创新”与“市场结构”关系的研究，是指对什么样的市场结构最有利于创新的问题进行研究。

根据竞争和垄断在市场中占的比重不同，可将市场结构分为三种类型：完全竞争市场、完全垄断市场和垄断竞争市场。卡曼和施瓦茨等认为，上述三种市场结构中，最有利于创新的是垄断竞争市场。这是因为：①完全竞争意味着资源和信息可以完全自由流动，因而创新得不到保护；完全竞争没有超额利润，故而创新缺乏利益刺激。事实上，完全竞争中包含的产品同质化的条件与任何单个厂商的任何创新都是相抵触的；②完全垄断市场中，厂商无须创新即可获得高额利润，创新的必要性已经不复存在；③垄断竞争是一种既有垄断因素，又有竞争成分的市场，其中的垄断因素是厂商通过创新而获得的，它因而也获得垄断利润；由于竞争的存在，某家厂商的创新不久即会被其他厂商模仿，因而原有的垄断因素和垄断利润趋于消失，达到一种长期均衡。可是，这种均衡也不可能无限期维持下去，因为潜在的垄断利润又会引起单个厂商进行新的创新活动，并进而又诱使其他厂商加以模仿，如此又形成新一轮的创新浪潮。可见，垄断竞争是最有利于创新活动的。

既然如此，发展中国家在选择和设计本国经济发展的运行机制时，在指导和控制国内市场活动时，就应该努力促成和维护国内的垄断竞争的市场结构。由于完全竞争只是一种纯理论抽象，而现实中接近或趋于完全垄断的情形则较易出现，所以，防止和限制垄断应是发展中国家制定发展政策的一个必不可少的部分。

(三)创新的条件及其障碍

创新理论认为，“创新”必须有一定的条件，这些条件包括内外两个方面。就外部因素而言：①市场结构属于竞争性的买方市场，这是刺激技术创新的基本条件。②同一生产规模、技术水平的企业之间的竞争是推动技术创新的外部压力。③有高效益的前景存在，即通过对市场前景的预测，企业的技术创新活动可以得到投入少、产出多、效益高的结果。这就要求宏观经济环境较平稳，市场透明度较高。④政府对企业创新活动的支持。包括专利制度的完善，财政、信贷制度的完备，研究与开发机构的设置及其相应的法律制度等等。

就内部而言，推动技术创新的激励条件主要是：①高盈利的驱动。技术创新是保持利润优势的一条后路。②有志于进行技术创新的企业家。③有广泛、迅速的信息系统，有比较完善的与本企业生产相配套的科研体系。这一点对引进外国技术的企业更为重要。

技术创新障碍在一些发展中国家主要有以下两类：

(1)卖方市场严重阻碍技术创新。持续性的商品短缺将造成卖方奇货可居，即便是低劣的商品也是“皇帝的女儿不愁嫁”，那么企业也就失去了产品和技术开发的动力和迫切性。

(2)宏观政策和体制不利于技术创新，如科技体制、财政体制、金融体制以及法律环境，不利于企业的技术创新。例如技术创新的资金来源不能保证；某些技术开发的风险使企业难以承受；专利制度不完善及执法不严造成随意侵权，严重影响了企业技术创新得到的经济收益。

因此，对于发展中国家来说，要赶上技术先进的国家，必须对创新的激励制度的可能存在的障碍进行深入研究，从体制、政策上为技术创新提供良好环境。

二、发展中国家促进技术创新的对策

技术创新是一个系统工程，需要考虑各方面因素；其中，对创新主体—企业的足够的创新激励是不可忽视的。

(一)构建创新体系

技术创新是一个新产品设想的生产，经过研究开发、工程化、商业化的动态过程，它包括技术发明的开发、试生产到产品的市场营销等阶段，本身就是一个系统工程。因此，必须构建创新体系，要求“产销学研”相结合，充分发挥国内外科技力量的作用，使营销、生产部门与高校、科研院所之间实现充分的双向交流，形成以新技术成果产业化、商业化为目标，以资产为纽带的优势互补、利益共享、风险共担的格局。

(二)深化企业改革，使其成为技术创新的主体

自 19 世纪以来，技术进步方式发生了两方面彼此关联的变化：一是 R&D 活动的体制化，致使组织替代个人成为科技进步的主体；二是 R&D 活动的企业内部化，致使企业掌握了社会大部分 R&D 资源，逐渐成为技术知识的生产主体，而不只是劳力制品或商品的生产主体。近 20 年来，尽管产销学研之间技术合作的重要性有了明显的增长，但企业在技术创新中作为技术知识生产主体的地位并未改变，企业内部的 R&D，进而企业之间的技术合作，依然是企业捕捉创新机会并获取创新所需要的技术知识的主导组织形式。事实上，技术创新虽然包括技术行为，但由于它成功与否的标志在于产品的市场实现程度，所以，技术创新更重要的一个属性，是经济行为。这就决定了技术创新的主体是企业。

要促使企业成为技术创新主体，首先必须建立企业技术创新机制，即使企业在市场竞争中具有企业技术进步的动力机制、运行机制和约束激励机制。其次，企业的组织制度与组织结构要适应企业技术创新的需要，把技术改造的重点从单纯提高工艺装备水平和制造能力上转移至提高新产品的开发能力和按市场需求来组织生产的市场应变能力上。第三，企业经营管理也要根据企业的技术创新要求进行调整，从管理创新入手，充分发挥各个层次的功能，高层决策要把主要精力放在制定企业的发展战略上，以提高企业的应变能力和管理效益。第四，企业要重视技术选择，从技术能力和市场需求两方面进行考虑。

(三)创造实现技术创新的外部条件

企业所处的外部环境对企业技术创新具有重要作用，无论是经济的市场化程度，还是国家

的法律法规都对企业的技术创新产生重要的影响。

(1)政府应该通过各种手段对企业技术创新进行引导和促进。一是运用法律手段。国家应采取法律法规引导和促进企业的技术进步,对企业的R&D经费投入占销售额的比例和技术开发与技术改革费用占销售额的比例,要针对不同行业不同情况从法律上予以明确,强制执行。国家对技术落后的产品、设备和工艺,应该明确限期淘汰,促进企业进行更新,进而促进企业技术进步。国家应该严格整顿市场秩序,严禁不公正竞争,加大打击假冒伪劣产品的力度,建立公平竞争的市场秩序,使得企业技术进步真正成为企业提高竞争力的根本途径。二是运用经济手段。国家应该充分运用财政政策、税收政策和产业政策等手段对企业技术创新进行引导和促进。三是管理手段。政府机构改革后,职能发生转变,原来对企业技术创新、改造进行具体安排与审批的行业主管部门只行使行业指导职能,要充分发挥和完善行业及产品的技术标准、企业技术标准、企业管理标准和产品质量认证体系等行业或产业标准,通过这些技术标准的管理,使得企业逐步建立起技术创新的机制,逐步实现企业技术创新的良性循环。

(2)要加快国民经济的市场化进程,使市场经济规律发挥更大的作用,为企业技术创新创造一个公平的竞争环境。市场化树立企业的主体地位,市场化进程越快,企业的市场主体地位越明显。市场化的推进使得企业日益成熟,在企业受到外界因素制约的时候,将从内部的调整来寻求突破,而技术创新是重要的组成部分。市场化使国内市场与国际市场接轨,使国内企业面临外来的竞争压力,也获得巨大的机遇,可以利用国外市场的资金、技术、管理和人才来加速自身的技术进步,提高技术水平,使企业获得跳跃性的发展,增强自身的竞争能力。在市场化的经济形态中,企业间竞争存在的长期性,为企业的技术创新提供了不竭的动力,当技术进步由量变积累到一定的程度时,可引致产业结构发生质的变化。

(四)建立风险机制

技术创新是一种风险性活动。风险可能会导致技术创新项目失败,但收益与风险的对称性又可能给技术创新带来高收益。西方发达国家已经建立了一整套完整的创新风险机制,诸如科技保险、风险基金等,国家往往只投资于重大的基础的科学研究项目。发展中国家也必须建立起配套的相关风险机制,鼓励和刺激社会资金流向技术创新活动。

三、发展中国家的技术引进

发展中国家技术进步的途径有二:一是依靠自我力量进行技术开发;二是从先进国家引进技术。但对于发展中国家来说,虽然在国内形成和保持一定的研究和开发能力十分重要,但实现技术进步的主要途径是从国外引进技术。这是因为国内技术开发成本较高,速度较慢,难以在较短的时间内赶上或超过世界先进国家。当今发达国家已将科学技术推上尖端,许多现成技术可供发展中国家借鉴、引进。二次大战后新兴工业国在其工业化过程中摸索出一套全面地寻求技术进步的方法,为后起的发展中国家提供了一整套经验和教训。这使得发展中国家有可能大规模地进行技术引进。技术引进较技术开发有时间短、风险小、成本低等诸多优点。

(一)技术引进的种类与渠道

可以从不同侧面对国际间技术转移或技术引进进行分类。根据米拉·维尔金斯的意见,国际技术转移可分为以下两类:

1. 简单的国际技术转移　它是指某项先进技术由 A 国转移到 B 国，而不管 B 国采用这项先进技术后能否复制出来。

2. 技术吸收　它是指某项先进技术由 A 国转移到 B 国，并且被 B 国复制出来。因此技术吸收又被称作“真正的技术扩散”。

简单技术转移是技术吸收的前提，但它有局限性，因为一旦引进的设备损坏了，本地就无法仿制，就不得不重新进口，所以技术吸收更为重要。

由此产生了两种“时差”概念。一是“国际模仿时差”，这是经济学中常见的术语，是指一种新产品在一创新国中最先生产出来的时间与在模仿国中生产出来的时间距离，这种“模仿时差”的概念没有表明在模仿国中这种新产品是该国自己生产出来的，还是由跨国公司的分公司生产出来的，如果是后者，那么这种模仿并不是技术吸收，而只是进口的继续，不过是一种简单的技术转移。因此，维尔金斯主张采取另一种“吸收差距”的“时差”概念。它是指模仿国首次引进一项新产品的时间与该国在自己占有和控制下生产出该项新产品的时间之间的差距。因此，“吸收差距”注重的是新技术的吸收，而不在于技术单纯在地理位置上的转移。缩短技术吸收时差显然是十分重要的。

发展中国家从发达国家引进技术的过程也是发达国家技术向发展中国家转移的过程。被转移的技术通常包括两种形态：①物化形态的技术，如先进的设备，熟练劳动力，专家、教师、技术人员和管理人员等；②非物化形态的技术，如专利、商标和外形设计等产权技术，以及图纸、设计方案、技术说明书、技术示范和具体指导等专有技术。一般说来，当一个国家科学技术水平和工业制造能力较低时，物化形态的技术在引进技术中占较大比重；而当该国科学技术水平和工业制造能力提高时，非物化的技术知识所占比重就会相应提高。

爱德温·曼斯菲尔德从另一个侧面将技术转移分为两类。

(1)垂直技术转移。是指将 A 国关于基础科研成果转用于 B 国的应用科学中，或将 A 国的应用科研成果转用于 B 国的生产中。

(2)水平技术转移。是指将 A 国已被应用于生产的新技术转用于 B 国的生产领域。

发达国家向发展中国家的技术转移，大体上是通过以下三条渠道进行的：

(1)援助渠道。通过援助渠道转移的技术，一般包括：向发展中国家派遣专家、教师和技术人员，在发展中国家国内或发达国家本国为前者教育和培训各类专业人才，用低息或无息贷款或捐赠款在发展中国家投资，建设工厂、铁路、医院、学校，等等。通过援助渠道转移技术，称为“技术援助”，其金额包括在开发援助投资中。

(2)贸易渠道。通过贸易渠道转移技术，也称“技术贸易”，包括项目、成套设备、单机(关键设备)等硬件的贸易，和产权技术、专有技术等许可证贸易或软件的贸易。

(3)投资渠道。通过投资渠道转移技术，是指发达国家的跨国公司提供资金，同时提供技术、管理、市场推销等在发展中国家投资建厂(即直接投资或“一揽子投资”)；特别是，由此转移的技术往往与东道国有关的人员的培训能比较紧密地结合，因而在转移技术的同时也为东道国培训了一批能应用先进技术的熟练工人和有一定能力的企业管理人才。

在上述几条渠道中，许可证贸易是技术转移的最主要的渠道。不过，在实际过程中，技术转移往往通过上述几条渠道同时进行。例如，直接投资往往和许可证贸易同时进行，或硬件贸易和软件贸易彼此结合。尤其是发展中国家，单项软件贸易在最初往往是不可靠的，因为国内技术知识的存量太小，尚不足以使之转变为有效的生产能力，故须与硬件贸易相结合，或作为外国一揽子投资的一部分来进行。所以,在发展中国家,技术转移或与物品贸易相联系,或与资本转移相联系,只是近年来,才越来越多地单由许可证贸易来进行。

(二)技术引进的障碍和成本

由于发展中国家的现实条件和发达国家很不相同。这种不同,就是发达国家技术在向发展中国家转移过程中,碰到的来自发展中国家内部的障碍。这些障碍大体上有以下几个方面:

(1)需求障碍。由于人均收入水平低,经济单位自给自足,所以,市场往往狭小而分散,这就决定了在高度商品化条件下为大工厂设计的大规模生产技术,难以应用于生产。

(2)资本障碍。由于人均收入低决定了储蓄水平低,因而资本积累的能力难以适应为发达国家设计的大量使用资本的技术。

(3)技术障碍。发展中国家缺少使用、吸收和掌握发达国家技术的熟练工人、经营管理人才和科学技术人才,因而难以做到使发达国家技术很快同化。

(4)资源障碍。使用发达国家的技术所必需的各种投入物品,往往因当地缺乏或难以达到所要求的标准,而必须从发达国家进口。像这种进口物品密集型技术,对外汇短缺的发展中国家来说,显然也是不适宜的。

(5)基本结构障碍。发达国家的技术在使用上所必需的较大规模且较集中的动力、道路、港口、仓库、电讯等基础设施,在发展中国家,供给往往不足(即使在大城市也是如此),并且仅仅集中在少数大城市和地区。这对发展中国家吸收并普及推广新技术,无疑也是一道障碍。

(6)就业障碍。发达国家劳动力相对短缺,为此设计的节约劳动力的资本密集型技术,对拥有巨大过剩劳动力的发展中国家来说,必然会碰到就业方面的障碍。

此外,技术引进的障碍也常常来自技术输出国。这主要是由于国际垄断公司出于获取垄断利润的目的进行技术垄断以及技术输出国政府出于某些政治目的对技术输出进行干涉。在国际技术转移中,发展中国家一般处于不利地位,被迫接受技术输出国的许多苛刻条件,这些条件包括原料、材料供给和产品销售市场方面的限制,以及一些政治方面的条件。发展中国家因为处于技术落后的地位,为技术引进付出的代价是巨大的。

技术引进的成本是指引进一项技术必须支付的直接费用(不包括克服上述障碍所付出的间接代价)。这种成本一般包括以下几项:一是购买专利或特许的使用费。这是指为获得一项技术专利或某种技术特许的使用权而必须向出售方支付的费用;二是技术转移的资源费用。这是指技术交易或转移中消耗的资源费用。例如,设备引进要支付运输费用,聘用国外专家和技术工人要支付高额薪水等等;三是技术转移中的效率损失。使用一项新技术是要冒风险的。其中最容易出现的情况是大技术引进的初期,由于工人不能熟练地运用新技术,结果反而使劳动生产率(或产品质量)有所下降。当然,只要技术引进是一种正确的选择,那么,这种效率损失只是短期内的一种代价;四是为使引进的技术适合本国条件,而必须支付的研究费用。有些国外的技术不必经过本国的修改即可直接在国内加以使用,另一些技术则不然,它们需要在国内经过或多或少的修改后才能用于本国的生产领域。例如,有些农业技术必须适应本国的气候条件与耕地状况之后才能在国内加以应用和推广;有的工业技术需略加修改后才能使其产品适合本国消费者的偏好等等。

技术引进的成本当然会对发展中国家的技术引进规模发生限制性影响,也会对引进何种技术发生影响。但是,与前述技术引进的障碍相比,技术引进成本对引进的限制性影响要小得多。应该说,对大多数发展中国家而言,它们所遇到的困难主要不是支付不起技术引进的费用,而在于在国内和国际上遇到了种种技术引进的障碍。这些障碍中的大部分对相当一批发展中国家来说,在中短期内都是难以克服或难以基本克服的。例如,国内资本不足,劳动力素质甚低,基础设施薄弱等问题,成了许多发展中国家技术进步中的拦路虎。所以,这些国家自己应将较多的注意力放在克服技术引进的障碍之上。

在技术引进中,必须从国民经济整体角度出发,站在战略的高度,慎重考虑。特别应注意以下几个问题:

(1)注意技术引进带来的经济负担及对外国技术的依赖性。发展中国家的技术引进大多是同外国投资的设备一起进来,因此,不仅造成发展中国家债务增加的负担,而且易形成对外国的依赖性。所以,在引进技术时,既要注意其经济效益,考虑投资回收期,又要考虑本国吸收、消化能力,在引进的基础上创新,以摆脱对外国技术的依赖。

(2)防止引进过时甚至淘汰的技术。技术发展是一个动态过程。随着科学技术的发展,技术成熟周期、老化周期逐渐缩短。根据曼斯菲尔德对 20 个主要技术发展年限的研究,技术商品的老化年限已由 20 世纪初的 37 年降到 60 年代中的 14 年。在高技术时代,这一周期正在继续缩短。目前,发达国家正处在产业结构转化时期,有些外商想方设法把资本密集、能耗高、污染严重甚至要淘汰的技术和产品推销出去。而发展中国家的一些企业,由于信息不灵,耗费了大量外汇,买回来的却是五六十年代甚至三四十年代的过时货。所以要及时掌握国外先进技术情报,了解国际技术贸易动态,防止盲目引进和重复引进。

(3)保护民族传统技术的发展。发达国家对某些技术(尤其是核心技术)往往是对外封锁的,一旦发展中国家搞出来一项,它就开放一项。但由于发展中国家研究力量的限制,无法很快形成生产能力,结果很易受到外国市场的冲击。有些适合发展中国家特点的投资少、劳动密集的传统技术和产业,也会由于技术引进而遭到冲击,以至于造成就业困难及环境、教育、生态等一系列社会问题。因此,要在充分利用本国资源、劳力等条件的基础上,努力保护民族传统技术的发展。

(4)加速对引进技术的消化吸收,加大对引进技术的再创新和研究与开发的力度,增加知识产业的就业弹性,提高就业水平。以引进技术为主体的技术进步模式导致发展中国家必须直接引进大量的生产设备、工艺方法和重要原材料、零部件等生产能力,生产这些生产要素的上游产业,如人力资源开发、技术研究与开发、先进设备和重要零部件生产等所需要的高级就业机会,都留在了发达国家,没有对国内工业生产边际就业弹性下降形成补偿。那么,一方面,技术引进越多,损失的高级就业机会就越多;另一方面,引进越少,损失的生产效率就越大。而日本在 50～60 年代通过大量引进技术,并以 5～10 倍于引进技术投资的力度加速进行研究与开发,经过再创新后实现技术出口。这一模式不仅使国民经济的技术体系获得了快速改造,而且没有在宏观经济水平上导致就业弹性下降。这一模式通过引进技术使产品迅速与国际市场接轨,并不断创新,刺激出口增长,使生产规模增大,带动了教育与培训、研究与开发、技术咨询与服务业,从而使就业量大幅度上升。因此,发展中国家在完善风险投融资机制、应用与开发领域的有偿投入制度、企业技术创新制度、市场和技术服务制度等方面应有所行动。

[案例]中国铁路技术从引进到自主创新之路

改革开放为中国技术引进创造良好的外部环境,据中国商务部统计,2007 年全国共登记技术引进合同 9 773 份，同比下降 7.3%；合同总金额 254.2 亿美元，同比增长 15.6%；其中，技术费为 194.1 亿美元，占合同总金额的 76.4%，技术引进金额创历史新高，技术创新对中国经济增长的贡献越来越大。为引进技术，中国提出了“以市场换技术”策略，加快了技术进步，一些企业通过引进—消化—吸收—再创新，提高自主创新能力，一些具有核心知识产权的企业如华为、海尔等企业走向海外。

以中国铁路技术创新为例，早在 2003 年初夏，铁道部就谋划出铁路技术创新的清晰思路：首先，原始创新是基础；其次，集成创新是主要形式；再次，引进吸收再创新是紧迫任务。这三个方面互为补充，成功实现中国铁路技术从引进到自主创新之路。2004 年春天，国务院批准中国铁路技术创新基本原则：引进先进技术、联合设计生产，打造中国品牌，同时明确重点扶持国内六家机车车辆制造企业。中国铁路在随后三年内，从法国、德国、日本、加拿大引进动车组技术及高速铁路建设配套技术。以“和谐号”动车组为例，核心技术虽然来自国外企业，但是经过近三年的消化吸收，中国已完全掌握了动车组九大关键技术及十项主要配套技术。时速 200 km 动车组的国产化程度已达到 70%以上。中国铁路合同采购的 160 列动车组，实际上整车进口只有 6 列，散件进口国内总装 12 列，其他 142 列全部由掌握了国外技术的中国国内企业自己制造。

资料来源：段平方，技术创新的理论与实践. 现代经济信息. 2009 年第 17 期，第 44～46 页.

第三节　技术进步的类型与技术选择

一、技术进步的类型

技术进步形式和种类多种多样。但西方经济学主要按照技术进步对资本—劳动占用比例的影响把技术进步划分为资本节约型技术进步、劳动节约型技术进步和中性技术进步三个类型。

(一)资本节约型技术进步

资本节约型(或称劳动密集型)技术进步是指新采用的技术是一种趋于多使用人的劳动而少使用资本的技术。技术进步后资本占总投入的比重变小，而劳动占总投入的比重增大。如图 7-3 所示。

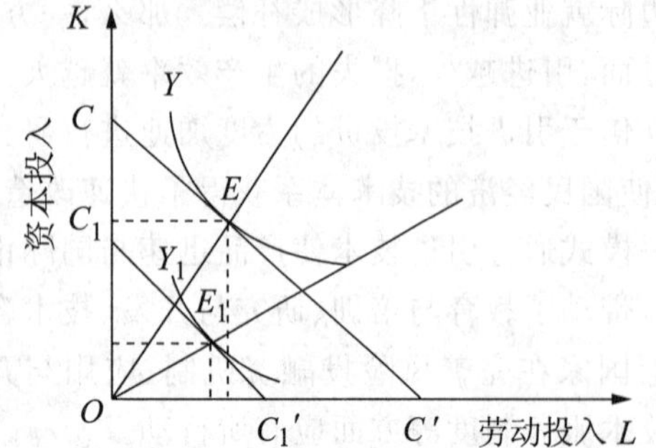

图 7-3　资本节约型技术进步

(等产量曲线 $Y=100$ 单位产出向等产量曲线 $Y_1=100$ 单位产出移动)

从图 7-3 可以看出，技术进步前生产 100 单位产出的等产量曲线 Y 与等成本曲线 CC' 相切于 E 点，OE 形成长期最优扩展线。技术进步后，等产量曲线向左下移动的同时，发生一定的方向变动，因而形成等产量曲线 Y_1。Y_1 与成本较低的等成本线相切 E_1 点。E_1 点落于原有最优扩展线的下方，而形成新的最优扩展线 OE_1。很明显，从最优资源配置点 E 到最优

资源配置点 E_1，资本的节约幅度大于劳动节约幅度，这是一种资本节约型技术进步。

资本节约技术的优点是：

(1)这一类技术在应用中所需投资的规模较小，所需外汇也较少。众所周知，资本积累不足，缺乏外汇是当今许多发展中国家所面临的一个难题。这一难题固然可以求助于鼓励国内储蓄和大力吸引外资来加以解决，但是，从实践来看，仅从金融方面着手，仍远不足以解决资本和外汇短缺的问题。所以，在这种情况下显然不能大规模地引进和开发节约劳动型或资密集型的技术，而只能通过引进和推广节约资本型或劳动密集型技术来适应本国资本和外汇短缺的状况，并逐步增强国力，加速资本和外汇短缺问题的解决。

(2)节约资本型技术可以创造较多的就业机会，充分利用国内的劳动力资源。人口膨胀、劳动力过剩是大多数发展中国家在发展中面临的一大障碍。如果这些国家一味追求先进技术，或简单地仿效发达国家，那么，劳动力供给过剩的问题不但得不到缓解，而且会变得越来越严重。相反，如果能够有效地推进节约资本型的技术进步，那么，不仅可以有效地缓解劳动力供给过剩的矛盾，而且可以较充分地利用本国的劳动力资源，将本国劳动力供给过剩这一负担转化为经济发展的动力。

(3)推广劳动密集型技术可以降低产品成本，增强本国产品在国际市场上的竞争能力。不发达国家在谋求本国经济发展的过程中，一般都会遇到外汇不足的问题。不少发展中国家都是靠出口国内资源和初级产品来获得外汇的。由于资源和初级产品的附加值不高，仅靠出口这类产品来创汇是远远不够的。针对这一问题，一些经济落后的国家在国际贸易的实践中摸索出了一些行之有效的经验，其中重要的一条就是通过采用和推广劳动密集型技术来降低出口产品的成本，从而扩大出口，增加外汇收入。在这方面，二次大战后初期日本的经济发展提供了一个典型实例；近若干年来，中国出口额的迅速增长也是一个证明。

(4)节约资本型技术一般较容易为劳动者掌握和使用。发展中国家不仅存在劳动力数量过剩的问题，而且也存在劳动力素质普遍不高的问题。数量众多和质量甚低这样一种劳动力状况致使发展中国家无法在短时期内大规模采用国外的先进技术。然而，节约资本型技术进步相对说来比较容易学会，从而也比较容易推广，这对于平均教育水平较低的发展中国家来说当然是一种甚好的选择。

(5)节约资本型技术运用于生产之中后，能在较短时期内产生经济效益。之所以如此，这首先是由于这一类技术所需投资规模小，操作工艺易于为工人所掌握。此外，也是因为这类技术的生产单位往往属于生产周期较短或资本周转较快的部门。众所周知，运用新技术迅速产生经济效益，对于发展中国家来说是十分必要的，这是发展中国家促进资本积累的一个重要方法。

资本节约技术存在的问题是，这种技术的长处是针对发展中国家短期内的现实优势和困难而言的。从长期来讲，这种技术却不利于发展中国家赶超发达国家技术和经济发展水平。从经济长远发展要求来看，资本节约技术的缺点是同样显而易见的。①劳动生产率不高，人均所得增长慢，是经济水平提高缓慢的原因，而资本节约技术无助于解决这个问题。②采用资本节约技术，会不利于社会资本存量和经济实力的积累与增长。③采用资本节约技术，会助长发展中国家的人口增长，不利于发展中国家挣脱人口的桎梏。

(二)劳动节约型技术进步

劳动节约型(资本密集型)技术进步是指采用的新技术更趋于多使用资本而节约劳动,使得技术进步后资本占总投入的比重增大,而劳动占总投入的比重变小。如图 7-4 所示。

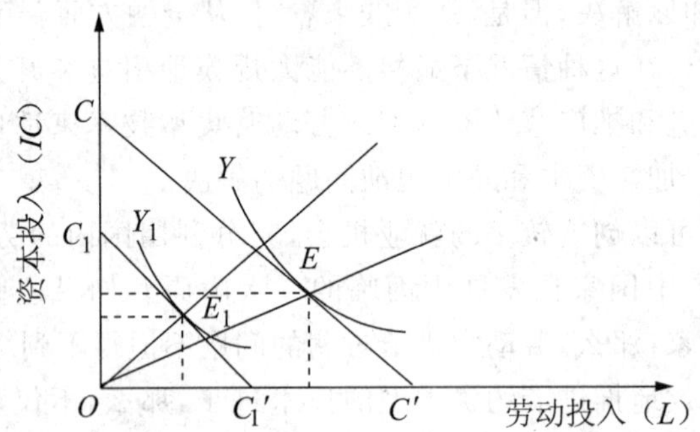

图 7-4 劳动节约型技术进步引起等产量曲线移动

($Y=100$ 单位产出向 $Y_1=100$ 单位产出)

技术进步使 $Y=100$ 单位产出的等产量曲线由 Y 移往 Y_1,最佳资源配置点由 E 点移往 E_1 点。E_1 点落于原长期最优扩展线 OE 的上方,因而,技术进步引起的劳动节约幅度大于资本节约幅度,属劳动节约型。

资本密集技术的优点是:

(1)采用资本密集技术,从宏观上讲,具有较大的连锁效应,可以带动许多有关行业的发展。这是因为资本密集技术大多属于物质技术,或者说它物化在物质中,它的采用和发挥作用,会带动许多与之相关的生产活动。如在农业生产中,采用机械化技术,就是要用机器。一台机器,在其成为可用的机器以前需要零件加工,需要钢铁业的发展,还需要采铁矿等。在其成为机器被采用以后,人们还得为它提供源源不断的燃料和维修服务,它才能正常地发挥自己的功用。这样,就有一连串相关的行业也随之发展起来。各行各业都向前发展,就会产出更多的物质产品,增加更多的经济收入,创造更多的就业机会,宏观经济就增长和发展了。

(2)能有效地增加生产的产出。物质型的资本密集技术可以极大地放大和延伸生产者、劳动者的体力和智能,放大物质生产资源的生产力和经济供应量,从而可以大幅度地提高生产资源的利用效率和劳动生产率。这样,在资源稀缺的情况下,如果不计较生产成本的高低,不计较报酬递减规律的影响,人们尽可以通过投入大量的资本密集技术,来增加总的产出。

(3)可以帮助一部分劳力不足的地区缓解劳力不足的困难。

(4)经济活动中若能尽可能地多采用资本密集技术那就意味着资本积累的加快。

因为资本密集技术一般都物化在资本品中。所以,多采用资本密集技术,就势必要增加资本品的用量。这样,资本的整个存量就会增加起来。按照发展经济学的有关理论,加快资本积累,增加资本存量,也正是经济发展的真正关键和实力所在。

资本密集技术也存在着自身的缺点:①资本密集技术的适应性有限。它在那些资本不足、劳力丰富的发展中国家是不太实用的。因为资本密集技术的采用,直接要求资本用量的增加,而相对减少劳动占用。这就会使一些资本贫乏而劳力有余的国家经济上负担不起。同时,采用这种技术经济上也不合理,因为这不利于发挥当地的劳动优势。②资本密集技术的采用,虽然可以减少部分劳动力用量,但实际上又要求劳动者具有较高的科技文化水平。这样,劳动力用量减少了,劳动力再生产的成本却会增加。于是,劳动力的价格——劳动者的工资也会提高。这种情况表明,采用资本密集技术,并不会降低生产活动的工资消耗,反而会加剧发展中国家劳动力过剩和失业。③采用资本密集技术,在发展中国家还受到农村对风险承受能力的限制,较难推广普及。资本密集技术的采用意味着投资的增加,所要承受的投资风险也越大。但发展中国家农村对投资风险的承受能力是有限的。

(三)中性技术进步

中性技术进步是指新技术的采用使劳动和资本成比例地或大致成比例地减少。技术进步后资本和劳动虽然从绝对量上得到节约,但二者占总投入的比重均不变。如图 7-5 所示。

图 7-5 中,技术进步引起 $Y=100$ 单位产出的等产量曲线平行地向左下移动,成本最低生产点由 E 移往 E_1,但 E_1 点依然位于原来的长期最优扩展线上。在 E 点上进行生产与在 E_1 点上进行生产比较,资本和劳动都成比例地得到节约,但二者比例不变,二者各自占总投入的百分比不变。这是一种中性技术进步。

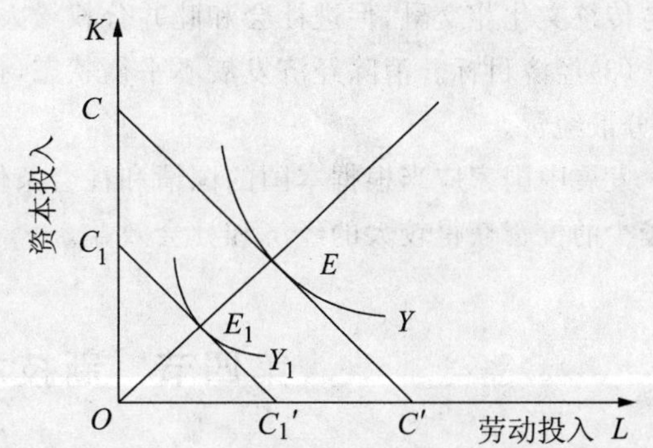

图 7-5 中性技术进步引起等产量曲线移动

($Y=100$ 单位产出向 $Y_1=100$ 单位产出移动)

二、技术选择

当今世界经济状态瞬息万变,技术进步一日千里,先进技术种类繁多,发展中国家无论是进行技术开发还是进行技术引进,都有一个技术选择的问题。正确的选择能促进经济效益的提高、促进经济发展,错误的选择则有害于社会,造成资源的巨大浪费。在上述的三种技术进步中,一般认为,发展中国家主要应当采用劳动密集型的技术以解决资本不足而劳动力过剩的矛盾。如果过多地采用资本密集型技术,会造成资本供给紧张、失业、经济结构失调等多重困难。当然,也不能说发展中国家就只能使用劳动密集型技术而一味否定资本密集型技术,那样会造成长远意义上的劳动生产率低下,尖端技术发展不力,经济和社会发展无后劲。

有关技术引进的选择,西方经济学家曾提出过“中间技术”和“适用技术”的概念。“中间技术”一词是由英国经济学家舒马赫在 1936 年首先使用的。他认为发展中国家最迫切的需要之一是制造就业机会。为此,引进技术和生产方法时应考虑发展中国家经济贫困、文化落后的环境,采用容易推广、消化的技术,即比那些最新最先进的资本密集型技术更简单、更廉价、更易于维修的,而比初级原始技术更优越的适用技术。这样既可以避免发展中国家资金短缺和高级技术人才匮乏的局面,又可带来扩大就业与技术易于消化吸收,效益良好的连锁效应。他称这类技术为“中间技术”,并形象地喻为“界乎镰刀和收割机之间的技术”。“中间技术论”的主要着眼点是技术水平上对发展中国家的适用性,但它根本上是站在发达国家利益上,考虑的是现有国际经济秩序的维持,因而也遭到一些反对意见的否定。反对者认为,中间技术往往造成产品质量低下、维修成本高、要求工人有较高技能等等缺陷。在这样的批评中,“适用技术论”

出现了。

"适用技术"是1975年由印度的A·K·N·雷迪提出的。"适用技术"指既满足引进国为了经济发展的技术需要,又考虑引进国生产要素的现状、市场规模、文化社会环境、目前技术状态等因素,而使引进技术的最终效果最大化的那类技术。简言之,就是切合引进国的特殊条件而且能取得最大化效果的技术。由于适用技术着重于广泛的引进环境、引进条件的特殊性是否适合,因此,"适用技术"有三重目标:

(1)环境目标。做到能节约能源,循环使用各种材料,减少资源的耗用,减少环境污染,促进生态环境协调。

(2)社会目标。最大限度地满足人类最基本的需要,提供富有创造性的引人入胜的工作,能与传统文化相交融,促进社会和睦并分权给人民。

(3)经济目标。消除经济发展不平衡状态,提供就业机会,采用地方资源并生产地方消费品,分散经营。

发展中国家应当根据本国的国情和社会条件来选择适用技术,更好地利用国内现有资源,以较少的投资获得较大的经济和社会效益。

第四节　新技术与经济发展

技术进步确实为人类发展提供了无穷无尽的机会。随着全球知识经济的到来,新的技术受到越来越多的关注。信息和通讯技术以及生物技术日渐突出,它们均在创新上有质的飞跃,它们不仅仅是对旧事物采用新方式,而是用全新的方式来做以前不可想象的事情。计算机和通讯的结合,尤其是通过互联网,打破了成本、时间和空间的限制,形成了全球信息网络。生物技术通过物种鉴别和移植遗传物质的能力打破了自然的限制,创造了全新的生物体,当然,其意义是深远但仍未知的。

新技术促进了全球化,开拓了新市场,新的能人在其中充分展示。通讯通过全球对话,改变了经济竞争、赋权和文化。在生物物种丰富的国家,农民、土著人与多国的药剂和农业工厂之间由于基因工程导致了综合的联系。在获取经济权利的过程中,对计算机软件和遗传信息代码的探询取代了对金矿的搜寻、对土地的掠夺和对机械的控制。知识是新的财富。在大多数OECD国家,GDP的一半都是以知识作基础的。

一、新经济及其特征

新经济作为一个新的经济概念,是针对传统经济而言。来源于美国经济持续高增长并伴随低失业和低通胀的经济现象。美国进步政策研究所的研究报告中对新经济的定义为:新经济是以知识和思想为基础的经济。在这一经济中,创造就业和提高生活水平的关键是体现在服务和创造业产品中的创新思想和技术。在这一经济中,风险、不确定和持续的变革是法则,不是例外。有学者认为,新经济是指建立在知识和信息的生产、分配和使用之上的经济。即指一种知识成为最重要的生产要素的经济,新经济的实质是新兴的信息经济对传统的农业经济和工业经济的一场革命。这场经济革命的生产力基础,正是网络化的计算机技术,或者说是以网络化计算机技术为代表的信息生产力。

新经济比其他经济更依赖于知识的生产、扩散和应用。主要表现在：①计算机、电子和航空等知识密集的高技术产业是产出和就业增长最快的产业。其他知识密集型产业，如教育、通讯、信息等的发展更为迅速。②产品制造模式转向知识密集型，技术创新成为企业竞争的焦点。需求和制造业的模式向服务活动转移（如保健、教育和休闲、研究开发和营销）。③投资正流向高技术商品和服务部门，特别是信息和通讯技术方面，以及研究和开发无形资产等，如劳动力的培训、计算机软件和专门技术投入等。

新经济与传统的工业经济相比，在表现形式上有很大不同，具体表现在：①在线经济的不断增长。在线经济是指通过互联网进行商业活动的经济，包括电子购物、贸易、订货和电子产品的网上消费。在线经济提供了许多新的形式，如远程医疗、教学、会议等服务，降低了许多产品的价格。更重要的是可使用户与制造商进行沟通，以使产品包含更多的用户需求知识，使用户参与产品的开发设计，从而使产品更贴近用户的需要。②新经济是具有不确定性的经济。世界市场的一体化使任何一个地区的不确定性都会影响到另一个看似遥远的地区；技术更新换代的加快，导致产品生命周期的缩短，使市场处在一个更大的不确定性之中。③新经济在一些国家已显现出一种低通胀、高就业的经济态势。但这种状态是否是知识经济的一个特征，还有待确定。新经济是以知识为基础、以信息技术为主导、以网络化为载体、以全球化为导向的经济，突破了传统的经济增长理论。

新经济的基本特征是网络。在经济学家看来，网络不仅包括了互联网、软件开发、硬件制造这些新兴产业，而且也包括了电力、航空、电讯技术、广播电视、铁路等稍显传统的生产部门。这里所指的网络经济决不是科学管理或企业内部生产管理中的网络。它所研究的是当社会的生产方式与交换方式以网络形式组织起来后，人与人的经济关系发生了怎样的变化。网络经济使古典经济学特别是新古典经济学的均衡分析面临挑战。我们从任何经济学教科书中读到的需求曲线向下倾斜、供给曲线向上倾斜、当供求曲线相交形成市场均衡的理论，在网络市场中却没有了意义。首先，供给曲线是不成立的。供给曲线存在的逻辑前提是价格等于生产的边际成本。所谓网络经济，不过是经济学里所讲的高固定成本、低边际成本的产业推广。一旦你为开发软件、设计芯片、铺设光缆等投下高额的固定成本，消费者的多少不会使软件产生成本上的变化。定价就无法按边际成本曲线向上攀升的理由来加以说明。只能从需求方去寻求信息产业的定价方法。然而，在一定限度内，需求方不存在价高少买、价低多买的需求规律。上网的人多了，从网上获得的信息服务会增多，收费也会高一些。从经济学角度，可称这种现象为“网络外在性”。于是，高固定成本低边际成本，以及网络的外在性，就决定了新经济的一些基本特点。不过，关于这两方面的研究已经持续了半个世纪。1956 年，拜恩（Bain）就指出过，若一个产业的固定成本或沉没成本很高，就会形成进入门槛。20 世纪 80 年代，美国普林斯顿大学经济系教授卡尔·夏皮罗（Carl Shapiro）专门讨论了在网络产品之间存在兼容性与非兼容性时，高新技术的发明与采用所受到的影响。1991 年，伦敦经济学院教授约翰·苏通（John Sutton）从外生与内生两个角度研究了高沉没成本在高新技术产业中的决定作用。1998 年，范恩（Varian 价格歧视理论的研究专家）和夏皮罗（Shapiro）所出版的《信息规则》对经济学界产生了很大影响。由于信息等高科技产业以知识为基础，而知识具有可共享、可重复使用、可低成本复制、可发展等特点，对其使用和改进越多，其创造的价值越大。而且，知识作为资本要素投入，通过与其他要素的有机配比和使用，提高了投入要素的边际效用，最终导致效益递增。如美国微软公司为开发第一套视窗软件投入了5 000万美元，其额外生产上千万套只需复制即可，成本几乎可以不计，但仍能以与第一套同样的价格发行，这样，在新经济部门，就出现了不同于传统产业部门的“边际效益递增”的情况。美国经济学家罗默据此提出了“新增长理论”，认为好的想法和技术发明是经济发展的推动力量，知识的传播以及无止境地变化与提炼是经济增长的关键，而好的想法和知识有其自身的特性，即非常丰富且能以极低的成本复制，因而产生“边际效益递增”。

传统的菲利普斯曲线理论认为，失业率和通胀率的增长方向是相悖的。但新兴工业化国家持续多年的经济增长，打破了这一理论规律，使“高增长、低通胀、低失业”称为新经济的显著特征。新经济理论认为，在技术层次不变的情况下，传统产业的生产在达到一定程度后将受到边际报酬递减的限制。但是，投资于高科技产业则不会受限于此法则。高科技产业一旦在技术或产品的研究与开发上有突破性的创新，反而因为带动了消费需求而近一步刺激企业投入研究与开发。

信息的生产成本很高但复制成本很低的特点，决定了电信、互联网这类新兴产业中能生存下来的企业是科技含量极高、创新性极强的企业。另一方面，互联网的推广会使知识产权的传统保护在许多方面都显得无能为力。对此，一些经济学家提出由于知识传播与复制可以对知识产权产生威胁与回报的双重效应，所以可以宽容的态度对待之。而且，对知识产权的过度保护只会增加技术转移的价格，阻碍了发展中国家进入新的知识产业，如计算机软件或生物药品。同时，发展中国家从植物物种到人类文化生活的多样性的贡献，并不能从产权保护中得到体现。结果就导致发达国家对发展中国家另一种形式的剥夺。

二、信息和通讯技术对经济发展的推动

互联网、移动电话和卫星网络压缩了空间和时间。20世纪90年代初计算机和通讯联系在一起，开始了对通讯方式的空前探索。之后，生产率的飞速提高、成本的降低和计算机网络的成长改变了数字通讯。如果机动车行业也能达到同等的生产率增长速度，那么今天一辆小车也许只要30元就能买到。与互联网直接相连的计算机从1988年的10万增加到1998年的360万。超过1.43亿人在1998年使用互联网，这个数字在2001年已达到7亿。互联网是至今发展最快的通讯工具。收音机从开始使用到发展到5 000万用户用了38年；个人计算机的使用发展到同样多用户花了16年，电视机花了13年，互联网只用了4年。而且，它的速度和低廉的成本是很显然的。一份40页的文件从中国邮寄到澳大利亚要花200元，经过5天；传真要花360元，经过30分钟；而通过电子邮件只需2分钟，1元多，且同时发给上百的人也不额外收取费用。这项技术给经济社会发展带来了显著的变化。一是经济活动从过去的集中变为分散，这不仅有利于大公司对世界范围内各种活动的管理，而且，也有利于小公司参与各细分市场的竞争。二是社区从分裂走向统一。因为网络通信提供了社区信息，并使地方政府行为更透明，使社区间关系更近。三是媒介活动从单一变为多样化。信息和通讯技术通过提供信息、促进赋权和提高生产率，确实成为经济发展的巨大推动力。

(一)提供信息

发展中国家通过互联网可以及时和按需要了解到许多先进的信息,因此可以解决在传统交流方式下难以解决的问题。比如许多发展中国家的医院由于资金等原因而缺少医药图书和杂志,通过网络可以给信息贫乏的医院和研究院带来重要的知识和信息。卫生网就是由网络提供服务,支持发展中国家的医务工作者。不过,仅仅是技术仍然不能解决问题。在应用中要注意:信息贫乏的研究院常常很难联上网,因为单个计算机并不够,联网需要完整的电讯基础设施;而且,设备还不是唯一的问题,制度、技能和管理也是必需的;如果没有人帮助学会在网上获取信息,则这个技术也是无益的;另外,信息只是许多需求中的一部分。电子邮件代替不了疫苗、卫星不能提供干净的饮用水。高技术也不能掩盖基本需求。

同时,信息扩散速度的加快,为发展中国家获得发达国家的新技术,加快追赶的步伐创造了条件。无论发达国家在新技术方面的进步有多大,发展中国家都能够利用"后发效应",以较低的成本获得这些技术,从而实现更快的增长速度。

(二)促进赋权

信息技术使许多小人物获得了进入国际市场和政治舞台的机会。首先使许多非政府组织有了说话机会。社会中的弱势群体和少数群体形成了网上社区,获取力量并争取权利。妇女已在利用全球通讯满足其需求。如墨西哥城的"妇女对妇女"组织就在其社区建立纺织厂,给加利福尼亚发电子邮件寻求帮助。获得所有在墨西哥城,甚至网上不可能得到的信息,比如有关公司管理实践、利益和所有权等内容。另外,电话、电子邮件和互联网给小公司提供了进入市场的途径,并节省了时间和金钱。并不是拥有复杂网址、信用卡和电子银行账号的公司才能利用信息网,在网上可以有多种做生意的方式,比如建立联系和查询价格以展示物品和签订合同。英国热带食品公司与南非、乌干达和赞比亚的合作社和小公司进行公平的干果交易,正是通过电子邮件传递信息。每日交流的信息包括商务建议、生产数量等,避免积压和短缺,并使每个合作伙伴都清楚当时的贸易状况。在过去,这种紧密的合作只可能发生在拥有完整资料网络的跨国公司之间。现在,有创新的小公司能够找到他们的市场,并与大公司一起参与竞争。信息网络技术还赋权与发展中国家的政府。1990 年 90%以上的非洲的资料是由美国和欧洲国家保存和管理,非洲的政策制定者和学者很难取得这些资料。互联网把这些资料带回了家。政策制定者获取了国际经验和不断更新的数据,在国际上的谈判地位得到加强。

(三)提高生产率

利用全球经济机会最前沿的知识部门,进行知识生产是一个增长的快速途径。创造操作进口技术的基本能力,国家可以通过学习模仿、应用于自己的需要、并最终创新,而获得进步。东加勒比海利用它低廉、半熟练劳动力出口数据处理服务;在瑞典,远程通讯使数据处理、机票和宾馆服务专业化,创造了就业机会。印度在软件出口上走在最前列。日本聚焦于创造知识密集型产业的发展战略,并且建立了国家强大的研究和开发能力。日本应该是一个极端的例子,以说明比较优势并不是固定不变的,而是在信息经济中可塑造的。亚洲是世界的生产制造中心,他们在生产、贸易、金融等方面能够更充分地利用互联网所赋予的便利条件,效率提高的潜力也很大。

三、网络社会的受益者

信息革命在世界范围产生，而且它的网络每天都在扩大，不过，仍然高度集中于少数国家。在坎博地亚，1996 年每 100 人中不到 1 部电话。相反，在摩纳哥每 100 人中有 99 部电话。按照目前电话通讯的扩散速度，不丹要到 2050 年才能达到目前新加坡的电信密度。1998 年中，拥有世界人口 15%的工业化国家有着互联网用户的 88%。相反，南亚有 20%的世界人口，互联网用户却不到全球用户的 1%。美国的计算机数量超过世界所有其他国家计算机的总和。在发展中国家，虽然大多数人住在农村，但是多数电话都集中在城市；这些国家通讯设备很差，费用很高。

而且，即使通讯系统可以获得，没有文化和基本的计算机知识人们也没有能力进入网络社会。所以即使是对于最新、最先进的技术，基础和长期的政策仍然把投资于教育作为解决问题的核心。

在每个区域，都是只有少部分人，2%的人口，进入全球循环圈。当前通往互联网的途径把受教育的人和文盲、男人和女人、富人和穷人、青年和老人、城市和农村加以区分。首先有收入才能买到路径。在南非，互联网用户的收入是全国平均收入水平的 7 倍；拉丁美洲 90%的用户来自高收入阶层。买一台电脑要花费一个普通孟加拉人 8 年的收入，而在美国只需一个月的工资。其次，教育是进入网络社会的门票。30%的全球用户有大学以上文凭，在英国达 50%，中国 60%，墨西哥 67%，爱尔兰 70%。第三，互联网由男性所控制。妇女用户在美国占 38%，巴西占 25%，日本和南非占 17%，俄罗斯 16%，中国只有 7%。而且这个情况从小孩子时就开始了。在美国，男孩花在计算机上的时间是女孩的 5 倍，父母为男孩购买技术产品所花的钱是女孩的 2 倍。第四，年轻人占主导。美国用户的平均年龄是 36 岁；中国和英国用户的平均年龄都不到 30 岁。第五，英语为主导。80%的网站和一般的用户界面都是用的英语。世界上却只有不到 10%的人说英语。

那么，网络社会似乎创建了两个平行的通讯体系：一个是为那些有高收入和受过教育的人以低成本和高速度提供充分的信息；另一个是那些没有进入网络的人只能获取高成本的不确定的过时资料。这样继续下去，会形成两极分化的社会，则那些本来就缺少收入、教育和参与机会的人群将更加贫困。所以，需要作出巨大的努力，以使发展中国家以及各个区域的贫困人群能够有机会利用新的技术，参与全球的交流。

世界各国已经根据本国情况在采取各种措施以促进各种人群的参与，基本特点为：关联、社区基础、能力建设、内容参与、适应性、协作性。

首先是将电讯和互联网市场开放，提高其关联程度。不过必须对服务客户的范围加以规定，以避免只针对城市。例如在菲律宾移动电话安装被要求在 5 年内完成服务于贫困社区的 40 万条输送线。在孟加拉国，政府对个人用计算机的购置免税。当然，对所有国家来说，要使私有市场成为能满足公众需要的竞争市场，确实是一个很大的挑战。

其次是通过社区把联网服务带给个人。在许多发展中国家，一个家庭一部电话是不可能的，尤其在农村和贫困地区。因此建立多媒体社区中心是一个较为合适的方式，使贫困人群和妇女能够参与。除了提供电话、传真、电子邮件和网络服务，它还可能成为技能培训和能力建设中心。埃及在这方面有了很成功的经验。

能力建设是促进更多人群参与的又一途径。从学校开始，培养人们使用互联网的能力。不只是通过安装计算机和教学使学生接受互联网知识和使用技能，还应对老师进行培训。

信息互通才能保证信息高速路不是单向的。各地区建立自己的网站，可以把与社区相关的内容放入，提高社区在网上的参与。

通讯联系是世界范围的，因此技术手段不能以工业化国家为中心，而需要创新的做法以适应贫困国家和人们的需要。例如在玻利维亚的农村，大多数农民从没见过计算机，但他们已经可以上网。因为关心作物的农民可以给社区领导提出问题，社区领导把要求报给广播电台，再从那里传送到联合国开发计划署的通讯中心。问题被送到网上，所接受到的答案通过电子邮件送回广播站并进行广播。

互联网不仅是一个全球通讯工具，而且成为经济发展的巨大源泉。它的演变伴随着一个管理系统的形成和完善，而且，这个管理体系并不应该仅由美国、欧盟或 OECD 来创建。因为它并不应只考虑商业利润，而应是所有人参与的权利，应依据全球利益来创建。

[案例]适应世界信息化潮流 加快提升中国信息业国际化水平

中国经济国际化与工业化、信息化、城镇化、市场化并列，作为新时期中国现代化建设的五大趋势之一。目前，信息技术革命不断推进，世界信息化成为新的潮流。例如芬兰只有 500 万人口，但诺基亚公司却是国际化程度最高的跨国公司之一，爱尔兰、瑞典也是抓住信息技术革命的机遇实现了跨越式发展。同时因特网日益普及，2006 年全球网上交易额达 6.2 万亿美元，软件领域发明创新更为密集频繁，使人们实现了实时通信，并且对世界经济和人类生活产生着日益重大的影响。中国坚持走以信息化带动工业化的新型工业化道路，信息化将会适当超前发展。中国电子信息产业目前已跃居全球第三，但 2006 年占 GDP 的比重仅为 5.3 %，占全国工业增加值比重为 12.2%，明显低于工业化国家平均水平。因此，中国仍须大量引进国际上先进的信息技术软硬件成果，积极参与国际信息产业的合作与竞争，共同推动互联网的普及和创新。

资料来源：新华网　时间：2008 年 3 月 8 日　网址：http://news.xinhuanet.com/fortune/

【本章结构】

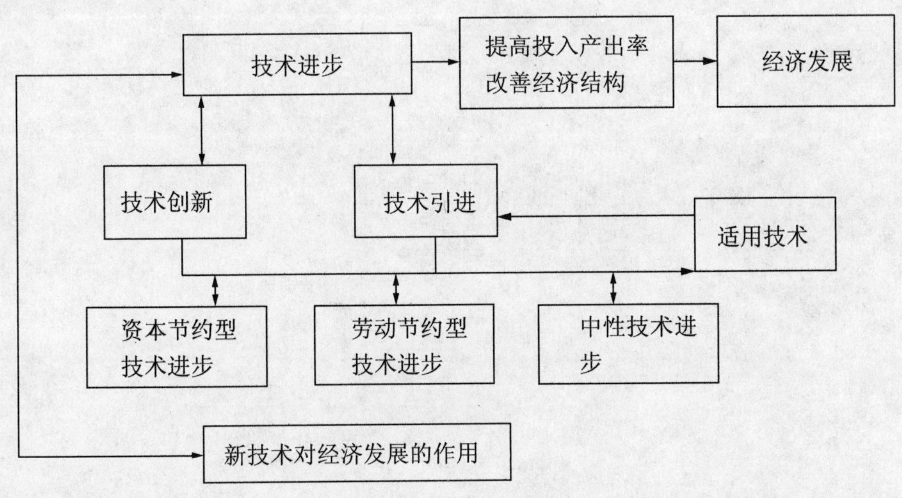

【本章思考题】

1. 在发展中国家如何从宏观上对选择技术进步的类型做出决策?
2. 技术引进对发展中国家经济发展具有什么推动和不利影响?
3. 新技术时代或者说新经济时代的来临对发展中国家经济有何影响?

【参考文献】

[1] Pari Kasliwal. Development Economics. 大连:东北财经大学出版社,1998
[2] 速水佑次郎,神门善久. 发展经济学——从贫困到富裕. 3 版. 李周译. 北京:社会科学文献出版社,2008
[3] 赵冬缓. 新发展经济学教程. 北京:中国农业大学出版社,2000

第八章　制度创新与经济发展

【引言】

无论是新古典增长模型，还是内生增长模型，都没有纳入制度因素，这就使得这些模型既不能解释发展中国家和发达国家日渐扩大的收入差距，又不能解释亚洲新兴工业经济国家在20世纪的最后几十年所取得的经济增长的奇迹。在罗纳德·科斯的制度分析理论基础上，形成了以新古典方法研究制度在经济发展中作用的新制度经济学。自20世纪60年代以来，诺思系统地分析了制度变迁对经济增长的决定性作用，指出在没有物质生产要素和技术变化的情况下，通过制度创新亦能提高生产率和实现经济增长。20世纪80年代中期以来，越来越多的经济学家开始应用制度分析的工具来考察发展中国家的问题。本章将剖析制度的定义和构成，说明制度在经济发展中的地位和作用，进而阐释制度创新与制度变迁。

【学习目标】

1. 了解制度的。构成及功能。
2. 从案例中了解制度如何对经济发展产生作用。
3. 掌握制度创新与制度变迁的理解方式及其内在机制。

第一节　制度的内涵

一、制度的定义

从19世纪末20世纪初出现的“制度经济学”，到20世纪60年代开始形成的“新制度经济学”都对制度有着各自的定义。凡勃伦(T. Veblen)在1899年出版的《有闲阶级论》一书中认为：“制度实质是个人或社会对有关的某些关系或某些作用的一般思想习惯；而生活方式所构成的是在某一时期或社会发展的某一阶段通行的制度的综合，因此从心理学方面来说，可以概括地把它说成是一种流行的精神态度或一种流行的生活理论。”康芒斯(John R. Commons)则认为，“制度”是集体行动控制个人的一系列行为准则或规则。更通俗地说，制度是在社会一定范围内的每个个人必须遵守的行为准则或规范。舒尔茨(Henry Schultz)(1991)在《制度与人的经济价值的不断提高》一书中，将制度定义为管束人们行为的一系列规则，这些规则涉及社会、政治及经济行为。舒尔茨还对制度进行了划分：①用于降低交易费用的制度，如货币、期货市场；②用于影响生产要素的所有者之间配置风险的制度，如合约、公司、保险等；③用于提供职能组织与个人收入流之间的联系的制度，如财产，包括遗产法、资历和劳动者的其他权利等；④用于确立公共品和服务的生产与分配的框架的制度，如高速公路、学校等。诺思(1991)认为，“制度是一系列被制定出来的规则、守法程序和行为的道德伦理规范，它旨在约束追求主体福利或效用最大化利益的个人行为。”他还提到，制度通过提供一系列规则来界定人们的选择空间，约束人们的相互关系，从而减少环境中的不确定性和交易费用，进而保护产权，增进生产性活动。制度提供的一系列规则由社会认可的非正式约束、国家规定的正式约束及其实施机制组成。斯考特(Schotter,1981)认为，当行为当事人处于一种重复博弈状态时，一个群体的所有成员的行为就具有一种规律性，当这种规律性是真实的并且是共享性的知识的时候，它就是制度。

舒尔茨和诺思的定义概括了制度的表现形式和功用：制度表现为人们合作、竞争及其他在社会生活中所必需的正式的规则、守法程序及非正式的道德伦理规范；其功用在于约束人们追求个人利益最大化的行为，使人们能对他人的行为做出预期，减少不确定性，以降低交易费用。

二、制度的构成

从制度的产生方式，或者说是从制度的起源来看，新制度经济学所讲的制度，分为内在制度和外在制度，同时还包括其实施机制。

(一)外在制度与内在制度

内在制度，又称之为内在规则、非正式规则和非正式制度。它是指人类群体内随经验而演化出来的那种制度，主要是通过风俗习惯、社会舆论来实施。内在制度的产生不是出自任何人为设计，而是在历史演进过程中自发形成的。在经济和社会交往中，内在制度发挥着重要的作用。内在制度决定了经济发展过程中的“路径依赖”。内在制度降低制度的执行成本。制度的执行成本就是制度运作时所花费的人力、物力和财力以及违反制度进行惩罚时所花费的代价。内在制度还能弥补正式制度的不足。一般地说，在社会经济生活中，内在制度包括了价值信念、伦理规范、道德观念、风俗习惯等，甚至还包括意识形态。

外在制度，亦称为正式制度，是由统治共同体的政治权力机构自上而下设计出来、强加于社会并付诸实施的各种规则。在人类社会的历史上，外在制度的出现要比内在制度迟得多，因为外在制度的出现有赖于政府的建立和政府立法程序的不断完善。同内在制度相比，外在制度有着自己的特点。外在制度的主要形式是法律，一般都要通过文字来表达，表达比较清晰，易于理解，同时容易克服操作中的随意性。外在制度具有强制性，有利于执法专业化，提高执法效率。

一个社会或一个国家的制度结构，是由正式制度与非正式制度共同构成的。从对人的约束程度看，非正式制度涉及到文化传统、思想意识。它所包含的各种规则，对人们的行为会产生约束力，但这种约束力是一种“软约束”。正式制度涉及到政治法律制度，它是以国家权力做后盾，对人们行为的约束具有强制性。从适用的范围看，非正式制度一般适用于一个范围比较小的共同体，因为在小的共同体内，人们彼此熟悉，相互见面，非正式约束都能够起作用。从变革的速度来看，正式制度可以在一夜之间发生变化，而非正式制度的改变则是一个长期的过程。从制度的可移植性看，一些正式制度尤其是那些具有国际惯例性质的正式制度可以从一个国家移植到另一个国家，这就大大降低了正式制度创新和变迁的成本。一个国家要取得经济发展，必须同时注重以成文法为基础的正式制度与非正式制度的建设。

(二)实施机制

一个制度，不管它是正式的还是非正式的，在其形成后都面临实施问题。制度的实施是制度发挥作用的根本保证。在传统社会里，由于社会分工程度较低，人们交往的圈子只限于较小的地域和人情交易的范围之内，参加交易的人员比较固定，并形成了密切互动的社会网络，因此，有可能实行制度的自我实施，即由当事人自觉地按制度规则行事。在现代社会中，制度的实施在多数情况下是由第三方来进行。亚当·斯密在他的著作《国民财富性质和原因的研究》中对经纪人的本性作过深刻的分析。他认为，人类本性的一个根本特征是互通有无，利己心是人的天性、人的本能。人在交换活动中就容易产生机会主义行为，不讲信用，待价而沽。诺思认为，现实生活中，人与人之间的合作非常困难，往往会使人们陷入"囚徒困境"。因此，在现实经济生活中，第三方的实施主体一般都是国家。政府既是一个特殊的经济实体，又是一个特殊的制度主体。因此，判断一个国家的制度是否有效，除了看这个国家正式制度和非正式制度是否完善外，还要看这个国家的制度实施机制是否完善。经济学家吴敬琏教授指出，政府的主要职能是创建有利于发挥人力资本的经济体制和社会文化环境，他强调"制度重于技术"，"就技术谈技术，是捡芝麻丢西瓜。"美国经济学家查尔斯·林德布洛姆在《政治与市场》一书中说，"政府的主要行为很大程度上是经济性的，如税收、国防、教育、能源和行政管理、交通运输和讯息传递、社会保障、经济稳定、以及推动经济增长。"在古典经济学中，政府作为一个外生变量作用于经济体系，被形象地比喻为"守夜人"。在现代经济学中，政府已被作为一个内生变量整合进入经济系统。

三、制度与经济发展

(一)经济发展的制度分析框架

在新古典经济学中，制度被看作是一个独立于经济发展过程的外生变量，经济发展是通过市场的良好运行得以实现的。有学者根据推动经济增长的主要因素和主要形式，把人类所经历的经济增长范式划分为"亚当·斯密方式"、"福特方式"、"索洛方式"和"熊彼特方式"。斯密增长方式是指社会分工和新技术的采用可以提高资源的配置效率，提高劳动生产率，从而导致经济增长和经济生活水平的提高。福特增长方式是指生产和经济活动中的一种广义的规模效应。大规模生产和制度建设能够降低生产和社会成本，它既包括企业的固定资产投入等直接生产成本的降低，也包括基础设施建设、教育体系的投入和改进、产权制度的确立等社会成本的降低，及由此提高的生产效率。索洛增长方式是指由资本深化引致的经济增长。由于在给定的产业技术水平条件下，产出的增长取决于资本和劳动的比率，如果净资本的形成速度超过人口增长速度，则人均产出将增加，经济将出现增长。熊彼特增长方式是指由于人类知识的积累和增加而导致的经济增长。这种知识包括技术知识和制度知识，前者表示一种新的信息可以使人类以较低的投入生产给定的产品，或者生产出新产品。制度知识包括对新的组织形式和生产方式的认识、应用。熊彼特的增长方式实际上就是一种依靠技术和组织创新提高资源利用效率推动经济增长的方式。

在批评并修改新古典经济学基本假定的基础上，罗纳德·科斯建立了制度分析理论，这一理论经过后来者的不断丰富、发展，形成了以新古典方法研究制度在经济发展中的作用的新制度经济学。特别是20世纪60年代以来，诺思在其一系列论著中系统地分析了制度变迁对经济增长的决定性作用，他在《西方世界的兴起》一书中，论述了“有效率的经济组织是经济增长的关键；一个有效率的经济组织在西欧的发展正是西方兴起的原因所在”(道格拉斯·C·诺思、罗伯特·托马斯，1989)。他在《经济史中的结构与变迁》一书中指出：“一种经济长期变化的主要来源是结构变迁，……结构变迁的参数包括技术、人口、产权和政府对资源的控制。政治—经济组织的变迁及其相应的激励效应是将结构变迁的所有来源理论化的基础，而且还有包含着有目的的人类活动的制度改变”(道格拉斯·C·诺思，1991)。道格拉斯·诺思认为，制度创新比技术创新更为重要，没有制度的演变和创新，经济和社会的发展是不可能的。社会进步是与创新分不开的，它不仅包括科学技术的创新，而且也包括制度的创新。制度是广为人知的，有人创立的规则。至此，以诺思为代表的新制度经济学家建立了一个包括产权理论、国家理论和意识形态理论在内的制度变迁理论。该理论由于把产权结构、交易费用、有限理性的经济人、信息不对称以及国家(政府)、意识形态等因素作为内生变量纳入了经济增长的分析框架，并且认为制度是影响经济发展的最重要的因素，因而显示出与现实经济发展的更好契合。

事实上，早在19世纪，马克思所创立的经济学体系就是一个完整的制度分析框架。西方新制度经济学派也承认，马克思是第一个研究经济增长与制度变迁关系的经济学家。诺思曾确认：“这里的一个例外是卡尔·马克思的著作，他企图将技术变迁与制度变迁结合起来。马克思最早阐述的生产力与生产关系的相互关系，是将技术限制与制约同人类组织的局限性结合起来所作的先驱性努力。”“在详细描述长期变迁的各种现存理论中，马克思的分析框架是最有说服力的，这恰恰是因为它包括了新古典分析框架所遗漏的所有因素：制度、产权、国家和意识形态”(道格拉斯·C·诺思，1991)。当然，尽管都关注制度因素在经济生活中的作用，但马克思的分析与新制度经济学是有着本质的区别的。马克思与新制度经济学者所研究的制度范畴也有所不同。新制度经济学把制度区分为制度结构(或称制度环境)和制度安排，把支配具体交易的规则称为制度安排，而把社会基础性的规则称为制度结构，认为制度结构是制度安排的总和。新制度经济学家所说的制度基本是指制度安排。戴维斯和诺思就认为：“制度安排可能最接近于‘制度’一词最通常使用的含义了”(L·E·戴维斯、D·C·诺思，1991)。而马克思研究的侧重点则近似于新制度经济学所谓的“制度结构”及其根本变革。西方新制度经济学家更关注制度安排。

20世纪80年代中期以来，随着新制度经济学的广泛传播，越来越多的经济学家开始应用制度分析的工具来考察发展中国家的问题。在中国，自20世纪60年代康芒斯、凡勃伦等人的著作被介绍进入，而80年代中期一些新制度经济学的著作被翻译出版，奥利弗·威廉姆森、罗纳德·科斯等学者陆续来访，加上中国当时改革开放初期经济发展路径的理论需求，新制度经济学在中国的学习、交流以及研究得以蓬勃发展。林毅夫的《诱致性制度变迁与强制性制度变迁》、盛洪的《分工与交易》、张宇燕的《经济发展与制度变革》等以制度经济学为主要分析方法的论文专著陆续发表。对计划经济和市场经济的效率进行了分析，并给出了有力的解释。

总之，制度是影响经济发展的根本因素，制度促进或阻碍经济发展是通过激励或压抑创新实现的，因为经济发展的实质就是创新。因而，好的制度是能持续激励创新的制度，同时，这种制度本身也应是充满生命力的、开放的、不断调整和创新的。

(二)制度的功能

诺思指出:“一个有效率的经济组织在西欧的发展正是西方兴起的原因所在,而有效率的制度通过在制度上做出安排和确立所有权以形成刺激,将个人的经济努力变成私人收益率接近社会收益率的活动[①]。”制度的主要功能在于通过内部和外部两种强制力来约束人的行为,防止交易中的机会主义行为,以减少交易成果的不确定性,帮助交易主体形成稳定的预期,从而减少交易费用。首先制度是通过长期形成的一系列契约来规范个体行为以及人们之间的相互关系,继而减少信息的不确定性和信息搜寻成本,使得经济个体的竞争、社会分工与协作的过程更为顺利。制度所具有的信息功能,能够帮助人们明确自身的行动计划以及预期他人的行动,减少竞争与合作博弈中的损失。其次,制度具有激励功能,借助奖励或者惩罚的强制力量监督执行,它可以规定人们的行为方向,甚至改变人们的偏好,影响其选择。此外,制度具有约束功能,能够限制人们的活动范围,在制度所约束的范围内,人的活动具有选择自由,超出这一范围就要受到惩罚,实际上,制度决定了人们活动在操作层面上的选择集。而且,制度具有界定产权的功能,能够消除或者降低由于产权不明晰而造成的负外部性。

但是,在实践中存在的制度,并不一定都是最佳的制度,“路径依赖(Path Dependence)”的概念在很大程度上对此进行了解释。诺思依赖他所引入的“路径依赖”的概念,试图解决这样两个问题:“第一,是什么决定了历史上社会、政治、经济演进的不同模式;第二,我们如何解释那些经济绩效极差的经济还存在了相当长的时期?”初始的制度选择会强化现存制度的惯性,因为沿着原有制度变迁的路径和既定方向前进,既有既定的各种条件基础,又会减少很多可能的风险;因而形成路径依赖。其最根本的原因还是在于利益取向的影响,即某种现存体制中的既得利益集团对现制度有强烈的需求,力求巩固现有制度,阻碍进一步的改革,并不考虑是否新的制度较之现存制度更有效率。路径依赖影响之下,低效率的制度仍然会长期存在。

第二节　制度创新与制度变迁

一、制度创新

最早提出创新的概念和理论的熊彼特认为,所谓的创新就是建立一种新的生产函数,包括产品创新、技术创新、组织创新和市场创新等。制度经济学家将此理论纳入制度变迁的分析中,提出了制度创新的理论。制度创新实质上是社会规范体系的选择、创造、新建和优化的通称,包括制度的调整、完善、改革和更替等[②]。

制度创新的根本动力在于个人利益的最大化,当一项制度的预期净收益超过预期成本时就会有创新。制度创新的成本构成包括:规划设计、组织实施的费用;清除旧制度的费用;削除变革阻力的费用;制度变革带来的损失及机会成本等。创新改变了潜在收益以及创新成本收益比是合适的时候,才可能发生制度创新。当制度主体根据成本收益进行权衡的时候,从三个

---

① 【美】道格拉斯·诺思,罗伯斯·托马斯. 西方世界的兴起. 北京:华夏出版社,1999

② 卢现祥. 新制度经济学. 武汉:武汉大学出版社,2004

方面进行分析：一是某制度设立与该制度缺位在成本效益方面的比较，选择净收益更大的方式；二是把同一制度安排和制度结构的运行效益与运行成本加以比较，净收益为正则该制度创新可能发生；三是对可供选择的多种制度的成本收益进行比较，选择净收益最大的一项制度。如果不存在改变制度安排会带来更多收益的可能性，或者制度创新的预期收益低于预期成本，制度创新不可能发生。

制度创新的动力的源泉在于：作为国家主体的政府、作为社会主体的个人和社团都期望新的制度安排减少实施成本和交易成本；而且一个行动集团一个人或集团，能够看到一些新的组织形式即制度安排将会带来很大的利益，使得因革新组织形式所花费的成本得以补偿，这些新的安排特别有益于实现潜在的规模经济，降低信息成本，分散风险以及把外部效果内部化[①]。宏观上，能够获取经济、政治和社会的最大收益，微观上，对不同主体的行动空间及其权利、义务和具体责任进行界定，有效约束主体行为，缓解社会利益冲突。

二、制度变迁过程

(一)制度变迁的过程

从整个社会来看，制度变迁是一个从制度均衡到非均衡再到制度均衡的循环发展过程。制度均衡是人们对特定的制度安排或制度结构的一种满足或满意状态。制度均衡的实现，一方面取决于维护制度的收益大于成本，否则人们不会选择这项制度；另一方面，可供选择的制度是多样的，人们之所以选择这项制度是因为其净收益最大。当一项制度的净收益大于零，且在各种可供选择的制度中净收益最大时，人们就不会产生变更这一制度的动机和行为，从而形成制度均衡；否则就出现了制度非均衡。制度非均衡可以持续相当长的时间而不发生制度创新，即出现制度创新的时滞。这既可能是由于有效的制度需求不足(因新制度能为人们带来的净收益小于原有制度)，也可能是由于供给不足(使推动创新者的个人净收益小于维持旧制度)所致。只有形成了有效的制度需求和供给，制度创新才会出现，从而使制度由非均衡走向均衡。制度变迁能否发生，取决于制度变迁过程中成本和收益的比较。诺思认为，规模经济、外部性、风险、交易成本等因素都可能造成许多在原有制度安排下无法获得的“外部利润”，从而导致新的制度安排的形成，从而出现制度的变迁。

关于制度变迁主体，诺思认为制度变迁主体是社会行动集团，即“第一行动集团”、“第二行动集团”，他们是企业家或者是政治家。他认为“任何一个第一行动集团的成员至少是一个熊彼特意义上的企业家”，而“委员(加上他们的助手)就构成了一个第二行动集团”。一方面，他并不以为“搭便车”的行为无处不在，因为若是这样的话，制度变迁的行动集团就不存在了。这是他对新古典理论批评的一个方面；另一方面，他批评马克思忽略了“搭便车”问题。“马克思主义者强调阶级是结构变迁的推动者，以此来巧妙地说明全部问题，然而这种观点未能解释问题的全部，因为马克思主义者简单地忽略了搭便车问题，而使人们的信念发生了一个大的飞跃，认为人们将会置自我利益于不顾而按一个阶级的利益行事，甚至作出相当大的个人牺牲”。所以诺思认为确实存在一个社会变革集团推动制度变迁，但他又认为在社会行动集团中还存在着搭便车行为，这就需要借助意识形态的力量克服这种行为，限制个人主义理性发生偏差，可见，诺思从利益驱动和意识形态两个角度来论证社会制度变迁。

---

① 道格拉斯·诺思．制度变迁和经济增长．//盛洪．现代制度经济学．北京大学出版社，2003：290

制度创新需要有一个相当长的过程，因为制度创新存在着一定的时滞问题：①形成“第一行动集团”阶段。所谓“第一行动集团”是指那些能预见到潜在市场经济利益，并认识到只要进行制度创新就能获得这种潜在利益的人。他们是制度创新的决策者、首创者和推动人。②“第一行动集团”提出制度创新方案的阶段。先提出制度创新方案，再进入下一阶段的创新活动。③对已提出的各种创新方案进行比较和选择的阶段。④形成“第二行动集团”阶段。所谓“第二行动集团”是指在制度创新过程中帮助“第一行动集团”获得经济利益的组织和个人。这个集团可以是政府机构，也可以是民间组织和个人。⑤“第一行动集团”和“第二行动集团”协作努力，实施制度创新并将制度创新变成现实的阶段。这时，制度可能达成新的均衡状态，对现存制度的改革，不会给从事改革者带来更大的利益。一定时期不会出现制度创新的动机和力量。但如外界条件发生变化，或市场规模扩大，或生产技术发展，或一定利益集团对自己的收入预期改变等，而出现了获取新的潜在利益的机会时，即出现制度不均衡，则可能再次出现新的制度创新，然后又达到制度均衡。

(二)制度变迁的影响因素

一些因素变化，致使制度安排所产生的预期净收益发生变化，从而改变了对制度变化的需求的因素，诱致了制度变迁。这些因素包括：

(1)相对产品和要素价格。相对价格的变化改变了人们之间的激励结构，同时也改变了人们讨价还价的能力，而讨价还价能力的变化导致了重新缔约的努力。因此，产品和要素相对价格的改变是制度变迁的源泉。人口变化在诺思制度变迁理论中是一个重要变量，他认为，人口变化将引起劳动力—土地价格比率的变化。比如，人多地少，土地价值上升，就会使制度变迁的“砝码”倾向于土地产权制度；反之，人少地多，劳动力价格上升，制度变迁的“砝码”会倾向于财产制度的变迁。

(2)宪法秩序。宪法秩序的变化，即政权的基本规则的变化。它能深刻影响创立新制度安排的预期成本和利益，因而也就深刻影响着对新的制度安排的需求。宪法是一套最基本的规则，构成基本的制度，日常生活中各种社会经济问题的解决、具体制度的变迁及安排，都能从宪法的结构中找到原因。这就是为什么制度变革最终会成为“宪法变革”的原因所在。

(3)技术。技术变化决定制度结构及其变化，应该说技术发展水平及其变化对制度变迁的影响是多方面的。例如，技术进步会改变相对产品和要素价格，从而诱致制度变迁；技术进步降低了交易费用并使得原先不起作用的某些制度安排显现潜力等。

(4)市场规模。市场规模越大，社会分工也就越细。这个道理同样适于制度变迁的分析。市场规模扩大对制度需求的影响表现为：首先，市场规模扩大，固定成本可以通过很多交易收回。这样固定成本就成为制度安排创新的一个较小障碍。其次，市场规模的扩大使一些与规模经济相适应的制度安排得以创新，如股份公司制度、跨国公司制度等。最后，市场规模的扩大，使得一些制度的运作成本大大降低。市场规模大，分工细，则交易费用上升。此时，制度创新可以降低交易费用，从而增加对制度的需求。

制度可能由人们有意识地设计出来，也有可能是逐步演化而自发形成。制度供给是一个社会提供制度的能力和提供制度的多少。制度创新的供给主要取决于一个社会的各既得利益集团的权力结构或力量对比。在社会经济发展和制度变迁过程中，影响制度变迁供给的因素主要有：

(1)宪法秩序。宪法秩序影响制度创新和制度供给，具体表现为：其一，它可能有助于自由的调整和社会试验，或者可能起根本性的压制作用；其二，直接影响创新主体进入政治体系的成本和建立新制度的立法基础的难易度；其三，为制度安排规定了选择空间并影响着制度变迁的进程和方式；其四，一种稳定而有活力的宪法秩序会给政治经济引入一种文明秩序的意识，而这种意识会大大降低创新的成本和风险。

(2)制度设计成本。每一项能预期带来收益的制度安排都需要耗费成本。制度设计的成本，取决于设计新的制度安排的人力资源和其他资源的要素价格。从制度变迁主体的主观意愿来说，每一项制度供给都应该追求“帕累托改进”，即在全社会部分利益集团的利益提升时，没有任何一方的利益受到损害。但是，在现实生活中却难以做到这一点。一般来说，制度变迁的过程实质上是一个“非帕累托改进”的过程，即每一项制度创新或对旧制度的改革，都不可能在不减少任何当事人的个人福利的条件下使整体社会福利改善，一部分人利益的增加可能以另一部分人的利益损失为代价。

(3)现有知识积累及其社会科学知识的进步。社会科学和有关专业知识的进步降低制度发展的成本主要表现在：一是制度安排选择集合受到社会科学知识储备的限制。二是社会科学知识的进步对于人们发现制度不均衡、设计制度以及提高认知制度的能力都有重要影响。

(4)实施新制度安排的预期成本。制度从潜在安排转变为现实安排的关键就是制度安排事实上的预期成本的大小。一些“好的”制度安排因实施的预期成本过高导致无法推行。

(5)现存制度安排。它直接影响提供新的制度的能力，初始的制度选择会强化现存制度的刺激和惯性。制度安排的选择方向正确与否，决定了惯性的利弊性质。路径依赖形成的原因就是在现存制度安排中形成了一个既得利益集团或者一种既得利益格局，它将会竭力维持现存的已经失衡的制度安排，这样就增加了制度变迁的摊派费用，阻碍了制度变迁的脚步。

(6)规范性行为规则。规范性行为规则根植于文化传统，因而对制度安排的选择和制度供给会产生深刻影响。新制度经济学家们反复强调制度安排应与文化准则相和谐，否则就使一些制度安排难以推行或使制度变迁成本大大提高。

(7)上层决策者的净利益。上层决策者的净利益如何影响制度供给取决于一个国家或者地区的集权程度。在一个高度集权的国家，上层决策者的净利益对制度供给起着至关重要的作用。

综合影响制度供给与制度需求的因素，影响制度变迁的因素有：

(1)有效组织是制度变迁的关键。制度变迁的基本动因是经济主体产生了新的制度需求。但是，在现实生活中，要由若干分散的经济主体来表达对新制度的需求，在技术上有困难。要推进制度变迁，首先需要把分散的经济主体关于制度需求的信息整合起来。这时，诸如行业协会之类的社会中介组织的作用就显得尤为重要了。由这些社会中介组织把企业联结起来，代表企业同政府对话，可大大节约制度成本中的信息费用。

新制度经济学认为，在稀缺经济和竞争环境中，竞争不断迫使组织做出适应性调整，当这种调整积累到一定时候，就会引起制度变迁。因此可以说，制度和组织连续的交互作用是制度变迁的关键之点。组织和企业家的最大化活动决定了制度变迁的方向沿着什么轨迹变化。在某种程度上讲制度变迁是成千上万组织选择、竞争、合作均衡的结果。组织和企业都追求自己的最大化，但是，不同利益集团的最大化之间难免存在冲突，这些集团之间的博弈最终决定了制度变迁的方向。制度是社会游戏的规则，是人创造的、用以规范人们行为的框架。组织是为一定目标所组成，用以解决一定问题的人群。如果说制度是社会游戏的规则，组织就是社会中那些玩游戏的角色。组织不仅受到制度约束，而且也受到其他因素的约束，如技术、收入等。

(2)相对价格的变化。相对价格的变化包括要素价格比率的变化、技术变化等。相对价格会引起制度变迁，是因为相对价格的变化改变了人们之间的激励结构，而利益集团讨价还价能力的变化导致了重新缔约的努力。如技术变迁使产出在相当范围内发生了规模报酬递增，因此使得更复杂的组织形式的建立变得有利可图。技术变迁产生了工厂，也引起了当今城市工业社会的形成。同时，技术变化不仅增加了制度变迁的潜在利润，而且降低了某些制度变迁的操作成本。特别是信息技术发展使信息成本迅速降低，使得一系列旨在改进市场和促进商品流通的制度革新变得有利可图。

(3)制度变迁成本和制度变迁收益的比较。制度变迁成本就是在制度变迁过程中所支付的各种成本，包括设计新制度的成本、预期的实施成本、预期的摩擦成本、随机成本等。制度变迁成本常常成为制度变迁的阻碍因素。一般来说，只有制度变迁的总的预期收益大于制度变迁的总的预期成本，即存在一个净收益时，才会引起制度变迁。

(4)制度竞争。在全球化的时代，制度竞争是不可避免的。特使是现在，制度差异对成本水平影响很大，以至于成了国际竞争中的重要因素。在一个开放的国际经济中，生产要素是跨国界流动的，当可以在国际上移动的要素所有者跨国界重新定位时，不可避免地要在各种制度间进行选择。只有这些生产要素所有者认识到，制度的差异性会导致不同的盈利水平，那时制度选择就变成了一种竞争性选择，会迫使无效率的制度进行创新，发生变迁。

在强制性制度变迁中，并不是国家想供给多少就能供给多少制度，制度供给中存在实际制度供给与意愿制度供给，这两者是不一致的。在制度变迁中，权力中心根据既定的目标和各种约束条件，在宪法秩序所规定的框架内形成制度创新的整体蓝图，并据此制订具体的操作规则。这实际上是意愿的制度供给。由于新制度是通过各级政府部门和企业来贯彻、执行和实施的，而各级政府、企业与权力中心的目标和约束条件常常是有差异的，这就会导致实际制度供给与意愿制度供给的不一致。

(三)制度变迁的内在机制

关于制度变迁的来源，诺思指出制度变迁的来源在外生性上，而“外生性变化(如技术、市场规模、相对价格、收入预期、知识流量或者政治和经济游戏规则的变化)使得某些人收入的增加成为可能”。但是诺思指出要获得这些潜在收入，必须克服障碍，“由于某些内在的规模经济、外部性、厌恶风险、市场失败或政治压力等原因，上述可能的所得并不可能在现存的安排结构内实现。所以，那些创新出能够克服这些障碍的制度安排的人(或团体)才能够获得潜在利润”。

一般的制度变迁过程和路径是渐进的，表现在社会文化中的知识技能和行为规范多通过不断地从历史中得以延续，这使得制度变迁一般是渐进性的。同时，由于个人、企业家为了从所选择的政治经济制度中获得更多的潜在利润，制度的变迁依赖于经济，制度都是不断地被修改的。除了这种渐进的演变路径之外，也存在剧烈的制度变迁，而战争、革命、入侵和自然灾害，均是制度剧烈变迁的原因。

有两种力量规范制度变迁的路线：一种是报酬递增，另一种是由复杂的交易费用所确定的不完全市场。就前者而言，市场总是复杂多变，制度设计者的有限理性不可能事先掌握完全的信息，因此制度变迁的初始设计不可能与市场实际相吻合，制度变迁并不按照初始设计演进，事实上，可能一个偶然事件就改变了制度变迁的方向。就后者而言，“路径依赖”出现了。在制度变迁过程中收益递增的现象出现，从而形成了自我强化力量，促使制度变迁沿着既定方向在某条路径中不断发展，并自我强化。可是，沿着既定的路径，经济和政治的制度变迁可能进入良性循环轨道迅速优化，也可能顺着原来的错误路径往下滑，甚至被“锁定”在某种效率的状态下而导致停滞。“这也就是说我们的社会演化到今天，我们的文化传统，我们的信仰体系，这一切都是根本性的制约因素，我们必须仍然考虑这些制约因素”。这说明路径选择，还与民族文化因素、宗教信仰因素有关。

在非报酬递增和完全竞争的世界中，制度是无关紧要的，因为报酬递减和市场竞争会使制度选择上的初始错误得到纠正。但是，在报酬递增条件下，制度则是重要的。制度初始建立的沉没成本很高，制度框架规定的机会集合产生显著的组织学习效应，与其他组织的合约还会产生巨大的协作效应，正规制度的创立又会导致大量作为其延伸的非正式制度的适应性预期。这种“制度矩阵的相互依赖的构造会产生巨大的报酬递增”，而报酬递增又称为阻碍制度框架变更的保守力量。不过，如果“相应的市场是竞争性的”，即“政治市场”是竞争性的，“或即便是大致接近零交易费用模型的”，报酬递增造成的对低效率路径的依赖，是容易得到校正的。但是，在信息反馈不完善、政治市场的交易费用巨大的现实世界中，路径依赖是不可避免的。如果初始的制度选择不正确，就会导致对低绩效制度的长期持续的路径依赖，反之亦然。不同社会制度下行动者初始选择的差异又是由什么因素决定的呢？在这个问题上，诺思一方面强调偶然性的作用，另一方面又将这种偶然性归结为意识形态或文化等非正规约束的差别。因为，“文化提供了一个以语言为基础的概念框架，用以破译与解释呈现到大脑中去的信息”。这就是说，不同的主观模式或文化，决定了初始选择的差别。初始选择的差别与制度报酬递增这一正反馈机制的结合，决定了不同民族对不同发展路径的依赖。而低绩效的制度之所以能够长期存在，是因为政府市场的交易成本太高。

三、制度变迁的方式

新制度经济学主要是建立了制度变迁理论和建立一系列制度变迁的实证模型。其中最著名的模型是诱致性制度变迁和强制性制度变迁。

(一)诱致性制度变迁

诱致性制度变迁，是指对现行制度安排作出变更或替代、或者是创造新的制度安排时，是由一个人或一群人在响应获利机会时自发倡导、组织和实施的。诱致性制度变迁是一种比较典型的制度变迁形式。一旦原有制度下出现了不能获取外在利润，该制度下的某些个人或集团就会试图进行制度变迁。诱致性制度变迁的特点有：一是盈利性。即只有当制度变迁的预期收益大于预期成本时，有关群体才会自觉推进制度变迁。二是自发性。“自发性”意味着有一个新制度安排的“发明者”和“创新者”来自发组织实施。这个“发明者”和“创新者”类似于熊彼特式的制度创新的“企业家”，他们能发现制度不均衡及其潜在的获利机会，并成为新制度的“发明创造者”和进行制度创新的“行动团体”。三是渐进性。诱致性制度变迁是一种自下而上、从局部到整体的缓慢制度变迁过程。当制度出现不均衡时，人们通常是从某一项具体的制度安排开始进行改变，逐渐扩展到与其有关的其他制度安排。仅就个别制度安排作出改变并不会使整个制度结构的特点立即发生变化，只有当一个又一个渐次对旧制度的各个环节作出改变并达到某一临界点后，整个制度结构的特点才会变化。四是边际性。诱致性制度变迁通常总是从某一制度的边际——即问题最严重、获利可能性最大、最易于推行和展开、成本和阻力最小的那一点开始。当然，诱致性制度变迁也有局限性。这是因为，诱致性制度变迁的主体是个人或者自愿性团体，因而不仅其组织成本和实施成本比较高，而且面临着普遍的外部效应和“搭便车”问题。

(二)强制性制度变迁

强制性制度变迁，是指由政府行政命令和法律强制推进和实施的制度变迁。强制性制度变迁之所以有需要，是因为有些制度，其作用的范围是一个国家，这类制度不是由哪个个人或组织可以改变的，如要改变必须有国家出面推动。而且，由于这类制度与所有人都有关，而不同的人对于是否需要改变制度以及如何改变制度有不同的看法，有时很难通过民主投票求得统一，于是只有国家出面，强行推行某项制度。强制性制度变迁存在的理由：一是制度供给是国家的基本功能之一。二是制度安排是一种公共品，而公共品一般是由国家“生产”的。三是弥补制度供给不足。政府作为制度变迁主体，以其强制力和意识形态控制力等优势去减少或遏制“搭便车”现象。但是强制性制度变迁也存在以下缺陷：第一，它受到统治者有限理解、意识形态刚性、官僚政治、利益集团压力和社会科学知识局限性等方面的限制和困扰。第二，强制性制度变迁虽然降低了组织成本和协调成本，但增加了制度的执行成本，因为它违背一致同意原则。某一制度安排通过国家强制力发生变迁，但个人或组织并不同意或认可这种制度变迁的方向，虽然无力阻止，却可以消极对抗，我行我素，甚至“上有政策、下有对策”，强制性制度变迁的效果就大打折扣。

四、制度变迁理论的基础

产权理论、国家理论和意识形态理论是制度变迁理论的三大理论基石。产权理论，是诺思制度变迁理论的第一大理论支柱。诺思认为有效率的产权对经济增长起着十分重要的作用。他曾提到“增长比停滞或萧条更为罕见这一事实表明，‘有效率’的产权在历史中并不常见”。国家理论，是诺思制度变迁理论的第二大理论支柱。诺思对国家的看法集中体现在这一悖论中“国家的存在是经济增长的关键，然而国家又是人为经济衰退的根源”。对这一悖论的论证，诺思是从国家与产权的关系上展开的。如果国家能够界定一套产权，提供一个经济使用资源的框架，它就能促进全社会福利增加，推动经济增长，这就是国家契约论；如果国家界定一套产权，仅使权力集团的收益最大化，而不能实现整个社会经济的发展，造成人为的经济衰退，这就是国家掠夺论。那么，对国家存在的解释到底是契约论还是掠夺论呢？诺思认为“尽管契约论解释了最初签订契约的得利，但未说明不同利益成员其后的最大化行为，而掠夺论忽略了契约最初签订的得利而着眼于掌握国家控制权的人从其选民中榨取租金”，所以他把不全面的两种理论统一起来，用“暴力潜能”论解释国家的存在。意识形态理论，是诺思制度变迁的第三大理论支柱。诺思认为只有意识形态理论才能说明如何克服经济人的机会主义行为，如“搭便车”现象，才能进一步解释制度的变迁。

在诺思的制度变迁论中，国家理论说明产权是由国家界定的，而产权理论表明一个国家的经济绩效取决于产权的有效性。但是上述两大理论并没有成功解释如何克服“搭便车”的问题，也许产权的无效率性及其不完全性，可以部分地解释“搭便车”等经济行为的存在，但是产权的充分界定及行使、经济行为的监督与考核是要花费成本的。在成本小于收益的情况下，有效率且完全的产权也许勉强克服了这种经济行为，然而在成本大于收益的情况下，单靠有效率且完全的产权无济于事。总之,上述两大理论无法彻底解释克服机会主义行为,从而无法完全阐明制度变迁。为此,制度变迁的研究需要一种意识形态理论。诺思认为意识形态是一种行为方式,这种方式通过提供给人们一种"世界观"而使行为决策更为经济,使人的经济行为受一定的习惯、准则和行为规范的协调而更加公正、合理并且符合公正的评价。当然这种意识形态不可避免地与个人在观察世界时对公正所持的道德、伦理评价相互交织在一起,一旦人们的经验与其思想不相符合时,人们会改变其意识观念,这时意识形态就会成为一个不稳定的社会因素。诺思认为稀缺性、竞争、认知、选择是制度变迁的动因,"在稀缺经济和竞争组织环境下,制度和组织的连续交互作用是制度变迁的关键之点;……竞争使组织持续不断在发展技术和知识方面进行投资以求生存,这些技能、知识及组织获取这些技能,知识的方法将渐进地改变我们的制度"。世界普遍存在着稀缺性资源,这就需要竞争,有竞争就有优胜劣汰。而优胜劣汰的过程实际上是市场决策的过程,这使得稀缺性资源得到最优配置。同时,人们对竞争的外界认知以后会理性地作出边际选择。于是经济组织的制度变迁就在这些作出选择的集团的推动下发生了,因为这种选择是有效率的,人们可以从选择新的制度下获得更多的潜在利益。

已经产生的国家拥有合法地垄断并使用暴力的权利,自然要制定有利于国家存续的经济制度和其他制度安排,因此国家理论是根本性的。诺思说,"最终是国家要对造成经济增长、停滞和衰退的产权结构的效率负责。因而国家理论必须对造成无效率产权的政治-经济单位的内在倾向作出解释,而且要说明历史中国家的不稳定性。"而要成功地实现经济增长,就需要保证制度结构的稳定性与连续性,对此诺思指出:"一个制度框架的总体性稳定使得跨时间和空间的复杂交易成为可能。"

诺思的制度变迁理论,不仅用国家、产权和意识形态解释了新古典主义经济学很多不能解释的问题,还在思维方式上改变了人们关于政治、经济、文化的因果关系的看法,诺思的成就来自在方法论上对统一化社会科学的努力。但是,诺思基于"本土化"观察而产生的制度变迁理论在解释异域制度变迁时遇到困难;即使在解释"本土化"制度变迁中,由于只侧重于连续性变迁方式而忽视了制度变迁中的历史关键时刻,理论解释也遇到挑战。由于这种缺失,诺思必然忽视了非制度性观念与非正式规则的不同。诺思主要研究的是既定制度结构下的制度变迁,对于发达国家而言,在资本主义革命后,作为经济环境的政治制度已经发生并固定化了,正如托马斯和诺思在研究制度变迁与美国经济增长时说,"我们并不想解释经济环境的变迁,这类变迁是肯定发生了,对它们能发生的原因的任何解释将是十分有意义的。不过,它们对这一制度创新模型来说是外生的。"

第三节 发展实践中的制度变迁案例

一、实践中的强制性制度变迁

[案例 1]新中国非公有制经济的发展

中国经济体制改革的进程中,政府的主导作用比较显著。1984 年,中国共产党十二届三中全会通过了《中共中央关于经济体制改革的决定》,中共中央正式决定进行经济体制改革。

党的十六届三中全会通过了《中共中央关于完善社会主义市场经济体制若干问题的决定》。在非公有制经济发展了一段时间之后，于2004年又出台《关于鼓励支持和引导个体私营等非公有制经济发展的若干意见》(俗称非公经济“三十六条”)。

从单纯的公有制经济向允许非公有制经济发展的制度变迁过程中，中央政府制定了一系列鼓励、支持非公有制经济发展的政策，还引入政府命令和法律，这里的改革自上而下进行，政府是制度的主要提供者。同时又具备了需求回应的特征，即其他个体有发展非公有制经济的需求；而且它是渐进性的，公有制和非公有制并不必然地进行替换，甚至在改革不断深入的时期，仍然是几种经济体制并行的状态。

改革开放以来，非公有制经济从无到有，从小到大，从弱到强，成为发展生产力和完善社会主义市场经济体制的重要力量。民营经济占国内生产总值的比重，已从1979年的不足百分之一增长到超过50%。非公经济业已成为解决就业的主渠道。“十五”期间，中国非公企业平均每年净增600多万个工作岗位，占城镇新增就业岗位的3/4以上；城镇非公经济的就业人数从1.5亿增长到2.07亿。非公有制经济已成为支撑地方经济的主体。目前，全国绝大多数地市县的经济主体力量已经是个体私营经济，地方财政收入的主要来源也是个体私营经济。改革开放以来，沿海地区非公有制经济发展一直比较快，浙江民营经济占全省GDP的70%以上，福建民营经济约占GDP的一半以上，财政收入的三分之一以上；不少地方，民营经济税收占地方财政收入的比重已经超过60%。

铁路行业的例子能够对此有更具体的说明。20世纪80年代以前，中国的铁路建设分为“国家铁路”(中央政府投资建设和管理)和“地方铁路”(地方政府投资建设和管理)。但是，在80年代又出现合资铁路的方式，从而成为对原有建设和管理体制实质性突破的过渡形式。真正的合资铁路是80年代中期才开始的，当时官方对“合资铁路”的界定是：铁道部门与地方政府、企业和其他投资者共同投资建设、联合经营的铁路路网干线和重要支线。广东三茂铁路是较早实行合资的铁路之一，三茂铁路是指从广东的三水到茂名的铁路，全长357公里。1983—1985年，由广东省、铁道部和化工部联合修建了三水至腰古91公里干线和腰古至浮云35公里支线。1987年5月广东省批准成立了三茂铁路公司，首先接管三腰云段的运营，接着马上组织修建腰古至茂名的231公里的铁路。这标志着中国第一家真正的合资铁路企业露出端倪。三茂铁路是1987年9月动工的，靠集资来建设，1990年底三茂铁路全线贯通。1991年3月临时开通运营，6月1日与国家铁路联网，正式运营。从此三茂铁路公司的主要任务转为管理和营运铁路、偿还债务，不过三茂铁路公司体制演变并没有到此为止。三茂铁路公司1987年成立时，是一个中央与地方合资的无限责任公司，由广东省根据国家发政委的批复、征得铁道部同意后批准成立的。公司由广东省经委主管，财务关系隶属于省财政厅，业务上委托广州铁路局即广州集团公司管理。但当时的三茂铁路公司已经具有了独立的法人地位，而且基本上建立了公司制的内部治理结构。1991年铁路建成并营运后，产权模糊的所谓“合资”状况不能再维持。广东省开始向铁道部提出广东省占80%、铁道部占20%产权的方案，但双方难以达成协议。直到1995年，在国务院干预下，产权比例确定为(广东省)55:45(铁道部)。1996年夏天，广东省和铁道部经过协商，以55∶45的产权比例为基础，三茂铁路公司于1996年8月19日正式改组为“广东三茂铁路有限责任公司”，并决定于1996年底前，改组为中外合资、公开发行股票、挂牌上市的股份有限公司。

广东三茂铁路股份有限公司的出现，打破了国家垄断铁路经营的局面，铁路的建设和管理制度发生了变化。这种制度的变迁产生了巨大的经济效益。具体为：

第一，制度创新加速了铁路建设。依靠新体制，只用了 4 年时间建成了在旧体制下计划了 40 年而未能建成的三茂铁路。它对于粤西地区经济发展及其他方面（包括创造就业机会）的积极影响无法估量。

第二，三茂体制本身的运行效率较高。一是促使生产成本节约。铁路建议上，优化设计，精打细算，力争降低造价，加快建设速度。二是节约了交易成本，主要有两个途径：一方面，通过实行公司制，按经营的客观需要来设置机构和配置人员，管理效率提高，而管理成本（交易成本）相对于同类国有企业大大下降。另一方面，采取铁路建设和营运一体化的体制。

第三，三茂铁路公司本身取得了较好的经营业绩。业务拓展迅速，货运量从 1991 年的 613 万吨增长到 1994 年的 1 419 万吨，年均增长 32.9%；客运量从 1991 年的 256 万人次增长到 1994 年 638 万人次，年均增长 37.3%。其他业务扩展也很迅速。资产总量从 1991 年 5.9 亿元人民币增长到 1994 年的 35.7 亿元；净资产从 1991 年 5.5 亿元人民币增加到 1994 年的 12.7 亿元。1991 年主业运输收入是 1.17 亿元人民币，1994 年达 4.83 亿元人民币。1991 年 7 月到 1995 年底，共实现利润 6.48 亿元人民币，1995 年实现利润达 2 亿元以上。1990 年至 1995 年，净还贷款 9.1 亿元人民币。

第四，三茂铁路体制具有示范和扩散效应。一方面为其他合资铁路建设和运作提供了制度参照和模式。事实上，三茂公司成立后不久，全国其他地方也有一些合资铁路公司相继成立，其组建和运作受三茂模式的影响；另一方面，三茂铁路公司体制对国家铁路企业改革也提供了参照，促使国家铁路企业进行改革。现在国家铁路企业已经进行这方面的改革工作。

[案例 2]俄罗斯联邦独立初期的体制转型

苏联东欧体制剧变以后，这一地区的国家立即开始实施从原有的以公有制为基础的计划经济体制向以私有制为基础的市场经济体制转型。以俄罗斯、波兰为代表的大多数东欧国家都采用了“休克疗法”的制度变迁方式。美国经济学家杰弗里·萨克斯(Jeffrey Sachs)被聘担任玻利维亚政府经济顾问期间提出休克疗法。1985 年玻利维亚政府的预算赤字达国内生产总值的约 1/3，通货膨胀率高达24 000%，经济负增长 12%。1984 年的外债为 50 亿美元，应付利息近 10 亿美元，超过了出口收入。1980—1985 年期间居民生活水平下降了 30%。萨克斯提出了一整套经济政策：实行紧缩的金融和财政政策，压缩政府开支，取消补贴，放开价格，实行贸易自由化，通过货币贬值实现汇率稳定，进一步改革行政和税收制度，将部分公营部门和企业民营化，重新安排债务和接受外援等等。上述做法短期内造成经济剧烈震荡，仿佛病人进入休克状态，但随着市场供求恢复平衡，经济运行也回归正常。两年后，玻利维亚的通货膨胀率降至 15%，GDP 增长 21%，外汇储量增加了 20 多倍。总的来说，稳定化、自由化和私有化是休克疗法的主要特征。

波兰在转型中采取这种相似的制度变迁后，也产生较好的效果，人均 GDP 从 1990 年的 1 547 美元到 2004 年的 6 334 美元，被称为“欧洲正在腾飞的雄鹰”。

但是，俄罗斯的案例却不是那么乐观。1991 年底，苏联解体，俄罗斯联邦独立，濒临倒闭的企业，外加1万亿卢布内债和1 200亿美元外债，使得转型成为必然。叶利钦认为，20世纪50年代以来的改革，零打碎敲、修修补补，白白断送了苏联的前程。痛定思痛，俄罗斯要避免重蹈覆辙，重振大国雄风，应该大刀阔斧，进行深刻变革。此时，年仅35岁的盖达尔投其所好，在萨克斯的点拨下，炮制了一套激进的经济改革方案，叶利钦破格将其提拔为政府总理，1992年初，一场以休克疗法为模式的改革，在俄罗斯联邦全面铺开。

休克疗法的第一步棋是放开物价。俄罗斯政府规定，从1992年1月2日起，放开90%的消费品价格和80%的生产资料价格。与此同时，取消对收入增长的限制，公职人员工资提高90%，退休人员补助金提高到每月900卢布，家庭补助、失业救济金也随之水涨船高。物价放开的头三个月，似乎立竿见影，收效明显。购物长队不见了，货架上的商品琳琅满目，习惯了凭票供应排长队的俄罗斯人，仿佛看到了改革带来的实惠。可没过多久，物价像断了线的风筝扶摇直上，到了4月份，消费品价格比1991年12月上涨65倍。政府原想通过国营商店平抑物价，不想黑市商贩与国营商店职工串通一气，将商品转手倒卖，牟取暴利，市场秩序乱成一锅粥。由于燃料、原料价格过早放开，企业生产成本骤增，到6月份，工业品批发价格上涨14倍，消费市场持续低迷，需求不旺反过来抑制了供给，企业纷纷压缩生产，市场供求进入了死循环。

对此，俄政府似乎早有准备，休克疗法的第二步棋，财政、货币“双紧”政策与物价改革几乎同步出台。财政紧缩主要是开源节流、增收节支。税收优惠统统取消，所有商品一律缴纳28%的增值税，同时加征进口商品消费税。与增收措施配套，政府削减了公共投资、军费和办公费用，将预算外基金纳入联邦预算，限制地方政府用银行贷款弥补赤字。紧缩的货币政策，包括提高央行贷款利率，建立存款准备金制，实行贷款限额管理，以此控制货币流量，从源头上抑制通货膨胀。可是，由于税赋过重，企业生产进一步萎缩，失业人数激增，政府不得不加大救济补贴和直接投资，财政赤字不降反升。紧缩信贷造成企业流动资金严重短缺，企业间相互拖欠，三角债日益严重。政府被迫放松银根，1992年增发货币18万亿卢布，是1991年发行量的20倍。在印钞机的轰鸣中，财政货币紧缩政策流产了。

休克疗法的第三步棋是大规模推行私有化。盖达尔认为，改革之所以险象环生，危机重重，主要在于国有企业不是市场主体，竞争机制不起作用，价格改革如同沙中建塔，一遇到风吹草动，便会轰然倒塌。为了加快私有化进程，政府最初采取的办法是无偿赠送。这个措施使大批国有企业落入特权阶层和暴发户手中，他们最关心的不是企业的长远发展，而是尽快转手盈利，职工既领不到股息，又无权参与决策，做一天和尚撞一天钟，生产经营无人过问，企业效益每况愈下。1992年12月，盖达尔政府解散。休克疗法也随即宣布失败。

休克疗法的失败使俄罗斯GDP几乎减少了一半，GDP总量只有美国的1/10。经济结构也发生了重大变化，燃料、电力和冶金工业成了民族经济的关键部门，其比重在GDP中约为15%，在工业总产品结构中为50%，在出口中为70%多。实际经济部门的劳动生产率极其低下，如果说原料和能源部门的劳动生产率还算接近世界平均指标的话，其他部门则远远低于美国同类指标20%～24%。70%多的生产设备服务期超过十年，高于经济发达国家一倍。这种局面是国内投资特别是实际经济部门的投资大幅度减少的直接后果。外国投资不愿进入俄罗斯，吸收的外资总额累积只有115亿美元。俄罗斯科技开发支出全面减少，投资不足，对创新重视不够，使得俄罗斯在国际市场上具有价格和质量竞争力的产品越来越少，特别是在民用科技产品市场上受到外国竞争对手的排挤，俄罗斯产品还占不到1%的份额。居民生活水平更是一落千丈。到2000年年底俄罗斯人的货币收入总量不足美国人的10%，健康状况和平均寿命也在恶化。

南美小国玻利维亚原来就有市场经济的基础，国有企业少，经济总量也不大，加上有西方大国帮助，靠市场机制来熨平通胀，容易取得成功。波兰在转型初期也具备市场基础。俄罗斯却不具备这些条件，政府在这个过程中完全放手，纯粹实行市场自发调节，结果就难以预料。

二、实践中的诱致性制度变迁

[案例1]中国农村家庭联产承包责任制

新中国的改革是从农村开始的，农村改革是从土地产权制度的变迁开始的。新中国成立以后，从农业合作化完成至1978年农村土地制度改革以前，中国农村实行的是人民公社制度。其特征：一是土地的所有权、经营权归集体掌握和使用，耕种土地的利益分配权由集体行使。二是土地的经营单位是生产队，而不是农户。生产队将农民组织起来进行集体生产，并将土地以及其他重要生产资料公有化。三是人民公社的统一生产和集中分配，保证了国家对农业产品统购统销的制度得以顺利推行，进而又剥夺了广大农民的产品自由交换的权利。四是确立了禁止城乡人口流动的户籍制度，最终剥夺了广大农民的自由迁徙权。这种土地制度的缺陷是显而易见的。人民公社制度使中国农村经济长期停滞不前。

1978年实现土地承包制后，农村土地产权制度发生了变革，具体表现为：一是土地的所有权与经营权发生了分离，在土地集体所有的前提下，确立了以农户为经营主体的土地使用权制度。这种分配方式既保障了原来利益各方在新制度下的利益，又发挥了剩余索取权机制在生产中的激励作用。二是在组织形式上，农户替代原来的生产队，作为生产和收入分配的基本实体。三是允许农户拿多余的产品进行市场交易，使农民拥有了产品自由交换权。1978年以后，中国农业经济获得了巨大发展，举世瞩目。改革开放的头五年，即1979年到1983年，中国粮食产量增产增收1 700亿斤，棉花产量五年翻了一番，油料作物和其他农产品产量也成倍增长。中国农村土地制度的变迁，其根本原因是农户为了获得在人民公社制度下所不能获得的收益。正如诺思指出的："如果预期的净收益超过预期的成本，一项制度就会被创新。只有当这一条件得到满足时，我们才可望发现在一个社会内改变制度和产权结构的企图。"

承包制是一次诱致性制度变迁。"诱致性制度变迁指的是一群（个）人在响应由制度不均衡引致的获利机会时所进行的自发性变迁"。诱致性制度变迁的原因在于原有制度下无法获得新的利益时，由初级行动集团发起的寻利活动。中国农业制度的转变不是按任何人意愿来实现的，而是相应潜在经济力量所作出的自发演进。"大包干"的出现不是国家设计的结果，而是农民对传统农业生产形式的"创造性转化"，创造了"双层经营体制"的农业生产模式。这种转化是在坚持社会主义基本经济制度的约束下，寻求制度效率的制度创新。因此，虽然在开始并没有得到国家的推动，但是其产生的经济效率以及受到农民拥护的现实，使得政府开始支持承包制，并在全国迅速推广。承包制的产生是国家与农民之间为经济利益相互博弈的结果，国家规定了土地制度实现的基本约束条件，农民则不断试图突破这些约束，这不仅仅是制度安排的变革，更是要求制度环境的改变。

中国农地制度的创新依赖于外部环境的改善。随着农村社会保障体系的初步建立,农村剩余劳动力的转移,第二、第三产业的迅速发展,改变了人地紧张的比例关系后,将产生并实现中国农村土地制度的再次创新。

[案例 2]中国小额信贷的发展

小额信贷被定义为专向中低收入阶层提供小额度的持续的信贷服务活动,以贫困或中低收入群体为特定目标客户提供适合的金融产品,这是小额信贷项目区别于正规金融机构的常规金融服务以及传统扶贫项目的本质特征。它发源于孟加拉国,由尤努斯推动,并在世界很多国家得以传播发展。

小额信贷在中国的发展大致有四个阶段。第一阶段,小额信贷项目或机构实验的初级阶段,1993 年—1996 年 9 月,在这一阶段小额信贷试点由社会团体或非政府组织主要利用国外或自筹资金进行小范围实验,这一阶段明显特征是在资金来源方面主要依靠国际捐助和软贷款,基本上没有政府资金介入。重点探索的是孟加拉乡村银行模式小额信贷项目在中国的可行性,以半官方或民间机构进行运作,并注重项目运行的规范化,这一阶段针对小额信贷国家没有相关的政策和法律,主要是国家整体的扶贫政策和扶贫任务以及一些捐赠协议。第二阶段,项目的扩展阶段,1996 年 10 月至 1999 年,这一阶段由社会团体或非政府组织利用外资继续进行实验,同时政府和指定的农业银行和农业发展银行操作,使用国内扶贫资金为主,在贫困地区较大范围内推广。其特点是政府从资金、人力和组织方面积极推动并借助小额信贷来实现八七扶贫攻坚计划的目标。与此同时,一些社会组织在实施项目时也更加注意与国际规范接轨,这一阶段国家主要从扶贫有效手段的角度看待小额信贷,认为小额信贷是缓贫脱贫的有效手段,要求予以推广。第三阶段,农村正规金融机构全面介入和各类项目可能进入制度化建设阶段,2000—2004 年,农村信用社在中国人民银行的推动下全面试行并推广小额信贷活动,从 2000 年起农村信用社开展了农户小额信贷和农户联保贷款试点。此外,针对下岗失业低收入人群的城市小额信贷实验也开始起步。这一阶段的特点是农村信用社作为农村正规金融机构逐步介入和快速扩展小额信贷实验,并以主力军的身份出现在小额信贷舞台,同时,上述两大类小额信贷项目有了很大分化,良莠不齐,在这一阶段中央政府和中央银行对小额信贷表现出很大的关注,出台了推动城乡正规金融机构开展小额信贷项目的政策法规,并进一步研究相关政策法规制度方面的问题。第四阶段,2005 年至今。中央管理部门鼓励民营资本和海外资本进入农村金融市场试行商业性小额信贷活动。2005 年央行推动在欠发达中西部地区 5 省开展了 7 个只贷不存的民营小额贷款公司的试点,2006 年末银监会出台了放宽金融机构准入门槛的新政策,包括在欠发达中西部 6 省试行村镇银行贷款公司和农村资金互助社,并于 2008 年起将此实验推广到全国各地。此外,中国邮政储蓄银行被批准成立并首先试行小额信贷业务。这一阶段明显的特征是有关管理部门试图从法规上承认并鼓励民营和外资企业的资金进入欠发达地区,试图以增量资金弥补农村地区金融供给不足和竞争不充分的局面。在这一阶段有关管理部门加快了出台小额信贷政策法规的进度,不过有关政策法规尚待完善,而且对社会组织开展的公益性小额信贷没有明确的政策规定。

【本章结构】

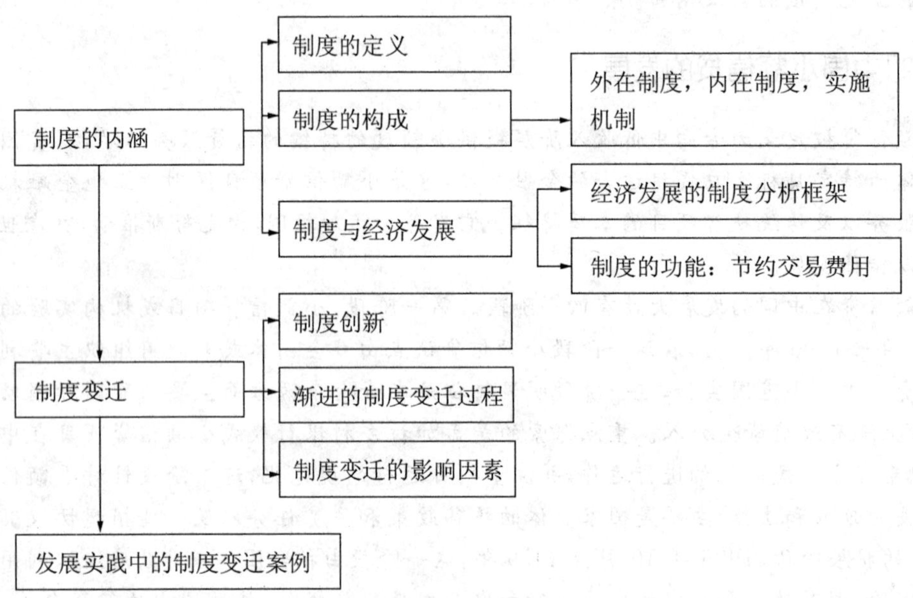

【本章思考题】

1. 应该如何理解制度的本质？
2. 请举例说明外在制度，内在制度，以及制度的实施机制。
3. 结合案例说明制度变迁的过程。
4. 为什么说既存的制度不一定能够发挥其促进经济效率的作用？

【参考文献】

[1] 速水佑次郎，神门善久．发展经济学——从贫困到富裕．3版．李周译．北京：社会科学文献出版社，2008
[2] 车维汉．发展经济学．北京：清华大学出版社，2006
[3] 段文斌．产权、制度变迁与经济发展：新制度经济学前沿专题．天津：南开大学出版社，2003
[4] 林乐芬．发展经济学．南京：南京大学出版社，2007
[5] 王洪涛．制度经济学：制度与制度变迁性质解释．上海：复旦大学出版社，2003
[6] 王义祥．发展社会学．上海：华东师范大学出版社，2004
[7] 吴锦程．迈向创新型国家．北京：中国农业出版社，2007
[8] 杨光斌．诺思制度变迁理论的贡献与问题．华中师范大学学报：人文社会科学版，2007(3)：30～36
[9] 赵冬缓．新发展经济学教程．北京：中国农业大学出版社，2000
[10] 朱琴芬．新制度经济学．上海：华东师范大学出版社，2006

第九章　市场经济与宏观调控

【引言】

市场与政府在经济发展中的作用，以及两者的关系，是亘古不变的主题。发展经济学的第一阶段强调政府干预的作用，而第二阶段又过多强调市场机制对于经济的自发调节作用。发展中国家的发展实践在经历计划化的失败以及结构调整的沮丧之后，开始反思政府干预与市场机制调节的共同作用，体现在经济发展战略中，一方面是整体的经济发展战略不只注重政府的角色，还考虑了市场调节机制的作用；另一方面是部门发展战略或者区域发展战略也体现了政府和市场共同作用后的发展优先序。本章将对市场调节与政府干预在资源利用、提供公共物品等方面的各自特点进行分析，介绍政府干预的主要方式，对体现政府干预主要目标的经济发展战略进行阐述。

【学习目标】

1. 了解市场调节以及政府调控在经济发展中各自的作用及关联。
2. 了解经济发展战略如何体现政府调控的目标。
3. 理解发展中国家不同时期的部门发展战略以及区域发展战略的调控。

第一节　市场调节与政府调控

一、市场调节与政府调控在经济发展中的作用

在经济学领域中，关于政府干预和市场机制对经济发展的作用的争论从来没有停止过。随着资本主义萌芽而出现的重商主义，强烈主张国家对经济的干预。作为古典政治经济学理论体系建立者的亚当·斯密，强烈反对重商主义，反对国家对经济的干预，主张“自由放任”，主张由“看不见的手”(即市场机制)使资源或生产要素的配置达到最佳状态，使个人的自利活动和社会福利一致。然而，后来的经济学家逐渐否定了他的排斥政府干预经济的主张，尤其是凯恩斯强调政府对经济的积极干预。可见，对国家干预的作用和市场调节的机能，过去的西方经济学家，曾经从所处国家经济发展的利益出发，各自从一个方面加以强调。

在实行资本主义制度的发展中国家，主要是从下述意义上使用计划与市场机制概念的：计划是由政府做出的对经济的有意识的调节和干预，以便使经济遵循特定的经济发展模式发展。

所谓市场机制，则是在没有政府干预的情况下，利用一般竞争价格体系作为主要决定因素，进行社会资源的配置。

(一)政府调控在经济发展中的作用

在西方经济学的发展理论中，从重商主义到德国的历史学派，从现代宏观经济学的创造人凯恩斯到西方发展经济学先驱人物之一的罗森斯坦—罗丹，以及近代不少的发展经济学家，都赞成国家应当干预经济。在20世纪60年代初期以前的发展经济学以计划管理或规划必要性为中心，强调政府干预的作用。他们认为，宏观控制及计划管理的重要意义是：①由于大多数发展中国家的产品和生产要素市场通常是不完善的，所以市场力量不能有效地分配资源。在现实中，价格经常给出“错误的”信号。这尤其是对于资源相对不足的国家。②在资本主义国家，私人投资者通常对短期的、局部的而非长期的、社会的利润最大化感兴趣，极容易引起在可选择的投资项目上，社会评价和私人评价的歧意，从长远来看，这将导致非社会最优的资源分配，如果政府通过计划进行干预，对于消除边际社会净收益和边际私人净收益之间的差异是必要的。③通过依靠市场力量取得经济进步的道路被认为是很长的，在富国和穷国之间存在现有差别的情况下，尽可能在最短的时间内取得一个更高的增长率的任务被认为是最重要的。人们相信，在不发达国家中，计划将加快经济增长的速度。在这方面，政府可充分发挥自己对经济的干预作用，从宏观和长远利益的角度出发，去引导消费者在早年多储蓄、少消费，为个人和社会积累资金，促进经济发展。④有利于公共产品的提供和管理。公共产品具有很强的外部经济效果，在理论上虽然可以提出对受益者收费，但在实践中却是不可行或负面影响太大，很难由企业或个人通过市场机制来完成，因而必须依靠政府的力量来进行投资和经营管理。⑤发展中国家往往正在进行必要的制度和结构改革，因此迅速的经济增长很容易受阻。在这种情况下，计划则可以帮助经济增长，又保证经济改革的顺利进行。⑥发展计划可以详细地、明确地规定国民经济和社会发展的奋斗目标，这样，在国内，足以从心理上影响分离的人群，使他们团结起来，做政府的后盾，去消灭贫困、疾病和文化落后的现象，在国际上，也会因为自己的国民经济的现状和远景为世人了解，从而减少外国援助者的顾虑，有利于扩大外资的利用。最后，因为许多国家的资源很有限，所以必须最有效地利用这些资源(例如资本、熟练劳动力、外汇等等)，这只有使包括各部门和附属部门整个经济处于一个全面的计划机制之下才能实现。总之，在当时的一些发展经济学家看来，由于上述理由，发展中国家必须对经济做出干预，进行宏观管理，甚至计划管理。

20世纪60年代中期以后，有一些发展经济学家为新古典主义辩护，批评国家干预、特别是高度集中计划管理不足之处，而强调市场机制的作用。他们认为，①在集中计划管理体制之下，政府总有一种倾向，不给企业管理者以独立自主权。官僚等级形成的观念是，下级必须服从上级制定的规则、接受上级的监督。在这样的束缚下，企业缺少竞争能力，产品种类和规格不能多样化，无益于创新改革和大胆试验。②计划管理，特别是高度集中的计划管理体制之下，经济行为的准则是多头的，而不是单一的。例如产品的数量、质量、比例各为准则。如何把这些准则一体化地结合起来同时兼顾，往往是一个难题。③集中计划管理体制并不能消除决策的不合理性、随意性和专断性。因为，企业的经营决策是上级做出的，而上级的决策往往缺乏民主的基础。④集中的计划管理体制之下，管理者由于掌握权力而易于腐化。权力掌握者可以制定规划，调拨物资，安排人员，等等，他们难免把这些权力看成是自己的“私产”，在不公开的市场中“出售”它而自己得到私利，“或者是权力在腐化，或者是权力在为腐化开辟道路，事实是权力和腐化在同时出现”。[①] ⑤计划管理机制在运行中不易灵活调节。在短期之内，计划要做出灵活的必要调节是不可能的。此外，计划管理在收集信息、做出决策、传达、监督、评估、校正等方面的工作中，都有不少困难。虽然在市场机制中也会或多或少存在上述困难，但价格讯号和利润准则大大简化了管理工作。总之，这一阶段中，不少发展经济学家对第一阶段那些强调政府干预和计划管理的发展经济学家提出批评，在他们看来，发展中国家的经济运行机制应当是市场—价格机制，而不是计划管理机制。

(二)市场调节在经济发展中的作用

市场调节是指市场有机体内各要素之间在经济活动中建立的价格、供求、利率、税率、工资、利润、竞争、风险等方面的互相制约和影响的内在有机联系，并自动调节着社会经济活动的过程。其主要内容包括：价格机制，为市场调节的核心机制；供求机制，是市场调节的保证机制；竞争机制，是市场调节的外在压力机制。市场调节是在价值规律发挥作用过程中的基本形式。价值规律在生产过程中，要求市场价值应取决于生产商品所耗费的社会必要劳动时间；在流通过程中，则要求市场价格要符合市场价值或生产价格。市场调节正是以此为契机来发挥其作用的。市场调节的功能主要表现为以下几个方面：

(1)调节社会资源的配置。在市场经济条件下，所有企业都是独立的商品生产经营者，它们生产经营的商品只有在满足了社会需要而得到社会承认时，其个别劳动才能转化为社会劳动，其商品价值才能得到实现。而这只有在市场交换中通过市场机制的作用，使企业不断适应市场的变化去生产社会所需的产品，以此实现生产资料和劳动力等社会资源在不同部门的分配。

(2)刺激生产技术的发展和劳动生产率的提高。为在竞争中立足并处于有利地位，企业争相改进技术，提高劳动生产率，以减少生产商品的个别劳动时间；同时各个企业还不断降低生产消耗，减少成本支出，提高产品质量。一个企业这样去做，其他企业也纷纷效仿，由此促进和推动着整个社会劳动生产率的提高与生产力的发展。

(3)调节生产经营主体利益的分配。在市场经济条件下，那些劳动生产率较高，个别劳动消耗较少的生产企业，就能获得较大的利益，企业职工也可得到较多的劳动报酬；反之亦然。市场机制就成为鼓励先进、鞭策后进、促进企业改善经营管理、加强经济核算、调节生产经营者利益分配的工具。

然而市场调节也存在缺陷，主要如下：

(1)调节活动的自发性和盲目性。经济主体的多元化、经济决策的分散化、经济利益的特殊化，决定了每个市场主体都要根据自身利益和价格波动来扩大或缩减生产；同时，由于供求关系和市场价格的灵活多变，使得市场主体对市场真实情况难以做出合理预测和准确判断。这样就使其经济活动及决策不可避免地带有自发性和盲目性。

(2)调节过程的时滞性和浪费性。从一种商品的市场供求出现不平衡开始，到引起价格波动给企业发出短缺或过剩信息，再到企业调整自己的生产和采购活动，然后才能实现市场上新的商品供求平衡，这显然需要一个比较长的过程。同时，由于这一过程是以商品出现供求不平

---

① 瑟尔金：《看得见的手：计划化的基本原理》，1968年英文版，第66页.

衡为前提条件的,因此,通过市场调节来实现经济发展由不平衡到平衡,往往是以社会资源的浪费为代价的。

(3)调节范围的局部性与局限性。市场调节发挥作用的范围是有限的,在有些部门和领域,市场调节将难以发挥或不能有效地发挥其调节功能,这就是西方经济学所说的"市场失灵"问题。

(4)调节结果的不公平和外部不经济性。这主要表现在两个方面:一方面用市场调节收入分配,其结果会导致收入过分悬殊甚至贫富两极分化,从而引起收入分配的不平等性;另一方面在市场调节下,企业以利益最大化为目标,其耗费只计算内部成本,外部成本的增加并不影响其利益量的多少,但却给社会增加了成本负担并造成不利影响,即市场调节易引起外部不经济。

(三)政府调控与市场调节相结合的方式

战后发展经济学开始形成的时候,发展经济学家鼓励欠发达国家政府采取干预政策,加速资本积累,追求"内向型"重工业优先发展或进口替代战略,直接瞄准缩小与发达国家的产业和技术结构差距(Chenery 1961, Warr 1994)。苏联国家建设的初始成功,大萧条时期形成的对初级产品出口的悲观情绪,对市场缺乏信心,以及新古典增长理论,都强烈影响了这些经济学家的政策建议(Rosenstein-Rodan 1943, Prebisch 1959)。1950 年代以来,大多数欠发达国家无论属于社会主义阵营还是资本主义阵营,都采取了这类发展战略(Krueger 1992)。而发展计划的制订则是这类战略的具体体现。1961 年的联合国大会将 20 世纪 60 年代定为"联合国发展十年",规定发展中国家 60 年代的计划增长为 5%,并通过了要求采取行动以加强计划活动的许多决议,以及关于经济发展和发展计划化的大量国际会议的召开和研究机构的建立。发展计划最初注重宏观经济计划,随后开始重视部门和微观计划,但是战后计划的历史表明,经济计划化的效果并不理想。这一方面是由于发展理论的偏颇导致了实际工作中畸形产业结构,但更主要的是缺乏政府对计划的充分支持。正如刘易斯早在 60 年代中期所指出的:"成功的发展计划的奥秘就在于切实可行的发展政策和良好的公共管理"。[1]

20 世纪 80 年代之后,随着很多发展中国家与发达国家差距的扩大,很多国际组织意识到市场机制在经济发展中的重要性,以结构调整为特点的经济改革在很多国家开始进行,市场的作用被拔高,而政府的作用则被忽视,有些国家据此停止制订经济发展计划。

现在,西方发展经济学家通过对政府干预和市场调节两方面更深层次的分析,逐渐认识到,对发展中国家来说,政府干预和市场调节都是重要的,不应偏废。在经济不发达的现实条件下,发展中国家的政府干预应当具有两方面的内容:一方面协助完善市场机制,充分发挥其配置资源的作用,另一方面通过必要的计划管理或调节及财政金融政策手段,为社会公平、可持续发展等目标对经济进行必要而合理的干预。根据国情将市场机制和政府干预有机结合的发展路径成为大多数国家的选择。

1. *以市场调节为主的混合经济* 采用这类形式的国家很多,这种混合经济具有以下明显的特点:

(1)经济发展主要依靠自由企业和市场机制。在这些国家和地区,大多数的产业和企业属

---

① 刘易斯:《发展计划》,北京经济学院出版社 1988 年版,第 1 页.

于私人所有，企业的经营权和自主权归私人所有，企业的生产、销售和分配的决定权归私人。政府主要通过财政政策和货币政策从宏观方面来调控企业的经营决策和经济运行。

(2)充分发挥市场机制的主导作用。这方面的表现主要有两种：一是在这些国家和地区，政府干预的各类政策和措施，大多数是补充市场机制的不足，而不是取代市场机制；二是这些国家虽然大多仍制定经济计划，但计划都是指导性的而不是指令性的，政府只负责引导而不加强制。

(3)以充分就业和稳定物价为主要经济目标。发展中国家过去长期受殖民主义的压迫和掠夺，政治上独立后又面临着经济基础薄弱、人口压力大、人均国民收入和生活水准低、失业或隐性失业严重、国内发展不平衡等诸多经济问题，因此，充分就业和稳定物价是以市场调节为主的发展中国家的主要经济目标。

(4)拥有相当数量的国有企业，但没有扩大趋势。在这些国家和地区，拥有相当数量的国有化产业(多是具有自然独占性的或与民生关系密切的事业)，其目的是想通过这种方式扩大政府投资，以带动萧条经济的复苏和发展。但大多数国有企业都是发展到一定程度为止，没有不断扩大的迹象。

(5)注意社会福利措施的推行。在这些国家和地区，政府较重视社会福利措施的推行。根据不同的条件，在失业救济、医疗保险、贫困救济、老年退休等方面，享受政府的照顾。

2. 以计划调节为主的混合经济　采用这种混合经济的发展中国家并不太多，这种混合经济的特点如下：

(1)以生产资料公有制为基础，多种经济成分并存。这些国家和地区的主要生产资料仍归国家或集体所有，企业大部分为国营或集体经营；同时也允许私人拥有部分财产，允许私营企业发展，允许股份制经济的存在。但从经济总量来看，公有制经济仍占主要部分。

(2)市场观念和竞争意识增强。在这些国家和地区，市场经济和市场竞争的观念日益增强。各企业已不再受国家指令性计划的束缚，而是根据市场的需求来决定自己的生产和经营，各企业已越来越清楚地认识到质量是企业生存和发展的关键所在，不断在采取各种各样的措施使自己的产品升级换代，以适应市场的需求。

(3)坚持以经济效益为中心。在这些国家和地区，各类企业和经营单位在决定生产什么、生产多少、用什么方法生产和用什么方式在市场销售等问题上，已完全改变了过去听命于上级机关和政府指令的做法，坚持以经济效益为中心，怎么有利怎么做，从而使总体经济效益日渐提高。

(4)市场体系不断建立和完善。在这些国家和地区，已充分认识到市场调节与市场的建立和完善之间的重要关系，因此，生产资料市场、金融市场、消费品市场、劳动力市场、房地产市场、智力商品市场等各类专业市场在这些国家和地区已先后建立并日趋完善，以促进经济的发展。

(5)政府职能加快转变。在这些国家和地区，政府已经转变或开始转变自己的经济职能。目前这些国家和地区的政府在经济方面所关心的是：制定宏观的经济发展战略和发展计划；建立市场体系，完善市场机制和宏观调控体系，制定宏观调控法规；改革投资管理体制，促进资源的优化配置；建立现代企业制度，提高企业经济效益。其他的领域，则由市场调节，政府不再干预。

(四)经济全球化对政府调控提出新的要求

20 世纪末以来,经济全球化的趋势进一步明显。一方面经济全球化给广大发展中国家提供了发展机遇。经济全球化有利于促进发展中国家的经济体制与企业制度改革,促进其国内产业结构和商品结构的调整优化。发展中国家还可以充分利用比较优势和后发优势,在积极参与国际竞争中谋取比较利益和“后发效益”。

另一方面,经济全球化对广大发展中国家也提出了挑战。国际收支平衡和汇率稳定问题更加突出,政府宏观调控能力经受更加严峻的考验,金融风险加大,同时发展中国家的生态环境问题、人口与失业问题、资源危机问题和两极分化问题将会更加严重。发展中国家在参与经济全球化过程中面临着两难选择:就经济全球化要求各国贸易自由化、货币自由兑换和汇率固定,而这一切要求建立在经济实力基础上;但发展中国家面临着保护国内市场和幼稚产业的重任,实行贸易自由化、货币自由兑换和汇率固定制度,国民经济势必受到外来强势经济的冲击,甚至会引发经济和金融危机,如 1994 年的墨西哥金融危机、1997 年的亚洲金融危机和 2002 年的阿根廷金融危机等,都与外国资本冲击有一定的关系。发展中国家在利用外资和外国先进技术的同时,又会付出国际收支平衡被打破、经济自主能力被削弱和债务负担加重的代价,特别是发展中国家外债总额有不断增加的趋势,给国民经济的发展带来了沉重的压力。

经济全球化以来,政府职能在许多领域不断地收缩,如更多地让市场去代替计划,但同时,作为推动经济全球化的主体,政府作用却又在一些领域不断地扩张。随着经济全球化的不断发展,一国必将更多地开放本国市场,政府的作用也日益重要。为了控制全球化风险,政府不仅需要建立和完善国际经济协调机制,而且更需要采取正确的国内经济政策,包括保持良好的经济结构、对外开放战略的创新、贸易政策自由化、外资冲击的应对、产权的改革、产业的重组,国内市场的拓展和加入世界经济贸易组织等。新的世界经济形势要求发展中国家的政府进一步转换政府职能。

二、政府宏观经济政策

(一)宏观经济政策的内容

所谓宏观经济政策,是指市场机制无法自动使经济发展处于均衡状态的情况下,政府对经济总量进行干预和调节,根据经济目标使经济总量增加或减少而采取的一系列行为的规范准则和手段。它根据经济发展战略目标和活动计划来具体确定。

根据凯恩斯主义,一个国家在短期内生产技术、资本设备的数量与质量,劳动力的数量与质量都是不变的,因此国家调节就是在总供给为既定的前提下,来调节总需求,即进行需求管理(demand management)。管理总需求的政策即宏观财政政策和宏观货币政策。

1. 宏观财政政策　是指运用政府的收入支出来进行经济调节的政策。主要包括税收政策和财政支出政策,其中税收政策是政府根据经济和社会发展的要求而确定的指导制定税收法令制度和开展税收工作的基本方针和基本准则,核心问题是税收负担问题;财政支出政策是指政府在公共工程支出、商品和劳务的购买以及转移支付等方面的政策。

2. 宏观货币政策　是指国家通过中央银行增加或减少货币供应量,影响利息率,达到调节总需求,使总需求与总供给趋于一致的政策。宏观货币政策主要包括改变法定准备率、公开市场业务、调整中央银行的贴现率。

在发达国家,宏观经济政策是政府调节经济的主要手段。在发展中国家,也同样是政府影响经济活动、促进经济发展的主要工具。战后发展中国家的经济史在一定程度上是运用宏观经济政策工具推动经济发展的历史。

(二)宏观经济政策的目标

现代西方经济学家一般认为,宏观经济政策的目标包括四个方面:

(1)充分就业。充分就业一般是指凡是需要工作者均可有一个适当的就业岗位,即凡是有能力并自愿参加工作者,都能在较合理的条件下找到适当的工作。一般的衡量指标是失业率,在3%~5%为合理的失业水平,即失业率在5%以下就算是充分就业。

(2)物价水平稳定。物价稳定不是指个别价格的稳定,而是指社会整体物价水平在短期内能基本保持在基期水平上,没有明显或剧烈的变动。只有物价稳定,才能保证经济的顺利健康发展。一般认为3%以内的物价上涨指标就基本达到了物价稳定的目标。

(3)经济持续地稳定增长。经济增长是指一个国家国民生产总值的增长。经济增长了,生活水平才可能提高。但经济增长不同于经济发展,前者反映社会生活的数量,后者反映社会生活的质量。经济增长是经济发展的基础,经济发展是经济增长的结果。

(4)国际收支平衡。当今世界各国经济联系日益加强,在经济交往中,国家要保持国际收支平衡,以实现资源在国际间的最佳配置。

从理论上考虑,宏观经济政策不只是考虑这些目标中的某一目标,而是要同时达到这些目标。制定经济政策就是为同时达到这些目标而变换具体的指导原则、手段和措施。但实际上要同时达到上述目标是不太可能的,因为这些目标之间存在着矛盾。

例如达到高度充分就业目标与达到物价水平稳定目标之间就存在矛盾,如要保持充分就业,就需要保持一定的经济增长率,而需要一个较高的投资水平,物价就可能上涨;反之,要降低物价上涨率,就要付出失业率增高的代价。由于各个国家的社会经济情况有很大的差异,加之各国政府或不同的政党在政治上和策略上的考虑不同,所以在某一时期内,往往根据各自的情况,选择四个目标中的一个、两个、或三个以优先考虑,作为政策重要目标。

(三)宏观经济政策对经济的干预

财政政策是政府干预经济运行和实现收入分配目标的主要手段,具有作用直接、见效快的特点,是发展中国家政府干预经济的主要工具。财政政策由收入政策和支出政策组成,具体措施包括改变税收结构、改变税率、增加或削减资本性支出(即公共投资)等。从总体上看,发展中国家的税收和支持水平低于发达国家,这说明政府运用财政政策干预经济的能力是随着经济发展而逐步提高的。

政府支出由资本支出和消费支出两部分组成。长期以来,政府的资本支出被认为是生产性的,它促进经济增长和发展;而政府的经常性支出被认为是非生产性的。就经济增长而言,政府的支出政策目标是尽可能地削减非生产性支出,增加生产性投资。但是,在发展中国家,大部分经常性支出项目是难以削减的。就收入分配目标而言,政府支出政策比税收政策可能更有效,因为税收只使富人的收入减少,而政府支出可以使穷人收入增加。例如,马来西亚在60年代后期,税收和政府经常性支出结合在一起使国民收入的5%从两个最高收入组转移到两个最低收入组,其中 3/4 以上的转移支付为穷人获得。除了经济增长和收入分配外,发展中国家的政府支出政策还有一个目标就是稳定经济。发展中国家的主要目标是促进经济迅速增长,尽快地摆脱贫穷落后的面貌。可是,由于发展中国家在经济发展过程中担负着更加重要的责任,公共投资支出和经常性消费支出常常大于政府的税收收入,因而容易产生财政赤字,而赤字的存在对通货膨胀产生巨大的压力。从这种意义上说,政府的支出政策在抑制和消除通货膨胀方面能够起到重要作用。

在发展中国家,货币政策是通过调节货币供应量或利率水平来影响经济活动的规模。货币政策的具体措施包括改变法定准备金率、改变中央银行再贴现率、公共市场业务、放松或收缩信贷等。货币政策的目标是促进经济增长和经济稳定。发展中国家经济的货币化程度低,金融体系不发达,以传统的西方经济理论为基础、以发达国家经济条件为背景的货币政策的有效性,受到了社会经济结构的限制。在 1973 年,美国经济学家爱德华·肖和罗纳德·麦金农提出了一个著名的货币理论,现被冠以"金融自由化理论"。该理论认为适当的货币政策在发展中国家比财政政策更能促进经济增长。发展中国家的货币政策之所以长期未能起到很大的作用,是因为政府奉行的金融抑制政策所致。在发展中国家,政府对金融的限制政策主要有:利息限制和准备金要求。此外,通货膨胀政策虽然不是有意地抑制金融的发展,但客观上阻碍了金融的深化。这一理论的政策建议在随后被许多发展中国家政府所采纳,甚至一些国际组织如国际货币基金组织还把推行金融自由化政策作为对发展中国家提供贷款的一个必要前提条件。但是有些发展中国家进入自由化政策的推行产生了事与愿违的效果。

第二节　部门发展战略

一、经济发展战略

(一)经济发展战略的特点和制定过程

战略就是对全局性、长远性、重大问题的谋划和决策。发展战略是发展目标、发展策略、发展政策和发展措施的综合体,是指导经济发展方向和主要途径的重要政策工具之一。发展战略的定义有多种,学者们从不同角度探讨发展战略的内涵和定义。外国学者多从模式的角度定义发展战略,如美国学者安德鲁斯指出,战略是通过一种模式,把战略主体的目的,方针政策和活动有机地结合起来,使战略主体形成自己的特殊战略属性和竞争优势,将不确定的环境具体化,以便较容易地着手解决这些问题。美国学者魁因也认为,战略是一种模式或计划,它将一个组织的主要目的、政策与活动按照一定的顺序结合成一个紧密的整体。经济发展战略是战略概念在经济活动中的体现,也有各种各样的定义。如于光远教授的定义为:经济发展战略就是对中国当前经济社会发展的全局性的谋划。刘国光教授认为,经济发展战略是指在较长时期内,根据对经济发展的各种因素、条件的估量,从关系经济发展全局的各个方面出发,考虑和制定经济发展的目标、重点、阶段以及实现上述要求所采取的力量部署和重大的措施。一国经济发展战略是该国家对其经济发展所做的带有全局性和方向性的长期规划和行动纲领。狭义的经济发展战略是指实现经济发展的主要途径。广义说来,经济发展战略还包括战略指导思想、战略目标、战略指标和战略措施等。

1. 经济发展战略具有的基本特征

(1)全局性。因为一国的经济发展战略是对整个国家的经济发展所作的规划。

(2)层次性。为保证具有全局性的经济发展战略的实现,有些国家还制定了地区性的和部门性的经济发展战略,从而形成了相互衔接的不同层次的发展战略。

(3)长期性。经济发展战略所要解决的经济发展问题是带有方向性的根本问题,不是短期内所能实现的,因而它具有长期性。

(4)阶段性。发展中国家为向经济发达的社会过渡,往往要连续实施若干个经济发展战略。另外,为保证每个具有长期性经济发展战略任务的实现,也需要将发展战略分成若干个阶段来实施。所以,许多发展中国家通过编制中、长期经济发展计划的办法来使发展战略短期化,每个经济发展计划就是发展战略中这一历史时期的具体化。

(5)稳定性。经济发展战略既然是要解决较长期才能完成的带有全局性和方向性的经济发展问题,因而必须保持相对稳定性,绝不能朝令夕改,频繁变动。当然,在经济发展战略的实施过程中,如果发现发展战略存在缺陷,或影响发展战略的某些因素发生变化,从而对发展战略进行局部调整,甚至改变发展战略,这都是可能的。但是,这同保持发展战略的相对稳定性不矛盾。

(6)参与性。经济发展战略的制定与调整,是涉及整个国家经济、社会发展的大事,因而它不止是智囊团和政府部门的事情,许多国家还通过各种形式和渠道广泛听取各阶层人民群众的意见。另外,还应对广大人民群众宣传经济发展战略的主要内容,以动员人民群众为实现发展战略而积极努力。

2. 影响制定与调整发展战略的主要因素　基本国情、国际环境和前期战略执行情况。

(1)基本国情。其是制定与调整发展战略的重要依据,行之有效的发展战略必须符合基本国情。在基本国情中,同制定与调整经济发展战略有关的内容主要有:①自然条件,包括地理位置、土地气候和矿产资源等。比如,沿海和岛屿国家较之内陆国家在实施外向发展战略方面有利得多;矿产资源丰富的国家较之资源贫瘠的国家其灵活性大得多,而后者只能实施外向发展战略。②人口状况,因为人既是生活用品的消费者,又是重要的生产力。③经济条件,包括物质生产力发展水平、产业结构、基础设施状况等。④经济社会结构,包括社会经济成分、社会组织状况和政治体制等。

(2)国际环境。在当今世界中,随着生产国际化的不断加强和国家经济关系的日趋紧密,一个国家的经济发展同世界经济形势和国际经济关系的状况愈为密切相关。同发展中国家的经济发展关系较为密切的外部因素,除了整个世界经济形势外,主要有资金转移、技术转让、生产资料供应和商品销售等状况与条件。

(3)前期战略执行情况。在发展战略的执行过程中,应经常了解战略的实施情况,分析研究所产生的问题,如果发现有重要缺陷,就要根据问题的性质与范围,对发展战略进行相应的调整。

3. 经济发展战略的制定与调整工作的主要步骤

(1)建立专门工作机构。为了搞好这项工作,许多发展中国家成立了诸如国家开发委员会、计划委员会、经济发展委员会、经济规划厅等专门机构。

(2)基本资料的搜集、整理与分析。制定经济发展战略需要收集的基本资料包括:国民生产总值、各产业部门的产值、粮食产量、各种主要商品的产量及其销售量、各种商品的出口额等。为了准确、全面掌握全国在某一时间点上的基本国情，还要进行国情普查。在基本资料的收集、整理后，还要结合国际经济环境，对本国经济发展的现状与前景进行定性分析与定量分析。

(3)经济发展战略的制定，包括战略指导思想的制定、战略目标的制定、战略指标的制定和战略措施的制定。其中，战略目标指的是通过某种经济发展战略的实施，预期在一定时期后经济和社会发展所要达到的程度，或所要呈现的状态。战略目标必须体现战略指导思想，战略目标必须要定得适当。同时战略目标应以具体的和形象化的形式来表达，即目标数量化，以便于为广大人民群众所理解。各项战略指标既是先进的，又是客观需要的。在确定各项战略指标，必须同时编制与之相关的指标体系。为了便于实现各项战略指标，既要编制整个战略期的战略指标体系，又要编制分阶段的指标体系。制定经济发展战略时的主要政策措施：首先重视基础设施的建设；其次，积极开发人力资源；再次，充分调动各种经济成分的积极性；最后，加强国家对经济生活的干预。

(4)经济发展战略的调整。经济发展战略的调整存在两种完全不同的形式，一种是经济发展战略的整体调整，一种是经济发展战略的局部调整。

第二次世界大战后，发展中国家在制定与调整经济发展战略工作过程中积累了许多宝贵经验，但是有些发展中国家在制定与调整经济发展战略中也存在某些失误之处。主要表现为：①片面追求工业，特别是重工业的发展，忽视了农业和轻工业，尤其是忽视了粮食生产的发展。②在发展资金来源方面，过多地依赖外资，忽视了本国储蓄能力的提高和防止资金外流。③国民经济的发展过多地依赖于同国际市场的联系，忽视本国市场容量的扩大。④对正确处理国家干预与市场调节的关系重视不够，收入分配政策不尽合理等。

随着经济全球化的发展，国际分工的不断深化，世界各国经济的相互联系和依赖进一步加强的情况下；世界能源紧缺、环境问题严峻，经济增长成本高；在这样一个大背景下，发展中国家的经济发展，应该采取什么样的发展战略呢？发展中国家究竟应该采取内向的还是外向的发展战略，这取决于一国的经济发展阶段、国际环境和具体政策的实施程度，不能简单地作出肯定或否定判断。

(二)经济发展战略的类型

从战略的时效性来划分，可以将发展战略体系分为战略、规划和计划几个层次。

(1)发展战略。根据经济发展的因素、基本条件及其变化趋势的预测制定的发展战略目标、战略重点、战略步骤以及保证其实现所采取的战略措施和相关政策。因各国情况不同，其发展战略也不同。一般来讲，发展战略的内容包括：①发展模式。即根据本国优势、发展条件和发展趋势预测而确立的发展方向或发展模式。这是地区发展战略的主要内容；②发展目标。包括：经济、社会、科技的发展模式和水平、产业布局和产业结构及其变动、经济效益和社会效益的提高以及地区人民生活水平、消费水平和消费结构的变化趋势；③战略阶段和战略措施。即指一定时期的战略目标和模式实现的若干发展阶段，并规定各阶段的具体任务和要求以及应采取的措施等。

(2)长远规划。发展战略的总体实施计划。主要任务是以发展战略为依据，以相应战略阶段的战略目标、战略任务为主要内容，对经济、社会和科技发展，特别是对经济发展方向和产业结构做出规划。综合考察自然资源条件、国际国内市场需求、科学技术进步等，选择主导产业部门或优势产业部门，并使其得到优先迅速的发展，带动产业结构调整，它是经济计划的关键。

(3)中短期发展计划。一般指发展的五年或年度计划，包括经济发展、社会发展、城市发展和科技发展计划等。

发展战略、长远规划、中短期发展计划是相互联系、紧密结合的。长远规划是发展战略的具体化和补充；中短期计划是长远规划的执行计划。

按照发展战略所涉及的内容和边界来划分，可以分为以下几种类型。

(1)部门发展战略。这种类型的发展战略根据整体经济结构的均衡发展要求进行制订，包括各个时间段的整体经济发展战略规划和发展计划，以及农业、工业等部门的战略发展规划和计划。

(2)贸易发展战略。根据一个国家对外贸易结构的不同促进目标而形成的战略规划和计划，可以划分为内向型发展战略和外向型发展战略。

(3)区域发展战略。

①行政区战略规划和计划。是指按照行政区划分省、直辖市、自治区等编制的经济和社会发展战略规划与计划。包括省、直辖市、自治区所辖市、县的计划和中央直属部门、直属企业在地方的生产计划。

在省级政区计划中，县级计划越来越受到重视。这是由县级经济的特点决定的。它上连省、中央，下达乡、村，起到沟通城乡的作用，是宏观经济与微观经济，城市经济与乡村经济的结合部。

②经济区发展战略规划和计划。经济区是以地域分工为基础，根据自然条件、资源分布、地区位置、交通状况，按照经济的内在联系逐步形成的，是内在经济力量的区域结合。经济区计划是指这种按照经济联系形成的跨省、直辖市、自治区范围的经济社会发展计划，它是地区计划的主要形式。

按照经济区域的范围，可将不同类型、不同层次的经济区划分为以下几种：大经济区，如上海经济区和东北经济区等；省级经济区，指省、市、自治区所规划的省内经济区，其中包括省内一级经济区及其下设的二级经济区；沿海经济开发区，如长江三角洲经济开发区、珠江三角洲经济开发区、闽南厦门经济开发区、环渤海经济区、陇海大陆桥经济区、淮海经济区以及南京经济协调会等；以大城市为中心的经济区，以及从城市辐射农村所形成的经济区等。

③地域自然区发展战略规划和计划。地域自然区是指自然特征基本相似的地区。地域自然区计划包括流域综合治理、区域综合开发、林区建设规划等。地域自然区计划始于自然资源的综合开发利用、自然生态改革等建设规划。如黄淮海平原综合治理规划，松花湖地区综合开发规划，黄河上游流域综合开发规划等。

二、部门发展战略的类型

第二次世界大战后初期，获得政治独立的大批发展中国家开始走上发展民族经济的道路。西方经济学家们认为，发达国家之所以发达，是因为它们实现了工业化和经济增长，发展中国家应该像发达国家一样，把实现工业化和经济增长作为自己最重要的任务。正是在这种理论思想指导下，发展中国家制定了许多实现工业化和经济增长的发展战略。然而，发展中国家几十年的经济发展表明，过分强调资本积累、经济增长和工业化，不仅不会摆脱贫困和不发达，反而会使收入分配更加不平等。为此，从 20 世纪 70 年代开始，一些发展经济学家对传统的发展模式和主张提出异议。他们认为，发展问题并不在于资本化的程度，而在于贫困阶层境况的改善。因此必须更加重视发展的社会效果和非经济尺度。

(一)按照外贸结构划分的经济发展战略

发展中国家在几十年的经济发展中形成了不同的经济发展战略。按照外贸结构的标准来进行划分，包括以下几种战略：

(1)初级产品出口战略。促进农产品或者矿产品出口的战略，是一种外向型发展战略。它的特点是，利用本国丰富的自然资源，发展农矿初级产品的生产和出口，推动本国民族经济的发展。发展中国家独立前，绝大多数实施这个战略。实施初级产品出口发展战略的许多国家，为鼓励初级产品出口部门的发展，对其生产中需要的机器设备和投入品的进口减免关税，对其产品的生产和出口在税收方面给予优惠，并提供优惠贷款，政府还在兴建和完善基础设施，开展有关科学研究和推广新技术、开拓国外市场等方面提供服务。该战略中增加发展中国家外汇收入和促进民族经济发展的同时，也使其经济严重依赖于国际市场，深受市场需求和价格波动的影响，造成严重的不稳定性。

(2)进口替代战略。促进工业制成品出口的战略，是一种内向型工业化发展战略。它的实质是以本国生产的工业制成品来满足国内需求，取代进口货，并通过进口替代工业的发展来逐步实现工业化。长期以来，发展中国家只是帝国主义国家的原料供应地和工业品的销售市场。第二次世界大战后，许多发展中国家虽然在政治上获得了独立，但其在世界经济分工中的地位基本未变。为了顺利实施进口替代发展战略，避免国内的幼稚工业也遭受国外进口品的打击，吸引更多的资金投入进口替代产业，发展中国家的政府对进口替代产业实行保护政策，其中，包括通过进口许可证、进口限额和外汇管制等手段来限制进口品数量，直至杜绝进口，以防止进口品的竞争。同时，它们还通过提高进口关税、进口附加税等手段来增加进口品的销售费用，以提高国内生产的进口替代品种价格方面的竞争能力；通过减免营业税、公司税和生产者所需生产资料的进口关税，提高本国货币币值等办法，以降低进口替代品的生产成本，提高其利润水平。此外，为了扶植进口替代产业的发展，发展中国家的政府还在资金、基础设施、资源等方面提供方便与优惠。而且，进口替代战略从侧重初级工业制成品的生产促进，到高级制成品包括一些奢侈品的生产促进进行转化。随着进口替代发展战略的实施，提高了经济增长速度，增加了国民收入。在某些方面减少了对外依赖性，经济自给能力有所提高。但是，也有一些消极方面，如：实现保护政策，缺少竞争，不利于促进国内产业生产成本的降低以及产品的质量和劳动生产率的提高。由于对进口替代产业实行保护和扶植，必然导致国内各集团和各阶层间的收入不均状况更加严重。

(3)出口替代战略，或称为出口导向战略。这是一种典型的外向工业化战略，具体特点是，发展面向出口工业，并将其产品投入国际市场，用工业制成品的出口来代替农矿初级产品的出口，以推动工业化进程。其基本思路是：利用本国自然资源和劳动力丰富的比较优势，发展劳动密集型的制造业产品，并扩大这类产品的出口，以此增加就业，提高人均收入。从 20 世纪 60 年代开始，拉美和一些东南亚国家和地区纷纷转向出口导向的外向型发展战略。实施出口替代战略的初期，一般是发展技术水平较低，生产技术较易掌握，资源相对易得的加工业，如食品加工、原材料加工、服装、纺织品、鞋类及一般家用电器等等。随着生产规模的扩大和国际市场环境的变化，出口替代工业逐渐转向技术复杂、市场潜力大的机电、电子、半导体、石化等现代高技术产业，在产业调整中，实现产业结构高级化。从出口替代工业的性质可以看出，一定数量的人力资本存量是实施出口替代战略的基本条件。另外，国家的大小、资源禀赋、地理位置等也是需要考虑的重要因素。

(4)进口替代与出口替代相结合的发展战略。这种发展战略既考虑了制成品生产以满足国内市场需求，也重视更为广阔的国际市场。一些人口和自然资源规模较大的发展国家，诸如中国和印度，由于具备较为广大的国内消费群体、有比较优势的人力资本存量，所采取的进口替代与出口替代相结合的发展战略卓有成效。

(二)按照工业化进程划分的经济发展战略

按照工业化的进程来进行划分，又可以分为：优先发展工业的发展战略，以及工农业协调发展的战略。

发展中国家国民经济体系和结构不够健全，突出表现在农业经济比重过大而且落后，工业基础薄弱而且生产方法陈旧，主要的产品是农产品和初级产品，整个经济自给性很强，外贸比重比较小。这种情况决定了，要实现工业化和经济发展，必须从根本上彻底改造旧的国民经济体系和结构，全面发展工业、农业、外贸等各个部门。但是发展中国家资源稀缺、技术与管理跟不上、市场的供求能力有限，不可能同时全面投资发展国民经济各部门，必须选择某部门优先发展，逐步建立和发展国民经济体系。

1. *优先发展工业*　在20世纪50年代和60所代初期，大多数西方发展经济学家认为，发展中国家的根本出路在于工业化，[①]因为工业的发展对经济发展起着决定性作用，而农业的地位相对不重要。其理由是：发达国家走过的道路证明，不发达国家必须首先工业化，才能从不发达过渡到发达，成为像发达国家那样的工业化国家。工业生产率高，尤其是边际生产率高，而农业生产率，尤其是劳动的边际生产率相对较低。优先发展工业可以提高社会边际生产率，并且通过农村劳动力向工业的转移，可以既扩大了工业又提高了农业生产率，从而增加总产出量。工业化具有外部经济效益，并产生联系效应，而农业则很少有外部经济效益，更少有联系效应，难以起到带动全局发展的作用；工业的投资效率较高，容易采用先进技术，使产出迅速增加，而农业则投资见效慢，不易引用新技术，产出增长缓慢；工业的发展可以扩大城市规模，促进城市化，较快地提高人均收入和生活水平，而农业则不然，前者是动态的，后者是静态的；农业的发展需要有工业投入，因而只有工业优先发展了，才能保证为农业提供足够的机械、工具、化肥等投入，使农业的发展成为可能；另外，工业部门的扩大可以吸收较大的就业，而农业中劳动力却相对过剩，等等。所以，发展中国家必须首先发展工业，实现工业化。

优先发展工业的观点在早期的发展经济学文献中反映得十分明显、突出。1943年，罗森斯坦－罗丹在论述“大推进”理论时，就明确提出了工业化发展战略；1950年，普雷维什、辛格提出“中心-外围”理论时，也倡导实行工业化，1953年，纳克斯提出应通过大规模投资的工业化打破“贫困恶性循环”；1954年，刘易斯断言经济发展是工业化，只有工业化才能吸收农村剩余劳动力，改变二元经济结构；1958年，赫尔希曼提出不平衡增长理论，认为工业具有较大“联

---

① 在发展经济学中，“工业化”的含义有狭义和广义之分。狭义的工业指纯粹的工业部门的扩大，使工业产值在GDP中占绝大部分比重；广义的工业化包括农业的“工业生产化”，即实现农业的工业化，加工工业化等.

系性效应”，应当优先发展工业；此外，库兹涅茨、钱纳里、斯特里顿等人也都强调过应当实行工业化。

2. *工业和农业协调发展* 第二次大战后，当“唯工业化”论初露苗头时，有的学者已指出，发展中国家应重视农业发展。[①] 此后，在发展中国家普遍推行工业化战略的过程中，工业的发展越来越受到落后的传统农业的制约，从而引起人们重新认识农业在经济发展中的地位与作用，重新评价农业与工业的关系，越来越重视农业的发展，连过去以强调工业化著称的刘易斯、纳克斯等人，也开始修正自己的观点，承认农业的重要性，提出农业应与工业平衡增长的新主张。后来由于舒尔茨等人关于农业问题的权威性著作的发表，农业的重要性被提到前所未有的高度，许多学者还纷纷提出一些迅速发展农业的计划与战略，强调工业和农业应协调发展。

农业地位的提高和优先发展农业战略的提出，一方面是因为战后一些国家的工业化战略实施得不很理想，尤其是受到了农业的阻碍；另一方面是因为人们逐渐认识到了农业在经济发展中的主体地位和意义：①农业可以为工业化提供巨大帮助，对经济发展起着产品贡献（提供农产品、原材料等）、要素贡献（提供工业投入要素，如劳动力、原材料等）、市场贡献（提供工业品销售市场）、外汇贡献（出口农产品换取外汇或减少粮食进口节约外汇）。②农业的发展本身就是经济发展。发展中国家人口（尤其是农村人口）众多，粮食问题、就业问题、收入问题等是最主要的当务之急，大力发展农业，可以解决农村人口乃至城市人口（包括转移人口）的粮食供给，通过农业和农产品加工、农村教育、乡村服务设施等的发展，可以解决过剩农业劳动力就业，同时，也能提高农业人口的人均收入，这些重大问题的初步（或一定程度）的解决，本身就意味着经济发展。③农业的发展使农业劳动生产率提高，从而农业劳动者的收入水平也会提高。产出的增加和收入的增长会提高农业人口的储蓄能力，增加储蓄，促进资本形成，有利于克服工业发展所遇到的资本稀缺问题。④农业机械的广泛使用，农产品加工业和村镇小型工业的产生与发展，农村教育的普及，以及农村中乡镇的形成，有助于农业向“农业工业化”发展，使农业人口向非农业人口转变，从而改变不发达国家的二元经济结构，促进农村的城市化（如小城镇化）。⑤农业生产率的提高可以增加农产品的供求弹性，改善工农业和进出口的贸易条件，有利于改变发展中国家的经济结构，增强出口创汇能力，改善国际收支状况。⑥农业的发展可以推进农业技术的发明和应用，进而提高发展中国家的科学技术水平。因此，发展经济学家和发展中国家越来越重视农业的地位与作用，并广泛推行工业和农业协调发展的战略。

（三）按照是否遵循比较优势划分的经济发展战略

中国经济发展研究中心根据国家间比较的实证研究，按照制定发展战略时所依据的资源的成本状况，区分了两种发展战略，一种是违背比较优势的发展战略，另一种是遵循比较优势的发展战略。

1. *违背比较优势的发展战略* 大多数发展中国家都是劳动相对充裕，资本相对稀缺的，因此，在一个自由、开放和竞争的市场中，欠发达国家的企业将进入相对劳动密集型产业，在生产中选择相对劳动密集型技术。然而，欠发达国家的政治领袖和知识精英常常将现代化等同

---

① 张培刚于1947年已提出了“农业国”（即发展中国家）应重视农业发展的观点，并指出农业与工业化密不可分，农业具有要素贡献、产品贡献、市场贡献和外汇贡献四种贡献。参见张培刚：《农业与工业化》，1949年英文版，华中工学院1982年中译本.

于工业化，特别是重工业化，并推动他们的国家尽可能快地发展资本密集型的重工业，并采用最先进的技术。在他们当时的经济要素的禀赋结构下，进行资本密集型生产的企业在一个自由、开放和竞争的市场中是没有自生能力的。因此，实施违背比较优势的战略，政府必须对企业进行政策补贴，来弥补企业自身能力的不足。

在真实世界中，补偿政策负担的补贴需要有多大，取决于政府倡导的产业和技术偏离经济的比较优势有多远。如果偏差比较小，那么政府就能够依靠税收激励或直接的财政转移支付对企业进行补贴。然而，欠发达国家政府采取违背比较优势战略时，这一偏差常常很大，为了实现发展战略所定的目标，就需要有各种特殊的制度安排。

当欠发达国家政府追求违背比较优势的战略时，最常使用的手段是通过管制压低利率，以便减少项目的资本成本。另外，违背比较优势的战略项目所需设备一般在国内不能生产，需要从发达国家进口，因此需要大量的外汇支撑。然而，欠发达国家的出口有限而且主要是价值不高的农业和资源产品，外汇一般是稀缺的、昂贵的。为了降低违背比较优势战略项目的设备进口成本，政府一般也会高估本币价值，低估外汇价值。

利率和汇率扭曲一方面刺激优先部门和非优先部门的企业需要更多的资本和外汇，另一方面也压抑了储蓄和出口积极性，因此减少了经济中的资本和外汇的供给量。这样就会出现资本和外汇短缺，政府需要使用行政手段对资本和外汇储备实行配额分配，以便确保执行违背比较优势战略的企业能够有足够资源执行战略任务。市场的资源配置功能因此受到抑制，甚至被直接的政府配给取代。

从理论上来说，选择违背比较优势战略的政府只要补贴企业因为政策性负担造成的损失即可，然而，由于信息不对称，政府不能区分政策性负担诱致的损失和企业经营不善造成的损失。企业会使用政策性负担作为借口，并动用一定的资源游说政府提供事前的政策优惠，例如获取低息贷款，税收减免，关税保护，法律上赋予垄断权，等等，以便补偿政策性负担造成的损失。除了政策优惠，如果企业依然还有损失，那么它们会再次要求政府提供事后的，特别的支持，如更多的优惠贷款。经济中会充满寻租行为。因为企业会利用政策性负担作为借口，要求得到更多的政府支持的，也因为政府很难逃避这种责任，企业的预算约束因此软化。一旦企业的预算约束软化，企业的管理者就没有压力提高生产率，将会追求更多的在职消费和其他道德风险的行为。企业实际得到的补贴将会大大高于政策性负担所增加的成本。

2. 遵循比较优势的战略　欠发达国家的政府可以选择替代性的遵循比较优势的战略，鼓励企业进入该国具有比较优势的产业，在生产中选择能够使企业具备自生能力的技术。如上所述，该经济具有比较优势的产业和适合在生产中使用的技术都是由该国的相对要素禀赋所决定的。然而，作为微观单位的企业的管理者，不大可能充分认识到或者辨识出实际的禀赋条件。他们关心的仅仅是企业产出品价格和生产成本。只有当要素相对价格正确地反映了各种要素的相对丰裕度时，他们才能进入一个正确的产业，选择一个正确的生产技术，而这又只能在市场是竞争性的时候才能做到。因此，当欠发达国家的政府选择了遵循比较优势的战略时，它的基本政策应该是为自由、开放和竞争的产品与要素市场的运转消除各种可能存在的障碍。

假定一个经济中的每一个企业都可以免费获取关于产品市场、产业和生产技术的各种信息。那么当该经济的要素禀赋结构升级的时候，企业能够相应升级它的产品或技术，或者顺利地从资本相对不密集的产业转向资本相对更为密集的产业。然而，信息并不一定是可自由获得的。因此，花费一定资源搜寻和分析产业、产品及技术的信息就是必不可少的了。如果企业自己从事这些活动,那么它就会对这些信息保守秘密,其他企业相应也需要花费同样的资源去获得同样的信息,信息重复投资的现象就会出现。然而,信息具有公共产品性质,一旦信息收集和加工工作完成,信息分享的成本接近于零。所以政府可以收集关于新产业、市场和技术方面的信息,然后以产业政策的形式免费提供给所有的企业。

经济中的技术和产业升级常常要求不同企业和部门能够协同配合。例如新的产业和技术对人力资本或技巧方面的要求可能不同于老的产业和技术,一个企业也许不能将这些新条件的供给完全内部化,需要依赖外部来源的帮助。所以,一个企业的产业和技术升级的成功与否也取决于企业之外是否存在新的人力资本的供给。除了人力资本外,这种升级也可能需要有新的金融制度、贸易安排、市场营销渠道等。因此,政府也可以使用产业政策协调不同产业和部门的企业实现产业和技术的升级。

产业和技术升级是一种创新活动,本质上是有风险的。即使有政府产业政策提供的信息与协调,尝试实现产业和技术升级的企业也仍然有可能因为升级本身过于雄心勃勃,新的市场太小,协调不适当等等情况的出现而失败。一个企业的失败会告诉其他企业,这个产业政策不合适,它们因而能够通过不遵循这个政策而避免失败。也就是说,第一个企业支付了失败的成本,为其他企业提供了有价值的信息。如果第一个企业成功了,这个成功也会为其他企业提供外部性,促使其他企业从事类似的升级,第一个企业可能享有的创新租金也就会很快消失。这样,第一个企业可能的失败成本和成功红利之间是不对称的。为了补偿外部性和可能的成本与收益之间的不对称性,政府可以向首先响应政府产业政策的企业提供某种形式的补贴,如税收激励或贷款担保等。

假如发展中国家的政府选择优先发展和这个经济的要素禀赋所决定的比较优势不相符合的产业/技术结构,在一个竞争的市场中,优先发展部门的企业将缺乏自生能力。为了使缺乏自生能力的企业能够被建立起来并生存,政府将必须采用扭曲利率、汇率和其他价格并用行政手段配置资源的方式来补贴/保护这些企业。市场的作用会受到抑制,寻租行为将会盛行。结果,这个经济的发展绩效会很差,收敛也就不会发生。只有当发展中国家的政府以比较优势作为产业发展的基本准则,这个经济才会有运行良好的市场,才能易于从发达国家引进技术,维持高的资本积累率,达到快速的要素禀赋结构的升级和实现收敛。根据跨国经验数据回归分析所得到的结果证实在产业/技术选择上遵循或违背比较优势原则是一个国家能否成功实现收敛的重要决定因素。所以,一个发展中国家的政府应该以要素禀赋结构的升级为目标,改善市场的作用,鼓励企业在做产业/技术选择时充分利用这个经济的比较优势(林毅夫,2006)。

第三节 区域发展战略

一、区域经济的功能

区域是指有内聚力的地区。区域本身具有同质性,并以同样标准而与相邻诸地区诸区域相区别,是通过选择与特定问题相关的特征并排除不相关的特征而划定的。区域有这几个特征:①区域是个空间的概念;②区域的内聚性和同质性;③区域的相对性。

区域经济是具有鲜明区域特色的国民经济,亦是指在经济上有密切相关性的一定空间范围内的经济活动和经济关系的总称。是以客观存在的经济地域单元为基础，按照地域分工原则建立起来的具有区域特点的地域性经济。

其功能主要表现为以下三个方面：

(1)吸聚功能。指区域经济系统对生产要素和经济活动的吸聚，是在区域经济机体的运行过程中，经济区域内部自我循环，自我完善，自我增值的一种能力或作用。

区域经济的吸聚功能，包括：一是共生效应。经济区域内部的多层次、多部门、多企业之间是有机地联系在一起，并共存于同一经济系统内，相生相养和生存发展；二是互补效应。经济区域内把相关的部门和企业结合为一体，并互相依存，相互适应；三是整体效应。区域经济的整体性，使之形成了一种更大的新的经济力量，并提高资源利用率，节约劳动时间，节约投资等。

(2)增长功能。指区域经济系统所具有的经济力量不断增长的一种能力或作用。其主要表现：一是对资源开发利用能力的增强；二是经济强度的提高。前者是区域经济的外延增生，其表现为经济活动容量的增加和地域范围的扩展；后者是经济的内涵增生，表现为生产要素质量的提高和经济活动效益的改善。

(3)优化功能。指区域经济系统所具有的优化经济结构的功能。这种优化表现为：一是生产要素组合、布局的地域优化。要求区域生产力的合理布局，也包括以横向联系和分工协作为特征的社会生产的地域组织；二是区域产业协调发展的结构变化，要求产业结构的协调发展，保持良好的区域产业结构。

二、区域发展战略相关理论

(一)区位理论

区位理论是关于人类社会经济活动的空间及其空间中的相互关系的学说，它为区域发展以及国土开发与整治、城乡建设的研究与规划提供方法论。

1. 农业区位论　是一种研究农业生产类型随农业区位变化的特点和规律的理论。德国农业经济学家屠能是该理论的奠基人。他根据对农业生产区位进行深入研究，提出了最早而最有代表性的农业区位的理论模式。他在当时的历史条件下第一次从经济角度比较系统地研究了农业布局的规律性，阐述了农业生产的区位选择进行经济分析的途径。他从级差地租(或称位置，即到市场距离不同的土地，在生产农产品中所创造的价值呈现出级差)出发，以利润大小为转移，来论述农业土地利用类型和农业集约化程度的合理地区差别，并在此基础上建立起农业分圈带实现专业化配合的部门组合理论，由此引申出各种农产品分布的最优区位，并得出了在距离市场远近不同的地区应配置不同的农产品生产以及采取不同的经营方式的结论，指出随着对中心城市(消费市场)距离的增大，农业经营方式的变化由集约到粗放，农业布局也随之相应变化。这对农业的合理布局以至整个生产的合理布局的科学研究有重要作用。

2. 工业区位论　是研究工业企业区位选择的原则和方法的理论。德国科学家韦伯于1909年发表的《工业区位论》名著，标志着该理论的问世。韦伯的工业理论与屠能的农业区位理论，都同属部门配置理论。

韦伯的工业区位论的基本内容，就是工业的地区分布应遵循“生产费用最小，节约费用最大”的基本原则，并且认为，区位因子决定生产场所，将生产吸引到生产费用最小、节约费用最大的地点。韦伯将区位因子分成一般区位因子(适用于所有工业部门)和特殊区位因子(只适用于某些特定工业,如湿度对纺织工业,易腐性对食品工业)两种,在进行一般理论研究时显然有意义的是一般区位因子。他认为,决定工业企业在什么地方配置,有三个一般性的因子,即运费、劳动力费用和聚集力。他把运费和劳动力费用看成是影响工业分布的一般区域因素,并认为运费对工业区位的基本定向起最有力的决定作用。运费因子是韦伯研究的中心,他认为工业分布首先应考虑的是把工业企业建立在运输费用最小的地区,指出运输因素是决定工业区位最基本的因素。

3. 中心地理论　是关于一定区域(国家)内城市等级、规模、职能及其空间结构的学说,亦简称城市的“等级—规模”学说。该学说产生于西欧工业化和城市化迅速发展的历史时期,由德国地理学家克里斯塔勒在1933年发表的《德国南部的中心地》一书中,首次从城市或中心居民点的供应、行政、管理、交通等主要职能的角度,论述了城市居民点与地域体系,后人概括为“中心地理论”,即“城市区位论”。该理论较为深刻地揭示了城市、中心居民点发展的区域基础及“等级—规模”的空间关系,为区域规划和城市规划提供了重要的方法论依据。

该理论吸取屠能和韦伯两种区位理论的基本方法;设想了不考虑地理条件的差异,将空间看成是同一密度的、均质的,利润的原则起着完全的支配作用。在此前提下,运用模型对研究客体的分布原则(即决定城市的数量、规模和分布的原则)作抽象的理论概念。该学说认为,城市是人类社会经济活动在空间的投影,位于区域的中心地点,起着周围区域中心地的作用,也就是区域的核心;中心地(城市)依赖于收集输送地方产品,并向周围区域居民提供所需物质和服务而存在。从这一基本论点出发,克里斯塔勒探讨了中心地(城市)对周围区域所担负中心服务的职能,并将该学说形象地概括为区域内城市等级与规模关系的六边形模型。

4. 市场区位论　是关于市场区位的一种理论。德国学者廖会于1940年发表了《区位经济学》,成为市场区位论的主要奠基人。廖会在屠能、韦伯等人的区位理论的基础上,并针对他们理论存在的不足,做出了很有成效的发展。他不是从单个企业的利益角度来寻求最佳区位,而是把每个企业放入大量企业存在的体系中去考察,即从总体均衡的角度来揭示整个系统的配置问题。他是寻求经济区域总体系统平衡的第一位学者,因此,从这个角度看,他的学说具有更重要的理论价值和实际价值;廖会理论的特点是把生产区位和市场结合起来,提出生产和消费都在市场区中进行,生产者的目标是谋求最大利润,最低成本、最小吨公里的区位往往不一定能保持最大利润,因此,正确地选择区位要谋求最大市场或市场区。他认为,需求的大小,部分是随价格变化的,也根据生产配置位点的选择和市场区规模的变化而发生变化,必须全面考虑运输成本、生产成本、总成本以及总收入的定向原则,选择最佳配置点,只有利润达到最大的点才是最佳的,就是以利润来判明企业配置的方向,并且把利润的原则同产品的销售范围联系起来;他还提出了区域聚集和点聚集的问题。所谓点聚集,是各个配置点的重合,或者其配置中心的重合。同时,他又将区域聚集划分为地带和区。所谓地带,就是同类工业区的聚集,他的市场网紧紧挤在一起。所谓区,就是彼此相互分离的市场范围。他还详细地讨论了各种类型的市场区的边界、聚集点和区的划分,为空间结论理论奠定了基础;他的关于市场区、聚集区形成的推导,从理论上解剖了经济区域形成的内部机制,尽管不同社会发展阶段和制度下其表现有所不同,但可以看出他们的共同结构和形成规律。在这方面,促进了区域经济学科的形成和发展。

(二)地域分工理论

1. 亚当·斯密的绝对利益理论　亚当·斯密从工场手工业看到了分工的利益,然后联系到整个社会,论证了地域分工的合理性,即每个生产者为了自己的利益,应集中生产对社会有利的产品,然后用销售所得购买其所需要的其他所有物品。推而广之,亚当·斯密认为国家间亦应如此。每个国家都有其绝对有利的、适于某些特定产品的生产条件,而导致生产成本绝对低,这叫做绝对利益理论,又称绝对成本说,如每个国家均按此原则进行专业化生产,通过贸易进行交换,会使各国的资源、劳动力和资本得到最有效的利用,这是亚当·斯密地域分工学说的基石。他的地域分工和绝对利益理论也是国际贸易的理论基础。他的学说对解释当时国际和区际的地域分工和生产力的布局,起到一定的积极意义。但他的理论是有明显缺陷的,落后国家和地区各部门的劳动生产率均显著低于先进国家和地区,用绝对利益原则作指导,前者就只好闭关自守,避开同后者的经济交流了。这同以后的生产力布局和国际贸易的发展实况也是不一致的。

2. 大卫·李嘉图的比较利益理论　大卫·李嘉图提出了地域分工的基础是比较利益论,或称相对成本论。根据比较利益理论,如两个国家中的一个能以较低的成本生产各种产品,两国之间的地域分工和贸易也会使双方均有利。

3. 俄林的价格差异学说　俄林是以新古典主义经济学作为地域分工和国际贸易理论的基础,放弃了古典学派以生产劳动来决定价值的观念,而代之以价格差异的分析。他认为,地区是分工和贸易的基本地域单位,全世界可划为若干大地区,大地区又可划分为亚地区,还可以逐级细划。他指出:从一国范围来看,国内各地区由于生产要素价格的差异,导致国内贸易和各地工业区位的形成;从国际范围来看,各国生产要素价格的差异,导致国际贸易和各国工业区位的形成。国家或地区之间生产要素分布得不均衡,取决于其自然条件和天然资源、财产占有情况、交通运输条件、经济和社会的安定程度以及生产要素的供求关系等。生产要素分布不均,引起了相对价格差异;生产要素相对价格的差异又引起商品相对价格的差异;加上汇率因素,商品相对价格的差异会引起商品绝对价格的差异;最后,导致区际和国际贸易的产生。

4. 巴朗斯基的地理分工论　巴朗斯基是前苏联著名的经济地理学者,他运用马克思主义观点,对劳动地域分工进行了阐述,提出了比较系统的地理分工论。他认为地理分工就是社会分工的空间形式。地理分工的必要条件是:一个国家(或地区)为另一个国家(或地区)劳动,该劳动成果由一个地方运到另一个地方,使生产地和消费地不在一个地方。地理分工可以分成两种情况:一种是,某一国家或地区,因为自然条件的关系,完全不能生产某种产品而由另一国家或地区输入;另一种是,某一国家或地区虽能生产某种产品,但生产起来较贵,因而输入这种产品。他把前一种情况称为绝对地理分工,后一种情况称为相对地理分工。显然,他的这两种地理分工概括了亚当·斯密和大卫·李嘉图的地域分工和国际贸易学说。

(三)区域发展理论

1. 区域经济增长模型　主要包括哈罗德-多马投资模型、出口基地模型和要素输出模型等。由于该理论是从凯恩斯思想出发,而且研究的背景主要是发达的市场经济国家,只是讨论区域的经济“增长”而不是“发展”,因此更确切地应称“区域增长理论”而不是区域发展理论。

(1)哈罗德-多马模型。根据这一模型,在一个封闭的区域经济中,区域经济的增长自然依赖自身的积累水平,积累率低就不可能有充足的资本进行生产投资,从而经济增长率也低。但在一个开放的区域经济系统中,他可以通过向区外引进资本,条件是区外有投资能力又有投资机会。如果区内不能提供良好的投资机会。由于市场机制的作用,资本也就难以流入该区域,从而造成区域间的不均衡,如果要促进区域均衡,就必须有政府干预。因此,哈罗德-多马模型强调政府长期干预的作用,要求政府制定政策,提高后进区域的投资水平,使区域之间出现均衡。

同时,还强调资本形成和流动在区域发展中的作用。实际上,仅仅有资本投入和形成是不够的,还需要其他生产要素,需要社会结构的变革,而这些又恰恰是落后区域所缺乏的。

(2)出口基地模型。这是经济史学家诺斯在北美调查的基础上提出的。最主要的观点是,“出口基地的成功是影响区域经济增长率的决定性因素”。对区域出口产品如木材、皮毛、面粉和小麦的需求,不仅影响着那里的人均收入绝对水平,而且影响着辅助产业的性质、人口的分布和城市化的类型、劳动力的特征,区域的社会政治态度及其收入,就业波动的敏感性。而区域出口部门的需求增长,将通过区域经济的乘数效应,一方面诱发出对出口产业的投资,另一方面也刺激着其他所有部门的经济活动,并随着区域收入的增加,那些刚开始时以满足当地需求而出现的经济活动,也将部分地成为出口产业。总之,出口工业成为区域发展的动力,是这一模型的根本思想。

该模型同样认为,很难实现区域间均衡,欠发达区域可能仅仅因为不能有效地吸引投资,而无法实现出口扩张。因而,政府培植欠发达地区出口优势是求其发展的最主要因素。

(3)要素输出模型。他是由上述两个模型的合成。假定区域间不存在要素流动的障碍,当一个区域的出口需求增加时,就会出现资本由欠发达区域向增长区域的部门扩张及产业流动。发达的区域将由于乘数效应,使得本区域的工人工资增加,失业率降低,区域收入水平提高,并从欠发达区域吸引劳动力流入;而欠发达区域将出现出口衰退,资本存量减少,负乘数效应及相应的失业增加。增长区域由于资本流入而改变了资本劳动比率,促进生产率提高,出口价格更具有竞争力。区域之间的差异将逐步强化,欠发达区域出现持久的贸易逆差而发达区域出现显著的顺差,因而不可能存在区域均衡。

2. 不平衡区域发展理论　发展中国家一般人口众多、地域广袤,经济贫困不仅表现在人均收入低、生活水平低等方面,还表现在各个地区发展不平衡,普遍存在着地区性贫穷、落后的局面。为了改变这种局面,促进各地区的经济增长,一些发展经济学家研究了地区平衡增长和不平衡增长,并主要倡导实施地区不平衡增长战略。地区不平衡增长战略着重探讨了工业布局、生产力分布、外部经济效益、资本与技术聚集、城市化等问题,从而形成了“增长极”理论、“地理上的二元经济结构”理论和“梯度推移”等理论,并相应提出了一些政策主张和调节制度。

(1)增长极理论。“增长极”(growth poles)的概念和理论是法国发展经济学家弗朗索瓦·佩鲁(Perroux, F.)于1955年提出的。佩鲁认为“增长极”是由主导部门和有创新能力的企业在某些地区或大城市的聚集发展而形成的经济活动中心,这些中心具有生产中心、贸易中心、金融中心、信息中心、交通运输中心、服务中心、决策中心等多种功能,恰似一个“磁场极”,能够产生吸引或辐射作用,促进自身并推动其他部门和地区的经济增长。“增长极”具有“支配单位”和“创新”的特征,具有吸引作用和扩散作用。同时佩鲁利用熊彼得的“创新”理论来说明“增长极”形成的条件。

该理论的核心是,在地理空间上经济增长并非同时出现在所有的地方,由于某些主导部门或有创新能力的企业或行业在一些地区或大城市的聚集，形成一种资本与技术高度集中、具有规模经济效益、自身增长迅速并能对邻近地区产生强大辐射作用的“增长极”，通过具有“增长极”的地区的优先增长，可以带动相邻地区的共同发展。“增长极”理论的政策含义：发展中国家要实现工业化的经济发展，必须建立“增长极”，通过“增长极”自身的发展和对其他地区或部门的影响，带动整个经济发展。其政策主张对发展中国家产生了很大的影响和吸引力，不少国家依据这一理论来制定发展规划、安排投资布局和工业分布、建立经济区域等。

(2)区域差异理论。1957 年，缪尔达尔在《经济理论和不发达地区》一书中，提出了“地理上的二元经济结构”理论，即区域差异理论，利用“扩散效应”和“回波效应”概念，说明了经济发达地区优先发展对其他落后地区的促进作用和不利影响，提出了如何既充分发展发达地区的带头作用，又采取适当的对策来刺激落后地区的发展，以缩小地区间发展水平的差异。缪尔达尔运用动态的和结构分析的方法，提出不发达国家的经济中存在一种“地理上的二元经济”。他认为，在经济发展过程中，区域差异是不断扩大的。当发达区域与不发达区域进行自由贸易时，发达区域由于增加了工业品的输出，其工业生产进一步发展，劳动力就从生产率较低的农业部门转移到工业部门，对技术工人的需求增加，教育随之得到改善，文化进一步发展，发达地区表现为一种上升的正反馈运动。然而，对于不发达区域来说，情形正好相反，在自由贸易情况下，不发达区域在输入大量的工业品后，本区域的工业由于缺乏竞争能力，生产逐步衰退，于是产生一系列的不良效应；对技术工人的需求减少，就业不但不能向生产率高的工业部门转移，反而不得不逆转到生产率低的农业部门，于是城市经济得不到发展，收入水平得不到提高，甚至每况愈下，穷上加穷。因而，不发达区域显示出一种下降的正反馈运动。在经济发展过程中构成的富裕地区更加富裕，贫穷地区更加贫穷的循环，就是所谓的“循环累积因果”原理。与此相关联，增长区域与滞后区域之间的空间相互作用，产生两种相反的效应：一是回流效应，表现为资金和劳力由不发达区域向发达区域的流动，导致不发达地区经济进一步衰退；二是扩散效应，表现为资金和技术由发达区域向不发达区域的流动。在发展过程中，回流效应总是大于扩散效应，因而，如果没有政府的干预，区域差异是会不断扩大的。

根据二元空间结构理论，缪尔达尔提出了他对经济发展优先次序的看法：在经济发展过程中，当某些先起步的地区已累积起来发展的优势时，政府应当采用不平衡发展战略，通过发展计划和重点投资，优先发展这些有较强增长势头的地区，以求得较好的投资效率和较快的增长速度，并通过这些地区的发展及其“扩散效应”来带动其他地区的发展。各地区发展的差别也不宜拉得过大，当发达地区发展起来后，为了防止累积性因果循环造成的贫富差距无限扩大，不应消极地等待发达地区产生“扩散效应”来消除这种差别，而应由政府采取一定的特殊措施来刺激不发达地区的发展，尤其是不发达地区的政府应制定相应的对策来发展自己的经济，缩小这种差别。

(3)梯度推移理论。在中国宏观区域发展战略的理论模式讨论中，梯度理论是影响最大而又引起学术界长期争论的一种理论。

中国的梯度推移理论最初是“国内技术转移的梯度推移规律”，后来又出了关于生产布局和区域发展的“梯度推移理论”。该理论的基本思想是：经济发展不平衡的特点，自然会形成一种经济、技术力量的梯度，内地和边远地区，技术力量薄弱，资金不足，开发较慢，大片地带仍处于“传统技术”、经济落后的水平上。此外，大多数地区是“中间技术”、一般水平；还有一些地区则已具备先进技术和雄厚的经济力量。因此，在实行对外开放政策过程中，应由沿海的先进地区首先掌握世界先进技术，然后将这些技术按梯度逐步向“中间技术”地带、“传统技术”地带转移，这样做花费少而获利多。中国区域经济发展水平也呈现为“东—中—西”顺序的梯度分布，即发达的东部地带、次发达的中部地带和不发达的西部地带，因此，生产力布局和投资的重点也应遵循“东—中—西”的顺序，实行梯度开发的战略，提高国民经济的增长效率。

与地区经济发展梯度相结合的则是工业生产生命循环阶段理论。该理论认为，各工业部门，甚至各种工业产品都处在生命循环的不同阶段上，他们和生物一样，在发展过程中必须经历创新、发展、成熟、衰老四个阶段，而各个阶段的工业部门分别布局在不同梯度的地区上，工业生产中新兴部门与新产品，一般起源于地区经济梯度图上。一些高峰的顶端，往往是经济最发达地区的大城市，而处于发展阶段与成熟阶段前期的工业，则开始通过建设新厂和转移技术来增加生产、改变布局，向更大的地区范围扩散，这些新厂大多数将分布到处在第二梯度上的经济比较发达的地区或中等城市。至于处在成熟阶段后期与衰退阶段的工业，由于生产已经完全标准化，技术比较容易掌握等原因，这些工业部门将向处在经济发展最低梯度的地区转移。

根据梯度推移理论，每个国家与地区都处在一定的经济发展梯度上，世界每出现一种新行业、新产品、新技术，都会随着时间的推移，大致像接力赛跑那样，由处在高梯度上的地区向处在低梯度上的地区一级一级地传递下去。落后地区要实现经济腾飞，必须循阶梯而上，不可超越，首先应该重点发展其占有较大优势的初级产业和劳动密集型产业，尽快接过那些从高梯度地区淘汰或外溢出来的产业，如钢铁、纺织、食品、采煤等。

(4)内源式乡村发展理论。这一区域理论来源于经济发展理论中的依附论派(或称激进派)以及满足基本需求战略。前已述及。

三、区域经济增长的空间过程

从产业结构的角度分析经济增长，其任务将主要集中在主导产业部门和相应的骨干企业上，然后通过产业之间的关联作用带动其他部门，实现整个经济增长。由区域差异决定的区际分工，使各区域的专业化程度得到了极大提高，各区域发挥各自的优势，从而促进了区域间贸易的发展，使区域贸易越来越成为衡量社会发展的一个重要标志。从空间结构的变动来看，区域经济增长可以分为三个阶段。

1. 集中阶段　在早期经济增长不可能在全区域范围内普遍开展，而只能集中在具有丰富的优势资源，或重要的交通位置，或人口密集区，或政治中心等少数中心地区，这些地区经济比较发达，具有明显的区位优势。在这阶段，中心地区的经济增长具有强烈的聚集效应，主要由于经济水平高，经济环境好，生产要素的报酬率高，区域其他空间位置上的生产要素纷纷向中心地集中，使中心地获得充足的生产要素供给。政府从经济增长最大化的目标追求出发，比较容易执行倾斜的经济政策，从投资、信贷、税收、贸易等方面来保护和促进中心地的经济增长。

2. 扩散阶段　由于前阶段聚集效应的持续作用，中心地的经济功能不断增强，劳动力、资金技术的集约程度已经相当高，工业化、城市化也达到相当规模，中心地的扩散功能开始增强。从中心地经济的内部因素来讲，经济达到一定规模之后，就要求向外扩张。充足的资金积累能力使得自身可以向外部转移，大量成熟的先进适用技术也具备了向外输出的能力，随着生产规模的扩大，更多的产品要求销往更加广阔的市场空间。从中心地之外的区域来讲，接受中心地扩散的条件也逐步成熟。在集中阶段，区域内各个空间节点与中心地区的经济联系、沟通联系的基础设施也已建立，交通运输、邮电通讯等初具规模，投资环境改善，生产效率提高，要素报酬率上升，使得生产要素有条件从中心地向区域的其他空间位置转移。

但是，中心地区的生产要素并不是均衡地向区内的所有空间节点扩散，而是首先向那些与中心地建立了区间关联和空间节点扩散。这表明区域经济增长过程中的次级中心开始形成。次级中心的成长，即受到中心地扩散效应的带动，另一方面又对更低发展层次的空间节点产生聚集效应，又与更低层次的空间节点建立了区间关联，整个区域的经济增长就这样通过中心地—次级中心—更低层次的空间节点的传导机制向着更加广阔的空间范围扩散。

3. 地方中心成长阶段　中心地经过较长时期的持续经济增长，经济规模达到一定的极限。由于人口膨胀，产业布局过于密集，运输距离延长，劳动力、土地等生产要素价格上涨，加上环境污染等等，使得聚集的外部经济向外部不经济转化。在这种情况下，中心的聚集作用显著减弱，经济增长率下降，使得中心地的经济增长处于一种比较稳定或增长率放慢状态之中。次级中心的经济增长率却在上升，经济功能也逐步增强。当达到一定的限度之后，次级中心的增长过程就开始了，自身已经有能力来满足经济增长的投入与产出的要求。到这时，次级中心与中心地之间经济联系的脐带实际已经脱落，经济增长成为一种主动过程。

中心地经济增长率下降，次级中心的经济增长率上升，而且前者对后者不再具有明显的制约作用，这表明区域经济增长的分散化倾向进一步增强。在这个阶段，区域经济增长不再以中心地为核心，而是表现为多个次级中心自主增长。而且由于次级中心与更低层次空间节点的区间关联增强，次级中心对其他空间范围经济增长的作用增强。在多个次级中心的带动下，整个区域呈现比较普遍的增长而趋于均衡。

四、中国区域发展战略及其政策措施

(一)中国区域发展战略的调整

中国区域经济政策有过三次大的调整：一是 1949—1978 年，实行区域均衡发展战略，“内地与沿海关系”的政策指导思想；二是 1979—1995 年，实行沿海优先发展战略，鼓励一部分地区先富起来的论述和梯度推移非均衡发展的政策集中体现；三是从实现“九五”计划至今，坚持“区域经济协调发展，逐步缩小地区发展差距”，成为区域经济发展的指导方针。西部大开发战略是这一区域政策的延续与发展，标志着中国区域经济政策的重大调整和发展战略重点的西移。

中国从 1949 年新中国建立到 1978 年改革开放以前，基本上实行的是高度中央集权的计划经济体制。中央政府是近乎唯一的投资主体，对于资金、劳动力、物资等的分配具有绝对的权限。因此国家在区域经济发展战略上主要是以均衡发展战略为指导思想，在生产力布局的实践中更多地从属于国防安全的需要。改革开放以后，区域经济发展战略从均衡发展转向非均衡发展，继而转向协调发展。

1978 年秋季，在国务院召开的全国计划会议上，提出了转变经济工作的三个方针，即①将工作重心转到现实经济工作上；②将不讲经济效果和效率的官僚主义的管理制度和方法转到尊重经济规律、重视经济效率的轨道上；③从封闭、半封闭状态转到积极引进国外先进技术和资金、参与国际竞争上。这些方针在 1978 年 12 月召开的党的十一届三中全会上，成为党的工作重点；改革开放政策的基本内容得到了广泛的认同。这种转变给地区发展政策也带来了重要的变化。1980 年 3 月国务院召开的关于长期计划的座谈会上，邓小平同志指出要“发挥比较优势，扬长避短，要承认不平衡”，体现了区域经济发展战略的指导思想已经开始跳出均衡发展论，强调重视投资效率的地区差别。据此，在 20 世纪 80 年代为了适应对外开放的需要，实行了非均衡发展战略。

国家把区域发展的重点选择到了基础条件好、投资效益高的沿海发达省区。除了在投资上向东大幅度倾斜外（“六五”期间，全国基本建设投资总额的 47.7%投在了东部沿海地区，而西部地区却只占 17.2%），中央政府还将改革的政策优先在优惠区及沿海地区一字摆开，期望能够用这些方式来迅速造就一个繁荣的工业增长地带，进而推动全国的工业化进程。这种向东倾斜的区域政策主要包括：①投资政策倾斜。沿海地区作为投资重点，通过财政拨款，增加贷款，专项补贴、中央和地方合办项目等多种措施在沿海地区多投资，多布点；②外汇留成政策倾斜。外汇留成比率在沿海省 30%，特区为 100%，而内陆省为 25%，沿海享有优惠待遇；③财政上缴政策倾斜，只对沿海少数省市优惠，如对广东省实行财政包干，上缴中央财政要求不多；④收入政策倾斜。沿海地区城镇职工工资水平普遍高于与之相邻的内地省区，加之沿海、开放省市财力比较雄厚，可以向居民发放较多的补贴，居民还可以通过各种途径获得较多的其他收入；⑤价格政策倾斜。农业与工业相比，其产品价格相对较低，原材料与加工业相比，原材料价格相对较低，而内地农业占的比重大，工业中原材料占的比重大，沿海则相反，因而对沿海有利；⑥金融政策倾斜。主要包括货币投放政策倾斜、信贷政策倾斜、地方建设债券发行政策倾斜、发展民间金融机构的政策倾斜。

经过 20 年的改革和发展，东部地区已比较发达。从国际环境看，科学技术的迅猛发展，经济全球化趋势的日益明显，国际市场竞争日趋激烈，影响国家安全的因素增多，防范金融风险的压力增大，在这样的国际政治背景和国际市场不确定因素较多的情况下，只有把经济发展的立足点放在内陆，才能取得较大的回旋余地。与此同时，东部地区发展面临市场、资源、环境、人口等新问题而必须寻找新的发展空间。另外，沿海地区与内陆地区之间发展差距扩大的问题日益受到各方面的广泛关注，中国西部地区面积占全国的 2/3，人口占全国的 1/4，但人均国内生产总值仅相当于全国平均水平的 60%，尚未实现温饱的 3 000 多万贫困人口大部分集中在这一地区。改革开放初期，西北各省区人均 GDP 均高于福建，其中青海甚至高于广东；到 1998 年，广东和福建人均 GDP 超过 11 万元，西北五省区除新疆达到6 435元外，其他均不到4 500元，农民人均纯收入东部地区为 3 310.8 元，而西部地区只有 1 660.2 元，比东部地区低1 650.6元。与改革初期相比，陕西人均 GDP 相对于全国人均水平下降了 16.9%，西北与广东、福建的人均 GDP 相对差距达2.5～3 倍，各项人类发展指标西部与东部比也是呈现大幅度下降趋势，东西部差距日益拉大。在这种情况下，加快西部地区的开发与发展，彻底解决西部地区人民的温饱问题，缩小东西部差距，进而实现小康和走向共同富裕，不仅是一个经济问题，更是一个重大的政治问题。没有西部的小康，就没有全国的小康，没有西部的现代化，全国现代化就不完整。

在上述背景下，区域发展战略开始将重点转向解决区际公平问题。中国区域经济形成了以全方位对外开放和区域经济协调发展为基本特征的发展战略，具体分为以下几个阶段。

一是“八五”计划时期(1991—1995 年)，区域经济发展战略的指导思想是：按照统筹规划、合理分工、优势互补、协调发展、利益兼顾、共同富裕的原则，逐步实现生产力的合理布局。在后来的实施过程中，这一指导思想下的政策又经过了不断调整、修正、完善和具体化。国家在实施地区经济发展战略上有一些重要举措。

二是20世纪90年代中期以来，由于地区差距问题再次受到各方面的关注，中央政府在坚持上述基本方针的同时着手充实了缩小地区差距的具体措施。在1996年3月第八次全国人民代表大会上通过的《"九五"计划和2010年远景目标规划》中，提出了逐步缩小地区发展差距，促进区域经济协调发展的战略思路，即引导地区经济协调发展，逐步缩小地区发展差距，最终实现共同富裕，是体现社会主义本质的重要方面。强调要进一步发挥各地区的比较优势，发展各具特色的优势产业，明确了东部地区和中西部地区各自的发展方向，特别是出台了防止地区差距扩大的六项政策措施。

三是实施西部大开发战略。2001年3月九届人大四次会议通过的《国民经济和社会发展第十个五年计划纲要》，明确提出了实施西部大开发战略，促进地区协调发展的战略构想，即实施西部大开发战略，加快中西部地区发展，合理调整地区经济布局，促进地区经济协调发展。西部大开发要从实际出发，积极进取，量力而行，统筹规划、科学论证，突出重点、分步实施。力争用5～10年时间，使西部地区基础设施和生态环境建设有突破性进展，科技、教育有较大发展。要开拓新思路，采用新机制，着力改善投资环境，扩大对内对外开放，大力发展多种所有制经济，积极吸引社会资金和外资参与西部开发和建设。

加快西部地区大开发也是实现可持续发展的客观需要。西部地区位于中国大江大河的上游，中亚荒漠区的东部边缘，是全国重要的生态屏障。近年来，上游地区生态环境趋于恶化，水土流失严重，水资源短缺，严重制约了西部地区的发展。以陕西为例，全省年输入黄河流沙8亿吨，占三门峡以上地区输沙量的一半，年输入长江泥沙1.2亿吨，占年输入长江泥沙量的12%，而且是粗沙集中来源地，造成下游河床淤积，成为中华民族的心腹之患。因此，加强长江、黄河上游和源头地区的生态保护与建设，特别是水资源的开发利用与保护，对于中下游地区和全国经济社会发展关系重大。

西部开发与以前的开发战略实施有所不同。一是在开发的内容和领域的新转变。即由过去主要开发物转变为既开发物又开发人，且以开发人为主；由过去主要开发自然资源转变为既开发自然资源又开发教育、技术、信息、市场等各类要素，且以优先开发各类软要素为主；二是在开发的方法和手段上的新转变。即由过去以计划经济和政府行为为主转变为以市场为导向，以价值规律来调节为主的开发方法；由过去单纯靠有形资本投入转变为既靠有形资本投入又靠无形资本投入，且主要靠无形资本投入的开发手段。

四是振兴东北老工业基地战略。2003年10月，中共中央、国务院发布《关于实施东北地区等老工业基地振兴战略的若干意见》(以下简称《若干意见》)，明确了实施振兴战略的指导思想、方针任务和政策措施。随着振兴战略实施，东北地区加快了发展步伐。《若干意见》确定的社会保障试点、增值税转型、豁免企业历史欠税、国有企业政策性破产、中央企业分离办社会职能、厂办大集体改革等各项政策已付诸实施。巩固和提升全国最重要的商品粮食生产基地、重要林业基地、能源原材料基地、机械工业和医药工业基地地位和功能，是振兴东北地区的关键基础。东北地区老工业基地振兴战略实施以来，东北三省经济增速开始加快，逐步缩小了与全国的发展差距。

五是实施"中部崛起"战略。2004年3月，政府工作报告中首次明确提出促进中部地区崛起，并指出"加快中部地区发展是区域协调发展的重要方面"。促进中部地区崛起列入了2006年全国人大审议通过的"十一五"规划纲要，规划明确提出了要增强中部地区粮食生产能力、支持该地区煤炭基地建设、加快产业结构调整,建设精品原材料基地、构建综合交通体系等内容。

随着西部大开发、振兴东北老工业基地和中部崛起战略的加速推进,中国已初步形成东部发展、西部开发、中部崛起和东北振兴的四大区域经济格局。东部地区出台了促进现代服务业发展的政策措施,推动现代物流、金融服务、科技服务、信息服务和文化创意等产业迅速发展。2008年上半年东部10省市的第三产业增速居四大区域首位,第三产业增加值占全国的比重继续提升。中部地区能源原材料工业发展加快,山西、河南、安徽等省大型煤炭基地建设积极推进,钢铁、有色等原材料工业在稳步发展的同时加快了整合提升步伐,工程机械、电动机车、数控系统等装备制造业产业快速发展。西部地区立足资源优势,大力发展特色优势产业。一些能源、矿产资源大省努力延长产业链,提升产业整体竞争力。内蒙古把发展以煤化工为重点的化学工业和有色金属加工业放到更加突出的地位,促进化工产业向精细化工方向发展,促进有色金属工业向深加工和终端产品延伸。东北3省继续推进工业结构调整,以沈阳机床、大连机床、北方重工、沈阳远大等为代表的一批大型装备制造企业保持快速发展势头,同时作为中国重要的商品粮基地,农产品加工业稳步发展。在各区域打造自身特色格局的同时,区域间的经济联系也愈加密切。

(二)中国的地区协作发展

地区协作发展,指省、市、自治区之间展开物资、技术和经济联合等协作活动。这是中国经济体制改革过程中出现的一种新的协作形式,是国家统一计划的补充。它是以全国统一发展计划为前提,以协作各方协议(合同)为基础的共同发展。在中央计划之外,地区之间物资上互通有无,技术上互相交流,经济上相互协作的范围和内容越来越广泛。协作的内容已经由已生产资料为主的物资协作,发展到地区之间生产资料、生活资料、技术协作和经济联合相结合的综合协作,而且涉及省、市、县等各级部门以及企业;协作的深度已由单纯解决物资缺口发展为进行技术改造、挖掘生产潜力、提高经济效益和开发利用资源等方面。

地区协作发展的共同特点是横向的经济联系。参加各方都处在平等的地位,所奉行的原则是自愿、等价有偿、互利互惠。即使是中央主管部门与地方合资联营,其项目能否成立也完全取决于参加协作各方的协商一致。地区协作的实践证明,它为中国的发展和繁荣增添了新的活力,极大地调动了地区和企业的积极性,并已成为加强沿海和内地,经济发达地区和不发达地区以及少数民族地区的经济联系,促进各地区之间的经济和社会事业的共同繁荣,提高社会效益的一个不可缺少的因素。另外,它对于打破地区和行业封锁,促进经济体制合理化,对于工业企业的调整,使经济结构趋于合理化,对于改善地区生产力布局,促进国民经济协调发展等方面都发挥出积极作用。如陕甘川相邻地区经济联合会(简称经联会)经过20年的发展,成员方由12方发展成2008年的18方,覆盖面由陕甘川三省扩大到陕甘川宁蒙五省(区),开展的主要活动为一年一度的经联会年会和中国西部商品交易会。经联会成立初的十多年间,在繁荣城乡商贸、推动兰渝铁路等重大项目立项等方面发挥了积极的作用。而在2007年颁布的《西部大开发“十一五”规划》中,又提到了成渝经济区、关中-天水经济区、环北部湾(广西)经济区的重点区域的合作。

地区协作主要包括物资协作、技术协作和经济联合。在地区之间进行物资协作的物资资源,大体包括:地方自产自销的产品,由地方和企业支配的物资产品,农、副、土特产品,利用地方外汇进口的物资等。根据实践经验,物资协作中应注意以下问题:一是对关系国计民生的重要物资与紧缺物资的协作，要分别纳入综合平衡，合理使用；二是省际之间或地区内部的物资协作要本着就地就近和经济合作的原则进行，要按照物资合理运输的规定，注意运输可能性和物资合理流向，以减少中转环节，避免舍近求远、对流和重复运输；三是协作物资的价格应体现平等互利的原则；四是物资协作不允许转手倒卖，避免问题较多的多角协作。

技术协作则包括技术转让、技术服务、技术攻关、技术咨询、人才交流等多种形式。通过这种协作，可以促进科学技术由实验室向生产转移，沿海向内地转移，单纯军用向军民兼用转移，使科技成果在经济发展中充分发挥作用，使先进生产技术和管理经验更快地推广，从而提高经济和社会效益。技术协作的形式多种多样，目前已经被广泛采用的、效果较好的有以下几种：①技术服务和咨询。主要是由先进地区对不发达地区或企业进行指导，帮助解决生产工艺、操作技术和管理等方面的问题；②技术转让或合作。大多采取专业对口，厂对厂挂钩的办法，成套引进先进的生产技术和工艺，进行长期协作。也有的是提供技术资料或者派遣技术人员进行指导；③合作攻关。协作双方为解决某项关键产品、装备和工艺技术问题而进行的一种技术合作，取得的成果共同享用；④人才支援和交流。多是不发达地区采取“请进来，派出去”的办法，解决生产中的关键和难题。

经济联合是不受部门、地区和所有制限制的协作形式。通常是在资金、技术、资源、人才等多方面的经济技术合作。主要形式有：①联合建厂；②合资经营；③联合销售；④工商外贸联合生产；⑤补偿贸易即一方向另一方投资，新增或扩大其生产能力，接受投资的一方从增产的产品中分期偿付。

【本章结构】

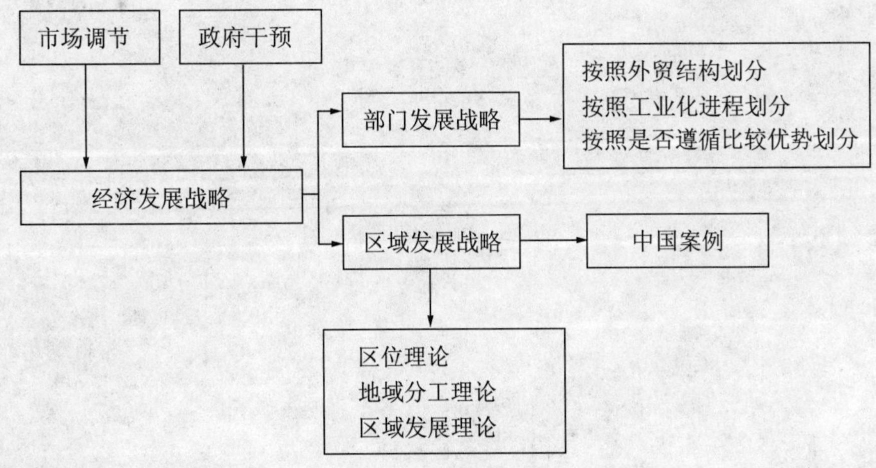

【本章思考题】

1. 如何认识政府干预与市场调节的关系？

2. 部门发展战略与区域发展战略分别是根据什么来评判其发展优先序的？

3. 随着中国基尼系数的不断增加，谈谈政府应该采取什么措施？

4.“十一五”的规划，将中国从“省份经济”向“区域经济”发展的方向推进，请根据有关的区域经济发展原理对这个状况进行分析。

5. 如何通过制度创新来促进区域经济的发展？

【参考文献】

[1] 车维汉.发展经济学.北京:清华大学出版社,2006
[2] 陈立成,等.发展中国家的经济发展战略与国际经济新秩序.北京:经济管理出版社,2007
[3] 金泓汎.应用发展经济学通论.北京:中国经济出版社,2005
[4] 李泊溪.中国经济发展战略的形成与发展.国研网,2002-10-28
[5] 林毅夫.发展战略与经济发展.北京:北京大学出版社,2004
[6] 刘葆金.发展经济学.2版.北京:中国农业出版社,2000
[7] 齐良书.发展经济学.北京:高等教育出版社,2007
[8] 谭崇台.发展经济学.太原:山西经济出版社,2001
[9] 赵冬缓.新发展经济学教程.北京:中国农业大学出版社,2000

第十章　农业进步与经济发展

【引言】

农业作为经济发展的基础产业，具有其他产业不可替代的功能，尤其是提供食物和原料。而农业对于发展中国家来说，具有更为重要的意义，无论是对扶贫做出的贡献，还是在提高粮食自给率以及为工业化积累资金及劳动力方面做出的贡献。本章将对农业的这些关键作用进行归纳，同时剖析从传统农业向现代农业转型的过程中需要具备的基本条件，并说明不同的发展条件下这些转型路径应有的差异。

【学习目标】

1. 了解农业在经济发展中具备的基本功能。
2. 了解农业对经济发展做出的贡献。
3. 了解传统农业的特征。
4. 理解传统农业如何向现代农业转型。

第一节　农业对经济发展的贡献

一、农业的基本功能

对发展中国家来说，农业对工业、第三产业乃至整个国民经济都具有举足轻重的地位。发展中国家的工业往往是农业依赖型的，要靠农业来维持其在工业品市场的竞争力。第三产业的发展也离不开农业。概括起来，农业在经济发展过程中主要有以下功能：

(一)提供食物和原料

西方发展经济学家认为，发展中国家对粮食的需求是巨大的，而在一个相当长的时间里不会发生大幅度下降，这是因为：

(1)发展中国家粮食需求的收入弹性比发达国家要高得多。根据联合国粮农组织估计，在60年代初，印度、巴基斯坦、菲律宾、泰国、印尼等7个亚洲国家人均收入每增加1%，对粮食的需求就增加0.89%，而美国是0.15%，澳大利亚是0.11%。这就是说，这些发展中国家的粮食需求的平均收入弹性是美国的6倍，澳大利亚的8倍。在大多数情况下，这一弹性在发展中国家高于0.6，而发达国家的可比数字为0.2左右。

(2)人口增长率比发达国家要高得多。在发展中国家,人口转变还处于高出生率、低死亡率阶段,因而人口增长迅速,即使不考虑其他因素,仅就人口增长而言,发展中国家对粮食的需求要大得多,粮食生产赶不上人口的增长,是发展中国家成亿人口处在饥饿与死亡线上的一个重要因素。

(3)工业化及伴随而来的城市化扩大了对粮食的需求。大多数发展中国家的农业部门存在着大量的剩余劳动,这些剩余劳动不断地被工业部门的扩张所吸收。城市的工资水平远高于农村的生存收入,这样,随着这些来自农村的新工人的增加,对粮食的需求也必然增加。

(4)随着农业生产率和农民收入的增加,对粮食的消费也会以超过收入增长的比例增加。这是因为当粮食收成好时,有着自产自销倾向的发展中国家农民将会将增加的很大一部分用于家庭消费。

上述情况表明,在发展中国家的工业化过程中,必须使得粮食供给增长大致上与日益扩大的需求相平衡。否则,食品价格就会上涨。食品价格的上升使工人实际工资下降,工人就要求增加工资,结果是消费品价格全面上涨,通货膨胀不可避免地产生。通货膨胀的加剧会带来公众的不满和社会的动荡,这就迫使政府不得不采取紧缩政策,从而放慢经济增长和工业化的速度。

(二)提供广阔的市场

对于大多数发展中国家来说,国内市场的扩大是其工业化的重要条件和重要目标。而市场最有潜力的则是占人口较大比重的农村。因此,农村购买力低下将是工业化进程中的严重障碍;相反,农业产量和收入的增加,就可以消除这种障碍,使工业化迅速发展。发展中国家的实践证明,一方面,农业发展了,不仅农户直接需求的纺织品及其他消费品的生产受到了刺激而增长,化肥、农药、家具、农业机械设备和其他中间工业产品的生产也受到了刺激而增长。另一方面,由于农民购买工业品必然在市场上销售农产品,从而为城市工业的发展提供了更多的粮食和原料。这样,使工农业两个部门的联系日益加强。

(三)提供资本积累和劳动力

大多数发展中国家在建国初期,经济主要是农业,城市工业比重不大,生产率也只是略高于农业,自身积累能力极其脆弱。工业的基础设施,也大多是殖民地时期留下的,为了促进出口初级产品(矿产品和部分农产品)的一些辅助设施,如港口、运输等等,不可能提供工业化的资本。此时,也不可能将很大的希望寄托在外资、外援上。小国依靠外资、外援,有时还能起到一定的作用,但也往往要付出政治、经济上的巨大代价,不容易摆脱对发达国家的依附地位。而对于大国来说,依靠外资和外援解决工业化的资本不足,则更是困难的事。因此,发展中国家在发展初期,工业没有基础,发展工业所需的资金必然依靠本国农业部门设法提供。这就要求农业部门必须本身有剩余。只有农业部门的剩余增加了,才有可能将剩余转移到工业部门,工业部门才可以发展起来。事实上,不少发展中国家,为了尽快地实现工业化,往往在农业剩余很有限的情况下,就开始向工业化提供资金,而自身却维持着一个低的生活水平和较低的发展速度。

把资本从农业部门向工业部门转移,通常有两种方法:一是依靠市场力量自动转移。采用这种方法必须具备的条件是：农业部门必须有市场剩余；农民的消费必须少于他们的收入；农业储蓄必须超过他们在农业上的投资。二是依靠政权力量强制转移，即政府的干预。这种干预有两种形式，①直接控制，如对农民和地主的直接税，强制性地压低农产品的收购价格等。②间接控制，如价格控制、汇率调整及间接税等。目的在于使工农业产品的贸易条件变得不利于农业。在许多发展中国家，为了加速工业化，政府宁愿采用政权力量强迫农民把农业剩余转到工业部门用于投资，而不愿依靠市场力量转移，嫌其转移速度太慢。

实践证明，发展中国家在进行工业化的原始积累时应掌握一个度，绝不能简单地采取单纯挤压，"杀鸡取卵"、"竭泽而渔"的做法，而要实行"养鸡取卵"的富民政策。要考虑农民的生产积极性，改善农业的生产条件，提高生产效率，使农民在生产发展的基础上为工业化发展日益做出更大贡献。

农业为非农业部门提供劳动力的贡献是很明显的。在工业化初期，城市人口比重很小，工业发展对劳动的巨大需求不可能由城市人口自然增长来满足。而在大多数发展中国家的农村，存在着"剩余"劳动力。随着城市工业和服务业的发展，农村劳动力必然是补充城市和非农产业劳动力不足的重要来源。当然，实现这种转移必须具备两个条件：一是在农业劳动力转移的过程中农业不应受到削弱，农业劳动生产率要不断得到提高。二是转移到工业及其他部门的劳动力必须能胜任非农业的工作。

(四)帮助获取外汇

大多数发展中国家，工业基础薄弱，科学技术落后，发展工业所需的许多资本品和原材料需从国外进口，这样需要大量的外汇。工业化初期，工业品出口能力很弱，而初级产品在国际贸易中具有相对优势，因此，农业部门在出口创汇方面担任重要角色。同样，在粮食短缺的国家，增加农业生产能节约大量的外汇。

当然，随着国民经济的不断发展，农业在整个经济中的相对地位逐渐下降，从而农业部门的创汇能力相对减弱。而且，由于农产品的收入弹性低，工业化用品又不断出现，长期专门从事一种或几种经济作物的出口将会导致农业贸易条件的恶化。因此，这就要求一个国家对农业出口战略和经济发展战略作出长期的、全面的考虑。例如农产品出口的多样化将有助于改善贸易条件。

以上从四个方面分析了农业在工业化过程中的重要作用。显然，其作用的大小取决于农业剩余。农业剩余是指农业实际所有超过需要量的差额或实际所得超过期望所得的差额。农业剩余与非农业剩余的交换关系是农业与经济发展关系的主要方面。农业剩余有三种表现形式：第一，农业剩余表现为农业产品剩余。农业产品剩余不仅具有作为中间产品投入其他部门的生产过程的功能，而且还具有作为最终产品供其他部门生活消费的功能。在经济文献中，农业剩余在绝大多数场合仅指农业产品剩余。第二，农业剩余表现为农业经济剩余，包括农产品消费者剩余和农业生产者剩余。农业生产者剩余就是农业级差收益，即农业地租。第三，农业剩余表现为农业劳动力剩余。在经济发展过程中劳动力从边际生产率低的农业向边际生产率高的非农产业转移，是结构变迁的最重要特征之一。农业劳动力剩余分为绝对剩余和相对剩余。绝对剩余指边际生产率为零的农业劳动力。相对剩余指边际生产率虽然大于零，但小于非农产业边际生产率的农业劳动力。没有农业剩余，就不可能为工业发展提供资本和劳动力，就不可能购买工业品以扩大工业品需求,也不可能有农产品出口。总之,没有农业剩余,就不可能有工业的发展,不可能有工业化。

调动农业剩余可采取诸如价格政策、财政政策和货币政策等手段,但就长期而言,提高农业劳动生产率,改善农民生活状况,即积极地发展农业生产,才是调动农业剩余的根本性措施。

二、农业对发展的贡献

发展中国家几十年的发展历程则表明,农业已经对发展做出了卓越的贡献,同时也存在一些问题①。

(一)农业在扶贫方面具有特殊的力量

对于所有类型的国家来说,农业增长在扶贫方面都具有特殊力量。多项跨国评估显示,对于有效脱贫的作用,源于农业的国内生产总值增长,至少是源于非农业的国内生产总值增长的 2 倍。(见图 10-1)在中国,农业带来的总体经济增长对于脱贫的作用比非农产业高出 3.5 倍;在拉丁美洲,高 2.7 倍。包括印度的技术创新(高产作物品种的推广)、中国的制度创新(家庭承包经营制度和市场自由化)在内的各种原因引致的农业迅速增长,都伴随着农村贫困的显著下降。加纳最近整体贫困呈现陡峭下降(某种程度上归功于农业增长),其中农村家庭脱贫占据了很大份额。

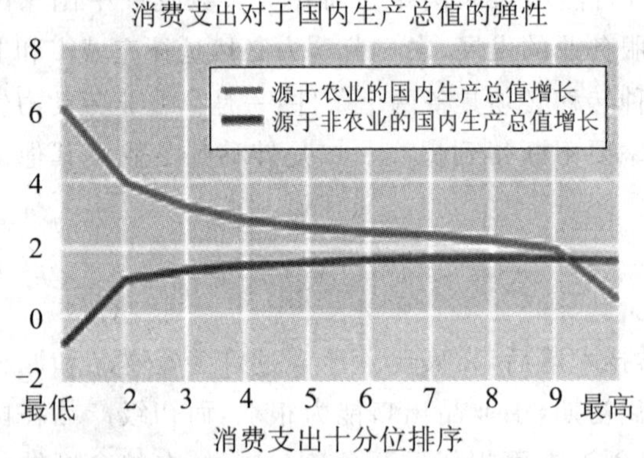

图 10-1 源于农业的国内生产总值增长对贫困人口的作用

数据来源:转引自 2008 年世界发展报告《以农业促进发展》。

(二)在传统农业国农业可以成为经济全面增长的领军部门

在传统农业国,农业还能够在实现经济增长战略方面成为领军部门。除了这些国家农业部门的绝对规模外,还有基于撒哈拉以南非洲地区传统农业国实践的两个论据,支持这一观点。

第一,在许多传统农业国,交易成本很高,主要种植根状、块状的粮食作物和一些地方性的谷物品种,贸易量很低,所以粮食仍然是不完全交易的。许多传统农业国必须有很高的粮食自给率。由于农业生产效率决定粮食价格,而粮食价格又决定工资成本和可贸易部门的竞争力,因此,提高主要粮食作物的生产效率是传统农业国实现增长的关键。

第二,在传统农业国,由于资源禀赋和制造业的投资环境不利,在未来许多年,贸易的比较优势仍然存在于资源型产业(农业和采矿业)和农产品加工业。大多数传统农业国依赖各种各样的原材料和粗加工产品组合(包括旅游)出口来换取外汇。农业中贸易和非贸易部门的增

① 以下内容摘自 2008 年世界发展报告《以农业促进发展》.

长，都可以通过乘数效应带动其他部门的有力增长。这就是为什么在未来许多年，大多数传统农业国仍然要将增长战略锚定于提升农业。在发展初期农业成功地为经济增长奠定基础的例子数不胜数：不仅在席卷了整个温带世界的工业革命（从19世纪中叶的英国到20世纪末期的日本）中，农业增长充当了先驱；就是而后中国、印度、越南等国的工业兴起，也是以农业的快速增长为先驱。仅就减少贫困而言，农业作为早期经济增长的基础所发挥的特殊作用，也是有目共睹的。

（三）农业对于发展的潜力还远未充分发挥

与上述成功案例并列的，是数不清的没能"以农业促发展"的失败例子。在许多传统农业国，人均农业产出仍然萎靡不前，并且结构调整（随着人均国内生产总值的增长，农业在国民经济中的比重持续下降，工业和服务业比重持续上升）鲜有成就。实际上，这种情形在所有类型的国家中都可见到。人口增长迅速、农地规模减小、土壤肥力下降、错失多样化收入来源和移民的机会，共同缔造了悲剧——农业对发展的推动力量仍然潜而未启。对农业的过度征税以及投资不足映射了城市利益主导的政治观，这些也应受到谴责。与成功的转型中国家处于这一阶段时（农业在国内生产总值中所占份额仍然较高）的情况相比，现在这些传统农业国的农业公共开支占农业生产总值的比重非常低（传统农业国2004年的这一比重为4%，而转型中国家1980年为10%，见图10-2）。周期性食品危机压力也使公共预算和捐助方优先考虑直接的食品供给，而不是对促进增长并通过增收来保障粮食安全进行投资。在妇女充当小农生产主力军的地区，没有充分发掘她们的潜力也是增长速度慢和粮食不安全的一个原因。

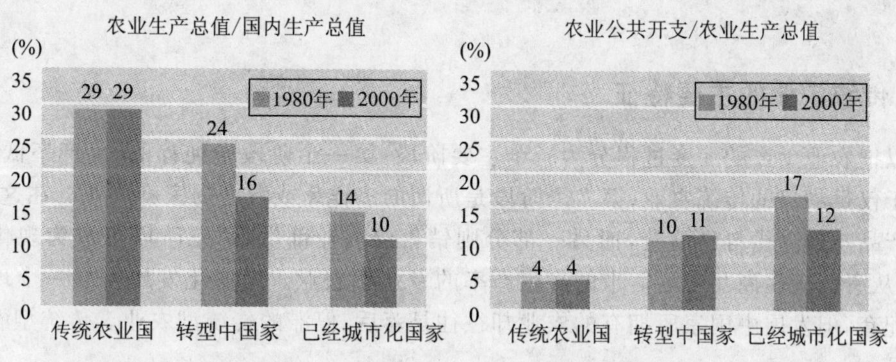

图10-2　不同类型的发展中国家农业公共开支份额

数据来源：转引自2008年世界发展报告《以农业促进发展》。

未能充分"以农业促发展"的，并不仅限于传统农业国。转型中国家非农部门迅速增长，但对非农业劳动力的重新配置普遍滞后，将大量贫困人口留在了农村，并拉大了城乡收入差距。农业人口也要求享受补贴和保护。而转型中国家的公共财政，并不具备既实行足够的转移支付以缩小城乡收入差距、又满足城市居民低价消费农产品的要求的能力，因此公共政策陷入僵局。

补贴的机会成本（在印度，它是对农业的公共投资的3倍）还减少了农村地区增长和社会服务方面的公共物品供给。转型中国家必须将提高农业和农村非农产业的收入纳入解决方案中。

(四)新的机遇正在展露

以农业为主题的1982年《世界发展报告》发布至今,农业环境发生了巨大变化。新的市场需求方兴未艾,技术创新和制度创新广泛传播,政府、私营部门和民间社团的角色发生转变——这些共同构成了农业发展的新环境。由私人企业家引领的新型农业正在兴起,它在广义的价值链上把生产者和消费者联系在一起,也把许多组织起来的企业型小农业主联系在一起。传统的粮食作物种植业和出口农产品种养业找到了新的市场——为满足消费者的需求转型和用途改变(比如生物燃料)而进行差异化生产;并且从区域市场的整合中受益。然而,农业仍然面临着很大的不确定性,并且很难预测;在进行全球食品供给管理中,需要对此警惕。

逐渐显现出来的“以农业促发展”的新蓝图中,重新定义了生产者、私营部门和政府的角色。生产主要由小农来进行,他们通常是最有效率的生产者,尤其是有生产者组织支撑的小农。但如果这些组织在生产和购销环节不能获得规模经济,劳动密集型的商业化生产可能是一种更好的方式;这时,有效率和公平的劳动力市场将成为缓解农村贫困的核心工具。私营部门控制着产业价值链的运动,它将小农和商业化农场与市场联系起来。政府通过提高能力、采用新的治理方式来纠正市场失灵、规范市场竞争,并战略性地构建公私伙伴关系,以提升农业企业的竞争力,并使小农和农村工人更多融入发展中。在这个新蓝图中,农业被定位为对发展具有突出作用。

第二节　传统农业的特征

一、传统农业的主要特征

可以把农业生产的演变过程分为三个主要阶段:第一个阶段是纯粹的、生产率低下的、基本上处于仅足糊口的传统农业;第二个阶段是所谓的多样化或混合的家庭农业。在这一阶段,生产的产品一部分供自己消费,而另一部分则销售给商业部门;第三阶段可成为现代化的农业,专门从事为满足商品市场需求的高生产率的专业化农业。工业化发展需要一个现代的农业与之配套,但发展中国家所拥有的农业却往往是落后、停滞的传统型农业。传统型农业的主要特征是:

(1)技术停滞。几千年以来,农民的思维方式不变,采用以人力和畜力为主要动力的耕作方式,生产技术长期保持不变。西奥多.舒尔茨(Thodore. W. Schultz)在《改造传统农业》一书中给传统农业下过一个定义:“完全以农民世代使用的各种生产要素为基础的农业可称之为传统农业。”这里强调的就是生产要素的“世代不变”。比如在中国,鄂尔泰等人于1742年编写的《授时通考》中记载的77种农具中,除一种无关紧要的农具外,全能在王祯于1913年写的《农书》中找到。400多年中生产工具没有任何变化!

(2)粗放式耕作与劳动密集型精耕细作相结合,劳动生产率极其低下。由于技术停滞,粮食产量的增加主要依靠两种途径:一是扩大耕地面积,形成粗放式耕耘。由于地球上可垦荒地有限,这一方式逐渐失去了作用。二是增加单位面积上的劳动投入,形成劳动密集型的精耕细作。由于受土地报酬率递减的影响,单位劳动生产率呈逐渐下降的趋势。中国战国中晚期每个劳动力年产粮食 1 659 kg，唐时 2 262 kg，明时 2 013.5 kg，清代 1 131 kg，降至 1949 年只有 575 kg 了。

(3)封闭的、自我循环和发展、自给自足的自然经济，产品商品率低。原始的生产工具和生产技术迫使农民一家一户地在小块土地上耕作，他们的衣食住行、生老病死等基本活动都局限于与外世隔绝的村落之中，形成自给自足的“小农耕作”农业。

(4)由于低水平的劳动生产率，以及土地租佃制度下生产要素和收入分配的不合理、不平等，传统农业社会的储蓄率和投资水平低。舒尔茨曾认为，传统农业停滞、落后的根源，主要在于“投资收益率低”和“缺乏足够的经济刺激”。在许多发展中国家，如中国、印度，导致土地资本形成困难以及储蓄和投资水平低的一个重要原因是资源分配不合理而形成的收入分配不合理。土地以及土地收入均被大地主、官僚巧取豪夺而据为己有，用于个人消费，农民所剩无几，失去投资能力。

(5)人口增加是推动传统农业增长的唯一基本动力，而经济增长的主要方式是粗放式发展。也就是说，在技术停滞的条件下，引致经济增长的因素不是来自供给方面，而是来自需求方面。由于人口不断增加，在人口压力下进行粗放式垦植，因而推动传统农业的增长。

由此可见，传统农业的最大特点是技术停滞，因而也带来整个生产的停滞。战后几十年的发展并没有改变农业的停滞局面。许多发展中国家的国民生产总值(GNP)在 20 世纪 60 年代和 70 年代以相当快的速度增长。但是在这种经济的全面增长中，制造业和商业部门在增长份额中占绝大部分。据报道，这两个部门的年产量总是以 10％以上的比率增长。相反，大多数发展中国家农业产量的增长在这几十年中却停滞不前，结果便使得农业产值在全部国民生产总值(GNP)中所占的比例下降。表 10-1 表明，尽管在发展中国家农业部门的就业人数占总就业量的大部分，但是农业部门的产量在社会总产量中占的份额却很低。事实上，第三世界国家任何一个国家的农业生产在国民总产量中占的比例都不曾超过 35％，这种情况和先进国家的历史经验形成了鲜明的对照。各发达国家在经济发展的早期阶段，农业产量对社会总产量的比例总是至少和农业生产中的就业人数对总就业人数的比例一样。当前第三世界国家中农业的就业比例明显地两倍于农业生产占社会总生产的比例，这种事实清楚地反映了农业生产率与制造业和商业部门的生产率相比，处于相对低的水平。

表 10-1　1997 年发展中国家的农业产量和就业情况　％

发展中国家	农业劳动力的比例	农业在 GDP 中的比例
所有发展中国家	61.6	13
其中：最不发达国家	76.2	33
亚撒哈拉地区	67.6	20
东亚(包括中国)	65.9	13
东南亚及太平洋地区	65.2	13
南亚(包括印度)	71.1	25
拉丁美洲及加勒比海	25.8	8

资料来源：《1999 年人类发展报告》附表。

表 10-2 2005 年发展中国家的三种国家类型的各自特征

项目	单位	年份	传统农业国	转型中国家	已经城市化国家
农村人口	(百万)	2005	417	2 220	255
农村人口比重	(%)	2005	68	63	26
人均国内生产总值	(美元,2000 年不变价)	2005	379	1 068	3 489
农业生产总值占国内生产总值比重	(%)	2005	29	13	6
农业生产总值年递增率	(%)	1993—2005	4.0	2.9	2.2
非农生产总值年递增率	(%)	1993—2005	3.5	7.0	2.7
农村贫困人口数	(百万)	2002	170	583	32
农村贫困发生率	(%)	2002	51	28	13

资料来源:2008 年世界银行发展报告《以农业促进发展》。

由于发展中国家人口的自然增长率高,使农业停滞带来的矛盾更加明显化。尽管粮食总产量有一定的增长,但人均粮食产量却增长极为缓慢。

在中国,自 1978 年经济体制改革以来,农业得到了长足发展,从 1978 年到 1993 年 15 年间农业总产值增长 112.6%,平均每年增长 7.5%。但由于人口基数大、且增长率长持不下,国民人均享有农产品量并没有取得突破性、质变性的增量。比如人均粮食产量,从 1978 年到 1993 年只增加了 68.63 kg,总共增长 21.5%,平均每年增长 1.4%。作为内陆地区重要动物蛋白来源的猪、牛、羊肉也只有 18.41 kg/人的增长,年增长绝对值为 1.2 kg/人。另一方面,中国农林牧渔业占有 3.33 亿的劳动力,占全国劳动力(59 432.0 万人)56%以上。以如此庞大的劳动力队伍生产的农产品却不足以满足自身的需要,证明农业劳动生产率之极端低下。相比之下,美国农林牧渔的劳动力只占总劳动力的 2.9%,日本为 6.4%,德国为 3.5%,印度也只有 5.5%。

二、传统农业技术停滞的原因

为什么传统农业的技术会如此长期停滞或发展迟缓呢?一般认为,有以下几方面的原因。

(1)缺乏适宜的替代技术。传统农业的特点是劳动力充裕,资本稀缺,生产规模狭小,农民文化水平和技术水平低下。在这些条件下,西方现代农业技术是不适宜直接运用到发展中国家传统农业的。当然,适合当地农业条件的生产技术不是完全没有发明出来。实际上,绝不是所有的技术创新都包含着资本对劳动的替代,或者应用它们时需要很大的投资和很高的技术。例如,用高产良种代替传统品种,或引进以往从未种植过的新作物等技术,对发展中国家农业还是适用的。

(2)农民对新技术缺乏了解。传统农民文化水平低,其居住的自然村落又交通不便、信息传播不畅;而且农民极度贫穷,无钱上学,负担不起到外地寻求新技术的培训费用,也买不起收音机、电视机、报刊书籍等传播技术信息和知识的媒介工具,政府直接委派专家顾问到乡村去推广新技术也存在许多困难。因此,技术信息传播十分缓慢。当然,如果断言农民对适宜技术毫无所知也是错误的。实际上,现代很少有完全与世隔绝的农村社会,只是一些乡村比另一些更偏僻而已。农村与城市的联系始终是存在的,国家在推广技术方面还是做了不少工作,有些适宜技术农民是知道的。然而,他们仍然不采用这些技术。这就促使人们去寻找别的原因。

(3)存在风险。传统技术风险小,新技术一般有较大的风险,而传统农民由于剩余少,无力承担风险,因而不敢采用新技术。传统农业是一种带有很大风险和不确定性的生产行为。在农作规模小并依靠自然雨水、阳光进行耕作的地区,农业的平均产量很低,而且很容易受到饥荒的威胁。在这种情况下,农民生活中的主要动力与其说是达到收入最大化,还不如说是使其家庭的生存机会达到最大化。因此,当风险和不确定性很高时,小农就可能极不愿意放弃多年来已经很熟悉并已掌握了的传统技术和作物品种,而改变为一种有望提高产量但可能要承担更大的歉收风险的新型技术和作物品种。

(4)贷款困难。不是所有的新技术都有风险,例如,使用一种已被反复证明是有效率的良种是没有什么风险的。在这种情形下,农民是愿意采用新技术的。但是,他们十分贫穷,缺乏足够的资金来购买良种和化肥之类的新技术要素,致使他们无力采用新技术。当然,他们可以向金融机构和放款人要求贷款。但是,由于传统农民财产少,风险高因而拖欠可能性大,贷款者不愿意贷款或只能以极高的利率向农民贷款。这样,农民在金融市场上很难或不愿意获得信贷资金来扩大生产。资金市场的这些限制堵塞了传统农民的资金来源,因而阻碍了新技术的采用。

(5)种子、化肥、农药及灌溉设施等物质投入的供给困难。这可能是由于生产能力不足、进口限制或运输能力不足等原因造成的。

(6)不平等的、僵化的社会和政治制度。例如,在发展中国家,贫穷的农民几乎没有政治权力来影响国家的方针政策的制订。土地分配极不平等,大多数农民靠种一小块自有地和租种地主土地维持最低限度的生存等。

因此,理解了风险和不确定性在维持传统农业经济中的重要作用,我们可以得出结论,传统农民的行为是合理的,他们对于各种经济刺激和经济机会的反映是敏感的。在创新和变革没有出现的地方,我们不应当断定那里的农民就是愚蠢的、缺乏理性的或保守的;相反,我们应该仔细研究小农赖以生存和经营的环境,并找出在制度上或商业上可能妨碍或破坏技术变革的具体障碍。

第三节　发展中国家的农业发展

一、农业转型的内涵和特征

企图一举把过去世代沿袭的传统的农业制度改变成高度专业化的商业化农业制度,是不现实的。多样化农业或混合农业代表了从维持生存的农业向专业化农业转变过程中必然的一步。在这个阶段,主要农作物已不再在农业生产中占据优势,因为新型经济作物,如水果、蔬菜、茶叶等已被引入,同时还有畜牧业、渔业等。新的生产活动可以充实到每年的几个时期的农业劳动的正常农闲季节中去,一方面,使农村劳动力更好、更有效地加以利用;另一方面,多样化的小规模经营可以规避风险,包括自然风险和市场风险,使农民有更大的采用新技术的可能。当然，改造传统农业的成败，不仅取决于农民提高其生产率的能力和生产技术，更重要的还是取决于农民必须在其间发挥作用的那些社会的、商业的和制度方面的各种条件。特别是，如果农民能够通过一种合理的、可靠的途径获得贷款、化肥、水源、作物信息和销售设施，如果产品能获得公平的市场价格，如果他感觉到改善农业条件将使他的家庭成为主要受益者，那么，传统农民将不会对各种能提高他生活水平的经济刺激和新的机会无动于衷。

而现代农业则代表了先进的农业发展阶段。它是发达工业国最普遍的一种农业形式。现代农业的发展是同国民经济其他部门的发展相适应和并行的。生活水平的普遍提高、生物学和生产技术的进步以及国内、国际市场的扩大，都是现代农业，即专业化、商品化农业产生和发展的主要推动力量。有些经济学家就简单地把农业向现代农业的转型称为农业现代化过程。有关农业现代化的严格定义，学术界有一定争论。比较公认的观点认为，农业现代化是指传统农业向现代农业的转变，着眼于经济效益、社会效益和生态效益相结合的综合效益的提高，把农业建立在现代科学的基础上，用现代科学技术和现代工业武装农业，用现代科学管理方法来管理农业，创造一个高产、优质、低耗的农业生产体系和一个合理利用资源、保护环境的，有较高转化效率的农业生态系统。具体来说，现代化的农业应具备如下特征。

(1)生产力水平大大提高，实现了科学技术现代化。这一方面包括生产手段的现代化，即农业生产中广泛使用机械技术；另一方面包括农业生产技术现代化，即在农业生产的直接物质要素(如种子、肥料和饲料等)、耕作栽培、饲养繁殖、饲料技术等方面广泛采用现代生物技术。

(2)农业生产组织管理的现代化。其内容包括两个方面：一是科学地组织生产力，以最少的消耗取得最大的经济效果；二是适应生产力的发展要求，调整生产关系，改革经济管理体制以及在管理工作中采用现代化的管理手段和科学的管理方法。

(3)农业生产区域化、专业化和商品化。现代农业应打破传统农业在地域上的“小而全”特征，消灭自给自足的自然经济。充分发挥地域优势，实行专业分工，并使劳动产品高度商品化。实现自然经济向商品经济的过渡。此外，现代农业应在专业化、商品化的基础之上实现适度的规模经营，冲破小农经济对生产力发展的制约，获得良好的规模经济。

(4)工业反哺的农业。由于现代生物技术还不能随意地改变生物的产出特性，又由于农产品容易出现销售市场饱和现象，比较效益低下将是农业的一个长期特征。因此，即使是现代化了的农业，也难以独立地与工业竞争，而应得到工业的反哺和支持。农业基本建设、农业机械化以及生物技术的发展都离不开工业的进步，因此，一个强大的工业是农业现代化的必要前提。工业反哺是现代农业的重要特征。

(5)生态农业。许多学者认为，现代化农业的一个重要特征应是生态农业。生态农业是与石油农业相对的一个概念。世界上一些发达国家的农业现代化的实现采取的是石油农业的模式，这种模式的本质是以高能量换取高产出。现代化农业应致力于采用有机技术，以求得技术进步与自然生产力增长的同步发展，最后形成投资少、收益大、耗能低、污染少的良性循环。

农业现代化是一个包括自然、社会、经济、科技、管理、信息等多重因素的复杂的系统工程，不能把它简单归结为某一方面因素的变化。有的学者还认为，“现代化”一词不是一个静态、绝对的概念，而是一个动态、相对的概念，是与世界发达国家相比较而形成的概念。如果一国生产力、人民生活水平和综合国力得等到了一定发展，但与发达国家比仍有很大的差距，这种状态仍然不能称之为“现代化”。农业现代化也是如此。

二、国际现代农业发展理论

近半个多世纪来，随着现代农业的发展并取得巨大成就的同时，人类所付出的资源和环境代价也是巨大的。①全球气候变化。由于大量使用矿物能源，以及化肥、农药、农业机具的生产及使用过程产生出大量有害气体，包括二氧化碳、甲烷、氧化氮等，对大气恶化产生推波助澜的作用。②生物多样性消失。农业上集中采用少数几种作物品种和畜禽，使农业生物遗传资源产生逐渐减少的趋势，甚至有丧失多样性的危险。特别是在热带雨林地区，人们为了谋生或牟利大量砍伐森林，以开垦荒地和卖木材，造成种质资源的丧失。③环境污染问题。农业技术的选择不当，包括除草剂、杀虫剂、生长调节剂、土壤改良剂等农用化学品的用量成倍增长，造成环境与食品污染。特别是一些发达国家，由于滥用资源、过度耗能，导致农业成本的大幅度上升和农业补贴的显著增加。尤其是20世纪70年代"石油危机"爆发以来，更加促使对农业发展理论的广泛探讨。

(一)有机农业理论

最早提出有机农业的是生物动力学农业的开拓者 Rudolf Steiner(1924年)。20世纪70年代以来，有机农业才在一定范围内进入实践阶段。1972年国际有机联盟(IFOAM)成立，到1982年已扩大为30个国家80个团体。

有学者把有机农业描述为：完全不用人工合成的化肥、农药、生长调节剂和牲畜饲料添加剂的生产制度，它的主要内容是采用豆科作物、绿肥、作物秸秆、牲畜粪肥、有机废物和作物轮作，来保持土壤肥力，并对病虫害应用生物防治方法。有机农业并不是倒退到30年代的农业技术，因为在限制化肥或农药使用的同时仍采用新式农机具、优良品种和注册过的种子，以及科学的有机残余物管理方法和水土保持措施。有机农业是劳动密集型的，需要较多的人、畜力，而较少的能源投入。与化学集约农业相比，如果考虑到水土流失、土壤营养储备减少等成本，则有机农业有着更高的长远经济效益。但是，有机农场占农场总数的比重，法国仅为1%，英国为0.3%，西欧在0.1%以下。

为了保护和促进有机农业的发展，制止日益突出的常规农业产品对有机农业产品的假冒现象，1991年6月欧盟首次通过了一项法规，对有机农业产品的生产、销售和标识作出了明确的统一规定。所有以有机农业名义销售的产品，不论产地来源如何，都必须满足以下条件：生产上，不准使用易溶性化肥、化学合成肥料和化学植保方法；标识上，只有那些严格按照上述方法生产出来的原产品，和那些原料中以有机农业产品所占比例在95%的加工品，才允许冠以有机农业产品的标签；监控上，所有的有关企业，不论是生产企业、加工企业还是商业经营企业，都必须接受有关部门的监控；在所有的产品包装上，都必须标明生产者、加工者及监控机构的名称。

(二)生态农业

生态农业是1971年首先由美国密苏里大学土壤学家 William Albrecht 提出，目的在于通过增加腐殖质、少施化肥、禁施农药，来改善土壤条件和避免环境污染。根据国际上20多年的试验研究，生态农业的主要内涵是建立生态上能自我维持的、低投入的、经济上有生命力的小型农业系统。具体地说，就是尽量减少能量投入，通过发展畜牧业、施用农家肥，实行作物轮作等途径，实现农业内部的自我循环。因此，生态农业强调发展畜牧业、农产品加工等多种经营，提倡小规模农场，以便保持土壤肥力，增加就业机会，减少人口流入城市，并维护农村的各种美丽景观。

(三)持续农业理论

面对人口增加、需求增长、成本提高、资源退化、环境破坏等矛盾，如何保持农业长远地、协调地发展，日益成为世界性的首要问题。上述的有机农业、生态农业等由于在实践上未取得令人满意的结果和大规模的应用。在这种背景下，20 世纪 80 年代初国际上提出并开始实施持续农业(Sustainable Agriculture)的新战略，而且已成为当今世界农业发展的一大趋势。1988 年粮农组织提出持续农业是持续满足目前和世代的需要，能够保护好资源，不造成环境退化，技术上适当，经济上有活力，而且社会上能接受的农业。1991 年 4 月联合国粮农组织与荷兰政府召开的农业与环境会议基本上沿用这一提法，同时把持续农业与农村发展相结合，形成了一种世界性的 SARD 战略与理论。这一提法之所以在国际上被广为认可和接受，在于它突破了以往强调单一因素的局限性，突出了多目标协调发展；在于它不仅注意到发达国家农业的持续发展问题，而且更多地关注占世界人口 3/4 的发展中国家如何发展农业，解决贫困、饥饿与营养不良问题。持续发展认为农业的可持续性不仅涉及物质生产领域，而且还包括精神生活，特别是人们的生活方式、道德观念、文化教育对持续发展具有重要作用。人们的消费水平、生活方式必须与持续农业的发展相适应，控制资源尤其是非再生资源的过度耗费，这就需要人们转变观念，树立新的持续发展意识。只有控制了短期的功利心理以及无节制的享受和过度消费，才能更大程度地满足世代需要。有学者提出，农业体系不仅要养活世界人口、保护资源基础，而且同样重要的是，还要通过完善民主、社区与服务为保护文化活力做出贡献。

目前，持续农业已成为世界农业发展的一个主要趋势，各国正在积极进行试验和探讨。在美国，继低投入持续农业之后，又提出"最高经济产量"的持续体系，此外，还有"高效率持续农业"等，从 1990 年起，实施 SARE，即持续农业研究与教育计划。在西欧国家，从 80 年代后期开始进行综合农业的试验，多数以大田作物为对象，选择少数商业性农场或试验农场，进行旨在降低投入成本、减少污染、保护环境等不同目的的研究。在发展中国家，持续农业发展已提到重要的议事日程。如印度 80 年代初在"六五"计划文件中正式提出了农业持续发展问题。1992 年又提出开发一种成本低廉、能源效率高、环境优良的经营管理体制。在中国，持续农业于 80 年代末开始引起政府和社会的关注。1994 年的《中国 21 世纪议程》中将农业与农村的可持续发展作为一项重要内容。

三、农业发展的途径

传统农业的改造，与农业现代化的实现，对发展中国家来说，是一个广泛、综合性的艰巨任务。在大多数发展中国家，目前的农业生产仍然由传统农业和小规模的混合型家庭农业占据着支配地位，要向商业企业占主导的农业过度，还存在许多困难。这一任务的完成不仅涉及农村，也涉及城市；不仅与农业自身的进步有关，而且与工业和第三产业的发展有关；不仅需要生产力的长足发展，而且必须对生产关系乃至上层建筑等诸多环节进行改革。改善中、小规模的混合农业的经营状况，不仅可以提高农业收入和产量水平，而且，如果这种改进是采用劳动密集型技术,那么,还可以有效地吸收农村中没有得到充分利用的劳动力。尽管大规模的商业化农业在数量上将继续增加,但在目前发展中国家存在人口、贫困和城市失业问题的情况下,这种大规模的商业化农业还不应构成大多数农业发展战略的基础。一般认为,改造传统农业、实现农业发展,应从以下几个方面入手。

(一)农业自身的技术进步

农业发展的一个重要方面就是农业的科学化。农业科学技术一经应用到农业生产实践中,就会变成强大的物质力量,成为发展农业生产和实现农业现代化的重要推动力。

二次大战以来,发展中国家在农业技术创新方面取得了较突出的成绩,其中最引人注目的是起始于20世纪60年代中期的"绿色革命"。60年代后期,在墨西哥、菲律宾、巴基斯坦、印度、泰国等发展中国家的一些农业地区,大面积地推广和种植新型高产小麦和水稻品种,使粮食产量比过去大幅度地增加了。这种以种子改良为中心大规模提高土地生产率的活动被称为"绿色革命"。

绿色革命是在发展中国家人口膨胀和农业停滞的巨大压力下发生的。由于大多数亚洲国家和一些拉美国家土地稀缺,通过扩大耕地面积来增加产出已相当困难,因而,研究和发明提高土地单位面积产量的生物技术就显得极为迫切。于是,在60年代后期,一些新型的对化肥反应大的高产良种在墨西哥和菲律宾实验基地相继问世,并且以极快的速度在全世界适合生长的地区推广开来。

绿色革命给发展中国家的经济发展和人们生活带来重大影响。首先是缓和了劳动力失业问题。这是因为新型高产良种的生长更需精耕细作,而且其生长期短,可以采用两熟、三熟制。又由于高产良种对化肥、农药和水分等需要量大,新良种的广泛使用产生了很大的联系效应,农业生产资料工业的发展和水利设施的兴修等都需要大量的劳动力。其次是粮食产量大幅度上升,缓和了发展中国家穷人的饥荒问题,也缓和了粮价上涨的势头。

由于资本、资源等有限,发展中国家在发展农业技术的过程中要特别注重技术选择,创造合理的技术结构。

从理论上讲,一个合乎国情的农业技术结构的最显著的特征,是同本国农业资源禀赋相适应,并使具有比较优势的要素对具有比较劣势的要素的替代达到最优化。正因为利用资源禀赋的比较优势去克服因资源禀赋比较劣势所造成的增长限制,是农业发展中极为重要的一个方面,所以,土地稀缺的国家往往形成土地节约型的农业技术结构,以突出生物技术、化肥等替代土地型要素的作用;劳动较为稀缺的国家则往往形成劳动节约型的农业技术结构,以突出机械技术、动力等替代劳动型要素的作用。不同的农业技术结构在选择偏好上就有显著差异,比如在选择农作物品种时,土地节约型农业技术结构最关注的是作物品种对化肥、灌溉、活劳动投入的反应大小,劳动节约型农业技术结构最关注的是作物品种对机械化作业适宜程度的高低。

根据对这种要素禀赋与经济发展的关系的研究,日本农业经济学家速水佑次郎和美国农业经济学家拉坦在70年代初共同提出了一个所谓的诱导的技术与体制变革理论。这个理论在农业发展经济学中影响颇大,并且引起了很大的争论。

诱导的技术与体制变革理论的特点是把农业技术的变化看成是由市场力量引导的。其中心论点是，要素供给的相对稀缺导致要素价格变化，要素价格的变化导致技术进步的变化，实现廉价的（丰富的）投入品对昂贵的（稀缺的）投入品的必要的替代。例如，在劳动力稀缺的经济中，劳动价格相对昂贵将会引起用机器代替劳动的技术变革趋势的出现。在土地稀缺的经济中，土地价格相对昂贵将会引诱用更多的劳动、化肥、良种等投入代替土地的技术变革倾向的发生。

在速水佑次郎和拉坦模式中，体制变革也是相当重要的。就发展中国家而言，诱导的技术变革受体制的阻碍。特别是发展中国家缺乏适当的农业研究机构来促进技术变革的发生。因此，必须进行体制改革来冲破这个瓶颈。速水佑次郎和拉坦认为，组织和资助科学研究的主要责任必须由政府承担。

尽管很多人对诱导的技术与体制变革理论持否定态度，认为它只适宜于发达国家当初的情况，而不适合于现在的发展中国家。但是，60 年代末 70 年代初在一些发展中国家中发生的“绿色革命”似乎证明了诱导的技术变革理论的有效性。“绿色革命”实际上就是一种生物技术变革，它的确反映了大多数发展中国家特别是亚洲国家人多地少这个显著的特点。但是，尽管绿色革命中所使用的现代技术是“规模中性”的，从而为小农场的发展提供了潜力，但是伴随它们在农村经济中推广应用的各种社会制度和政府经济政策却常常不是规模中性的，富有的农户和其他部门的人可能得到更多的利益。因此，经济学家认为，对制度和信贷市场进行适当调整，而且实行能真正反映国内市场状况的价格政策，刺激小农去发展生产，才可能使农民真正受益于新技术，制止贫富差距的扩大。

从中国的历史来看，新中国成立以来，中国农业技术在逐渐发生变革，无论是在品质优异的作物品种和新的耕作技术的推广，还是在化肥、机械、农药、塑料薄膜等现代农业生产要素的投入方面，都取得了一定的成就。农业技术变革的速率虽不很快，但效果仍是明显的，其主要标志是打破了传统农业所具有的农作物单产长期徘徊的局面。但如果把合理利用农业资源禀赋比较优势和努力克服农业资源禀赋比较劣势所造成的增长限制，作为选择中国农业技术的基本准则，就可以发现，中国在选择农业技术上还存在一些问题。这些问题包括：第一，把实现农业机械化放到了不应有的位置上。这实际上是盲目模仿苏联的农业增长模式造成的。虽然不能认为农业无需实现机械化，但对于中国而言，最重要的是推行节约土地型农业技术，片面强调节约劳动型农业技术是不合乎国情的。第二，在推广节约土地型农业技术方面缺乏有效的措施。发展中国家在开发引进农业技术时，必须明白自己的资源特点，加速诱导技术的开发利用，避免主观、人为的揠苗助长的技术研究开发。

（二）大力加速工业的发展

要实现农业现代化必须要有一个相对完整、健全、发达的工业作为前提。一般说来，工农业在其历史发展过程中是相互联系和制约的。这种相互联系和制约的发展又大致分为三个阶段：工业化初始阶段，工业化中级阶段，工业化高级阶段。在资源关系上，从农业为工业的积累、农业自身积累发展到工业对农业的支援。

农业要现代化，至少要以工业脱离对农业的依赖为前提。可是大部分发展中国家的工业还没有脱离对农业的依赖，政府还要通过各种方式把农业创造的价值引向工业，为工业进行原始积累。这些方式包括：①农业赋税；②农产品低价采购；③农用工业品的高价销售；④农民的自愿性储蓄,或通过证券市场,让农民直接购买工业股票;⑤财产没收,这是转移农业资本的一种最粗暴的方式;⑥以劳动要素体现的资本转移。

发展中国家工业发展的滞后,严重地恶化了农业现代化的外部环境。这不仅表现在工业落后导致农业内部无法积累现代化所需的资金,而且还表现在:①工业发展滞后,直接影响了农业现代技术、装备和其他生产资料的供给;②工业发展滞后,影响了农业剩余劳动力的转移。可以说,农业现代化面临的最大困境或农村发展迟缓的根本原因是工业现代化的滞后及其效率的低下,其所反映的矛盾则是中国二元经济结构的矛盾或工农之间、城乡之间的矛盾。

(三)推进社会制度和经济体制的变革

作为上层建筑的社会制度和经济体制,对生产力的发展具有巨大的反作用。农业现代化必须辅之以社会制度和经济体制的变革。这种变革包括生产关系中最关键的生产资料所有权(特别是土地所有权)制度的变革、土地等生产资料经营权的变革、生产的具体组织形式、产品的分配形式等诸多方面的变革。

许多发展经济学家认为:发展中国家生产的长期停滞,在很大程度上是由于封建的土地所有制形式造成的。土地改革就是把土地从大土地所有者的手中转移给那些佃农、农业工人和农奴,从而实现土地所有权与使用权的直接结合。通过土地和农业收入的平等分配,可以刺激农业生产者的积极性和主动性,增强其采用新技术的能力;同时为农业机械化、现代化提供合适的家庭组织形式。

除了土地所有制外,土地经营规模也是影响农业技术进步的重要因素。大农场显然比小农场更利于获取农业机器所带来的经济利益,有利于农业技术的普及。拥有较少土地的农民总是难以学到大农场农民的生产技术。一般说来,从长远角度来看,大规模农场组织是农业改革和改良的先决条件。只有在大农场里,农业机器才能得到最广泛和最有效的利用。但是,土地规模经营的形式是一个历史过程,它取决于科学技术和现代工业的发展程度、人均耕地占有面积,以及其他一系列社会经济因素。因此有一个缓慢的发展过程,不能急于求成。而且,不是土地规模越大越好。在土地资源相对稀缺的条件下,农业生产技术进步甚至可能进一步强化土地的小规模经营。例如,台湾省 1955 年农户耕地面积在 0.5 hm^2 以下的占 34.4%,到了 1975 年,这个比例上升到了 41.8%。又如,同处亚洲人多地少的情况下,70 年代日本农户平均耕地面积为 15.8 亩,台湾为 16.8 亩,而经济相对落后的印度和泰国则分别是 39.5 亩和 54.5 亩。农业技术进步之所以具有一种能使农户土地经营规模缩小的趋势,主要是因为农民维持生计的那部分耕地随着技术进步和产量增加而出现面积缩小的趋势。除此而外,还有以下一些原因:①在大多数发展中国家,农村资金也非常分散,这与土地规模经营对资金的需要产生很大的矛盾。②土地小规模经营条件下的资本/劳动比率较低,这样也有利于吸收农村中的剩余劳动力。③土地小规模经营还有利于资产和收入的非集中化。而收入分配的比较平均,又有利于社会对农产品需求的扩大,有利于刺激农业的改革与改良。④由于人口增长,家庭内部户籍分化,引起每户经营规模自然减小。

发展中国家传统农业的改造,除了从工业发展中得到促进和支持外,还有一个重要方面是必须促进农业商品经济的发展。具体地说,只有改变了“重工业优先发展的工业化”方式,才能对农业实现更有利的价格政策。较高的农产品价格才会进而对农业生产带来双重的刺激效应。这不仅会产生短期效应,如促进生产者更有效地使用资源,使农业生产尽可能地向其生产可能性边界逼近;吸引更多的劳动力和其他资源投入农业,以提高农业的产出水平,而且具有更重要的长期效应,那就是新的农业技术的发现和普及。这些新技术往往代表一种新的生产函数。这种新生产函数的成本较低,有利于在生产上的应用和推广。

中国学者根据中国多年的发展经验提出,除了土地制度的改革以外,还应进行以下制度改革:①改变不合理的工农关系,改革价格制度,建立起以工支农的体制;②改革农业生产组织制度;逐步实现企业化经营,以实现规模经济效益;③改善农村经济结构,调整产业结构,发展商品经济;④改革城市制度,加快城市化和城镇化建设;⑤制定正确的人口策略,严格控制人口增长,提高人口素质。这些经验对世界许多发展中国家的发展都有一定的借鉴作用。

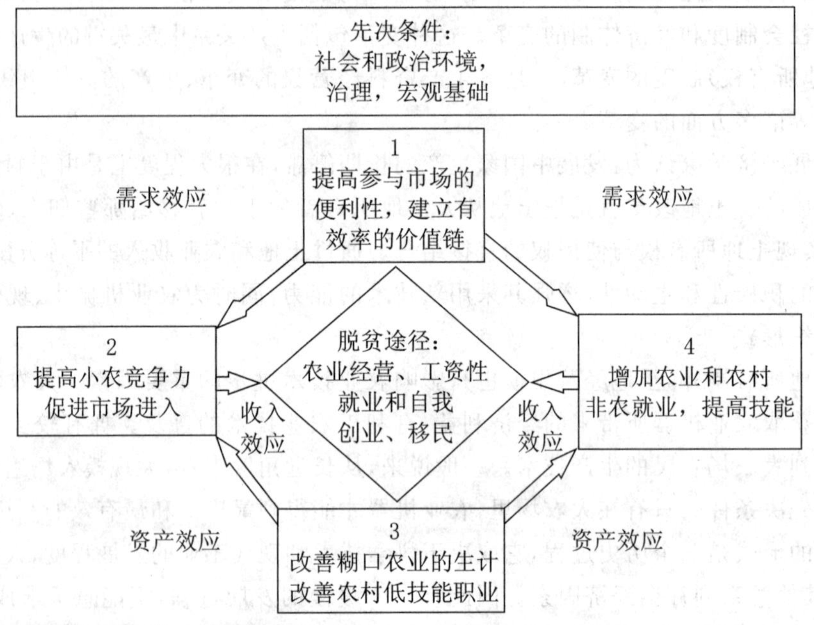

图 10-3　以农业促发展的四个政策目标

世界银行的发展报告中针对三种国家类型提出了农业发展战略的不同目标和路径。

(1)传统农业国。实现增长和保障粮食安全。传统农业国的农村人口中,撒哈拉以南非洲占 80%多,对他们而言,粮食的可贸易性很低,第一产业又有比较优势,必须以提高农业生产效率作为国家经济增长的基础和实现大幅度脱贫、保障粮食安全的工具。这对政府和国际社会提出了严峻挑战,但是也有新的机遇。

伴随着 1990 年代中期起宏观环境的改善,撒哈拉以南非洲农业增长开始加速,1980 年代年递增 2.3%,2001—2005 年为 3.8%。在农业实现增长的地区,农村贫困开始下降-但人口的迅速增长抵消了大部分农业增长,致使人均农业增长降至 1.5%。更快的增长和脱贫是可能的,这需要政治承诺、技能和资源。

撒哈拉以南非洲多样化的地域条件,致使耕作系统多种多样,主要粮食作物种类繁多,提高生产效率的路径与亚洲国家显著不同。尽管多样性使新技术开发复杂化,但也提供了广泛的创新机会。对降雨时节和降雨量的依赖,增加了面对气候变化的脆弱性,限制了利用既有技术提高产量的能力。但是,贮水并更有效率地加以利用,潜力巨大,有待开发。单个内陆小国在产品营销、研发、培训和政策设计方面不能获得规模经济。要克服此类障碍,区域一体化很重要。人口密度低增加了基础设施服务的成本,艾滋病/艾滋病病毒携带导致的人力资源损失也是一种限制。

撒哈拉以南非洲农业发展的议程是:在具有中高等潜力的地区(这里投资回报最高),通过提高小农的竞争力来加快增长速度,同时保障糊口农业中小农的生计和粮食安全。促进农业发展,要求提高参与市场的便利性,开发现代市场价值链。它要求以小农为基础、以主要粮食作物及传统/非传统出口产品为核心的生产效率革命;同时要求长期投资于土壤和水资源管理。而且,妇女作为农民、农产品加工者和贸易者,在当地市场中通常占据主导地位。

在撒哈拉以南非洲,"以农业促发展"议程有四个突出特点。首先,必须跨部门协调技术(种子、化肥、畜禽养殖)、水土的可持续性管理、机构服务(推广、保险、金融服务)和人力资本开发(教育、健康)等。其次,农业发展必须分权化,以适应当地的条件。这包括有妇女参与的社区主导方法。第三,该议程必须跨国合作,以扩大市场空间,提高研发服务的规模经济。第四,为达到可持续增长,该议程必须优先考虑保护自然资源和适应气候变化。

该议程要求宏观经济稳定,改善生产者激励和贸易的政策;大幅提高公共投资——尤其是改善市场便利程度的基础设施、道路、通讯方面的投资,和研发投资,以契合于撒哈拉以南非洲地区特色作物和农业生态,正如《非洲发展新伙伴关系》计划所提出的。

宏观和部门改革及商品价格提高,改善了价格激励,引发了撒哈拉以南非洲最近的农业增长浪潮。但是,价格改革的直接收益已逐渐降低,未来增长只能更多依赖生产效率的提高。

(2)转型中国家。缩小城乡收入差距,减少农村贫困。转型中国家共有 6 亿农村贫困人口和 22 亿农村居民。它的非农部门是全世界增长最快的。"以农业促发展"的主要重点,是缩小城乡收入差距,减少农村贫困,同时避免陷入补贴和保护陷阱,直接表述出来的挑战仅此而已。不断扩大的城乡收入差距引起了广泛的政治关注,更好地"以农业促发展"势在必行。

在这些国家,农业几乎全部由小农经营。持续的人口压力使农场规模迅速减小,小到如果没有非农收入机会的话,它只能维持基本生存。由于城市需求增加、地表径流质量恶化,对水资源的争夺十分激烈。随着非农收入的提高,必须通过补贴解决城乡收入差距,这将导致财政支出压力,公共物品和农村必需品机会成本高昂。另一方面,对于许多作为食品净购买者的贫困消费者,通过进口保护解决城乡收入差距,将提升食品成本。由于人口压力和土地限制,转型中国家必须启动所有的脱贫方案:农耕、农业与农村非农就业、移民。高附加值产品市场,尤其是园艺、禽类、鱼类和奶类市场的迅速扩张,提供了农业系统多样化、发展有竞争力的劳动力密集型的小农部门的机会。

转型中国家在劳动力和管理双密集型产业具有比较优势,可以参与非传统产品的出口。许多国家在条件较差地区的贫困水平很高,需要更好的基础设施和适合于这些地区的技术。

解决农村失业问题的一个补充性政策目标,是促进小城镇中有活力的、将农业与城市经济联系起来的农村非农产业发展。中国将工业带到了小城镇,使农村收入多样化,这是其他转型中国家可以借鉴的方法。在所有转型中国家,劳动力向有活力的经济部门转移,必然以对当代及下一代技能的大量投资作为加速力。这种结构调整预示的重大变化,必须由有效的社会安全网计划进行风险保障，使家庭能够承担生计转变时的可能风险。发展中国家成功解决城乡收入不平等问题，将是世界扶贫事业的巨大进步。

(3)已经城市化国家：将小农与现代食品市场联系起来，提供好的工作。广义的目标是利用现代国内食品市场的迅速扩张和农业新兴部门，来显著降低农村中残存的、非常顽固的贫困现象。已经城市化国家的 3 200 万贫困人口中，农村贫困人口占 39%；这些国家正在经历食品零售业的超市革命。提高小农在供应超市方面的竞争力，是一个重要挑战；满足需求标准和分销规模，必然要求有效的生产者组织。拉丁美洲突出的土地不平等，也限制了小农的参与。

提高小农对资产，尤其是土地产权的可得性，提高他们在不平等社会的发言权，有助于提高小农部门的规模和竞争力。除农业耕作外，通过紧密地连接农业和农产品加工业，可以提高本地就业，从而促进社区综合发展。把握上述经验，这种方法才能广泛应用。农业增长对农业条件较好地区的减少贫困尤为重要。而农业条件较差的地区，移民和提供环境功能有更好的前景。对作为农业重要组成部分的糊口农业提供资助，在许多年内仍将十分重要。

“以农业促发展”议程的实施，面临两个挑战。一是克服对农业的政策歧视、农业投资不足、投资失误的政治经济问题。另一个挑战是加强农业政策的执行力，尤其在治理能力得分很低的传统农业国和转型中国家。

[案例 1]孟加拉国的农业政策改革

孟加拉国是世界上人口最稠密的国家之一，1983 年孟加拉国的一亿人口人均收入只有 130 美元。孟加拉国土地肥沃，水利资源丰富，但缺少其他自然资源。由于地处世界上最大的活动三角洲，孟加拉国在雨季易暴发洪水，刮强旋风；而在旱季则易出现旱灾。农业是孟加拉国经济的核心，约占国内生产总值的 50%，占就业人数和出口额的 50%左右。

20 世纪 70 年代末期，在特殊的困境中，政府开始了政策改革。独立战争之后，在 1971 至 1975 年期间，农业产量减少，国内粮食价格大大高于国际市场价格，农村实际工资水平下降。1974 年出现了一场饥荒，造成了该国对粮食援助的沉重依赖。70 年代末，虽然农业产量每年以 3%的速度增加，但由于人口每年增长 2.6%，农业产量增长的速度比人口增加的速度只稍微快一点。在遭受了一次旱灾之后，1979 年再次出现了饥荒。

政府对这些困难的反应是：扩大农业公共投资，并集中用于成本低、收效快的小型水利项目；增加私营部门的作用，改善公共机构的效力。在开发预算中，对农业的分配份额(不含化肥补贴部分)从 1978—1979 年到 1984—1985 年期间恢复到了年均 28%，这一份额曾经从 1973—1974 年的 34%下降到了 1977—1978 年的仅 19%。现代水利设施浇灌的面积翻了一番，其发展速度是前五年期间的三倍。

如果没有补贴的大量减少，特别是化肥补贴的大量减少，农业公共投资是不可能增加的。从 1978—1979 年到 1984—1985 年期间，化肥补贴由占开发预算的 10%左右下降到 2.4%。单位补贴由占成本的 50%下降到 17%。尽管如此，化肥销售额还是以每年 10%以上的速度增长。一个原因是化肥零售转由私营部门经营，而他们发现，在全国各地适时地推销划分是有利可图的-这与 70 年代的化肥短期形成了鲜明的对比，当时只能以比官价高得多的价格买到化肥。同样，在过去几年里，私营部门参与了较小的水利设备经销，这也一直是农业机械化迅速发展的一个重要原因。

食用谷物销售也取得了同样的成就。政府中止了反私人囤积法令;取消了收购委任制(即指定某些粮食商代表政府收购粮食);废除了不准私营部门进口食用谷物的禁令。现在私营部门经销业务大约占国内粮食销售量的85%左右。由于充足的储备设施的支援,私营部门在控制收获季节之间的临时性粮食涨价方面一直卓有成效。对城市消费者补贴的减少,使政府能够迅速地扩展农村投资与救济规划,为穷人提供粮食和营养。这些投资已经为将近100万的无地劳动者提供了全日制的农村就业,并为修公路、渠道、堤坝等保持农业增长所必不可少的设施提供了资金。

政府把减少补贴,扩大农村援助的方案与更合理的汇率政策,鼓励出口的规定结合到了一起。减少或取消黄麻、茶叶及其他农产品的出口税,促进了农产品出口的持续增长。其结果是:

农业产量每年增长3.5%左右。农业直接或间接地带来了大部分的就业增长,农村工资水平比食用谷物价格提高了15%左右。增加了对高产品种的采用,化肥消费每年增长10%以上,灌溉、排水、防洪等设施覆盖面积将近占耕地的25%,而70年代初还不到10%。农业对自然灾害的抗御能力更强了。食用谷物进口量虽然还很大,但是占消费量的比重已经降低,对粮食援助的依赖性减轻。农民已经从种植大米转向种植小麦。出口额增加,并且趋多样化。

[案例2]中国农业现代化绝不是农业欧美化

中央农村工作领导小组办公室主任陈锡文今天在此间表示,中国要发展农业现代化,但农业现代化绝不是农业欧美化,欧美的经验并不一定适合中国。

在中国农业大学举办的“纪念中国农村改革三十周年暨贯彻十七届三中全会精神报告会”上,陈锡文说,欧美的农业实行规模经营,可以提高劳动生产率是可以肯定的,但是就单位面积产量来看,大规模比不过小规模。全球有实证调查,农产品产量,大规模经营并不比小规模有优势。

此外,中国农村不具备发展欧美模式农业的条件。“我曾到美国考察,密西西比河两岸的农庄真是令人羡慕,一户人家就种了我们半个乡的地。”陈锡文说,但一个很现实的问题是,如果中国也像美国那样,一个乡只需要两户农民来种地,那其他农民怎么办?

他强调,中国农业现代化一定要和实际情况相吻合。中国农业以及整个社会经济的发展确实需要一部分农民离开土地,只有这样才能提供足够的非农劳动力,同时有效提高农民收入。但是这个过程一定是经济社会发展的自然过程,如果用强力推着走,实际就是中国历史上不断发生的土地兼并现象。

陈锡文说,中国农村改革三十年来,无疑是取得了丰硕的成果。但是,也面临着许多问题,而且大多数都是三十年前没有的新问题,比如农村“空心化”问题、农业人口老龄化问题,这些问题从理论到实践都需要进一步探索。

(资料来源:周兆军,中国新闻网,2008-11-14 17:00。)

【本章结构】

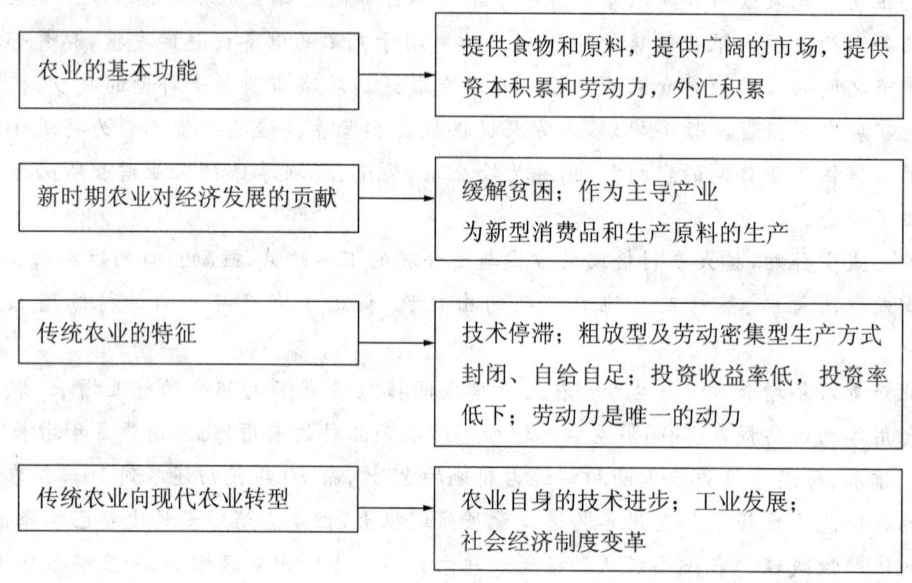

【本章思考题】

1. 世界上的两类农业指的是什么？哪些指标可以表现出它们的特点？

2. 人们有时认为，由于小农似乎反对那些可能会大大提高农业产量的农业技术创新，所以他们是愚昧落后的。小农的这种反对是由于他们自身内在的理性缺乏，还是由于某些往往被经济学家们忽视了的其他原因？谈谈你自己的看法。

3. 土地制度的研究对于发展中国家的农村和农业发展有何意义？

【参考文献】

[1] 世界银行. 2008 年世界发展报告：以农业促发展. 胡光宇，赵冰译. 北京：清华大学出版社，2008

[2] 赵冬缓. 新发展经济学教程. 北京：中国农业大学出版社，2000

第十一章 工业化及城镇化

【引言】

工业化的广义概念曾一度成为经济发展或者现代化的同义词,涵盖了长期的经济结构的变化技术结构的变化以及物质生活水平的提高。在发展中国家发展路径的选择中,工业化是一个明确的目标,即经济结构中以农业为主转变为以工业为主。工业化发展战略说明了工业化所需的一些共同条件,比如完善的市场机制、基础设施、具有创新精神的企业家群体;但是,自然资源储备的不同市场机制发展历程的不同以及教育体制的历史差异等,却使得工业化的起步和发展过程各具特点,不可能千篇一律。城市化进程也是经济发展的一个可视化的指标,而其所表达的城乡文明的同化才是本质的体现。本章将根据工业化、城市化的一些理论框架,来介绍发展中国家工业化和城市化的发展战略。

【学习目标】

1. 了解工业化的内涵及其发展阶级。
2. 掌握工业化发展战略与发展模式。
3. 理解城市化的定义与小城镇发展战略。

第一节 工业化及其发展阶段

一、工业化的内涵

工业是采掘自然界物质资源和对原材料进行加工的物质生产部门。按工业产品用途分为生产生产资料的工业和生产消费资料的工业,即分别为重工业和轻工业;按劳动对象分采掘工业和加工工业,采掘工业以自然界已有的物质资源为对象进行挖掘和采伐,加工工业是以采掘工业的产品和农产品为对象进行加工,或以加工工业的产品为对象进行再加工或修理;按生产手段分为机器工业和手工业;按现代化程度和形成产业部门的历史分为传统工业和新兴工业。重工业在国民经济中居于主导地位,它为国民经济各部门和国防部门提供技术设备;轻工业则为广大居民提供多种多样的消费品。所以,工业状况如何,对于经济社会发展具有重要意义。

所谓工业化,通常指一个国家由农业国向工业国转化的过程,是国民经济结构中以农业为主的经济转变为以工业为主的经济的长期发展过程。也就是说,在国民收入和就业中农业部门的份额下降,工业部门尤其是制造业以及服务业的份额明显上升。亦有将广义的工业化含义称为是“发展”,“现代化”的同义词,可见现代工业的产生与成长是工业化、现代化发展的核心内容。

工业化的内容包括:①在运用新科学技术基础上建立起用现代科学技术装备门类齐全、结构和布局合理的工业体系;②在国民经济中工业的地位超越了农业,成为工业国家;③在工业中重工业或生产资料的生产占主导地位;④在国民经济发展中能够为其他部门提供先进的科学技术设备。

农业国工业化理论提出至今已有半个世纪了。在这一期间,世界政治经济发生了很大的变化。某些发展中国家已经建立了完整的工业体系,其中少数国家和地区已经进入新兴工业化国家行列。但是,对于绝大多数发展中国家来说,则仍然处于正在实现工业化的阶段,农业国工业化仍然是它们面临的最基本和最主要的问题。

一般来说,衡量一个国家是否实现了工业化,首先要看它的国民经济产值结构中农业和非农业产业(第二和第三产业)的比例的变化,如果非农业产业值的比重占 50%以上的显著地位,则可以认为具备了工业化的条件之一;其次,从事工业生产与建设、交通运输、商品流通的职工人数要超过农业劳动力的人数;再次,要建成一个比较完整独立的工业体系,即工业部门要齐全,能为国民经济提供各种原料、动力、机器设备等,为人民供给各种日用必需品和耐用消费品。

从产值和从业人员来看,根据世界银行统计,20 世纪 80 年代后期第三世界国家在农村投入了 60%以上的劳动力,但其产值仅占国内生产总值不到 20%;从进出口来看,至今尚有 53 个发展中国家的总出口中农产品和矿产品所占的比重高达 50%以上;更为严重的是,现在还有 30 个国家仍处于低度工业化状态,它们的制造业(主要是简单装配加工业)增值占其商品生产增值额的比例不到 20%。而发达国家的农业从业人数一般只占总从业人数的 5%以下。较高的日本为 6.4%;较低的美国为 2.9%。中国已建成了完整独立的工业体系的初步基础,基本上能满足国民经济和人民生活需要的各种工业品,但还不能完全满足国内的需要。因此将这三方面统一起来看,中国工业发展程度是不高的,仍是一个工业一农业国,或称作发展中国家。

二、工业化的发展阶段

工业化是一个连续渐进的过程,但为了研究各时期的主要特征,集中解决各时期的主要矛盾,往往人为地把工业化过程分为数个有区别又有联系的阶段。这种阶段的划分可以从不同角度来进行。

(一)按工农业比例划分,可以分为三个阶段:

1. 工业化初始阶段　这一阶段工农业关系的基本特征是:工业化的推进主要依靠农业积累;农业与工业的关系是农业支援工业,工业受到保护,发展政策以保护工业为特征;由于工业的快速扩张,工业的增长速度远远快于农业。亦即工业化资本原始积累阶段。资本原始积累的完成就标志着这一阶段的结束。根据上述的工业化过程的基本特征,综合不同国家工业化的实践,尤其是通过对处于不同发展水平上的国家的截面分析。这一阶段的终点标志大致可以设定为:工业与农业的产值比例为 6∶4,农业的就业份额为 60%,城镇人口率为 35%。

2. 工业化中级阶段　这一阶段工农业关系的基本特征是:农业不再为工业提供资本积

累，农业的积累用于农业自身的发展；工业的进一步发展则依靠工业自身的积累；两大产业的联系基本上是通过产品的平等交换来实现；由于农业的剩余不再外溢，农业的自身投资增加较快，因而农业发展速度加快，工农业发展速度的差距在上一阶段的基础上趋于缩小。总之，这一阶段工农业关系的核心是均衡发展。资本原始积累的完成就标志着这一阶段的开始，这意味着在该阶段工业已经形成了自我发展的能力和调节机制，工业的扩张由依靠农业转向依靠自身的积累。这一阶段的终点标志可以设定为：工业与农业的产值比例为8∶2，农业的就业份额为40%，城市人口率为50%。

3. 工业化高级阶段　这一阶段工农关系的基本特征是：工业支援农业，农业受到保护，发展政策以保护农业为特征。此时经济发展以工业积累为主，农业依靠工业支援实现了自身的现代化，农民收入快速提高使城乡差别趋于缩小乃至消除。这种工农关系的形成标志着工业化已进入成熟阶段，农业也由传统步入了现代。亦即工业化成熟阶段。这一阶段的标志是，整个经济的发展以工业积累为主，农业由依靠自身积累的发展转向依靠工业积累的更大发展，工业的资本积累回归于农业，形成了工业对农业的反哺。我们把这一阶段的终点标志设定为：工业份额开始下降，工业在经济总体中的地位被服务业取代，经济开始走向“服务业化”。

从中国近几年的工农业产值比、农业就业份额和城镇人口率来看，中国工业化水平还处在第一阶段向第二阶段过渡的阶段。

(二)按工业化国家在对外贸易中所处的地位划分

由于发展中国家在民族独立前，大多处于殖民地、半殖民地状态，工业品几乎全部依赖国外。因此，独立后的工业化过程正是表现为一个摆脱殖民统治、建立独立完整的国民经济体系的过程。根据这种特点，可以将发展中国家的工业化分为如下几个阶段。

1.“初级进口替代”阶段　用农业中的收益(如出口原料所得收入)发展过去依靠进口来满足国内需要的部分工业品的生产，就是“进口替代”。从发展农产品加工工业部门着手，主要投资于非耐久性的消费品生产的“进口替代”，叫做“初级的进口替代”，如食品、罐头、造纸、塑料、橡胶、纺织、印染等工业。

“进口替代”阶段有如下特点：现成的国内市场，销路问题不大；初期投资金额小，容易创办起步，资金回收期限短，成长快；技术简单，容易培训技术工人；可以创造较多的就业机会；节省外汇；符合“比较优势原理”。

“进口替代”阶段有两个不利因素。①由于完全依赖国内市场，一旦饱和，这些“进口替代”的产品便无法继续向前发展。特别是小的发展中国家，由于国内市场狭小，很容易达到饱和状态。②由于发达国家技术较先进，生产规模较大，效率也较高，原来依靠进口的产品改由国内产品代替，在刚起步时，效率可能低，成本可能高，因此，要想和外国竞争，必须采取保护措施，例如限制同类产品进口，甚至禁止进口；提高进口关税及采取不利于进口的外汇政策等。政府的保护政策会妨碍本国工业的进取，造成对政府的依赖；同时，还会造成国内产品的垄断地位，导致价格上涨，破坏市场机制，从而导致资源分配的不合理。

2.“高级进口替代”阶段　除了继续生产替代进口的非耐用消费品外，转而进一步提高所生产的消费品档次，包括：①耐用消费品，如电视机、电冰箱、洗衣机、收录机、钟表、汽车等；②资本货物，如机器等；③原料加工。

这个阶段需要更多的资本和技术，也需要更多的保护。发展这部分工业需要有矿产品、能源等自然资源，否则需从国外进口。

长期以来，发展中国家只是帝国主义国家的原料供应地和工业品的销售市场。战后，许多发展中国家虽然在政治上获得了独立，但在世界经济分工中的地位基本未变。许多经济学家认为，这是发展中国家贫穷落后的根源。改变这种状况的唯一办法是减少原料产品的出口，提高工业品的自给能力，逐步实现工业化。对于幅员较大，自然资源较丰富的大国，在基本完成“初级进口替代”阶段后，应立即着手进入“高级进口替代”阶段。为顺利地向这一阶段过渡，发展中国家对“进口替代”产业要实行更有效的保护政策，并在资金、基础设施、资源等方面提供方便与优惠。

3.“出口替代”阶段　“出口替代”是典型的外向工业化，也有人称为“出口导向型”战略。所谓“出口替代”，意思是现在以新的出口品取代了传统的出口品，即用工业品取代农产品作为出口的主要产品。它的特点是，发展面向出口工业，并将其产品投入国际市场，用工业制成品的出口来代替农矿初级产品的出口，以此推动工业化进程。

随着“进口替代”的发展，进口替代品基本上逐步满足了国内现有市场的需求，减少了外国垄断资本的掠夺和剥削，并建立了一定的工业基础设施，培养了一批熟练工人、技术人员和管理干部，扩大了就业，提高了经济增长速度，增加了国民收入，在某些方面减少了对外依赖性，经济自给能力有所提高以后，一些发展中国家就开始考虑向“出口替代”阶段进军。

大多数发展中国家的“出口替代”始于20世纪60年初期。最初的直接原因是由于“进口替代”的缺陷日益暴露，发展中国家不得不另找发展经济的新途径。另外，当时西方发达国家正处在战后经济发展的“黄金时代”，国际贸易迅速发展，发达国家对发展中国家劳动密集型产品的需求不断增加。正是在这些有利条件下，一些实施进口替代战略的国家，利用国内劳动力价格低廉的优势，大量引进外国资本和技术，积极发展以出口为目标的纺织、成衣、鞋袜等劳动密集型工业。

处于“出口替代”阶段的发展中国家，有的是以增加国产原料的加工层次为主，一些自然资源贫乏的小国则以加工进口原料为主。

与“进口替代”相比，“出口替代”时期由于政府所制定的汇率较为切合实际，鼓励出口，实行低关税政策，因而在一定程度上解决了国内市场不足对经济发展所造成的困难，增加了出口和外汇收入，扩大了就业，提高了科学技术和经济管理水平。一般说来，处于此时期的发展中国家，经济增长较快，效率较高，工业化进程较为迅速。但这一时期容易出现的弊端是，首先，经济发展在很大程度上取决于国际市场对制成品的吸收能力，当世界经济衰退和贸易保护主义盛行时，国家的经济容易遭受冲击。其次，有些国家由于大量引进外资，不仅劳动人民创造的巨额财富以利润或利息的形式被掠走，而且，外国直接投资者的本金和利润的汇出会造成沉重的外汇压力，那些通过大量举借外资进行投资的国家更是债台高筑，在债务泥潭中越陷越深，造成国民经济的不稳定发展。此外，由于国家对某些产业实行扶持的政策，必然导致国内不同集团和不同阶层间的收入分配两极分化现象日益严重。

4.“高级商品进口与出口替代”阶段　这时，工业部门同农业部门比较相对强大了，可以向国内市场销售生产资料及消费品，同时，向国外出口先进的耐用消费品和少量资本品。这样，传统的出口品就不太重要了。

有人认为，同时执行“出口替代”和“进口替代”的政策会发生一定的矛盾，甚至是不可能的。其主要理由是，实行“进口替代”就必须对国内产业进行保护，而出口厂商使用它们的产品作为投入品则势必提高生产成本，导致在国际市场上缺乏竞争能力，从而制成品的出口贸易很难发展。不同意上述看法的人则认为，实行“进口替代”并不要求一切消费品都是由国内生产出来，当上述情况出现时，出口厂商的投入品完全可以通过进口来满足。另外，在一个国家外汇极度短缺和迫切需要通过扩大出口来增加外汇收入时，出口厂商因使用国内生产的投入品而提高生产成本所造成的损失，政府可以通过减免税收或给予出口补贴等办法来弥补。事实上，一些较大的发展中国家，幅员辽阔，自然资源丰富，人口众多，国内市场容量潜力很大，只要实施正确的政策，就有可能将“进口替代”和“出口替代”结合起来，建立较为完整的国民经济体系，独立自主地发展国民经济。

以上的分析，是就整个发展中国家工业化的一般过程和趋势而论的。这并不是说，所有发展中国家都一定按照这样的顺序去实现工业化。例如，拥有丰富矿藏和石油贮藏的国家，可以在低发展阶段，建立大规模的金属冶炼和石油精炼工业。当然这时往往由于缺少熟练劳动力、管理人才和建设资金，而要借助外国资本和技术援助。又如，即使在国内市场容量还比较小时，也可以用加工当地原料或组装进口配件的方式，发展出口工业。

（三）按工业结构的不同特征划分为三个发展阶段

1. 重工业化阶段　工业由轻工业为重心的发展向以重工业为重心的发展推进阶段，即“工业结构重工业化”。工业化过程一般都是从轻工业起步的。如 19 世纪 60 年代始于英国的产业革命，首先发生在纺织工业，随着工业化的进程，重工业在工业中的比重不断上升并超过轻工业所占比重。目前，发达国家的重工业化率（在工业所实现的国民收入中，重工业所占的比率）大致在 60%。

2. 高加工度化阶段　由原材料工业向以加工组装工业为发展重心的工业结构转化过程，也就是工业结构的“高加工度化”过程。

3. 技术集约化阶段　在工业结构“高加工度化”的过程中，将进一步显示出工业结构的“技术集约化”趋势，不仅所有工业部门将采用越来越高级的技术、工艺和实现自动化，而且以技术密集为特征，建立在微电子学、激光、纤维光学和遗传工程等科学技术成就基础上的新兴工业将获得迅速发展并取得主导地位。

与上述发展阶段相适应，工业资源结构（劳动力、资本、技术的比例关系）的重心也将经历一个由劳动资源为主向资本资源为主，进而转化为技术资源为主的发展轨迹。

第二节　工业化理论与工业化发展模式

一、工业化相关理论

（一）结构转变与工业化理论

克拉克从大量观察中发现凡是富裕的国家都是已经工业化了的国家。他认为经济增长的过程也是经济结构变化的过程，伴随着经济增长，工业和服务部门的产出与就业占整个经济部门的比重会不断上升；相反，农业在这两方面的比重都会不断下降。库兹涅茨从历史的角度通过大量的数量分析，充分地揭示了克拉克所认识到了的这样一条规律，即经济结构变化的结果就是经济资源由农业部门转向工业部门，经济发展表现出工业化的特征。他的分析显示，农业对经济增长的贡献份额下降，制造工业明显上升，服务业基本稳定。从就业结构来看，农业就业比重下降，服务业和制造业皆上升，其中又以服务业上升最快。钱纳里与他的合作者的研究表明，对于这些发展中国家而言，经济结构的转变就是经济增长的核心所在，而经济结构转变又是直接由工业化推进的。所以，从这个意义上讲，经济增长乃至发展以及结构转变的中心内容就是工业化[①]。

由此可见，不论是发达国家还是发展中国家的经验都表明：经济结构变化的结果都会导致工业化；同时，工业化又进一步推进经济结构的变化。以上研究结果也表明了收入增加对推动结构变化及工业化具有十分重要的意义，因为收入增加会改变人们的需求结构，进而直接引起产出及就业结构的相应变化。

(二)规模经济与工业化理论

这一理论强调，制造业可以通过扩大规模而使生产效率得以提高。从规模经济的表现形式来看，内在经济和外在经济都对提高制造业的经济效益有积极影响。但据研究，外在经济(或称外部经济)对从事制造业的各厂商的影响效果要更明显一些。规模经济的直接效果就是使产品成本不断降低，从而提高产品在国内、国际市场上的竞争能力。这种由规模经济引起的成本下降而使生产效率持续上升的现象，正是推动大多数国家，特别是发达国家工业化过程不断向前发展的重要动因之一。

(三)均衡增长、非均衡增长与工业化理论

均衡增长理论，提出了通过实施对各工业部门同步投资以实现供给方面的平衡增长，进而通过外部经济影响的作用，各工业部门间产品相互利用而使需求方面也实现平衡增长的理论设想。在通过大规模投资推进全盘工业化的同时，为了使工业化及经济增长过程持续地发展下去，还强调了工业化过程中农业的重要性，提出要将工业化与农业发展结合起来，实现两部门的平衡增长。一些发展中国家在实际执行过程中遇到最大问题就是由于国家的财政资源有限而无法做到在各种工业部门进行普遍投资。针对均衡增长理论与实施过程中的问题，提出了非均衡增长的思想。认为发展中国家在推进工业化的初期阶段，应利用有限的资源集中精力建立少数几个工业部门，而不是对各类工业部门进行全面投资。

(四)二元经济与工业化理论

二元经济理论。以新古典经济学为基础，建立起发展中国家的“劳动力无限供给条件下的经济发展”模型。表面上是一个劳动力由农村转移到城市的劳动力转移模型，实质上是一个非常典型的工业化模型，即这是一个农业资源特别是劳动力资源不断地由农村农业部门向城市工业部门转移，最终推动工业部门不断膨胀，工业化程度不断提高，进而带动国家经济增长的宏观模型。因此，这一理论也称为一种工业化理论。

---

① H. 钱纳里，S. 鲁宾逊，M. 赛尔奎因：《工业化和经济增长的比较研究》，上海三联书店，1989 年中文版.

(五)经济起飞与工业化理论

经济起飞理论是由罗斯托创立的,并没有专门地、有意识地去建立经济起飞的理论,而是将经济起飞作为划分人类社会经济发展阶段中的一个阶段提出来的。人们往往习惯于称为经济起飞理论。起飞阶段意味着近代工业化的开始,从此以后,工业化进入持续推进的阶段,食品、饮料、烟草等工业得到发展,此后工业发展重点则是纺织工业,带动工业化的进一步推进。向成熟阶段推进是指向技术成熟推进,经济结构上表现出重工业和制造工业高度发达的特点,农业劳动力所占比重由起飞时的40%降到结束时的20%,这实质上是一个进一步的工业化阶段。高额群众消费阶段自然是工业化过程的一部分,且工业化程度已经很高了,工业生产的目的主要是为大众提供高档次的耐用消费品,其中汽车工业是主导产业。追求生活质量阶段将人们带入了后工业社会,工业化过程完成。从很大程度上讲,罗斯托的"六阶段理论"是对工业化进程的一种概括,是一种工业化理论,特别是其中有关经济起飞的分析更是与工业化分析密切相关的。

(六)依附论与工业化理论

该理论基础在于初级产品的贸易条件必然会长期恶化。不公平的贸易条件使"外围"长期依附于"中心"而存在和缓慢发展。所以,发展中国家要搞工业化就必须首先摆脱自己对"中心"的依赖,自力更生地发展自己的工业化。

二、工业化发展模式

(一)按经济制度和运行机制等因素划分的工业化发展模式

1. 资本主义自由工业化模式　其典型代表是英国。英国是工业化的先驱,其工业化的开端是英国工业革命,从18世纪30年代到19世纪中期机器大工业代替了原来的工场手工业,并在国民经济中逐渐取得统治地位,使资本主义生产方式建立起自己的物质基础。英国工业化特点:①在特定的历史环境中,一系列有利因素凑在了一起,促使工业化自发地(或自主地)发展起来。这些有利因素主要是:农业、商业的发展,资产阶级革命的成功,资本原始积累的完成,工场手工业的发达,科学技术的发展;②追求利润是一切经济活动的主要目的,市场竞争机制对要素资源进行配置;③投资方向和规模受利润的引导和制约。

2. 资本主义不完全市场经济模式　工业化起步较晚的国家,以日本为代表。二次大战以后兴起的发展中国家基本上都属于这种类型。由于这些国家走的是资本主义工业化的道路,在经济基础、上层建筑等方面的基本体制和早期资本主义工业化国家并无本质区别,但由于所处时代内外环境发生了巨大变化,工业化道路具有明显的特点:①政府干预经济的作用大大加强。政府干预有两种形式,一是通过立法而进行体制改革,消除封建羁绊,使现有的市场力量释放出来,为资本主义工业化创造有利的环境;二是国家直接干预经济增长过程,即国家不只是调节市场的力量,而且本身就起着代替市场的作用。靠这第二种干预发展起来的工业化被视为被迫型的工业化。如日本就是这样。②市场机制不完全,打破了市场机制对投资规模、方向、速度的制约。③资本形成主要采取由政府无偿征收赋税(尤其是农业税)的形式直接转化为资本。④政府的投资优先发展重工业,受市场机制调节的私营企业仍然采取从棉纺织工业起步，由轻工业到重工业的古典顺序。

3. 社会主义中央计划经济模式　这是一种高度集中、行政直接指导经济活动，高积累、高速度，优先发展重工业的工业化模式。这种模式的产生和无产阶级对在不发达条件下建设社会主义缺乏理论准备，“急于求成、盲目求纯”的主观指导方针有关，也和红色政权面临外国武装干涉和颠覆威胁的客观形势有关。前苏联最先采用，东欧和中国等社会主义国家相继效尤。其特点主要有：①建立在公有制基础之上。一般首先采取国有化、集体化形式消灭私有制，形成国营经济和合作社经济。②同资本主义的市场经济不同，社会主义是计划经济，国家既作为上层建筑发挥经济职能，又作为经济实体（全民所有制）发挥经济职能。形式上存在的市场丧失了原先的意义，企业变成被动的执行者，价格和利润成为政府进行经济管理的计算工具和积累手段。③在中央政府的指令性计划约束下，高积累、高速度建立以重工业为核心的工业体系。④轻工业和农业落后，消费品严重不足，物价和工资扭曲、冻结，用票证、配给制度使供求平衡。⑤表面充分就业，但存在大量潜在失业人口，劳动生产率和经济效益低。

4. 社会主义市场经济模式　社会主义市场经济模式以中国改革后建立的模式为代表，但还不完善，目前正在试行中，有许多问题尚在摸索和探讨。这种工业化模式的特点：①国营工业起主导作用，在国家政策和计划指导下，实行国家、集体、个人一起上，坚持发展多种经济成分和多种经营方式。②正确而又充分地发挥价值规律的作用，对重要经济活动采取指令性计划；对大量的经济活动采取指导性计划，主要用价格、税收等经济杠杆，根据市场需要进行调节。③工业和农业协调发展，工业积极为农业服务，工业为农业和农村服务的比重加大。④在提高经济效益的前提下，争取有较快的增长速度。⑤积极发展乡镇工业和小城镇，这是农村人口向城镇人口转移的主要途径。

（二）按工业化过程中主导产业的选择划分的工业化发展模式

1. 消费品导向工业化　以英、美、法、日等国的工业化为典型，这种类型的工业化大致分三个阶段。第一，消费品工业占优势的阶段；第二，投资品工业的相对增加阶段；第三，投资品工业与消费品工业基本持平，且投资品工业渐占优势的阶段。该模式具有以下优点：①资源配置相对合理。所谓消费品导向，说到底就是市场导向。市场的盲目性尽管会导致经济的周期波动，但从工业化的整个过程来看，其资源配置是较合理的，工业经济效率也较高。②资本积累与保证消费水平两者之间的矛盾易于调整，且随着工业化的进展，积累与消费之间的矛盾愈益缓和。③能较好地保持部门结构的动态协调，能为进入工业化创造最有利的条件。

2. 投资品导向的工业化　这是作为落后国家的一种工业化战略出现的，是由政府发动和组织的。例如，“十月革命”前俄国虽然经历了早期工业化，但除在铁路方面取得较大进展外，基本上没有形成自己的机器制造业。“十月革命”之后前苏联的工业化运动是从重工业开始的，重工业或投资品工业始终在国民经济中占据绝对优势地位。中国从20世纪50年代初开始的大规模经济建设也是仿效前苏联模式，从优先发展重工业或投资品工业，直到80年代初，消费品工业或轻工业才受到应有的重视，并获得了迅速增长。印度从20世纪50年代初开始声势赫然的工业化运动，其政府经济计划的最突出特征就是极为重视重工业，此后经过30余年，重工业在印度经济中占据了压倒一切的地位。投资品导向工业化的最大长处，就是能在不太长的时期内迅速建立起本国的工业基础；国内工业和农业的生产技术也能迅速得以提高。迅速重工业化还带来了国民经济的高速增长；并且确实能提高后起国的国际军事和政治地位。

其缺点是:①易造成部门结构的严重不合理;②投资品工业的发展往往以牺牲广大居民的消费为代价;③由于结构不合理,市场发育不完善,造成经济效率普遍不高,国民经济的进一步发展遇到重重困难;④就业容量大的消费品工业发展不足,不利于解决发展中国家大量剩余劳力的问题,不能很好地发挥劳动力优势。

必须指出的是,任何国家处在任何历史环境进行工业化,都不可能有固定的模式可循。国家工业化是一个十分复杂的过程,必须根据每个国家的国情,开拓出有特色的成功之路。中国自改革开放以来,在工业化方面做了许多有益的探索。基本上已形成了一条"乡镇企业—工业化—城镇化"的工业化和城镇化模式,取得巨大成功。

第三节　发展中国家的工业化发展战略

一、工业发展中的问题及条件

研究工业发展,除了人力与人才、资金与资源以及技术条件等这些基本的发展要素以外,还必然涉及以下一系列基本问题:①规模。主要是反映投资的规模和产品的品种与产量。规模的大小和实力的大小是成正比例的。②结构。包括工业产品结构、部门结构、就业结构、技术结构和企业组织规模结构等。在规模一定的条件下,不同的结构会产生不同的效益。③速度。指一定时期内工业生产增长的速度。没有一定的速度,就无法实现既定的发展目标。不能保证一定积累和消费水平的速度以及缺乏持续性的速度,都不是所要求的速度。④产品质量。质量虽是微观经济中着重考察的问题,但他具有战略意义。"一个国家产品质量的好坏,从一个侧面反映了全民族的素质[①]。"没有产品质量就没有效益,也就不能发展。⑤技术创新。在新技术革命蓬勃发展和知识经济已经兴起的形势下,不断实现技术创新,对于工业部门来说,是实现发展目标的一个基本对策。⑥布局。工业经济在空间上合理分布,就是布局问题。没有合理布局,就没有效益特别是宏观效益。所以合理布局也是实现发展目标的基本对策之一。⑦环境保护。环境污染,主要是工业发展的产物。工业污染危及环境,最后还会危及工业本身。所以研究工业发展必须把环境保护放在重要地位。优质的环境是工业发展所追求的目标之一。⑧部门关系。工业和农业之间、工业和商业之间、工业和交通运输业之间、工业和教育部门之间等,都存在着内在联系。建立一种什么样的相互联系,将促进或者妨碍工业本身的发展,实际上是一个决定工业发展状况的宏观结构问题。⑨体制。它是生产关系的外在形式,它通过经济管理权限、责任和利益的合理配置而配置生产要素,所以,体制的优劣将影响到布局、结构、规模、环境和效益等各方面。体制的不断完善是实现战略目标的决定性环节之一。⑩效益和竞争力。效益包括经济效益、环境效益和社会效益。效益和竞争力互为因果,由于竞争力强以致各种效益大;同样,由于效益大而能增强竞争力。所以效益和竞争力是战略目标所追求的重要指标和基本对策。上述各项是制订工业发展战略规划必须进行深入地科学研究的问题。总之,研究工业发展离不开对这些基本问题的研究。

工业发展战略是指工业部门发展中有关全局性长远性重大问题的谋划。它是一个工业发

① 《中国共产党第十三次全国代表大会文件汇编》,人民出版社,1987年版,第33页.

展的战略方针、目标、重点、阶段和对策等的决策体系。

要制订出一个科学的工业发展战略规划必须具备以下条件:第一,对工业部门的基本情况,如实力、水平、历史经验、发展潜力等要进行周密的调查;第二,对工业经济的发展规律必须进行深入的探索,如分工协作的规律性,规模结构的规律性,地区布局的规律性和投资效益的规律性等;第三,世界工业技术、工业经济、工业管理的发展趋势及其相关的理论等。

在工业发展战略规划中,应该以5年为期向前滚动。在滚动过程中,对原先规定的被实践证明是不正确的要求应及时进行调整,以便使工业的发展始终处于科学的战略规划的指导之下。

二、工业化发展战略

(一)发达国家的工业化发展战略

中国著名经济学家张培刚曾经将工业化过程划分为两大类,即“演进型”的工业化和“革命型”的工业化,即为由个人或私人发动的一种平和的演进式和政府发动的或由政府与私人共同发动的“革命型”的工业化[①]。

从具有“演进型”特征的工业化战略过程来看,主要表现出以下几个基本特点:①工业化的发动主体是个人及其所创办的私人企业,工业化的目的在于提高生产效率;②工业化的调节主体是市场机制,其发展速度、产业进化、产品选择、技术及其他要素配置等都是通过市场机制的运作而实现的;③由于这种类型的工业化过程主要是由一种客观规律引导的自然过程,表现出渐进、和谐和无冲突等特点;④生产技术创新与企业家精神是推进这类国家工业化不断发展的最重要的动力;⑤这类国家的工业化一般起步于发展消费品工业特别是纺织工业,然后再逐渐地向发展重工业化推进;⑥将国内市场与国际市场的需求综合起来考虑,工业化具有较强的开放性。

(二)发展中国家的工业化战略

由于历史原因,发展中国家大多在发达国家的殖民统治下形成了一种为发达国家提供初级农、矿产品,使发达国家的工业发展并获取较高的经济利益。二战后,发展中国家纷纷获得了独立,摆脱了殖民主义的统治并迅速地走上了各自独立的工业化道路。

在这种特殊的历史条件下,发展中国家工业化初期所面临的问题是:政治制度及管理体制很不稳定,社会矛盾与冲突较大,经济结构层次很低,市场机制很不完善,生产技术条件很差,劳动力素质不高,如果这些国家也像发达的工业化国家那样采取“演进型”的工业化战略,肯定是很难在比较短的时期内奏效的,并且有可能失败。鉴于发展中国家的具体情况及所处的历史环境,相当多数的发展经济学家主张发展中国家的工业化应采用“革命型”战略,或者说应该通过国家干预的途径实现工业化,而不是重复发达国家的战略模式。有些发展经济学家还专门为一些发展中国家的政府制定了具体的工业化战略,从理论上指导发展中国家的工业化实践。

以上这些看法,不论是经济学家,还是政治家都具有很高的认同感。但政府应如何干预国

---

① 张培刚:《农业国工业化问题》,湖南人民出版社,1991年版.

家的工业化进程，在实施工业化计划的过程中，国家的发展战略应做哪些安排和调整等问题都是需要做出具体回答与解释的。具有不同自然资源禀赋及社会、经济和文化发展特征的不同国家的政府，根据发展经济家提出的不同理论及其政策含义，结合本国的实际情况，在二战后都选择了各自的工业化道路。尽管这些道路五花八门，各不相同，但其中至少3条道路具有很强的代表性，可作为发展中国家的工业化战略模式。

1. 巴西战略模式　典型的进口替代工业化模式，即以国内制成品取代进口消费品以供给国内市场的工业化模式。这种模式在很多发展中国家得到了充分体现，特别是在拉丁美洲国家。但由于在巴西实施相对较早，也比较典型，人们习惯上就把进口替代的工业化模式称为巴西模式。

巴西模式建立的理论基础主要源于依附论者的工业化理论。他的相应的政策要点在于保护国内幼小工业的发展。主要保护办法是实行关税保护、外汇配给以限制进口，同时以较高的外汇汇率限制进口。尽管进口替代的工业化政策并不排斥外资的注入，但在强大的保护主义势力影响下，外资对这些国家的注入并不多，对他们工业发展的影响不大，至少在初期是这样的。国内工业发展所需资金主要来自于国内金融资本，因为国家在金融政策上是支持国内新生工业的，利率很低，有时甚至是负利率。

很明显，在进口替代工业化过程中，政府的干预力量是很强的，如果按照张培刚的分类方法，这是一种标准的由政府发动的工业化模式。但对于大多数国家而言，国家直接经营工业的比重并不大，而是以扶持私人经营为主，从而形成了一种建立在政府宏观调控下的政府与私人经营相结合的混合经济体制。从发展中国家实施巴西模式的结果来看，积极作用自然是很明显的，也是很大的。使这些国家在不长的时期内迅速地建立起了自己独立的制造业体系，将国内工业品特别是消费品市场供给建立在了自己生产的基础上。但同时也带来了一些副作用，主要表现在如果长期推行这种政策，容易对某些工业部门的低效率起保护作用；还容易在关税保护、外汇配给等政策执行过程中产生腐败现象，形成特权阶层；在这一政策执行的后期，外资的注入也引起了跨国公司、政府与本国私人企业之间利益上的矛盾与冲突；这种战略也不利于产品出口，进入国际市场，不利于收入分配的公平性……。

2. 韩国战略模式　出口导向型的工业化模式，即将争取出口作为经济增长与工业化的带动力量而在政府政策中予以充分重视。如果说进口替代的工业化模式是一种内向型的工业化模式的话，这就是一种外向型的工业化模式。在20世纪60年代，大多数发展中国家实施进口替代的工业化战略时，亚洲"四小龙"特别是韩国通过实施出口导向的工业化战略而迅速崛起，无疑是创造了一大经济奇迹。所以，人们习惯于称这种工业化模式为韩国模式。

韩国模式的主要特点是将本国的经济活动与世界经济活动衔接起来，以求建立一种与世界经济体系相一致的开放的一体化经济。为了实现这一目标，政府对经济活动实行了相当程度的干预。干预办法主要包括：培植大型企业，以求降低成本，提高在国际市场上的竞争能力；适当调低汇率，与世界市场接轨；充分利用外资；对出口实行补贴，鼓励。经过不到30年的努力，韩国基本完成了出口导向型工业化的战略任务，其他几个小国（如新加坡、马来西亚、厄瓜多尔、委内瑞拉等）和地区（中国台湾省、香港特区）通过实施这一战略也都取得了比较好的效果。现在，更多的国家开始增加制成品的出口，其中有一些就是逐步地向外向型工业化模式转化。但问题在于，大国能否在这方面取得像小国那样的绩效，还是有待进一步研究的问题。

3. 印度模式　不同于以上两种模式的特殊模式，它强调发展国内的资本品部门，而不是消费品;这种资本品主要是为满足国内的需要,而不是为了出口。这种模式的要点:①国家投资建立大型企业,因为中小企业主很难投资建立资本品生产企业,而且在市场预期不清楚的情况下也不愿意那样做;②集中力量优先发展资本品而不是消费品;③投资主要来自本国的资金积累,对于外资的利用较少。这是一种封闭型的工业化战略,因为印度对国际市场前景一直持不乐观态度,并且担心别国控制自己的经济命脉。受这种思想的影响,印度对进口长期以来都是通过配额而实行限制的。在国内,政府也不鼓励中小企业的发展,相反,对他们设置了种种障碍,如工业投资许可证制、价格管制等。20 世纪 80 年代中期以来,印度的工业化战略有了一些变化,主要是降低国有部门的比重,鼓励私人企业发展;许可证制度改革(简化手续或干脆取消);刺激出口,试图从封闭型的以资本品生产为基础的工业化模式转向出口导向型工业化模式。

基思·格里芬曾经用 8 个指标(工业产出增长、增长的稳定性、工业出口的增长、资本品工业的发展、工业生产效率、就业机会创造、平等程度、人均收入增长)对以上三种工业化模式进行比较粗略的评价,其结论是:韩国模式在 8 项中有 6 项第一,算得上是最优的工业化模式;印度模式在 8 项中有 5 项排最后,可谓最差的模式;巴西模式位居两者之间。

三、发展中国家工业化过程中需关注的关键问题

第一,采取措施克服工业化过程中的一些障碍。无论是进口替代,还是输出鼓励,在工业化过程中一般都遇到一些障碍。这些障碍以及克服的措施主要是:①缺乏金融市场,厂商难以通过发行股票或债券去取得资金,克服这方面的困难,要依靠政府的力量。政府可以直接建立有关的金融体系,也可以发动民间力量进行集资。②缺少熟练劳动和中等水平人才(如簿记员、工程师助理等),引起工业生产率不高。针对这种情况,政府可以改变其教育政策,如奖励花费较小而收益较快的在职训练等。③缺少企业家精神和企业管理能力,造成企业经济效益不高。克服这个障碍,不能依靠外国,虽然借鉴和适当引进是可以的,但发展中国家应主要依靠自己的力量,由政府对企业发展提供刺激,对中小型企业主和企业管理人员定出特别训练计划,对涉及公共福利而私人无意经营的企业,由国家创建。④缺少电力供应,引起开工不足。因为火力发电往往需要进口设备,成本也较高。大规模水力发电能提供较低成本的电力,但建设起来需要较长的时间和较大的投资,还可能需要相当数量的进口设备。目前有些发展中国家已由世界银行等国际信贷组织以比较优惠的条件得到借款来进口发电设备,这种方法可以仿效。⑤缺少对出口制造品的刺激,厂商对生产出口产品的积极性不高。针对这种情况,政府应采取一些加强刺激制造品出口的措施,如为出口厂商提供流动资金以弥补发货与收款时间空隙中所需资金;举办出口信息保险以减轻风险;提供厂商自己难以判定的市场信息;参加国际贸易博览会以扩大宣传并了解海外行情;培养合格的商务参赞;给予出口补助及其他经济刺激;纠正外汇率定值偏高的现象等。

第二,酌情安排工业化次序。一般认为首先应从食品加工和纺织成衣业开始,逐步扩大到一般轻工业、中间产品生产,然后再到资本密集产品的生产。现在,发展经济学家认为,应当根据各国的具体情况而定。①在拥有大量矿物和石油储藏的国家,可以在早期发展阶段就建立大规模的冶炼工业,但由于缺乏熟练工人和管理人才以及动员大量国内储蓄的能力,往往需要国外资本与技术援助。②在工业化早期也可以发展一些耐用消费品的生产。因为这些产品是劳动密集的,又是以当地原料为基础的。③如果采取以出口为主的发展战略,建立本地原材料

加工工业以及装配工业，在国内市场尚未具有较大规模之前，也可以先发展这两类工业。④采取进口替代发展战略的国家，可用关税保护以及其他刺激办法变更工业化的顺序，提前建立尚未具有国际市场竞争力的较大规模的工业。

第三，根据不同情况确定采取“进口替代”或“以出口为主”的工业化的发展战略。产品多样化、减少进口依赖。进口替代工业化，是一种有计划地用国内产品去替代进口货物的发展战略。通过进口替代，国内产品可以多样化并减少对进口工业品的依赖，从而将改善贸易条件不利的地位。发展经济学家认为，贸易条件处于不利地位的国家，可以采取进口替代工业化的发展战略。这样不仅能改善贸易条件的不利，又能积极地促进经济的快速增长，因为工业的增长率一方面决定于国内的需求水平，另一方面也决定于替代进口的能力。如该战略行不通的国家，可以采取出口为主推动工业发展的战略。尽管可能受到发达国家关税、限制的阻碍，容易造成对发达国家的依赖，但这种战略还是有可取之处的。

第四，注意采用中间技术。曾经采取过以引进稀缺而昂贵的先进技术来代替国内丰富而廉价的劳动力的工业发展政策，其结果，生产不能反映劳动的比较利益而成本较高，同时又使过剩的劳动力更加过剩。因此，发展中国家不应像发达国家那样在工业中追求资本密集的尖端技术，而应根据发展中国家自身的特点(资本稀缺而劳动力充裕)在生产中采用劳动密集的中间技术或适宜技术。采用中间技术可以发挥劳动的比较利益，可以较多地增加就业机会，可以便于管理和维修，可以广泛地适用于建筑材料、服装、家用物品、农业装备和工具以及粮食加工等各类工业，而这些工业是和广大人民的基本需要密切相关的。

四、中国工业发展

中国直到 19 世纪中叶以后，由于“洋务运动”和随后民族工业的发展，才开始有了近代工业。到抗日战争以前，现代工业仅占国民经济总产值的 10%，农业和手工业占 90%，生产资料生产产值只占工业总产值的 28%，其中机器制造业在工业总产值中只占 22%。新中国成立之时，现代工业总产值只占工农业总产值的 17%。钢产量只有 158 万吨，煤产量只有 3 200 多万吨，都不及历史最高的年产量。

中国工业化的步伐是新中国建立后开始迈出的。在一个落后的农业国里实现工业化应该走什么样的道路，这主要是由毛泽东提出的。他说：“工业化的道路问题，主要是指重工业、轻工业和农业的发展关系问题。中国的经济建设是以重工业为中心，这一点必须肯定。但是同时必须充分注意发展农业和轻工业。”“农业和轻工业发展了，重工业有了市场，有了资金，它就会更快地发展。这样，看起来工业化的速度似乎慢一些，但是实际上不会慢，或者反而可能快一些”。[①] 还说：“重工业是中国建设的重点。必须优先发展生产资料的生产，这是已经定了的。但决不可以因此忽视生活资料尤其是粮食的生产。如果没有足够的粮食和其他生活必需品，首先就不能养活工人，还谈什么发展重工业。所以，重工业和轻工业、农业的关系，必须处理好”。“我们现在发展重工业可以有两种办法，一种是少发展一些农业、轻工业；另一种是多发展一些农业、轻工业。从长远的观点来看，前一种办法会使重工业发展得少些和慢些，至少基础不那么稳固，几十年后算总账是划不来的。后一种办法会使重工业发展得多些和快些，而

① 《毛泽东著作选读》下册. 人民出版社，1986 年版，第 796～797 页.

且由于保障了人民生活的需要,会使它发展的基础更加稳固"[①]。

由上述可知,中国的工业化道路问题包括三个要点:①中国必须建设起自己的重工业。由于 20 世纪 50 年代受前苏联经验与理论的影响,当时过分强调了"优先发展重工业";②就工业和农业的关系而言,不能削弱农业而且还要加强农业来促进工业化的发展;③就工业内部轻、重工业的关系而言,不能削弱而要加强轻工业来促进重工业的发展。上述②、③两项,实际上是在总结了第一个五年计划的部分经验以后,对前苏联经验的纠正,具有走中国自己的工业化道路的特点。但是,理论上的初步明确,未必能抵制得住实践中的惯性。事实上,实际工作中的片面优先发展重工业的做法,代替了以农、轻、重为序组织国民经济的正确的工业化道路。在 20 世纪 70 年代末开始的国民经济的调整或产业结构的调整,基本的要求就是恢复中国以农、轻、重为序来组织国民经济的工业化战略。到 20 世纪 80 年代中期为止,中国农、轻、重的比例关系已趋向协调。农业在工农业总产值的比例由 1978 年的 24.8%上升到 1986 年的 26.4%;轻工业由 1978 年的 32.5%上升到 1986 年的 35.1%;重工业则由 1978 年的 42.7%下降到 1986 年的 38.5%。由于农业和轻工业在国民经济中的比重增大了,重工业发展的基础就更稳固了,重工业也就可以发展得更顺利些,国家工业化战略目标也就可能更快的实现。

中国工业发展的战略目标,是在充分利用现有工业基础和多种有利条件的基础上,提高资源利用率、生产效率和产品竞争力,加快工业化和工业现代化进程。预计 1996—2050 年,55 年间平均年递增率为 7%,总量达到约 50 万亿元(1995 年不变价),工业产值和主要产品产量居世界第一位,争取成为世界制造业中心。中国工业如果实现了现代化,那就可以带动国民经济各部门实现现代化,从而将使整个社会生活发生大变化、大改观。

第四节 城市化与小城镇发展

一、城市及城市发展

世界上最早的城市出现于约旦河注入死海北岸的古里乔,距今已 9 000 年左右。中国最早的城市出现于河南省登封告城镇附近,距今约 4 000 年[②]。以后随着古代经济特别是近代资本主义经济的发展,再加上社会主义建设的推进,在世界各地一次又一次城市化浪潮的出现,使今天世界上已有将近一半的人口居住在城市里。

城市是一个国家或地区的经济、科学、文化或政治的中心,是物质文明和精神文明的荟萃之地。现代城市是社会财富的主要生产场所,是推进科学技术进步和社会发展的基地。一般来说,一个国家的城市化程度越高,表明他的工业化程度和文明程度越高。

城市对于整个经济社会发展的推动作用,在于它具有吸引和辐射两方面的功能。城市吸引进去的是原料、资金、零散的信息和未经训练的人员,而从城市辐射出去的则是成品、系统的信息、熟练的劳动力和经过训练的人才。这样,一个城市在它的辐射圈内就必然具有推动经济、社会进步的功能。乡村的吸引和辐射的功能,大体是按照和城市相反的方向发挥的,乡村

① 《毛泽东著作选读》下册. 人民出版社,1986 年版,第 722~723 页.

② 朱铁臻:《城市发展研究》. 中国统计出版社,1997 年版,第 5~6 页.

在同城市的长期结构中将逐渐城市化。

城市发展是区域发展的重心，它是指区域内城市发展和城市本身发展中有着全局性、长远性、关键性问题的谋划。城市发展可以从宏观和微观两方面来考察。

从宏观来说，是考察一个地区直至一个国家范围的城市发展问题，即城市化、城市布局、城镇体系、城市规模和发挥中心城市作用问题；从微观来说，是考察一个城市本身的建设和发展问题。不过，城市化的概念是超越上述的两个方面的，它实质上更包括城市文明在整个社会的发展，即从质的角度来看，城市化即是农村不断被城市"同化"的过程，即城市的先进生产力、现代文明不断向农村传播与扩散，最终达到城乡共享。它是在量的规定的基础上演变的，即农村的地域不断转化为城市地域，表现为城市地域的扩大和城市数量的增加，到一定程度转变为"同化"过程。如果以质的标准来划分城市化的阶段，则分为：

(1)起步阶段：城乡对立，限制劳动力流动；二元结构、城市化缓慢。

(2)快速发展阶段：城乡联系，劳力单向流动；快速增长，地域扩大和城市数量以及城市人口上升。

(3)基本实现阶段：城乡融合，劳力双向流动，"同化"过程加快。

(4)完全实现阶段：城乡差别完全消失，城乡一体化。

城市化的质与量变化中的关系可以表现为表 11-1。该表格可以对以下问题进行解释：在发达国家以量的标准来衡量城市化水平，可能并没有达到 100%，但是他们已经不再提及城市化发展战略，而只是提及城市发展。主要的原因就在于其城市文明普及率已经达到 100%。此外，城市化快速发展进程并不能消除以农业生产、田园风光为主要特征的农村地域的存在，当以量的标准衡量城市化水平已经到一定程度之后，就没有必要再提出城市化的发展战略，因为城乡"同化"过程已经完成。无论是生活质量还是生产方式，城市、乡村都没有本质上的差异，只在表现形式的不同。

表 11-1　城市化水平与城市文明普及率之间的关系　%

城市化水平	城市文明普及率
30 以下	30 以下
50	70
70	100

(一)区域内的城市发展

研究和制订宏观的城市发展战略规划，应考虑以下几方面的问题：

1. 规划城市化的进程　一个国家的城市化发展，既是一个自然历史过程，也是人们自觉规划的产物。城市化的进程既是以社会经济、文化发展特别是农业劳动生产率的提高为基础，反过来它又促进了社会经济、文化的发展。所以城市的设置和建设应该是有规划的。目前中国城市化已进入中期发展阶段。1978 年，中国城镇人口比重只有 17.92%。到 1996 年，这一比重上升到 30.48%。自此中国城镇化开始进入快速发展时期。到 2006 年，城镇人口比重上升到 43.9%。至 2008 年底，全国城镇人口比重已上升到 45.68%。根据国家统计局最新公布的初步统计结果，2008 年中国城镇人口 60 667 万人，比 2007 年增加了 1 288 万人，城镇人口比重 45.68%，比 2007 年提高了 0.74 个百分点。特大城市占城市总数的 8.85%，大城市占

12.52%，中等城市和小城市各占35.42%和43.21%。人口100万及以上的城市58座，占城市总数8.85%，人口50万～100万的城市82座，比重为32%，小城镇人口为8 581万人，比重为31.85%。按照目前中国城市化速度，据专家预测，到2020年，中国将有50%的人口居住在城市，2050年则有75%的人口居住在城市，即城市化率达到50%及以上。但和世界各国比较，中国的城市化仍处于较低水平。根据联合国“世界城市化前景”数据库，2000年世界的城市化比例为47%。[①] 其中高收入国家为77%，中等收入国家为50%，低收入国家为31%。

2. 城市的合理布局　在一个或大或小的区域内，总必须有一定数量的城市来带动整个区域的发展。不能把城市密布在一个区域或地带，而使另一区域或地带没有城市或城市过于稀疏。城市的布局固然是以经济发展为基础的，经济发展不平衡，决定城市布局的不平衡，但也不是不能自觉加以调整的。中国目前的城市布局很不平衡，其地带差异比较大，具体见表11-2。

表11-2　中国城市化水平的地带差异[②]

地区	城市个数	城市相对密度（个/百万人）	城市化水平(%)	城市平均经济规模(亿元/个)	城市平均人均GDP(元/人)
东部地区	278	0.58	33.8	72.99	13 681
中部地区	231	0.55	27.1	32.43	7 120
西部地区	113	0.42	24.2	32.06	6 203
全国合计	622	0.52	29.0	50.37	10 150

3. 城市规模结构的合理化　相对来说，城市有大、中、小之分，不同规模的城市在功能上有一个相互补充的配套关系。所以就一个国家或区域来说，城市群体内有一个规模结构的合理化问题。而且就个体而言，一个城市的规模也有一个相对合理的界限，既不是越小越好，也不是越大越好。当代，国内外都出现了大城市化的趋势，中国近些年热衷于发展综合性多功能的城市，忽视一业为主的单功能城市的建设，以致城市规模日趋膨胀，中等城市发展受阻，小城市减少。农村集镇也一度衰落，只是最近随着乡镇企业的发展才又趋兴旺。中国从1953—1978年，百万以上人口的特大城市，由9个增加到29个，已超过苏、美、日三国之和。京、津、沪、穗、沈、宁、渝等16个特大城市，1979年人口已达3 496万，占全国城市人口的41%。改革开放以后，中国城市规模结构的变化呈现出新特点：小城市增长迅速，特大城市与中等城市次之，20万～50万人口城市增长相对较慢。1978—1994年，小城市个数增长33.3倍；特大城市和中等城市比重有所下降，但绝对数仍然分别增长3.15倍和1.6倍；50万～100万人口的大城市是发展最慢的等级，绝对个数增长3.7%，所占比重大幅度下降。1978年以后建制镇迅速增长，1995年达到17 000个，比1978年的2 660个增长5.4倍，成为中国城市化进程迅速推进的重要力量[③]。所以中国的城市发展方针是：“控制大城市规模，合理发展中等城市，积极发展小城市。”

---

① 2009年世界发展报告：重塑世界经济地理，清华大学出版社，2009年版，第55页.

② 叶裕民：《1996—2050年中国区域经济发展和城市化战略》，李成勋主编：《1996—2050年中国经济社会发展战略》，北京出版社，1997年版，第549页.

③ 叶裕民：《1996—2050年中国区域经济发展和城市化战略》，李成勋主编：《1996—2050年中国经济社会发展战略》，北京出版社，1997年版，第547页.

4. 以城市为中心形成经济区域 在市场经济中，应发挥城市的作用，特别是要着重发挥大中城市在组织经济方面的作用，并应以比较发达的城市为中心，带动周围村镇，统一组织生产和流通，逐步形成以城市为依托的各种规模和各种类型的经济区。例如，上海经济区就是以上海这个特大城市为依托的；重庆经济区就是以重庆这个特大城市为依托的。改革开放以后，中国逐步实行市管县体制，实质上也是为了发挥城市的中心作用，促进现代化的进程。在大城市附近设置与之在经济、文化上相配套的若干卫星城市，然后再以这个城市群体为中心，带动周围广大农村，形成一定的经济区域，同样是为了发挥城市在组织经济方面的作用。

（二）城市本身的发展

研究和制订城市本身的发展战略规划，应考虑以下几方面的问题：

1. 明确城市性质定位 一般而言，城市不仅是工业生产基地，而且是贸易中心、金融中心、交通枢纽、信息中心，有些城市还是科学、教育中心。但是每个城市又因其具体条件不同而具有不同的性质和特色。如有的城市依山傍水，风景秀丽，古迹集中，具有旅游价值，就可以确定为旅游城市；又如有的城市煤矿丰富，可用以发电，而成为能源城市；还有的城市接近棉产区，具有纺织加工能力，可以成为棉纺城市等。在制订城市发展战略时，应根据城市的经济、技术和历史、文化发展等情况，首先正确地确定城市性质，否则，城市性质定错了，就一错百错。

城市性质定位，有简单定位，有复合定位，这要由城市的功能和特征来决定。例如，河南省的新郑市，北距郑州 38 千米，是春秋战国时的郑国和韩国的故都，改革开放后，因接受郑州的辐射和本身经济文化的发展而成为县级市，该地盛产大枣，有开发潜力。对新郑市的定位就不能是简单定位，他应为：郑州市的卫星城市、豫中工贸旅游城市、中原枣市。如不采取这种复合定位的方法，就不能反映新郑市的功能和发展要求。

2. 正确确定城、郊关系 郊区不仅是城区的副食品基地，而且在城区的生活及生产循环中居于重要地位；如城区工业垃圾和生活垃圾的处理等，就需要有一定的郊区，而郊区的现代化，又直接依赖于城区的支持。所以城区和郊区的空间比例以及两者之间的联系，是城市发展战略规划中需要加以确定的一个重要问题。

3. 加强城市基础设施建设 基础设施包括交通、供水、排水、供电、供热、通讯以及公共绿地等设施。经济和文化的建设都离不开一定的基础设施。基础设施的有无、大小和优劣等，制约着一个城市的发展。所以，合理规划基础设施并保证基础设施的超前建设，是城市发展的一个战略问题。

4. 保护城市生态环境 城市中工业集中、人口密集，保证城市的生态平衡和防止城市的环境污染就是一个具有战略性的问题。世界上的大多数城市都经历了一个生态失衡和环境质量低劣的阶段。为了保证一个城市的生态平衡和高质量的环境，除了要有处理“三废”的先进设备以外，还应有市区内生产用地和生活用地的合理比例，也要有一个合理的人均绿地标准。据中国 55 个城市调查，生产用地平均占 63％，生活用地只占 37％，低于 1∶1 的通常标准。在生活用地中，道路广场用地每人平均 5 m^2，绿化用地 25 m^2，分别低于《城市规划定额指标暂行规定》中近期定额的要求，即人均道路广场 6～10 m^2，人均绿地 3～5 m^2。这种状况就造成住宅拥挤，交通紧张，环境污染，生活服务设施不足等问题。这些问题都是在制订城市发展战略规划中应予充分考虑的。

5. 注重城市形象塑造 城市形象是指城市（包括集镇）给予公众共同的稳定的综合印象

和观感,是城市性质、功能和文明的外在表现。因此,城市形象是属于文化范畴的东西。城市形象的核心就是城市的气质。良好的城市形象,对城市的居民和客人来说,是一种无偿的艺术享受;对于城市本身来说,是一笔巨大的无形资产。城市形象的优劣影响到人们对城市的认同和评价。由于城市的形象对公众的选择具有相当程度的影响力,因此关系到城市经济和社会的整体发展,在一定程度上决定了城市发展的速度和前景。所以在研究城市发展战略规划时,不能不把城市形象作为一个重要问题来考虑。

城市形象是从城市物质、文化生活中抽象出来的高层次的理念集合,是城市现实生活和市民追求美好未来的意愿的特殊表现形成。城市形象是多侧面形象的综合反映,它包括环境形象、建筑形象、经济形象、文化形象、居民形象、政府形象等。城市形象就是人们从城市多侧面的感受中得出的综合评价,这个综合评价最后可以简单地归结到"好"或"不好"。

塑造城市形象至少有三个层次的要求:①视觉形象,包括城市标志、城市雕塑、建筑群和城市基色;②结构形象,包括城市的主体、支撑点、层次和背景。③理念形象,包括"以人为本"、"天人合一"、"城市精神"和"主体风格"等理念上的追求。也就是说,城市里的一切物质条件都要方便人的生活、工作、学习和交流,使人感到舒适、愉快,并用人的高尚行为来不断优化城市形象;同时,人和自然环境及生态系统要相协调,城市不仅应该有绿色、流水,还应有飞禽,使环境因人而添活力人因环境而长精神;再是城市里的各种建构虽然是物,但要能体现城市人的追求、理想和风尚,也就是要能显示城市人的精神风貌;当然,一个城市建设不应模仿别的城市,而应突出本身个体,展现自己的主体风格。此外,在研制城市发展战略规划时,还就重视调整产业结构、优化公共设施、提高市民素质等,以求不断增强城市功能、改善城市管理和提升城市整体素质,适应知识经济和国际竞争的挑战。

二、小城镇发展

通常把城镇作为城市和集镇的合称,用以和乡村相对。这里所说的城镇既不同于城市又不同于一般乡村。介乎城市和乡村之间的小城镇,也称为集镇。小城镇是乡村的经济、文化和政治中心,是乡村和城市之间以及乡村相互之间的联结点,是农村经济和社会进步的重要载体,是乡村城市化的先行者。

中国政府对建镇标准曾有过几次规定,1984 年又放宽了对建镇标准的规定,其标准是[①]:①凡县级地方国家机关所在地,均应设置镇的建制;②总人口在 2 万以下的乡,乡政府驻地非农业人口超过 2 000 人的,可以建镇;总人口在 2 万以上的乡,乡政府驻地非农业人口占全人口 10%以上的,也可以建镇;③少数民族地区,人口稀少的边远地区、山区和小型工矿区、小港口、风景旅游区、边境口岸等地,非农业人口虽不足 3 000 人,如确有必要,也可以设置镇的建制;④凡具备建镇条件的乡,撤乡建镇后,实行镇管村的体制,暂时不具备设镇条件的集镇,应在乡人民政府中配备专人加以管理。适当放宽建镇标准,实行镇管村体制,对于促进乡村市场经济发展,加速城镇的发展,逐步缩小城乡差别,加强物质文明和精神文明建设,具有十分重要的意义。在政策上,由于放宽建镇标准,目前中国建制镇迅速发展,在促进城乡经济发展中发挥着巨大作用。

---

① 《国务院同意适当放宽建镇标准》,1984 年 11 月 30 日《人民日报》.

中国农村乡镇企业兴起之后，在一些村庄就出现工业小区和连日或隔日的集市，从而脱离农业从事二产三产的人也就日益增多，在有条件的村庄就形成了新兴的小城镇，是农村工业发展的结果。小城镇的发展是全国城市化不可逾越的阶梯，其建设和发展是关系到整个社会发展的全局性问题。

“发展小城镇，是带动农村经济和社会发展的一个大战略”[①]，小城镇已经成为农村经济和社会进步的重要载体。是为了进一步推动小城镇建设，建设部 1994 年制定了“625”试点计划，即在沿海经济发展较快的地区选择了辽宁海城市、山东荣成市、江苏无锡县、浙江绍兴县、福建福清市、广东顺德市 6 个县(市)为乡村城市化试点县(市)；在中部地区选择了京津唐地区和襄樊、南阳地区两个区域性小城镇建设试点；在全国选择了 500 个小城镇作为面上的试点[②]。中共中央、国务院《关于促进小城镇健康发展的若干意见》(中发[2000]11 号)、国家发改委《关于开展全国小城镇发展改革试点工作的通知》(发改办规划[2004]1 452 号)以及《国家发展改革委办公厅关于开展第二批全国小城镇发展改革试点工作的通知》(发改办规划[2007]3 049 号)，布置了第一批、第二批全国小城镇发展改革试点工作。至 2008 年底，全国发展改革试点小城镇有 268 家，占全国 2 万个建制镇的 1%。

在小城镇的发展中，除了上述城市发展和乡村发展中的一般要求同样也适用于小城镇的发展以外，还应特别注意以下几点：

第一，处理好城镇同乡村的关系和城镇同城市的关系。这实质上就是要把握好小城镇在区域总体中的地位。小城镇既是乡村网络中的中心，又是城市网络中的小结点。城市通过小城镇同广大乡村联系，广大乡村通过小城镇同城市联系。小城镇发挥联结城乡的承上启下引导乡村走向现代化、社会化和市场化的道路中发挥巨大作用。在制订小城镇发展战略规划时，突出小城镇作为城乡中介者的地位和作用。它的中介作用发挥得好，宏观经济效益就大；否则宏观经济效益的发挥会受到制约。

第二，严格保护环境。只注重经济效益而不注重环境效益和社会效益，这是一种陈旧的观念和行为。事实上，近几年在乡镇工业及小城镇的大发展中，已经造成了严重的环境污染，如果再不引起重视，将后患无穷。所以，对于小城镇发展来说，保护环境，防止污染，提高环境质量，维持生态平衡，就成为一个战略问题。

第三，鼓励农民进入小城镇。从目前情况来看，大、中城市大量吸引农民进入，将会受到制约，而小城镇则要创造条件吸引农民进入。但现在农民进入小城镇存在缺乏资金，竞争能力薄弱以及受传统观念的排斥等障碍。为此，对进入小城镇经营的农民，应给予优惠贷款，并在政策上保证他们进入小城镇后应有的政治、经济地位，逐步改变人们对“外来户”和“乡下人”的歧视态度等。农民进入小城镇也是提高农民素质的一个重要途径。应该认识到，没有广大农民进入小城镇的过程，就迈不开中国城市化的步伐。

第四，以科技为先导，提高小城镇的建设水平。[③] 在农村开展的星火计划等工作，对促进

① 《中共中央关于农业和农村工作若干问题的决定》.

② 陈共德：《“625 工程”：中国实施乡村城市化计划》，载 1995 年 3 月 30 日《中华工商时报》.

③ 建设部、国家计委、国家体改委、国家科委、农业部、民政部 1994 年 9 月 8 日建村(1994)564 号文件：关于加强小城镇建设的若干意见.

农村科技进步以及小城镇建设发挥了重要作用，应当继续努力。应围绕生态环境保护、抗御自然灾害和新型能源、新型建筑材料利用及方便人民生活等问题，在小城镇建设中积极推广应用一批新技术、新材料。加强小城镇高科技研究、适用技术推广和技术立法工作，继续做好支持和鼓励大中城市科技人员到小城镇工作。组织好小城镇建设急需的规划建设管理人才的培训工作，切实加强小城镇科研队伍的建设。

第五，做好小城镇的规划。小城镇绝大多数就是原来的农村，都是未曾规划过的，布局与道路等都有待重新统一安排。按科学的规划进行建设，不仅方便群众的生产和生活，而且市容将为之一新，城镇形象将大大改善，这就使它具有更大的吸引力，有利于它的发展。但小城镇规划要克服两方面的困难，一是农民的观念一时难以适应城镇规划的要求；二是小城镇都是过渡性的，经过一定时期以后，小城镇就发展成为小城市甚至中等城市，其规模难以定位，规划超前或滞后效果都不好。所以实施小城镇规划既需要有规划技术的力度，又需要有行政的力度。

[案例]中国城乡分割制约城市化

据世界银行预测，到 2020 年，中国市区人口超过 100 万的大城市数量将突破 80 个。中国社会科学院财政与贸易经济研究所最新发布的《中国财政政策报告 2010/2011》指出，“十二五”时期，提升中国的城市化水平，是顺应经济发展趋势，提高人民生活水平的必然要求。

到 2008 年底，中国的城市化率已达到 45.6%，中国的城市人口已达到 6.07 亿人。如果按照 1%的速度增长，到“十二五”期末，中国的城市化率将超过 50%，中国的城市人口将超过农村人口。

报告指出，除了城市人口比重的快速上升，中国的城镇化进程还将向着国际化、群落化、生态化和现代化的方向发展。在“十二五”时期，城镇化对于拉动中国发展还有更为重要的意义，在未来外需增长空间不大的情况下，中国经济增长动力需要转向内需。通过大力发展城镇化，一方面可以进一步加强基础设施建设，扩大国内投资需求，另一方面通过人群集聚，提高服务需求和消费倾向。

报告指出，从现实情况看，中国的城镇化滞后于经济发展阶段的需要。改革开放之后，国民经济的平稳发展有力推动了城市建设，越来越多的农村人口移居大城市和中小城镇。城镇人口占总人口的比重从 1976 年的 15.4%上升到 2008 年的 44.9%，年均增长 1 个百分点。然而受中国城乡分割以及户口制度的约束，这种城镇化尚是一种“伪城镇化”。大量的农村产业工人，虽然居住在城市并被计算为城市人口，但其并不能同等享受到城市的各类公共服务，其收入水平、消费模式无法等同于一般城市人员。

报告指出，目前中国的城镇化更多地表现为一种“伪城镇化”，为此未来政策上重要的是消除这种“伪城市化”，主动吸纳适合到城市居住的农村人口。提升真实的城市化水平，需要将城市基本公共服务覆盖到所有在城市居住工作的人口，尤其是农民工及其子女。

（资料来源：http://www.sina.com.cn. 2010 年 10 月 03 日 21:55　中国新闻网）

【本章结构】

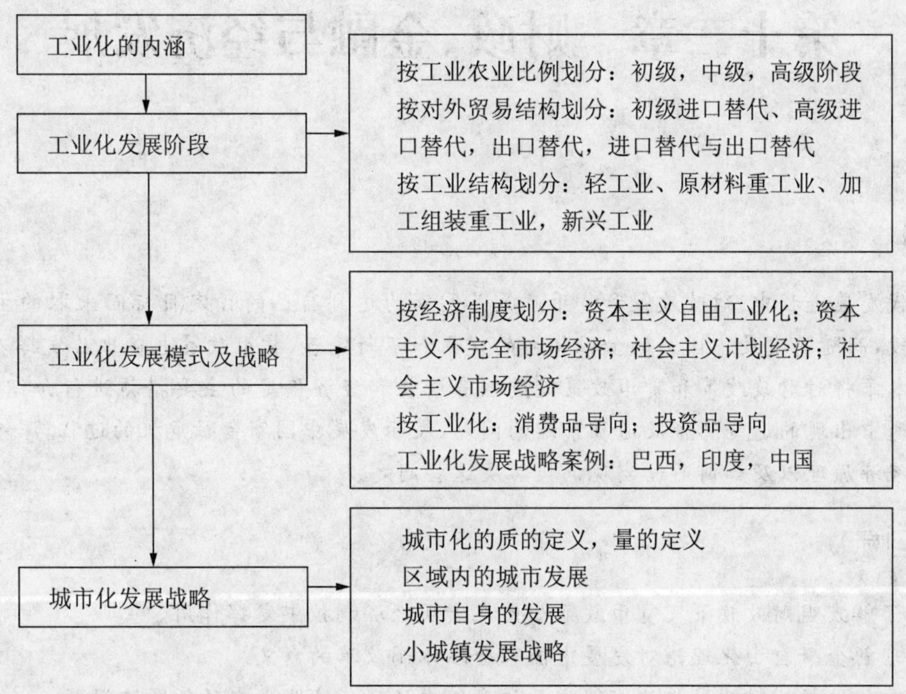

【本章思考题】

1. 请结合工业化内涵及其阶段划分，分析中国现阶段的工业化发展阶段。
2. 城市化的质变与量变之间存在什么关系？
3. 中国的城市化进程具有什么特点？

【参考文献】

[1] H·钱纳里，S·鲁宾逊，M·赛尔奎因. 工业化和经济增长的比较研究. 上海：上海三联书店，1989
[2] 李成勋. 1996—2050 年中国经济社会发展战略. 北京：北京出版社，1997
[3] 林毅夫. 发展战略与经济发展. 北京：北京大学出版社，2004
[4] 张培刚. 农业国工业化问题. 长沙：湖南人民出版社，1991
[5] 朱铁臻. 城市发展研究. 北京：中国统计出版社，1997

第十二章　财政、金融与经济发展

【引言】

现代发展进程中，财政政策和货币政策是国家为达到自己的预定目标而采取的主要宏观调控手段，而随着发展中国家的金融体系的建立和不断完善，货币政策也在日益发挥着调控的作用。本章将对财政政策和货币政策促进经济增长和经济稳定的主要措施进行介绍，并分析货币流通中出现的通货膨胀及通货紧缩的问题，展示发展中国家金融危机的过程，深入探讨其发生的经济原理以及如何通过宏观调控解决这些问题。

【学习目标】

1. 了解宏观财政政策及货币政策如何在宏观经济调控中发挥作用。
2. 理解金融自由化理论对发展中国家金融体制改革的意义。
3. 如何选择宏观政策措施以解决具体案例中的通货膨胀或者通货紧缩问题。
4. 了解发展中国家金融危机发生的原理。

第一节　宏观财政政策

一、财政政策的内涵

财政政策包括政府收入政策和支出政策两个方面。

(一)政府收入政策

政府收入分为税收和公债两个方面。

1. 税收　税收政策是实现经济目标的有力工具之一。在政府收入中，税收占最重要的地位。税收在发达国家中经常占国民生产总值的30%多，甚至50%。

税收可以根据不同标准进行不同的分类。

(1)根据征收对象，税收可以分为三类：财产税、所得税和货物税。财产税是对不动产即房地产所征收的税。遗产税也属财产税类，是对死者留下的财产所征的税。所得税是对个人和公司所征收的税，因而又可以分为个人所得税和公司所得税。所得税在西方国家政府的总税收中占很大的比重，所得税率的变动对社会经济活动会产生重大影响。货物税是对流通中的商品征收税。

(2)根据纳税的方式,税收可以分为两类:直接税和间接税。直接税是直接征收的,也就是由纳税人承担的税,他不能转嫁给最终消费者,所得税、人头税和财产税均为直接税。间接税是间接征收的,纳税人并不真正承担而是转嫁给最终消费者承担的税。例如,营业税、消费税和进口税。

(3)按赋税程度,税收可以分三类:累进税、固定比例税和累退税。累进税是税率随征收对象数量的增加递增的税,即收入越高税率越高。直接税具有累进的性质,所得税都是累进税。累进税的税率是递增的。例如,第一个 500 元收入税率为 10%;第二个 500 元收入税率为 14%;第三个 500 元税率为 20%,直到某一收入水平上为最高税率。

固定比例税是税率不随征收对象数量变化的税,即按固定比率从收入中抽取的税。财产税、营业税和大部分关税等一般属于比例税。

累退税是税率随征收对象数量的增加而递减的税。即是收入越高税率越低,这似乎是不存在的情况,实际上,从穷人收入中抽取的份额高于从富人收入中抽取的份额的税收就具有累退的性质。间接税具有累退的性质。

2. 发展中国家的税收水平与结构　通常情况下,人们用一个国家在一定时期内税收占国内生产总值的比例来衡量其税收水平。一个国家只有增大税收比率,才能扩大投资。

统计资料表明,发展中国家的税收水平普遍低于发达国家,但其有上升的趋势。据世界银行 1983 年统计数字,中央政府收入在国内生产总值中所占的平均份额,1960 年为 14%,1970 年为 18%,到 1980 年达到 24%。从不同收入的发展中国家比较来看,高收入国比低收入国的税收水平要高。据对 1978—1983 年 86 个发展中国家的税收水平统计,平均总税收占国内生产总值的 17.17%,其中人均收入在 350 美元以下的 22 个国家总税收比例为 12.9%,在 1 700 美元以上的 21 个国家总税收比例达 22.75%。从发展中国家与发达国家比较,后者高于前者平均总税收比例,如欧洲地区平均总税收比例是 24.82%,而亚洲地区为 15.02%。

税收水平受收入水平,经济的货币化与开放性,出口与进口比例,收入分配不均程度,工业结构和各种类型经济活动的相对重要地位,社会的、政治的、制度的背景,城市化程度以及税务部门管理与廉洁奉公程度等多因素的影响。其中首要的是人均收入,它与税收水平存在着正比关系。事实上,在大多数国家中,国内税收的很大比例来自首都和大城市,而公共支出的大部分也使用在这些地区。

税收结构,根据发展中国家税收统计资料的分析研究,按其来源分,主要分为所得税、国内商品与劳务税、外贸税和社会保险税、财产税等。他们对国内生产总值的比例和对总税收的比例如表 12-1 所示。

表 12-1　发展中国家税收结构表　%

税种	占国内生产总值的比重	占总税收的比重
所得税	5.5	28.7
国内商品与劳务税	4.8	28.0
外贸税	5.02	30.63
社会保险税	1.15	7.0
财产税	0.4	2.5

数据来源:纽贝里和斯特恩编《发展中国家税收理论》世界银行 1987 年英文版。

3. 发展中国家税收的主要特点　发展中国家税收与发达国家相比较有以下特征：①保税基础相对狭窄。由于发展中国家人均收入低，所以税基相对狭小。因此，发展中国家的直接税源远远低于发达国家。②税收弹性小。税收对收入变化缺乏弹性，收入的增长往往不能使税收有相应的增长。③对间接税有较大的依赖性。由于间接税所具有的优点和大多数发展中国家的工资、薪金占国民收入的比例低，相应限制了直接税的潜力，所以间接税对大多数发展中国家具有较强的吸引力。④税制尚不够完善，普遍存在逃税现象，没有充分利用税收潜力。

[案例]中国的"两税合并"

2007 年 3 月 16 日，为社会各界广泛关注的企业所得税法草案，由中国全国人大常委会第二十五次会议审议通过，《外商投资企业和外国企业所得税法》和《企业所得税暂行条例》同时废止。中国从此结束了自上世纪九十年代以来内外资企业所得税"一税两法"并存的局面，告别了企业所得税"双轨"时代，统一后的内外资企业所得税率将定为 25%。同年 11 月 28 日，国务院总理温家宝主持召开国务院常务会议，审议并原则通过《中华人民共和国企业所得税法实施条例(草案)》。十届全国人大第五次会议通过的《中华人民共和国企业所得税法》于 2008 年 1 月 1 日起施行。新企业所得税法实施后，有三种税率：25%的普通税率；对符合条件的小型微利企业实行 20%的优惠税率；对国家需要重点扶持的高新技术企业实行 15%的优惠税率。

回顾历史，自 1994 年 1 月 1 日起开始施行的内外资企业所得税"双轨制"模式，最原始的出发点是希望能够吸引外资，帮助国内众多需要先进技术和资金支持的企业发展壮大。虽然这一政策在中国经济相对落后的特定时期确实起到了积极的作用，但随着中国市场经济体制的逐步完善以及加入 WTO 后对外资在各个领域市场准入的全面放宽，这种区别对待的不平等政策已由最初的"有助于"国民经济发展，变为"有碍于"经济成长。它既不符合公平公正的竞争原则以及世贸组织的规定，也阻碍内资企业竞争力的提高。

4. 公债　公债是政府的债务，包括中央政府的债务和地方政府的债务。其中，中央政府的债务被叫做国债。公债的形式一般有短期公债、中期公债和长期公债。各种政府债券和记账收据是政府借债的凭据。

(1)短期公债。短期公债是政府通过出售国库券取得的。在美国国库券的期限一般有 3 个月、6 个月和 1 年 3 种，出售时就先付利息，即根据贴现率以低于票面值的价格出售。期限 3 个月和半年的国库券通常每周发行 1 次，期限 1 年的每月发行 1 次。国库券最初是西方国家用来弥补政府支出和税收之间差额的一种权宜手段，后来发展成为政府短期借债的主要形式，现在西方国家发行短期债券不仅为了应付政府支出，而且为调节货币供给。

(2)中期公债。是政府通过发行中期债券取得的。美国的中期公债期限为 1 年以上 5 年以内。

(3)长期公债。是政府通过发行长期债券取得的。长期公债是期限为 5 年以上的公债券。美国的长期公债期限最长的为 40 年。政府债券一般都是免税的。

[案例]260 亿元记账式国债

2007 年 12 月 13 日，中国财政部发行了 2007 年记账式(二十期)国债，实际发行面值金额为 260 亿元，期限 1 年，经投标确定的票面年利率为 3.66%。本期国债为固定利率附息债，到期一次还本付息，2008 年 12 月 13 日（节假日顺延）偿还本金并支付利息。12 月 13 日开始发行并计息，12 月 17 日发行结束，12 月 19 日起在各交易场所和试点银行柜台上市交易。发行期内，本期国债采取场内挂牌、场外签订分销合同和试点银行柜台销售的方式分销，分销对象为在中国证券登记结算有限责任公司开立股票和基金账户，在中央国债登记结算有限责任公司、试点银行开立债券账户的各类投资者。通过各交易场所分销部分，由承销机构根据市场情况自定价格，通过试点银行柜台发售部分的分销价格区间为每百元面值 99.80～100.2 元。

(二)政府支出政策

政府支出由资本支出和消费支出两部分组成。政府资本支出也叫公共投资，包括教育、科技、卫生、运输、邮电、金融、商业、国有生产企业、公用事业等支出；政府消费支出也叫经常性支出，包括政府雇员工资和津贴、非生产性购买、军事费用、利息支付和各种补贴等支出。

一般认为，政府的资本支出被认为是生产性的，它促进经济增长和发展；而政府的经常性支出被认为是非生产性的，实际上，它被称作消费支出就意味着这种支出对生产能力的增加不起作用。

政府的支出政策目标是尽可能地削减非生产性支出，增加生产性投资。但是，在发展中国家中，大部分经常性支出项目是难以削减的。①政府雇员工资占总消费支出的 30%左右，雇员工资本来就不高，削减这项支出是很困难的。②利息支付平均约占总消费支出的 20%，占总预算支出的 10%。政府债务利息是过去的赤字财政和对外借款的反映，这项支出很难减少。③发展中国家各种补贴在低收入国平均占总消费支出的 25%左右，在中等收入国平均占总消费支出的 30%左右。何况对农村提供电气设备、化肥、公共交通等多为比较流行的补贴，常常被看作是收入再分配和促进农业生产发展的需要，因此，对这些补贴支出削减也是困难的。

在发展中国家，军事支出在过去 10 年中增加了两倍，而中东和北非国家的军事支出平均每年以 22%的速度增长。据此，发展经济学家普遍认为，沉重的军事支出正在耗尽发展中国家的稀缺资源，从而严重地阻碍经济发展的进程。

政府资本支出中的社会投资、基础设施投资和创办国有企业的直接投资，有利于增加国家的生产能力，促进经济增长，特别是重要的一项政府投资形式——国有企业，在发展中国家最为普遍，它也是发展中国家政府干预经济的一种特殊方式。但近几年来，国有企业已受到越来越多的人的议论。

此外，从理论上讲，发展中国家财政政策是再分配收入的一个有效工具。累进税制能使富人的富裕程度降低，而对穷人的转移支付和财政补贴及援助，有利于穷人生活的改善。但实际上，由于经济、政治和文化上的诸因素，调节社会各阶层收入方面，财政政策的作用远没有想象的那样有效。因此，除了财政政策外，土地占有制度的改革、城乡产品贸易条件的改善、就业的扩大、文化教育水平的提高等措施也是实现收入分配目标的重要工具。

同时，发展中国家的政府支出政策还有一个目标就是稳定经济，促进经济迅速增长，尽快地摆脱贫穷落后的面貌。但由于发展中国家在经济发展过程中担负着更加重要的责任，公共投资支出和经常性消费支出常常大于政府的税收收入，因而易产生财政赤字，而赤字的存在对通货膨胀产生巨大的压力。从这种意义上说，政府的支出政策在抑制和消除通货膨胀方面能够起到重要作用。也就是说，政府支出的压缩有利于财政赤字的减少，从而有助于通货膨胀的缓和。但压缩政府支出必须在不损害经济增长和收入分配的前提下进行。发展中国家的国有企业中一部分是无效的,不仅需要大量资本,而且还要大量补贴。由于这种直接投资规模大,因此,通过国有企业私有化过程,能够减少政府巨大的财政负担,而且还有利于生产效率的提高,故政府的直接投资被认为是可以减少的。

二、财政政策的运用

(一)扩张性的财政政策

是当经济产生通货紧缩缺口时,为了弥补这种缺口,用于减轻或消除经济萧条,以便经济达到充分就业水平而采取的财政政策。政府可以主动采取三种措施,即增加财政支出或减少税收和双管齐下的政策。这种为了增加有效需求而积极增加财政支出,使之超过财政收入的财政政策称为扩张性的财政政策或称赤字财政(Deficit Finance)。

增加财政支出。主要是扩大公共工程开支,增加政府对商品和劳务的购买以及政府转移支付,使社会总需求中的政府开支部分提高,这样,既可以直接扩大投资和消费,又可以间接地刺激私人投资和私人消费,从而使总需求与总供给达到均衡。

减税。降低政府对企业和居民的税收,企业和居民将留下较多的可支配收入,这样会促进消费和投资,增加有效需求,使经济扩张,失业减少。

扩张性的财政政策,增加财政支出不能与增税同时举用。因为增加税收会降低企业和居民的可支配收入,部分地抵消由于财政支出增加而引起的提高总需求的效应。在不减少财政开支的情况下,减税也能增加有效需求,因为减税意味着个人可支配收入和公司保留利润的增加,这会促进消费与投资。减税时不减少财政支出,否则有效需求的扩张就要被打折扣。

(二)收缩性的财政政策

当经济产生通货膨胀缺口时,为了控制需求膨胀,稳定物价,使产量与收入保持在充分就业水平上面采取的财政政策。政府可以主动采取三种方案,即紧缩财政支出或增加税收或双管齐下的政策。这种为了抑制有效需求,使财政支出小于财政收入的财政政策被称为紧缩财政。

紧缩财政支出。包括公共工程开支、政府购买和政府转移支付,这样一方面直接减少了总需求;另一方面又抑制了私人消费与投资,间接减少了总需求,有助于消除通货膨胀。

增加税收。增加政府对居民的所得税可以减少个人的可支配收入,从而减少消费,增加公司所得税收可以减少公司投资,这样可以抑制消费和投资,减少过度需求和使物价趋于稳定,增加间接税也会抑制消费与投资。

在减少财政支出时不能减税,否则居民与企业公司的收入会增加,从而提高有效需求水平,扩大通货膨胀缺口。同样,在增加税收时也不能相应地增加财政支出,否则有效需求仍不能降低。

(三)财政制度的内在稳定器

西方经济学家认为,财政政策之所以有效,除政府主动采取措施干预外,一些财政支出与税收政策具有某种自动调整经济的灵活性,这种灵活性有助于经济的稳定,对需求管理起到了自动配合的作用。这些能起到自动作用的财政政策被称为"内在稳定器"。

具有内在稳定器作用的财政政策主要有：

(1)个人所得税。所得税有一定的起征点和固定的税率。在经济萧条时期，个人收入减少了，符合纳税规定的人少了，税收额自动下降，从而抑制了消费与投资的减少，有助于维持总需求；反之，在膨胀时期，个人收入增加，税收额自动增加，从而抑制投资的增加，抑制了总需求的增加。

(2)公司所得税。公司所得税也同样有一定的起征点与固定的税率，所以是内在稳定器。在经济萧条时期，由于公司利润减少了，符合纳税规定的公司减少了，税收就会自动减少，从而抑制了投资的减少，有助于维持总需求。在经济膨胀时期，公司收入增加了，符合缴税的公司多了，税收就会自动增加，从而抑制了投资的增加，抑制了总需求的增加。

失业救济和各种福利的支出。他们有一定的发放标准，主要取决于就业与收入状况。在经济萧条时期，失业的人数增加，收入减少，符合接受福利支出和失业救济金人数增加，转移支付就会增加，从而有利于抑制个人消费的减少；反之，在经济膨胀时，失业减少，政府的转移支付也自动减少，有利于抑制个人消费的增加。

(3)农产品维持价格。许多国家政府按照农产品维持法案把农产品价格维持在一定水平上。在经济萧条时期，农产品价格下跌，政府以维持价格收购剩余农产品，就会增加农场主的收入，维持既定的收入消费水平不下降；反之，在膨胀时期，农产品价格上升，政府抛出农产品，既可以抑制农场主收入与消费的增加，又可以稳定农产品价格，防止通货膨胀。

此外，在私人经济部门中，也存在着内在稳定器，如边际消费倾向和公司股息率的维持，以减缓经济波动。在经济通货膨胀时，收入增加，由于边际消费倾向是递减的，人们并不相应的提高生活标准，也就抑制了需求，可以缓和通货膨胀；反之，在萧条时期又可以取到缓和衰退之效应。由于公司有维持股息率相对稳定的习惯，这样，在膨胀时人们的收入增加会受到抑制，在萧条时也不会减少过多，有助于经济的稳定。

财政制度的内在稳定器被认为是对经济波动的第一道防线，但其作用是十分有限的，只对经济波动起减震的作用，而不能使之根本改变。所以，"内在稳定器"只能起一种次要的配合作用，配合需求管理来稳定经济。

三、财政政策手段的效果

前面所述的各项财政政策手段在运用过程中所起的效果并不相等。这与各自的乘数有关，即与政府的投资乘数(政府购买乘数)和税收乘数有关。

首先是政府投资乘数，指的是政府投资的变动对收入变动的倍增作用。政府购买乘数为正值，用 K_G 表示，与边际消费倾向(b)有关，即：

$$K_G=\frac{1}{1-b}$$

政府的投资(购买)变动对收入变动(ΔY)的倍增作用可表示为：

$$\Delta Y=K_G\times\Delta G$$

税收乘数用 K_T，表示，$K_T=\frac{b}{1-b}$表示收入随税收的增加而减少，随税收的减少而增加，税收的变动(ΔT)对收入变动(ΔY)的倍增作用可表示为：

$$\Delta Y=-\frac{b}{1-b}\times\Delta T$$

比较以上政府的投资乘数和税收乘数，可以看到，$K_G > K_T$，即政府投资乘数大于税收乘数。因此改变政府的投资水平对宏观经济活动的效果大于改变税率的效果。因此，改变政府投资水平是财政政策方面最有效的手段。

第二节　宏观货币政策

一、货币政策

所谓货币政策，是指中央银行为实现特定的经济目标而采取的各种控制和调节货币供给总量和信用条件的方针、措施的总和。在发展中国家，货币政策的目标是促进经济增长和经济稳定。就经济增长而言，货币政策的作用是动员国内私人储蓄，并有效地把它引导到生产性的使用。但是有些发展经济学家认为，由于发展中国家经济的落后性，主要金融体系不够发达，货币化比率很低，货币政策的作用受到很大的限制，至少没有财政政策那样有效。

二、货币政策调控工具

为了实现货币政策的目标，中央银行必须要有足够、良好的货币政策工具供其操作。在长期的发展过程中，西方各国中央银行调控经济的常规手段是法定存款准备金、再贴现机制和公开市场业务三大工具称之为传统的“三大法宝”。

(一)法定存款准备金

法定存款准备金(Reserve Requirements)政策工具的运用是指中央银行在法律规定的权力范围内，通过规定或调整金融机构缴中央银行的法定存款准备金比率，以改变金融机构的准备金数额和货币扩张乘数，从而达到控制金融机构的信用创造能力和货币供应量的目的。

调整法定准备金比率对货币供应量的影响过程为：若商业银行准备金正好达到法定要求，银行处于“贷满”状况，此时降低法定存款准备金比率则会立即使商业银行产生超额准备金，从而促使他们增大贷款和投资，于是派生存款增加，货币供应量相应增加，利率下降。与此相反，提高法定准备金比率，会造成银行准备金不足，促使他们收回贷款和投资，从而导致货币供应量相应减少，利率回升。

[案例]6 次加息、10 次提高存款准备金率传递紧缩信号

利率是调节流通中的货币量的重要手段，面对 2007 年的通胀压力，中国人民银行在一年之内 6 次加息，以减小流动性，冷却过热的经济。对于有银行贷款的人来说，2007 年是痛苦的一年。以 2006 年底的 50 万元 20 年贷款为例，加息后月供足足多了 300 元。2007 年的 3 月 18 日、5 月 19 日、7 月 21 日、8 月 21 日、9 月 15 日、12 月 20 日，央行 6 次宣布加息，频率之高，

历史罕见。与加息一样频繁的是人民银行在 2007 年 1 年内 10 次上调存款准备金率，最后的一次更以 1%的幅度创此前 4 年以来的最大涨幅，14.5%的存款准备金率也是近 20 年来的历史高点。与此同时，2007 年以来央行还通过提高二套房房贷首付，6 次发行定向票据、发行特别国债等措施收紧银行信贷，缓解流动性压力。在外汇储备快速增长的冲击下，货币增长和信贷投放加快，CPI 持续高升，央行被迫投入巨量票据以对冲外汇占款。种种以"组合拳"面目出现的货币政策，都旨在加强货币信贷调控、引导投资合理增长、缓解流动性、平抑通货膨胀。

(二)再贴现

商业银行或其他金融机构以贴现所获得的未到期票据向中央银行所作的票据转让，称之为再贴现(Rediscount)，是商业银行获取资金的一种融资方式。

中央银行是商业银行的最后贷款者。当商业银行发生准备金不足时，一个重要的补充途径就是向中央银行借款，他可以拿银行贴现的未到期票据向中央银行要求再贴现，或者以中央银行同意接受的抵押品作担保申请借款。中央银行的抵押贷款通常以政府债券作担保，也可用经过审查的"合格的证券"即商业票据作担保。再贴现和抵押贷款两种方式在西方国家的中央银行被习惯地称之为"再贴现"。

再贴现政策的主要内容包括两项：再贴现率的调整和确定何种票据有贴现或抵押资格。

(三)公开市场业务

公开市场业务(Open Market Operation)是指中央银行在公开市场上买进或卖出有价证券(主要是买卖政府证券)用以增加或减少货币供应量的一种政策手段。

公开市场业务主要是通过银行系统准备金的增减变化而起作用的。当中央银行购进有价证券时，无论是由社会大众或金融机构出售证券，都表现为银行准备金的增加，从而造成扩张货币的效果；相反，中央银行出售有价证券时，无论是由社会大众或金融机构购买，都无异于向市场收回一笔资金，并表现为银行准备金的减少，从而紧缩货币供应量。

公开市场业务有防御性公开市场业务和主动性公开市场业务之分。前者是指中央银行买卖证券，只是用于抵消那些非中央银行所能控制的因素对银行准备金水平的影响，后者指中央银行买卖证券，是为了积极改变银行准备金总水平，从而稳定社会经济。

[案例]中国人民银行 2007 年的公开市场业务

公开市场业务是中央银行调控一国货币量，调控宏观经济的重要手段之一。基于 2007 年中国出现的流动性过剩的问题，中国人民银行多次发行票据以回笼资金。此外，央行还进行了相当规模的回购操作，人民银行的公开市场操作显现出趋于短期化的特征。以 2007 年 12 月 27 日，人民银行发行的 320 亿元的央行票据为例，其中，3 月期的短期票据发行了 300 亿元，而 3 年期的长期票据只发行了 20 亿元。央行公开市场操作呈现出明显的短期化趋势，表明央行倾向于以更多的短期滚动操作来维持市场资金面趋紧态势，同时配合存款准备金率等操作手段来锁定长期资金。

三、货币政策的传导

中央银行实施货币政策的目的是通过货币政策工具的运用达到政策的目标，但货币政策工具的运用不可能直接作用于最终目标，中间存在着一个传导过程，中央银行从操作货币政策工具到对货币政策最终目标产生影响的过程由三个阶段构成：

第一阶段是影响货币政策的操作目标，即基础货币和短期利率；

第二阶段通过操作目标的变动影响货币政策的中间目标即货币供应量和长期利率；

第三阶段是通过中间目标的变动影响最终目标，即稳定物价、充分就业、经济增长和国际收支平衡。

货币政策工具的变动，首先影响的是基础货币和短期利率；在基础货币和短期利率发生变动后，再引起货币供应量和长期利率的变动，并通过这一中间目标达到影响生产、物价、国际收支平衡的最终目标。

四、货币政策的实施效果

货币政策的实施效果，是指货币政策的实施对社会经济生活产生影响的效果。它包括：

（一）货币政策的数量效果

货币政策的数量效果通常指货币政策效果的强度，即货币政策作用力的大小。如前所述，货币政策的作用过程是相当复杂的，经由若干个中间变量的连锁反应才能发生作用，因此，货币政策的数量效果大小取决于三个要素：货币乘数、货币需求的利率弹性、真实资产需求的利率弹性。

货币供应量是货币乘数与基础货币之积。因此，货币乘数的微小变动都会导致货币供应量的巨幅增减，从而影响货币政策的强度。

货币政策的强度与货币需求的利率弹性和真实资产需求的利率弹性成正比。若此项利率弹性愈大，轻微的利率升降就足以引诱大众调整其真实资产的需要，货币政策的强度自然便大；反之，若此项利率弹性较小，即使巨幅调整利率，也不一定能影响大众对真实资产的需要，货币政策的强度便较小。

（二）货币政策的质量效果

货币政策的质量效果是指货币政策的变动对社会经济各部门作用强度的差异效果。它包括两个方面的内容：①货币政策对各经济部门的影响力是否完全相同；②若此影响力有差别，则货币政策对各经济部门究竟能发挥多大作用。

鉴于社会经济各部门的划分繁杂，下面仅以消费支出、投资支出和政府支出为例加以分析。

就消费支出而言，货币政策的数量效果越大，国民收入的消费支出弹性也就越大。而利率变动对消费支出的影响较小，但耐用消费品的消费支出受利率变动的影响较大，一般说来两者呈反比例的增减。因此，消费利率弹性用负数表示。

必须指出，货币政策对消费支出的影响是通过财富效应发挥作用的。如果中央银行采取紧缩性的货币政策导致货币供应量减少，利率上升，股票的价格会下跌，人们的财富结构将会做相应的调整，私人投资者将会把他们的投资对象从股票转向其他长期资产。随着价格下跌，公司股东不可避免地会蒙受损失，并因而减少其消费。不过，这些效应，通常需较长的时间才能充分显示出来。

就投资支出来讲，投资支出的增减与利率水平的高低也是反比例的。利率上升越高，投资增长率就越低。尽管投资支出还要受到销售预期、预期利润率、同业竞争程度、现有设备利用率等因素的影响，但在金融市场日益发达的西方差别利率对投资支出的影响力仍是强大的。

就政府支出而言，一般地说，政府支出受货币政策的影响较小，尽管有时高利率会限制政府支出。

总之，货币政策对多数经济部门都有相当的影响力，但受影响的程度不同，有的部门受影响较强，有的较弱。因此，货币政策的质量效果是不均匀的。

五、金融自由化理论

在 1973 年，美国经济学家提出了一个著名的货币理论，即所谓"金融自由化理论"。这一理论认为适当的货币政策在发展中国家比财政政策更能促进经济增长，发展中国家的货币政策之所以长期未能起到很大的作用，是因为政策奉行的金融抑制政策所致。

"金融自由化理论"的核心，是主张解除政府对金融市场的各种干预，使其自由地发展。其目的是要促进金融的"深化"，即金融资本的增长在速度上快于国民收入的增长。在大多数发展中国家，金融储蓄主要表现为银行系统的存款，因此，其金融深化也就是指流动资产规模相对于国民收入的扩大。

(一)发展中国家的货币政策很重要

金融自由论者认为，货币金融政策和经济发展与增长之间存在着一种相互刺激和相互影响的关系。一方面，健全的金融政策能将储蓄资金有效地动员起来并引导到生产投资上，从而促进经济发展；另一方面蓬勃的经济也通过国民所得的提高和经济活动者对金融服务需求的增长而刺激金融业的扩张。发展中国家货币政策是相当重要的，他们所做的具体分析是：

1. 银行系统规模的扩大增强了国民储蓄和投资能力　在一般情况下，储蓄基金不一定必然与投资机会相一致，那些具有最大储蓄能力的人通常不是具有企业家才能的人；在银行系统相当发达的条件下，以银行作为中介，私人储蓄者将有可能把不生息的物质资产转向生息的金融资产。同时，私人投资者将可以通过外部资金的利用增加有利可图的投资。当然发展中国家还可以在银行系统不发达时运用财政政策来增加储蓄和投资。但由于种种原因，财政政策的效果是很差的。

2. 银行流动资产规模的增长促进储蓄配置效率的提高　在金融发达的条件下，银行中介作用增强，储蓄大部分成了银行存款形式。于是，投资范围拓宽了，生产者为获得银行贷款而相互竞争。结果，往往是最具生产性投资机会的借款者在竞争资金方面处于优势地位，因为他们能负担得起更高的利息成本。这就意味着储蓄得到最优的配置；另一方面，即使投资由企业内部储蓄而融资，发达的银行系统也能为决策者考虑资金的选择使用提供各种机会，刺激他们把再投资基金用于最有生产性的项目上，至少用于其利润高于银行存款利率的投资项目上。

3. 流动资产对国内生产总值比例的上升，有利于就业和经济稳定　在金融深化过程中，利率必须保持在较高的正利率水平上。当利率很低时，投资的机会成本很低，而劳动的机会成本相对较高，于是，生产者被引导到采用资本密集型技术。这种技术将降低就业机会，增加资本所有者的利润收入，从而造成失业和收入分配不均的问题更加严重；相反，在金融深化过程中，利率较高，资本的机会成本相对于劳动的机会成本就较高，从而，生产者就被引导到劳动密集型生产方面来，这就提高了就业机会，从而缓和了失业和收入分配不均问题。

(二)发展中国家金融状况的特点

①绝大多数发展中国家，特别是最落后和贫穷的国家，其货币化的程度，即国民生产总值中货币交易总值所占的比例，均较先进的工业国家低。货币化程度越低，也就表示“自然经济”和物物交换总值的比重越高。这种现象尤以非洲和南太平洋地区的国家最为显著。②绝大多数发展中国家的金融都具有二元结构的特征，现代金融部门同传统金融部门同时并存。“现代金融部门”指以现代管理方式经营的银行组织和其他种种金融机构和金融市场，而“传统金融部门”则指国内按旧式方式经营的小规模钱庄、放债公司、民间金融互助会之类的金融组织以及公开或半公开的民间融资市场。现代金融部门大都集中于大城市和沿海地区，而传统金融部门则普遍存在于小市镇和广大农村地区。③现代金融部门也存在着显著的不平衡发展的现象。商业银行占绝对支配地位，而非银行性金融机构则处于附属地位。证券市场(包括各种金融证券如股票和债券的发行和交易)相当落后，尤其是二级市场，因此，为经济发展筹集资本的渠道不多。许多发展中国家根本没有证券市场。④在多数发展中国家存在金融压制，政府当局通常对利率和汇率实行不同程度的管制和过多地干预金融活动。许多国家的金融机构都为国营，民营部分比重甚少。金融机构缺乏经营自主权，也没有竞争压力，因此经营效率低是不可避免的。而且金融机构的宏观调节功能差，常常被迫弥补财政赤字。

(三)从金融压制向金融深化转变

发展中国家的金融压制制度，对经济发展产生不利的影响，投资多样化受到限制会导致资金外流，贷款质量受到削弱而导致资金效益下降。作为一种发展战略，发展中国家应从金融压制转向金融深化。金融深化的目标是：调动更多的国内私人储蓄，增加金融储蓄对国内生产总值的比例；消除各种贷款歧视，提高国内各类投资者对储蓄的可得性；保证投资更有效的配置；更多的金融储蓄减少对财政储蓄、外援和通货膨胀的依赖。为了达到这些目标，保持较高的利率是必不可少的前提条件。为此，政府必须解除对金融市场施加的一切限制，使其自由地发展，即实行金融自由化。

从金融压制转向金融深化，不仅是货币领域的深刻变化，而且是整个经济生活的深刻变化，它在经济发展过程中具有重要的历史意义，它标志着经济的货币程度加深，货币运行的成熟，标志着资金的运动开始引导资源的运动，金融经济开始成熟。

自从提出金融自由化理论以来，发展中国家的货币或金融问题已受到广泛的重视，金融深化已成为一个重要的经济发展战略，金融自由化理论已成为发展经济学中一个重要内容。但一些发展经济学家认为，这种理论也有很大的片面性。主要反映在三方面：其一，金融自由化不一定能促进金融深化，因为发展中国家的货币化比例很低，金融市场高度分割；其二，即使金融自由化能促进金融深化，刺激私人投资和经济增长，这种政策也是代价很大的，因为这将导致收入分配更加不均；其三，金融自由化论者过分强调了刺激私人储蓄和投资的重要性，低估了在发展初期政府的公共储蓄和公共投资的重要作用。实际上，由于发展中国家市场机制不完善，私人投资将受到文化传统和供给瓶颈的限制，因此，政府在经济发展过程中必须扮演一个重要角色，政府投资应占一定的比例。

第三节　货币流通与经济发展

在当今世界各国中，金属货币早已被纸币流通所代替。在纸币流通的情况下，市场货币需要量与纸币供应量必须相适应，即货币流通规律，否则就会引起纸币流通出现问题。

一、货币流通规律

美国经济学家费雪，发展了货币数量论学说，提出一个交易方程式即：

$$MV=PT$$

式中 M 代表货币数量，V 代表货币流通速度，P 代表物价，T 代表商品交易量。费雪认为，式中的 V 由公众的支付习惯等因素决定，它是稳定不变的，T 由自然资源决定，也是一个常量，剩下的就是 M 与 P 的关系。因此得出结论：商品价格和货币价值是由货币数量决定的。商品价格与货币数量呈正比，货币价值与货币数量呈反比。

由此引发出货币流通中两种经济现象：

当货币供应量大于流通中货币需要量时，商品价格上涨，即常见的通货膨胀；当货币供应量小于流通中货币需要量时，商品价格下跌，即会发生通货紧缩。

二、通货膨胀

通货膨胀是指在纸币流通的情况下，市场货币供应量超过了流通中所必需的货币量，纸币贬值，物价持续上涨的经济现象。

(一)发展中国家通货膨胀产生的原因

以拉美国家的通货膨胀现实为讨论基础，货币学派和结构学派分别对通货膨胀的原因进行了解释。

货币学派主要由国际货币基金组织的官员和学者组成。他们认为，发展中国家常常发生财政赤字，是由于发展中国家的税收制度缺乏弹性，政府财政赤字的弥补只有借助于向中央银行贷款，中央银行被迫通过印发钞票增发货币来满足政府的需要。但这样增发的货币没有相应的物质产品作保障，结果是较多的货币追逐较少的商品，促使一般物价水平的上升。价格水平的上升使得实际利率下降，这又从两个方面刺激了需求的扩张：一方面，由于借贷成本下降，刺激了投资需求的扩大；另一方面，私人储蓄萎缩间接地刺激了需求的扩张。总的结果是短期内总需求增长快于总供给的增长，物价上涨过程进一步加速。

结构学派由联合国拉美经济委员会的学者们组成，他们从长期的视角解释通货膨胀的成因，认为货币供应量的扩大只是通货膨胀的征兆，而不是根源。结构学派认为通货膨胀的根源在于结构性因素，即物价上涨来源于经济增长对发展中国家经济结构的压力，特别是农业、外贸和政府部门具有的制度刚性，使得物价同经济发展相伴而生。产生通货膨胀的原因有以下几个方面：①在不发达条件下追求高速发展，使社会总需求长期超过供给。②经济结构不合理，存在着一些“瓶颈”限制，农业供给无弹性，基础工业薄弱。与此同时，随着人口增长、工业化推进和城市人口的膨胀，整个社会对食品和农业原材料的需求日益增长。因此农产品的价格必然上升，并促成工资价格、工业品价格的螺旋式上升。虽然在开放条件下农产品的供给不足可以通过进口解决，但是在工业化进程中，发展中国家需要进口大量的中间产品和资本品，所以对外汇的需求较大。与此同时，由于发展中国家出口的是初级产品，价格弹性较低，特别在替代产品加速发展的情况下，工业化国家对其需求的增长缓慢，导致外汇来源不足。这样，形成外汇供给和外汇需求之间的缺口，从而不可能借助农产品的进口来缓解供不应求的矛盾，抑制农产品价格以及由之引起的工业品价格上升。③消费基金膨胀，形成巨大的市场压力。④税收制度缺乏弹性，政府税收收入的增长赶不上经济的增长，而政府支出又以更快的速度增加，使得财政赤字日渐增加，形成通货膨胀的压力。

(二)发展中国家通货膨胀的特点

相对于发达国家的通货膨胀来说，发展中国家的通货膨胀具有自身的特点，主要表现在以下几个方面：①发达国家的通货膨胀大都在总供给大于总需求的经济条件下发生的。因此，发达国家的通货膨胀初期，往往能起到刺激经济的作用，只是在持续时间长了的情况下，破坏作用才逐步加重。而发展中国家大多是短缺经济，通货膨胀自始至终是对生产、分配、流通和消费正常运行的极大破坏。②发达国家大多是完全的市场经济，通货膨胀的程度明显地反映在物价上，具有公开性和透明性。对政府来说，应采取何种政策措施和做到什么程度控制通货膨胀，都比较容易明确决策。而许多发展中国家处在长期的价格管制和隐蔽性通货膨胀中，使通货膨胀变得不透明。这对膨胀程度的判断和治理决策带来较大困难，易发生错觉，贻误时机。③通货膨胀造成的社会财富再分配，在发达国家这种分配一般是有利于政府的，从而起到强制积累的作用。对发展中国家来说，政府并未得到好处，企业也基本上不能受益，财富则因资源的不合理分配而被损失掉。④发达国家的通货膨胀多数是财政政策和货币政策的产物，故治理也可以运用财政政策和货币政策。而发展中国家的通货膨胀从根本上说是由于经济体制和经济政策因素造成的，因此，治理通货膨胀除了需要调整财政、货币政策外，必须调整经济政策和深化体制改革才能得以彻底解决。

通货膨胀会给发展中国家的经济带来一系列的危害，概括起来主要是：①通货膨胀很容易歪曲资源的有效分配，并降低经济的实际增长。随着生产资料和消费品价格的全面上涨，各行业的就业人员为了避免物价上涨的损失会要求提高工资，企业产品成本进一步上升，产生企业利润下降甚而亏损的情况。因此企业可能缩减生产或者倒闭破产，生产总量萎缩，失业人数增加，经济增长速度降低。②通货膨胀使收入分配更不平等。恩格尔系数较大的贫困家庭会将更多的收入用于食品消费，而其可支配收入本来就很有限，可能造成生活每况愈下。富裕人群则可利用较多的可支配收入进行更多的选择，包括用于储蓄和投资，而获得更多的收益。③通货膨胀的高水平将降低一国在出口市场上的竞争力，并且通货膨胀最终可能使价格过高而导致商品没有出路，使国际收支恶化。④通货膨胀的高水平可能轻易地动摇人们对通货的信心，于是可能更多地消费而较少地储蓄，导致对增长的损害。⑤通货膨胀的自我强化机制，会造成赤字财政—工资压力—货币贬值不断强化，引致成本推进与需求拉动物价螺旋上升、相互促进，形成恶性循环。

(三)发展中国家通货膨胀的治理

引起发展中国家通货膨胀的原因很复杂,治理通货膨胀,必须区别原因,采取适合本国国情的具体政策和办法。发展中国家对通货膨胀的治理,通常需要解决如下问题:①克服急于求成的思想,适当降低经济增长速度,制止信贷扩张;②优化产业结构,解除对低效企业的长期保护,真正做到“扶优限劣”;③通盘考虑,综合治理,消除工资、利率、汇率等一系列价格存在的扭曲现象;④区别情况,利用各种经济杠杆,刺激生产,增加供给。

具体的方法如下:

1. 传统疗法　即采取紧缩政策,控制货币发行量和流通量。包括①紧缩财政,增收节支。比如精简行政机构和行政人员,压缩行政费用,减少福利费用和物价补贴,控制基建规模,整顿国营企业,改革税制,提高税率等,旨在减少财政赤字,以减少财政货币发行。②紧缩金融。提高利率,控制信贷规模和货币供应量。③控制工资增长,减轻市场压力。

2. 反传统疗法　或者称为休克疗法,主要手段有:冻结物价、工资和公用事业收费标准;改革货币体制,废除旧币,发行新币等。

[案例]中国 2007 年的通货膨胀

2007 年,中国的居民消费价格指数(CPI)出现了连续上扬态势,单月同比涨幅从 2 月份的 2.7%爬升至 11 月份的 6.9%。2 月份的 CPI 偏高尚可以由春节的节日消费所解释,而进入下半年的 7、8、9、10、11 月的 CPI 分别上升到 5.6%、6.5%、6.3%、6.5%、6.3%、6.5%、6.9%的相对高位,就显露出了明显的通胀特征。①食品价格上涨是推动 CPI 攀升的主要动力,特别是持续上涨的粮食和猪肉等价格;同时,另一方面,若剔除掉食品类产品,计算出的 CPI 的涨幅并不大,甚至有一定程度的下跌。在食品价格上涨对 CPI 上涨的贡献中,猪肉价格占据了重要地位。令人们惊讶的是,市场的价格调节供求的机制,并没有预想的那么完美,在多数地方的猪肉零售价至少上涨了一倍的情况下,仍未见到消费量的明显下降,也未能带来供给增加,市场调节失灵出现。究其原因,一方面可能与购买力的突然膨胀有关,价格上行对于需求的抑制作用也开始变得不明显;另一方面与生猪生产本身所具有的一些特点有关。②尽管 CPI 的推动因素主要体现在食品上,但投资对 CPI 的拉动作用也很大。一方面,投资需求上升拉动了上游资源性产品价格的高涨,在总供给不变的情况下,上游供需失衡导致了一定程度的 CPI 上行。另一方面,信贷投放的增加,特别是下半年新开项目的大量增加,从而由信贷派生出的大量流动性,形成了物价上涨的动力因素。相关研究显示,年内 M2 增速与投资增速的相关性非常明显,而货币供应与一定时期后的 CPI 显现出一定的正相关关系。③从国际方面看,国际粮食价格上涨也有较大影响,特别是国际大豆价格上涨直接导致中国国内豆油价格大幅上涨。由于中国国内近半数的原油都依靠进口,国际原油价格上升直接拉升国内成品油价格。另外,美国粮食乙醇大力加工造成国际市场玉米短缺,国家更为重视粮食安全和粮农利益。外部因素对国内粮食价格上涨起到了显著推动作用。④2008 年资源类产品价格的调整以及目前工资的较快上涨,对 CPI 的上涨也有一定的影响,但政府对资源类产品价格的调整考虑了居民和企业的承受能力,并不是把所有资源类产品价格一步调整到位,因此这种调整对 CPI 的影响并不大,并没有由此造成通货膨胀。为了保持经济持续健康发展,避免过热状况延续,中央政府将抑制通货膨胀作为宏观调控的首要任务。政府开始通过政策手段对市场失灵进行弥补。国务院先后采取了一系列政策措施,其中包括加大对生猪生产的扶持力度、建立和完善生猪的公共防疫服务体系、加强市场调节和监管工作、妥善安排低收入群体和大中专院校学生生活、完善猪肉储备体系、改进生猪等畜禽产品生产消费统计工作等。

三、通货紧缩

(一)通货紧缩的全球背景

从1997年以来,全球性的通货紧缩已经日趋明显。正如《经济学家》所报道的,世界在经历了20世纪30年代的经济大萧条之后,首次进入一个全球性的通货紧缩时期。

首先,是原材料价格的下降。据《经济学家》报道,自1997年亚洲金融危机以来,工业品价格指数下降了30%。国际市场原油价格1997年为每桶20美元左右,现已降至每桶10美元,仅相当于1997年初的一半。大豆价格则是1976年以来最低的。反映原油、农产品、贵金属等17类主要商品价格变动情况的CRB期货指数,1999年2月底已降至184.89点,是1975年7月以来的最低点;

其次,是产成品价格的下降。美国的工业商品价格指数在过去两年中下降了30%。截止到1998年8月的一年内,英国的产成品价格下降了0.8%,德国下降了3.5%;

第三,是消费价格下降。日本的批发价在1998年下降了4.4%,曾经以恶性通货膨胀著称的巴西,1998年消费价格也下降了1.8%。在欧元区,1998年夏天以来消费价格一直在下降。

全球性生产能力过剩是导致世界出现通货紧缩的重要原因。表现为:

第一,新兴市场经济体的生产能力过剩最为明显。

东南亚国家(地区)的需求正在减少,日本那些视东南亚为其资本品主要出口市场的公司失去了很大一部分客户。

日本1999年的产值缺口(实际产值—全部生产能力投入使用后的产值)将占国民生产总值的7%。1998年,韩国、马来西亚、印度尼西亚经济分别衰退7%、6.8%、13.6%,国内需求急剧萎缩。拉丁美洲国家的需求也在收缩。巴西这个拉美最大的消费品市场的需求处于停滞状态,拉丁美洲许多国家的实际工资都在持续下降。欧洲的需求也不旺盛。为了符合欧洲单一货币的条件,有关各国政府都在采取收缩性的财政政策,使其中一些国家的失业率高达两位数,法国失业率已经连续3年保持在12%以上。需求不足已使世界经济增长率从1997年的4.1%降到1998年的2.2%。

第二,近两年来,东南亚一些国家和地区货币的大幅度贬值,造成大量制造业产品以非常低廉的价格流入国际市场。

1997年亚洲金融危机爆发后,这些国家货币对美元的汇率大约平均贬值40%,有的国家如印度尼西亚,贬值幅度高达83.3%。而它们的出口产品在结构上又具有很大的趋同性,导致这些产品在国际市场上的价格不断下跌。

(二)通货紧缩的定义和判断标准

关于通货紧缩的定义,有三种不同观点:

一种观点认为,通货紧缩是物价的普遍持续下降。这种观点是国内外经济学界关于通货紧缩的主流观点。

另一种观点认为，通货紧缩是物价持续下跌、货币供应量持续下降，与此相伴随的是经济衰退。

再一种观点认为，通货紧缩是经济衰退的货币表现，因而必须具有三个特征：物价持续下跌、货币供应量持续下降；有效需求不足、失业率高；经济全面衰退。

所以通货紧缩是与通货膨胀相反的一种经济现象。

通货紧缩所反映的物价下跌，必须是普遍的、持续的。个别货物和服务价格的下降，是由于某些货物或服务供大于需或技术进步、市场开放、生产效率提高降低了成本所致，反映了不同货物和服务之间比价的变化，不是通货紧缩；货物和服务价格的暂时或偶然下跌，是受诸如消费心理变化、季节性因素等某些非货币因素影响而引起的价格变化，均与货币本身没有必然联系，也不是通货紧缩。

在经济实践中，判断某个时期的物价下跌是否是通货紧缩，一般认为应符合以下标准：一看通货膨胀率是否由正转变为负；二看这种下降的持续是否超过了一定时限。有的国家以一年为界，有的国家以半年为界，中国通货膨胀潜在压力较大，可以一年为界。只要具备两条中的一条，就可以认为是通货紧缩。

(三)通货紧缩的类型

通货紧缩依其程度不同，可分为轻度通货紧缩、中度通货紧缩和严重通货紧缩三类。一是轻度通货紧缩。通货膨胀率持续下降，并由正值变为负值，此种情况可称为轻度通货紧缩；二是中度通货紧缩。通货膨胀率负增长超过一年且未出现转机，此种情况应视作中度通货紧缩；三是严重通货紧缩。中度通货紧缩继续发展，持续时间达到 2 年左右，或物价降幅达到两位数，此时就是严重通货紧缩。

以物价普遍持续下跌判断通货紧缩，并不排斥对货币供应量和经济增长率的分析。通货紧缩是一种货币现象，但物价总水平的持续下跌有可能与广义货币供应量适度增长并存。这一现象的出现与特定的货币结构有关。

严重的通货紧缩往往伴随经济衰退。20 世纪 30 年代美国经济大萧条是最典型的例子。

但是，不能据此认为只有出现经济衰退才可判定为通货紧缩。通货紧缩并不一定导致经济衰退，轻度通货紧缩一般不会造成经济下滑，中度通货紧缩可以引起经济下滑，如得不到治理，发展成严重的通货紧缩，就可能导致经济衰退。但是，通货紧缩只是经济下滑或经济衰退的一个原因，而不是唯一原因。我们可以用经济下滑或衰退来判断通货紧缩的严重程度和危害程度，但不能用经济是否下滑、是否衰退作为判断通货紧缩是否存在的依据。

发达国家多属效益型经济，且经济基数大，年经济增长 3%～4%已相当可观。中国是一个发展中国家，属数量型经济，经济增长中水分较大，不仅无法忍受经济负增长这种明显的衰退，即使年均增长低于 7%，各方面问题也会非常突出。因此，判断中国经济是否出现衰退，不能完全参照发达国家的增长率。

总之，尽管关于经济增长和货币供应状况的分析对于判断通货紧缩非常重要，但通货紧缩的最终判断标准还是物价的普遍持续下跌。从某种意义上说，经济下滑是通货紧缩的结果，货币供应收缩是通货紧缩的原因之一，均不是通货紧缩本身。

[案例]中国通货紧缩的发生及其治理

中国在1997年以后物价的普遍持续下跌，没有异议地被视为通货紧缩，而且企业产销率降低、群众收入增长趋缓、市场消费停滞、下岗职工增加等与中度通货紧缩相联系的问题相继出现，并日益加重。此时的物价下跌，既非技术进步、效率提高带来的，也非宏观调控所要求的。1998年，亚洲金融危机使中国国外净需求大幅降低，国内需求也相对不足，经济增长率继续下降，物价水平也持续下跌。到年底，商品零售价格、居民消费价格上涨率分别为－2.6％和－0.8％，创改革开放以来物价水平之最低。中国所出现的通货紧缩是在全球性通货紧缩的大环境影响下，中国经济的对外依存度已经很高，而国外需求下降的结果，也是经济、金融运行中深层次矛盾在新形势下的集中反映。①中国长期以来盲目投资、重复建设造成的生产能力大量过剩，是通货紧缩发生的最根本的经济原因。根据中国科学院胡鞍钢的计算，1998年全社会闲置的生产能力达17.9％。而按北京大学宋国青的计算，生产能力的闲置比例已达47％。尽管各产业情况有所不同，生产能力过剩则是一致的，区别仅在于程度的差异。据统计，有70％～80％的工业品出现了绝对过剩，这些产品的价格下跌不可避免。而且，大量过剩的生产能力主要集中在传统产业，是低技术含量、低附加值产品生产能力的过剩。高新技术产业的发展却十分缓慢，其生产能力不是过剩，而是严重不足。中国每年生产的1亿多吨钢中积压的不在少数，但同时却要进口各种高档钢材；中国是纺织服装世界第一大国，每年却要花60多亿美元进口高档面料。低水平生产能力严重过剩与高新技术产品开发创新能力低下并存，一方面使传统产品价格下跌不止；另一方面又缺乏带动价格回升的高新技术产品。②1994年以来货币供应量增幅和货币流通速度的下降，是通货紧缩发生的货币原因。通货紧缩也是一种货币现象，当然不能完全排除货币性原因。考察货币供应的情况，既要看当期情况，又要看过去情况。1994年以后，中国的货币供应量增幅一直在下降。这和1994年前的情况有很大不同。改革开放以来，中国货币化速度加快，货币供应量增长也很快。1983—1993年，货币供应量的年均增长速度分别为26.48％、21.96％、27.17％。但1994—1998年，货币供应量增幅一直下降，同时货币流通速度下降，也对通货紧缩产生影响。③存款的超常增长和金融机构贷款增长相对较慢，是通货紧缩继续发展的重要原因。④政策调整滞后是通货紧缩继续发展的主观原因。在宏观经济调控期间，中国实行了从紧的财政政策和货币政策，货币供应量、经济增长率和物价增幅一定程度的下降是正常的，是宏观金融调控的必然结果，为宏观调控目标的实现发挥了积极作用。问题在于1996年宏观调控目标基本实现后，经济应当回升，至少不应继续下降。但当时担心的仍然是通货膨胀的反弹。1996年底，国家确定的1997年宏观经济目标反映了这种状况，当时宏观调控的重点仍然是反通货膨胀而不是防通货紧缩。直到1998年初，宏观经济政策的基本方针仍然是适度从紧的财政货币政策。1998年7月，面对经济增长下滑的严峻形势，中央决定实行积极的财政政策，并在同年11月中央经济工作会议上以“适当的货币政策”代替了“适度从紧的货币政策”，1999年初又改为“稳健的货币政策”。综观这一时期的情况，宏观调控政策已经进行了调整，但相对于经济形势的变化，表现出某种滞后，它影响了对通货紧缩的预防和治理。应对当时的通货紧缩，①开辟了投放基础货币的新方式，一是财政部发行长期国债，要求商业银行购入后转卖给中央银行；二是增加对四家国有商业银行以外的金融机构的再贷款。对资信和经营状况较好的中小金融机构给予再贷款支持，使他们有能力支持中小企业、非国有经济和小城镇建设；三是根据资产管理公司运作的实际需要，增加中央银行贷款,或购入资产管理公司发行的财政担保债券。②放松利率管制,加快利率市场化改革。③降低存款准备金率。④强化国有商业银行的利润约束机制,促使其认真处理防范风险和扩大信贷业务的关系。事先确定全年利润目标,硬化预算约束,使利润约束与风险约束一样具有严肃性。

第四节 金融危机与经济发展

1994年初,墨西哥爆发了金融危机,对南美、亚洲等国家和地区的金融市场产生了一定影响。1997年东南亚金融危机的爆发对整个世界经济的影响更大。本节拟从金融危机入手,考察发展中国家的金融调控问题。

一、墨西哥金融危机

(一)墨西哥金融危机爆发

1994年1月1日墨西哥的恰帕斯省发生了暴乱,2月美国联邦储备委员会将联邦基金利率提高25个基点(由3%升至3.25%),引起了全球加息的风潮。此后,美国曾4次提高官方利率,到11月底,联邦基金利率升至5.5%。利率提高给墨西哥金融市场带来很大压力。在内外交困下,1994年12月20日,墨西哥金融危机爆发,引起墨西哥新比索的汇率制度受到冲击,墨西哥新比索对美元的比价一路下跌,墨西哥股票市场价格指数节节下挫。

(二)墨西哥金融危机的深层原因

墨西哥金融危机的主要原因来自其内部。

1. 宏观经济失衡的矛盾　宏观经济失衡是导致金融危机的最根本因素。主要表现在国际收支逆差、引进外资结构失衡及经济泡沫成分增加等方面。1991年墨西哥贸易逆差为110亿美元,1994年达280亿美元。经常项目的赤字连年增加/占国内生产总值(GDP)的比重由1993年的6.54%升至1994年的8%,而该指标国际公认的警戒线为5%。1993—1994年墨西哥进口增加20%,而出口仅增加14%,贸易收支逆差发展为经常项目逆差,而僵硬的汇率制度却使新比索的有效价值上升了35%。1990—1994年,国内储蓄率从19%下降到14%左右,国内投资不足,生产停滞,经济增长缓慢。投资缺口依赖外资来弥补。而外国资本的流入又大多进入证券市场,在外国资本的推动下,墨西哥股票市场兴旺起来,这种泡沫经济成分增加了墨西哥经济的脆弱性。

2. 货币可兑换计划实施和政府干预能力有限的矛盾　1994年墨西哥已经完全开放了资本市场,实施了货币可兑换计划。本国居民将本币金融资产转变成外币资产的转换成本降低,削弱了政府利用外汇储备干预外汇市场的能力。

3. 银行体系不良资产与中央银行货币政策的矛盾　墨西哥银行体系的不良贷款比重从1991年底的4.6%逐步上升至1994年中期的8.5%。银行大规模破产的风险增加,当局实行了取消并重组总额为1 480亿墨西哥新比索不良贷款的计划。如此规模的银行重组,给政府制定和执行宏观财政货币政策带来很大困难。

4. 过分依赖外币短期债券融资造成流动性风险　1994 年墨西哥美元短期债券迅速扩张，总额达到 240 亿美元，占 1994 年墨西哥国内生产总值的 6%和政府债务总额的 50%。年底新比索贬值后，这批债务的新比索价值飞升，达到 1 490 亿新比索，占国内债务总额的比重达到 66%。投资者担心墨西哥政府可能无力偿还这批债务而不愿在 1995 年初债务到期时续购，迫使政府提高这批债券的回报率。同时，为避免资本进一步外流而提高了利率。偿债成本的提高，更加深了投资者对该国偿债能力的怀疑，再融资的不可能使政府只能动用有限储备偿还到期债务。

(三)墨西哥金融危机消除

墨西哥金融危机造成 700 亿美元的损失，1995 年 GDP 下降了 7%，年通货膨胀率达 51.9%。企业大量倒闭，失业人数剧增，经济衰退到 6 年前的水平。墨西哥政府为挽救本国经济，采取了一系列措施，大致经历了三个艰难时期：第一时期，获得国际援助，树立投资者的信心，稳定金融市场；第二时期，稳定财政计划，减少亏损项目。从 1996 年开始，政府在接受国际货币基金组织援助的同时也接受了许多附加条件，如开放本国金融市场、实施严格的经济调整政策等。为此在工资检查、节约公共开支、限制贷款以及减少亏损方面实施一揽子计划，取得明显成果；第三个时期，增强产品竞争力，为出口创汇创造条件。墨西哥出口产品在 20 世纪 80 年代以石油为主，金融危机以后逐步调整出口产品结构，除了继续保持对美国和亚洲纺织品出口外，还增加了工业产品的出口。如汽车出口已占其出口额的 20%，经过努力，出口占 GDP 的比重已由 1994 年的 17%上升到了 1996 年的 30%，并依靠出口产业创造了国内 45%的就业机会。

二、以泰国为中心的东南亚金融风暴

(一)金融危机的爆发

1997 年由于多方面的原因，泰国货币泰铢贬值的压力越积越大，泰国政府放弃钉住美元的固定汇率制，于 7 月 2 日宣布泰铢对美元自由浮动。引起泰铢对美元汇价大幅下跌，东南亚许多国家的汇市出现波动。新加坡、马来西亚、菲律宾、印度尼西亚等国的中央银行纷纷进入外汇市场进行干预，保护本币，维持汇率稳定。国际投机商断定东南亚国家的货币会产生连锁反应，便开始在菲律宾比索、印度尼西亚盾、新加坡元等货币上做起文章，采取了股市、汇市、期市三位一体的立体战术，与东南亚各国政府展开了金融大战，东南亚金融危机爆发，东南亚各国货币大幅贬值、股票价格下跌，金融市场动荡。

(二)泰国金融危机的深层原因

1. 经济在工业化过程中的发展失衡　泰国经济发展中存在深层次结构问题，如产业结构不合理，基础设施投资不足，出口导向型产品结构逐步丧失竞争力，国际收支出现赤字，金融领域存在隐患，证券、房地产行业发展过热。

2. 金融体系的隐患加重了危机　泰国属于高储蓄的国家，20 世纪 80 年代经济的高增长与国内储蓄紧密相关。但到 20 世纪 90 年代后，经济“泡沫”成分增加，许多资金流向不动产、证券等市场，形成了一时的经济繁荣。当经济增长因投资不足和结构失衡失去后劲时，这些投机性市场便没有了根基,“泡沫”经济破灭致使金融机构的许多资产变成了不良信贷,泰国金融部门的呆账贷款总额已达 400 亿美元。金融体系的脆弱性更加剧了危机发展,增加了政府控制和治理危机的难度。

3. 金融国际化过程中未建立相应的保障机制　在 20 世纪 80 年代国际金融自由化浪潮的影响下,泰国也加快了其金融业的对外开放。1991 年,泰国取消了经常项目下汇兑限制,1992 年,放宽了资本项目下的汇兑限制,并开放了本国资本市场。当时国内利率高于国际利率平均水平,引起外国短期资本的大规模流入。对外资的流入,政府没有给予适当的限制和引导,使亟须发展的行业项目得不到资金。另外,对本国金融投资者的监管制度也未建立,为金融危机的发生和进一步发展埋下隐患,金融危机发生时,本国投资者纷纷抢购外币资产,抛售本币资产,对股市和汇市的动荡起了推波助澜的作用。

三、以韩国为中心的东亚金融风暴

(一)金融危机爆发

1997 年初韩宝公司的破产已经预示着韩国经济的危机。同年 7 月中旬发生的起亚集团事件和 10 月初发生的双铃商事公司事件加速了韩国金融危机。金融危机的爆发,同样影响了其股市、汇市和本国经济与世界经济的发展。

(二)韩国金融危机的深层原因

1. 经济调整失败为危机提供了土壤　1994—1995 年韩国经济快速增长,韩国政府意识到经济要持续发展,必须适时调整,解决经济发展中出现的问题,创造更宽松的经济成长环境。于是,韩国政府决定:在 1996 年进行经济调整,包括降低经济增长速度,增加出口,改善国际收支,降低生产成本等,但调整的结果未能令人满意。

1996 年韩国经济增长速度(GDP 增长率)为 6.9%,低于年初政府设定的 7.2%的目标,宏观经济形势没有达到预定的要求;对外贸易赤字扩大,达到创纪录的 203.79 亿美元,比 1995 年的 47 亿美元多出了 3 倍,也远远超过年初政府设定的 70 亿美元的目标;进口增长,出口萎缩,经常项目逆差高达 237 亿美元;外债突破 1 000 亿美元大关,达 1 020 亿美元,由于韩国过高的工资、地价和利率,使其商品在国际市场上失去竞争力。经济前景令人担忧,股市连连下跌,韩元汇率不断贬值。

2. 大型企业集团破产倒闭加剧了金融危机　1997 年初,韩宝钢铁工业公司宣布无力偿债,拉开了韩国大型企业破产倒闭的序幕,相继引起三菱综合特殊钢公司破产、韩国最大酿酒商真露公司因债台高筑而倒闭、韩国第八大企业集团起亚集团因无力偿还 10 万亿韩元债务,成为银行援助对象。双铃商事公司也因债务问题面临倒闭的威胁。受韩国企业债务危机的影响,股市、汇市互相影响而下挫。企业危机转变为人们对金融机构的信任危机,而居民信心不足又可能演化为挤提风潮,这将给本已不堪重负的银行系统带来重创。居民竞相将本币资产迅速转化为外币资产,加剧了汇市、股市的动荡。这是 1997 年 11 月后韩国金融危机高潮迭起的最直接原因。

3. 短期对外债务问题将金融危机推向顶峰　到 1997 年 6 月底,韩国所欠 14 家外国银行的债务总额达到 1 343.3 亿美元,其中短期外债达 800 亿美元。到 1998 年底将达到 1 700 亿美元。许多企业为偿还债务，抢购美元。人们对韩元的信心再次受挫，汇市、股市大幅跌落，使韩国的对外债务问题成为金融危机加重的又一主要原因。

四、以印度尼西亚为中心的亚洲金融风暴

(一)印度尼西亚金融危机

1998 年印度尼西亚金融危机的显著特点是：时间短、影响面大、程度更深。印度尼西亚盾损失惨重，在危机发展第一阶段，印尼盾就贬值 50%，在东南亚各国货币中，其贬值幅度最大，印度尼西亚股市也猛跌不止。在第二阶段，印度尼西亚获得 IMF 230 亿美元的援助贷款，印度尼西亚盾的汇价才逐渐走稳，但由于受韩国危机影响，印度尼西亚盾汇率仍小幅下跌。

在印度尼西亚危机的影响下，东京日经指数下跌、纽约华尔街股市道—琼斯指数大跌、伦敦《金融时报》100 种股价指数大跌、德国法兰克福 DAX-30 股票价格指数下跌、法国巴黎 CAC-40 种股票价格指数下降、拉美国家股市也纷纷下挫。

印度尼西亚金融危机引起国际社会对亚洲的强烈关注。在国际社会和印度尼西亚政府的干预下，金融危机的高潮才过去。

(二)印度尼西亚金融危机的深层原因

1. *经济转型中的根本矛盾*　印度尼西亚经济在 20 世纪 90 年代中期进入调整转型时期，宏观经济中的矛盾不断出现，经常项目赤字占 GDP 比重上升、外债规模过大、银行不良资产增加等等。1994—1996 年，印度尼西亚 GDP 增长速度分别为 7.3%、7.6% 和 7.8%，但经常项目赤字在 1996 年达到 82 亿美元，占 GDP 比重为 3.8%，外债余额为 1 200 亿美元，其中短期债务占 21%，政府外债占 50%。外汇储备仅有 191 亿美元，与其庞大的外债余额相比，显得微不足道。印度尼西亚的金融体系也存在呆账、坏账等问题，其中绝大部分是房地产信贷。危机发生以后，全国 2 400 家房地产公司，因债务问题破产关门的就占一半。金融体系内的不良资产问题变得更加严重，这是 1997 年 9 月份后印度尼西亚金融危机不断加深的主要原因。

2. *金融体系的脆弱性*　与泰国类似的经济状况，招致了投机商对印度尼西亚金融市场的冲击。

3. *短期对外债务问题*　1998 年 1 月份，印度尼西亚金融危机又一次掀起高潮的根本原因是印度尼西亚与韩国一样面临外债到期与外汇短缺的矛盾，印度尼西亚的外债余额已达到 1 200 亿美元，短期外债 300 多亿美元。韩国遭到危机重创，韩元的大幅贬值对印度尼西亚盾起了很大的“示范”作用。到 1998 年 1 月底，印度尼西亚约有 100 多亿美元对外债务即将到期，负债企业纷纷在外汇市场抢购本已十分稀缺的美元，造成印度尼西亚盾大幅贬值。投资者对印度尼西亚经济前景看淡，加剧了股市下跌。就这方面而言，印度尼西亚的金融危机又步了韩国危机的后尘。

五、发展中国家的反思

亚洲金融危机的发生绝不是偶然的，无论是危机深重的泰国、韩国、印度尼西亚，还是程度稍轻的菲律宾、马来西亚、日本、新加坡以及受到冲击的缅甸、越南和中国台湾，它们在当代国际经济、金融一体化逐渐加深的过程中，其宏观经济内部矛盾、金融体系脆弱、协调监管不力成

为诱发危机的共同因素，也是“多米诺骨牌”效应发挥作用的客观基础。

(一)宏观经济失衡问题

从 20 世纪 80 年代开始，世界经济增长极转移到了亚洲，政府主导型市场经济展现出强有力的发展势头，创造出令世界惊叹的“东亚奇迹”、“东南亚奇迹”。

可以说，亚洲经济增长主要依靠投入推动。在发展战略上，亚洲许多国家都采取出口导向型战略模式。由于亚洲发展中国家工业化水平低，技术力量不足，出口产品以劳动密集型的产品和资源、原材料与半成品为主。随着经济的发展，劳动力成本上升，彼此之间竞争加强，出口增长的优势逐步丧失，对外贸易赤字增加，经常项目逆差占 GDP 比重上升，国际收支盈余主要来自资本项目盈余。资本项目盈余所增加的外汇储备具有较强的不稳定性，外资撤离时，外汇储备会很快下降。韩国、泰国的这一问题比较突出。产业结构与其发展战略已经出现较大冲突，但是，东亚、东南亚国家未适时做出结构调整，也未重新确定其发展战略，这一矛盾积蓄沉淀，加剧了经济失衡。在宏观经济状况恶化时，汇率制度又缺乏弹性，难以将积聚的压力释放出来，最终演变成金融危机。

(二)金融体系脆弱性问题

金融体系脆弱性问题是一个带有全球性的问题，但在亚洲金融体系中这一问题尤其突出。

对金融脆弱性的评估与衡量，在香港注册的美国戈德曼·萨克斯公司银行分析专家制定了相应的方法和衡量标准。依据这一方法，对东南亚国家金融脆弱性的衡量结论是：泰国金融系统的脆弱性指数为 22，韩国为 18，印度尼西亚和马来西亚均为 15。而美国的此项数值为 1。银行的脆弱性越大，承受危机打击的能力越弱，加剧危机的可能性也越大。据推算，亚洲银行业(不包含日本)的总呆账已超过 1 100 亿美元，印度尼西亚、泰国、马来西亚和菲律宾的银行呆账就达 730 亿美元。

东亚、东南亚各国银行不良信贷资产的形成，与政府对企业的过多保护有很大关系。政府经常主观决定给企业发放贷款，企业出现偿债困难后又给予庇护，企业盲目投资造成的风险转嫁给了银行。韩国、日本的不良信贷多源于此。1997 年韩国有许多大企业集团因财务危机而破产，给金融业造成巨大冲击，加深了金融动荡，日本金融市场受到亚洲金融危机的冲击，出现剧烈波动，都与金融体系的脆弱性紧密相关。

(三)资本市场开放与缺乏监控问题

国际游资的冲击是亚洲金融危机的外部原因。发生危机的亚洲各国，其资本市场实现了对外开放，国际资本可以自由进出。国际短期资本具有投机性和较强的流动性，对各国金融市场的冲击不可低估，需要各国政府当局建立起相应的监控机制。但是，亚洲各国政府对外资缺乏监督、调控，使得短期资本长期使用，投向生产领域的外资，一旦有风吹草动，便会迅速抽逃，使生产陷入瘫痪，增加了经济的脆弱性。韩国在引进外资中没有给予产业投向引导，许多短期资本进入汽车生产、电气制造等长期生产领域，金融危机发生后，短期资本撤出韩国，致使许多生产项目无法运转。

(四)货币可兑换与金融市场发育不协调问题

一国货币实现完全可兑换必须具备良好的宏观经济条件,而且国内金融市场体系发育完善、成熟,具备较强的抗风险能力。但发生危机的亚洲各国却不具备这一条件。在发生危机的东亚、东南亚国家中,货币已经实现了可兑换,或者在资本项目下可兑换的限制条件正逐渐减少。但是国内金融市场体系发育程度低,机制尚不完善又与货币可兑换要求格格不入。

泰国、韩国、印度尼西亚等国的金融市场容量小,自由度低,汇率制度的僵化与货币可兑换的矛盾冲突十分明显。钉住美元,或允许有条件的管理浮动与金融自由化的要求不符,在货币可兑换条件下,本国投资者能够自由地将本币金融资产转化为外币金融资产,当本国经济状况不支持币值时,本币发生信任危机,成为市场抛售的对象。外国投机商趁势兴风作浪,韩元在1997年11—12月份的大幅贬值,印度尼西亚盾在1998年1月份超乎寻常的跌幅,都反映出货币可兑换与市场发育程度低的尖锐矛盾。从这个意义上讲,泰国、韩国、印度尼西亚等国货币可兑换的时间有些超前。在实现货币可兑换的同时,却未形成市场化的汇率机制,也反映出以上各国在金融自由化改革政策方面的失误。

【本章结构】

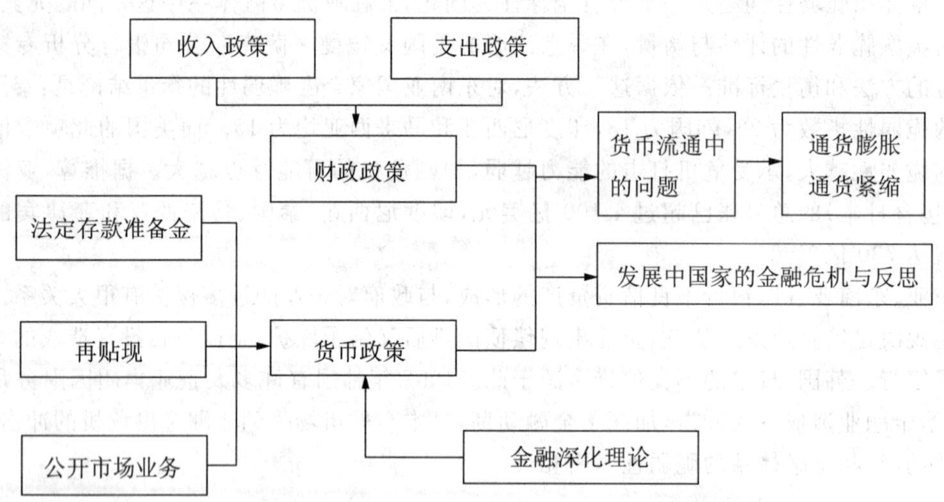

【本章思考题】

1. 解决货币流通中的相关问题时,财政政策及货币政策如何发挥作用?

2. 结合发展中国家的金融危机,分析金融自由化理论对发展中国家的实践有何启示。

【参考文献】

赵冬缓.新发展经济学教程.北京:中国农业大学出版社,2000

第十三章　国际贸易与经济发展

【引言】

古典经济学所阐述的：对外贸易是"经济增长的引擎"，已经体现在发达国家的经济增长过程中。发展中国家在探索有效的增长方式时，某些程度上借鉴了传统国际贸易理论的战略主张；而针对"中心-外围"的国际经济社会结构所提出的新的贸易理论，则对于当今发展中国家的贸易发展战略调整起到了更直接的指导作用。本章将阐述传统国际贸易理论对发展中国家的适用性；介绍从发展中国家的视角提出的贸易条件恶化论等新的国际贸易理论，分析发展中国家对外贸易战略的不同模式；还介绍了世界贸易组织对世界经济发展的作用。

【学习目标】

1. 理解传统国际贸易理论和新的贸易理论的差异。
2. 理解国际贸易理论对发展中国家对外贸易战略制定的指导作用。
3. 了解世界贸易组织促进国际贸易的目标及路径。

第一节　国际贸易理论

一、传统的国际贸易理论

发展中国家要发展对外贸易，以外贸来推动工业化进程和经济发展，必须有正确的国际贸易理论和政策作指导。但是，长期以来，统治着经济学界的国际贸易理论是传统的比较成本学说和要素禀赋学说，这些学说基本上适用发达国家，但对发展中国家而言却不太适用。因此，一些发展经济学家依据发展中国家的对外贸易现实，批评了传统的国际贸易理论，创立了一些适用于发展中国家的国际贸易理论，提出了许多有益的理论，战略和政策主张。但不少发展经济学家仍认为，传统的国际贸易理论经过某些修正，仍适用于发展中国家。

(一)比较成本学说

传统的国际贸易理论主要包括古典国际贸易理论的比较成本学说和赫克歇尔(E. E. Heckscher)与奥林(B. Ohlin)的要素禀赋学说。

比较成本学说多年来一直是西方国际贸易理论的基本原理。这一学说的假定条件是：①参加贸易的只有两个国家。②只有两种贸易商品。③两个国家的资源既定，并按同一固定比例的要素组合进行生产。④所有资源均已充分利用。⑤生产技术既定。⑥消费者嗜好既定。⑦完全竞争条件(意味着自由竞争、自由贸易,单个厂商不能影响价格。⑧资本和劳动资源(要素)只能在国内流动,不能在国际流动。⑨各国的进出口价值相等。⑩不存在运输成本。

在上述假定条件下,比较成本学说具有下述主要结论:

第一,贸易国双方应按现有劳动生产率较高即生产成本较低的原则进行国际分工和专业化生产,并用成本较低的产品去同对方国家成本较低的产品进行交换。

第二,按照这一原则进行贸易,双方国家可以不受本国资源的限制,交换并消费自己不能生产或不应生产的商品。

第三,经过这种自由贸易,双方国家的生产效率最高、资源利用最充分、产出量最大,从而,全世界的产出量也达到了最高水平。

从 19 世纪开始,比较成本学说就在西方国际贸易理论中占据了主导地位,并成为西方经济较发达的国家发展对外贸易的理论基础和政策依据,但同时也受到了一些学者的批评或修正。19 世纪中期,德国历史学派的先驱之一李斯特,从当时经济相对落后的德国的现实出发,批判了自由贸易的比较成本学说,认为该学说是为生产力发达的某些先进国家设计的,自由贸易只对发达国家有利,而对落后国家不利,它只能使落后国家永远受发达国家的掠夺、控制,成为其附属。因此,比较成本学说并不是适用于全世界的普遍规律,不能照搬。李斯特据此认为,像德国这样的经济落后国家,应当根据自己的实际情况走自己独特的发展道路;在国际贸易中,应当实行贸易保护主义政策,来扶持本国民族经济的发展,鼓励外贸出口。

(二)要素禀赋学说

比较成本学说在 20 世纪初又得到了某些修正和发展。1919 年,瑞典经济学家赫克歇尔提出了“区域贸易”理论来补充比较成本学说。1933 年,他的学生奥林出版了《区域贸易与国际贸易》一书,发展并完善了赫克歇尔的学说,被称之为“赫克歇尔—奥林定理”或“要素禀赋”学说。1948 年、1949 年,萨缪尔逊又补充了这一学说,被合称为“赫克歇尔—奥林—萨缪尔逊定理”。

这些理论首先批评了比较成本学说,主要观点是:①它是静态的,是单一要素的国际分工与专业化理论,是以生产率固定不变(而不是可变)为前提的,这不符合事实。②成本中未包括地租在内。③认为生产中的要素(主要是资本与劳动)的组合比例不变,这是违背事实。④认为各种劳动工资之间的比例固定不变,但事实上各个国家的工资、不同行业或专业的工资是不同的、经常变动的。⑤它忽视了需求变化对国际贸易的影响,仅从供给方面考虑问题,而事实上需求对产品的成本与价格有很大影响,从而可以直接影响一国的进出口贸易等。

在上述批评的基础上,他们对比较成本学说做了修正,提出了“赫克歇尔—奥林—萨缪尔逊定理”。中心观点是:区域是贸易的基本单位,国家是区域的一种,因而国际贸易理论是区域贸易理论的应用;区域间产生贸易的必要条件是产品相对价格不相等,即两个区域在孤立状态时存在着价格结构上的差异。这种差异是由各国劳动生产率在变化中(不是固定不变)的差异引起的。区域间贸易的充分条件是,各国商品的直接可以比较的绝对价格存在着差异,即商品按成本最小生产出来,其货币成本(价格)存在着差异。这种差异又是由各国生产某种商品时具有相对丰裕的要素赋有条件产生的。由此得出结论:发生贸易的各国应生产并出口本国生产要素供给丰裕的商品,进口本国生产要素稀缺所生产的商品。比如,一国资本供给丰裕、价格便宜，就生产资本密集型产品，并出口这些产品换回自己必需的产品；反之，一国劳动资源丰富，拥有劳动力价格低的优势，就应生产并出口劳动密集型产品。

上述理论的政策含义是：一国应实行自由贸易，按要素赋有条件进行国际分工和专业化生产。通过这种生产和贸易，可以使各国福利水平提高并使全世界的产出达到最高水平。可见，其含义与比较成本学说是一致的，只不过对国际贸易产生的原因解释不同，对比较优势的内容论述角度不同，对国际分工和专业化生产的程度强调不同以及研究方法上存在着差别。除此之外，这一理论还有几项重要推论：

(1)在自由贸易条件下，生产的专业化不可能充分实现。比较成本学说认为自由贸易将使各国实现充分的专业化，但事实上，一国若密集地使用原来较丰裕的生产要素，会逐渐引起成本提高，使商品价格超过国际市场价格，因而不能继续扩大这类商品的生产，从而使生产的专业化程度受到限制。

(2)自由贸易将引起各国的生产要素价格趋于均等。各国生产要素的丰歉产生了商品相对价格的差异，从而导致了国际贸易。而贸易的结果，又会缓解各国生产要素配置的不均衡，使各国生产要素的价格趋于相等，从而给贸易各国带来利益。

(3)国际贸易可以改善国内的收入分配状况。国际贸易使各国生产要素的价格趋于均等，这意味着一国国内稀缺资源的报酬将下降，丰裕资源的报酬将上升，因而国内收入分配不均的状况会得到改变。

(4)国际贸易可以促进一国的经济增长。国际贸易使一国有可能越过本国的生产可能性边缘曲线去获取资本消费品，以较低的价格获得本国稀缺的原料、机器设备、技术知识等，从而为生产规模和产出的扩大创造有利条件。因此，国际贸易是经济增长的引擎。

上述观点，综合起来，就是传统的国际贸易理论的核心内容。

二、新的国际贸易理论

经过几十年的探讨及实践，关注发展中国家的对外贸易方式以及在国际贸易中地位变化的理论体系逐渐完善，形成了一个包括基本理论、发展战略、政策策略、手段与机制在内的新的国际贸易理论体系。这些理论对国际贸易格局和贸易条件向有利发展中国家的转变产生了积极的影响，对发展中国家的对外贸易起到了一定的指导作用。

1950 年，普雷维什在他的一篇著名论文中，首次提出了“中心-外围”学说，并集中论述了“贸易条件恶化论”。同年德国出生的经济学家辛格在《美国经济评论》上发表了《论投资国和供贷国之间的收益分配》一文，提出了与普雷维什大致相同的理论，因而“贸易条件恶化论”被合称为“普雷维什-辛格假说”(Prebisch-Singer Hypothesis)。在这里将对他的贸易条件恶化理论作进一步的陈述，并结合这一问题介绍其他学者的看法。

(一)技术进步与贸易条件

普雷维什抨击了传统的对外贸易理论，指出了所谓国际分工和专业化原则的非现实性，并认为它不利于、也不适用于欠发达国家。普雷维什认为，在世界经济发展中，由于技术进步的发展程度不一样，一些国家的生产技术水平、劳动生产率高，善于进行创新，以制造品的生产为主，从而逐渐成为世界经济的“中心”；而另一些国家技术发展慢，劳动生产率低，以农产品和初级产品的生产为主，从而逐渐成为世界经济的“外围”。中心是技术创新者、经济利益获得者和发展的动力,外围则是中心的附庸、原料提供者和初级产品同中心交换,这就形成了国际贸易的中心—外围格局。由于中心的技术水平高、生产率高,制造品的价格高,需求收入弹性也高,而外围的技术水平和生产率低,初级产品价格低、收益递减,因而在双方的贸易中,产生了技术进步成果分配的不平等,即欠发达国家的出口产品价格低,发达国家的出口产品价格高,欠发达国家的出口产品价格与进口产品价格之比(Px/Pm 即贸易条件)不利,从而使经济剩余转向发达国家,产生中心剥削外围的现实。

普雷维什认为,贸易条件主要是由技术进步状况决定的,可以用要素收入与生产率的关系以及工业品与初级产品的价格比率来说明。一般说来,相对于农业而言,工业部门容易吸收新技术,因而技术水平高。工业技术进步会提高工业生产率,使工业的要素收入增加,并使工业品价格较高(因为资本投入多)。而农业部门技术落后,劳动生产率低,农业投入要素的边际收益递减,并使农产品价格较低。这样,工、农业产品的比价就有利于工业品而不利于农产品;另一方面,欠发达国家如果从发达国家引进新技术,会提高它的劳动生产率并增加其要素投入的收入,但是,由于欠发达国家人口压力过大、劳动力过剩,使要素收入的提高慢于生产率的提高。这样,技术进步的利益就会被人口所抵消,使欠发达国家的劳动生产率、工资率、产品价格都低于发达国家。所以,贸易条件的恶化(也可以用农产品、初级产品对工业品的购买力来度量)就不可避免。

除此之外,普雷维什还用“贸易周期”的变化来进一步说明贸易条件的决定。他指出,在贸易周期上升阶段,初级产品的价格比工业品的价格上涨快,但在贸易周期下降阶段,初级产品价格比工业品价格跌落快。相比而言,初级产品的价格上升的少、下跌的多,因而贸易条件不利。而且,当初级产品的价格缺乏弹性并且不得不用降低价格来清出外贸市场(以低价多出口初级产品来平衡进口逆差)时,初级产品的贸易条件就会恶化。

(二)产品的需求收入弹性与贸易条件

贸易条件除主要决定于技术进步外,还与产品的需求收入弹性有关。根据恩格尔定律在国际贸易中的应用,随着一国收入的增长,总收入中分配给初级产品生产部门的部分将下降,分配给工业品生产部门的部分将上升。假如初级产品和工业品的需求收入弹性一致,那么初级产品与工业品的生产、供求和贸易将趋于平衡。但事实上,各国对工业品的需求相对较大,对初级产品的需求相对较小,因而工业品的需求收入弹性大,初级产品的需求收入弹性小。资源不能顺利地从初级产品生产部门转到工业品生产部门,如按既定资源进行生产,就会出现初级产品的供给过剩,从而价格下跌,而工业品需求过度,从而价格上升的局面。再有,初级产品的生产是竞争的,劳动生产率提高只会引起价格下降,而工业品的生产相对是垄断性的,生产率提高会引起价格上升。所以初级产品的贸易条件不利,也就是说贸易条件在不断恶化。

(三)商品贸易条件和收入贸易条件

普雷维什和辛格在 1950 年提出贸易条件的概念之后,受到了发展经济学家的普遍重视,他们纷纷从理论上,统计材料上来论证和验证这一理论,并且提出了一些新的概念和观点来进一步补充和发展它。1969 年,威尔逊(T. Wilson)、辛哈(R. R. Sinha)和卡斯特里(J. R. Castree)又提出了“收入贸易条件”的概念来补充普雷维什的理论。(威尔逊、辛哈和卡斯特里《发达国家和不发达国家的收入贸易条件》载《经济学杂志》,1969 年 12 月号。)

他们指出，在研究发展中国家的对外贸易及其与经济发展的关系时，应当区分两种贸易条件，一种是“商品贸易条件”；另一种是“收入贸易条件”。

商品贸易条件就是普雷维什所说的贸易条件 Tb，它是商品的出口价格指数与进口价格指数（百分率）之比，即 $Tb=Px/Pm$。商品贸易条件在应用于国内贸易时，还可以指工业品与农产品、工业品与初级产品、农产品与劳务等产品之间的价格指数之比，如工业品价格指数与农产品价格指数之比，就是工农产品的贸易条件。

所谓“收入贸易条件”Ti，则是指出口产品价格指数与进口产品价格指数之比乘以出品量，即商品贸易条件与出口量的乘积：

$$T_i=(Px/Pm)\times Qx=Tb\times QX$$

威尔逊等认为，上述区分是很有意义的，因为：商品贸易条件衡量的是出口对进口的单位（或平均）购买力，而收入贸易条件衡量的是出口对进口的总购买力；商品贸易条件是从相对意义上反映一国的贸易地位。

商品贸易条件决定收入贸易条件，但两者在数量上、意义上是有所不同的：商品贸易条件恶化，收入贸易条件可能随之恶化，也可能随之改善（如果出口量 Qx 增大的话）。如果后者恶化了，对经济发展不利，如果后者改善了，则对经济发展有利。反之则反是。因此，相对而言，收入贸易条件更为重要，对于分析一国经济发展问题更为有用，尤其是当用人均收入指标来衡量经济发展的时候。

（四）贸易条件与国际收支平衡、经济增长

普雷维什是深入考察贸易条件的重要意义以及他对经济增长和国际收支平衡的影响和作用的第一位发展经济学家。

他指出，贸易条件、产品的需求收入弹性是一国进口贸易增长的重要决定因素，也是调节一国进出口贸易和经济增长的重要机制。以两个国家、两种商品的贸易为例：假定发达的中心国家生产和出口需求收入弹性高、贸易条件有利的制造品，欠发达的外围国家生产和出口需求收入弹性低、贸易条件不利的初级产品。在贸易之前，假定中心与外围的国民收入增长率相等，均为3%，即 $g_c=g_p$（g_c 代表中心的收入增长率，g_p 代表外围的收入增长率），如果中心的制造品需求收入弹性（e_m）为1.3，外围的初级产品需求收入弹性（e_p）为0.8，那么，中心的出口增长率（用 x_c 表示）和进口增长率（用 m_c 表示）就是：

$$x_c=g_p\times e_m=3\%\times 1.3=3.9\%$$
$$m_c=g_c\times e_p=3\%\times 0.8=2.4\%$$

同理，外围的出口增长率（用 x_p 表示）和进口增长率（用 m_p 表示）为：

$$x_p=g_c\times \dot{e}_p=3.0\times 0.8=2.4\%$$
$$m_p=g_p\times e_m=3.0\times 1.3=3.9\%$$

可见，即使两国的经济增长率一致，由于各自产品的需求收入弹性或贸易条件不一致，两国的进、出口贸易增长率、进出口结构会产生差别：中心国家的出口增长快于进口增长，从而国际收支出现顺差，外围国家的出口增长慢于进口增长（$x_p<m_p$，$2.4\%<3.9\%$），从而外贸和国际收支出现逆差。

发展中国家国际收支逆差的产生，会对经济增长产生不利的影响，如引起贸易条件恶化、增加进口支付的困难，从而影响到国内经济增长。普雷维什提出了解决这个问题的几种选择性调节机制：

第一，采取通货贬值政策来弥补国际收支逆差。

第二，放慢经济增长率来平衡外贸和国际收支。国际收支不平衡主要是外贸逆差引起的，外贸逆差又主要是进出口贸易不平衡、即进口大于出口引起的。因此，要平衡国际收支，可以通过减少进口、平衡外贸来实现，但这又意味着要牺牲经济增长率，使经济增长速度放慢。如上例中，外围国家要平衡国际收支，必须使进口（m_p）等于出口（x_p），即：

$$m_p = x_p$$

因为进口等于经济增长率（g_p）乘以需求收入弹性（e_m）即：

$$m_p = g_p \times e_m$$

所以：

$$g_p \times e_m = x_p \text{ 或 } g_p = x_p / e_m$$

当 $x_p = 2.4$，$e_m = 1.3$ 时：

$$g_p = x_p / e_m = 2.4/1.3 = 1.864$$

这就是说，外围的国民收入增长率必须由原来的 3%降低为 1.864%，才能促使进出口贸易实现平衡，从而解决国际收支逆差。但若如此，外围与中心在经济增长、收入水平方面的差距就会出现并逐渐拉大。

不仅如此，如果考虑到人口因素，当外围的人口增长快于中心时，外围的人均收入会显得更低，在人均收入方面与中心的差距就会更大。

第三，采取贸易保护主义措施，改善贸易条件，改变外贸结构。普雷维什认为，上述两种机制的消极影响都很大，不宜长期采用。要从根本上解决国际收支问题，必须由国家出面，采取保护主义措施，以改善贸易条件，鼓励出口，限制进口，改变外贸结构。

普雷维什提出上述理论后，1962 年，西尔斯（D. Seers）在《一个比较世界经济增长率的模式》一文中，又提出了“进口函数”模式来进一步说明外围国家如何克服国际收支平衡并缩小与中心国家的经济增加差距。

西尔斯认为，解决这些问题可以采取资本输入或进口替代的办法。但他又认为，资本流入会产生债务负担，而进口替代的任务太艰巨，因此，最好的办法是改变外围的进口函数，使其进口函数变成中心国家的那样（如进口函数值为正）换言之，就是降低外围对工业品的需求收入弹性，同时提高出口的初级产品的需求收入弹性（即提高中心国家的进口需求收入弹性），彻底改变外贸结构。

第二节　对外贸易与经济发展

国际贸易作为商品经济的一种高级形式，给世界带来了生产进步、技术发达和经济繁荣。然而，从发展经济学的角度来看，国际贸易对发展中国家还具有种种特殊的重要意义。对外贸易作为一国经济发展的引擎是通过外贸的传导作用和乘数作用来实现的。

一、对外贸易的传导作用

世界上各个国家与地区之间的经济相互联系，彼此影响。由于大多数发展中国家国内市场狭小，对世界市场依附性大，国民经济的变动很可能首先来自外部的冲击，于是就产生了“传导”的问题。发展中国家与其他国家，尤其是与发达国家的贸易联系中传导作用，是经济稳定和持续增长，或是通货膨胀和经济衰退。

发达国家的经济高速增长、原料价格上涨或工业品价格下降，必然有利于发展中国家扩大出口，加速增长。反过来，发达国家初级产品滞销或工业品价格上涨也会波及发展中国家，使这些国家出口减少，贸易出现逆差，国民经济的均衡遭到破坏。

从每个发展中国家的角度看，世界市场价格有较大幅度波动时，首先受影响的是国内与世界市场有直接联系的部门和地区。这些部门和地区的经济会有相应的反应，如产品价格上涨和下落，产量增加或减少，成长加速或停滞等。然后，这些变化又通过这些部门或地区与国内那些同世界市场没有直接联系的部门或地区的联系而传导给国民经济的其他部门，影响其他产品的价格和产量，从而，使得整个国民经济都受到世界市场的影响。

这种传导作用取决于以下三个因素：①该发展中国家的进出口在世界进出口中的比重，以及该国对某些世界性商品的供给与需求占各该商品总供给量与总需求量的比重。②发展中国家在国民经济中，与世界市场有直接联系部分所占比重。同时要看该国对各种世界性商品的供求状况，即这类产品的进口量、出口量、国内生产量、消费量以及在该国国民经济中的重要性及其近期变动趋势。③各国政府所采取的利用世界市场形势以促使本国经济增长或防止本国经济遭受世界市场冲击的政策。

可见，一个开放型经济可以通过国际贸易传导世界经济的影响。这种影响的大小取决于它同世界市场联系的程度。发展中国家可以从这种传导中获得好处，也不可避免地要承受世界市场波动的冲击。时至今日，一个国家经济完全自我封闭起来与世隔绝是不可能的；只有建立在自力更生的基础上的积极开放政策，才能既获得对外贸易的各种好处，又能防止、减少或避免遭受世界市场波动的冲击。

二、对外贸易的乘数作用

西方经济学认为，在一定的条件下，国内投资的增加可以使总收入增加若干倍，倍数（即“乘数”）的大小取决于增加的收入中用于消费和储蓄的比例。这种倍数即“国内乘数”。在开放经济中，对外贸易也同样有乘数的作用，即“对外贸易乘数”。对外贸易乘数原理主要是说明：在边际储蓄倾向和边际进口倾向之和小于1的条件下，增加出口有利于提高总需求水平并增加国内就业量；他分析的是：每增加一元出口额使国民收入增加多少元，从而又可以使国内增加多少就业。

(1)国内收入均衡公式为：

$$C+I+X=C+S+M$$

（总需求）　（总供给）

式中：K 代表乘数，C 代表消费，S 代表储蓄，I 代表投资，X 代表出口，MM 代表进口，Y 代表收入。

现假定投资 I 与储蓄 S 没有变动，仅出口扩大，那么新增加的出口量就要被等量的进口所抵消，否则就破坏了均衡。

为了使 $X=M$，X 的增量（ΔX）与 M 的增量（ΔM）也应相当。

出口增加（价格不下跌时）可以增加收入，但是既然投资与储蓄都没有变动，那么所增加的收入将用于消费和用于进口。在这种情况下，收入将增加多少倍，与所增加的收入中究竟有多大的比例用于进口有关。增加的收入中用于进口的比例，称做“边际进口倾向”。

$$\text{边际进口倾向} = \frac{\Delta M}{\Delta Y}$$

这时，

$$\text{对外贸易乘数} = \frac{1}{\frac{\Delta M}{\Delta Y}} = \frac{\Delta Y}{\Delta M}$$

这就是说，增加的收入中，消费占 4/5，进口占 1/5 时，乘数为 5；消费占 3/4，进口占 1/4 时，乘数为 4；消费占 2/3，进口占 1/3 时，乘数为 3。可见，对外贸易乘数的大小，决定于进口在增加收入中所占比例的多少。

如果由于出口扩大所增加收入全部用于进口品，则对外贸易乘数为 1。在这种情形下，假定其他条件（如国民收入分配状况、消费与储蓄的比例、价格等）不变，那么出口的扩大不会对国民收入的增加起连续推动的作用。

(2)进一步假定出口扩大所增加的收入，既用于消费，又用于储蓄，既用于购买本国产品，又用于购买进口商品。在这种情况下，出口扩大所增加的收入倍数的大小，取决于两个因素：一是“边际进口倾向”（增加的收入中用于进口部分所占的比例）；二是“边际储蓄倾向”（增加的收入中用于储蓄部分所占的比例）。

$$\text{边际进口倾向} = \frac{\Delta M}{\Delta Y}$$

$$\text{边际储蓄倾向} = \frac{\Delta S}{\Delta Y}$$

$$\text{这时，对外贸易乘数} = \frac{1}{(\frac{\Delta M}{\Delta Y}) + (\frac{\Delta S}{\Delta Y})} = \frac{\Delta Y}{\Delta M + \Delta S}$$

即，边际进口倾向和边际储蓄倾向越小，国民收入最终增加的倍数就越大；反之，国民收入最终增加的倍数就越小。

(3)由于边际储蓄倾向和边际进口倾向之和不会大于 1，而且经常小于 1，这就是说扩大出口所增加的收入中总有一部分是用于购买本国产品，从而可以一轮又一轮起连续推动作用，使国民收入和就业量都一轮一轮地增加。可见，只要增加的收入中有些被用于购买本国产品，扩大出口是有利于国内就业的。

由此得出的政策性结论是：第一，发展中国家应当扩大出口；第二，应当使出口扩大所增加的收入中有较多的部分用于购买本国产品，也就是努力实现“国产化”。这样才能提高总需求水平并增加就业量。

总之，发展中国家，即使在边际储蓄倾向和边际进口倾向之和小于 1 时，也只有在该国国内尚未达到充分就业均衡状态，而且世界总进口值增加的情况下，才能扩大出口，并通过出口的扩大来带动经济发展，对外贸易的乘数作用才能发挥出来。从这方面看，对外贸易乘数分析是一种有用的分析工具。

三、贸易保护主义与经济发展

但是，在国际经济学和国际贸易理论中，长期的主要矛盾是保护与自由两种贸易理论和政策的对立运动。

从世界资本主义发展的历史看，大凡增长迅速、发展顺利的阶段，自由贸易的理论就占统治地位；相反，经济转入萧条、停滞时，保护措施严格，保护主义的主张便甚嚣尘上。从一个国家看，经济上占优势、向外扩张时期，就主张贸易自由、门户开放；而处于落后、开发阶段，则加强保护、闭关自守。这类实例在经济上不胜枚举。英国古典学派的自由贸易理论与德国李斯特的保护主义学说是最典型的代表。

所谓"自由贸易"就是排除对贸易的一切干预，放任厂商自由从事贸易活动。自然，加强一个国家的资本反对外国资本的力量的保护措施不仅仅是关税壁垒，还有非关税壁垒。因此，人们把国家通过关税、限制进口数量、发给补贴以及更广泛的产业政策，一方面阻止外国的竞争，另一方面扶植、加强和保护国内产业，称之为保护贸易。

发展中国家实行保护贸易政策的理论基础有下列三种：

(一)幼稚工业论

这种理论认为，发展中国家原来依赖进口的产品如果改由国内自行生产更经济。不过，由于缺乏经济及训练有素的熟练劳动力以及市场不发达，一开始不可能经济地生产产品以抵制外国同类产品的竞争。在这种情况下，政府利用保护政策，限制或禁止外国同类商品进口，使国内新兴工业能够建立，同时使其在开创阶段积累经验、培训人才，在开拓市场时也能赢利。这种保护幼稚工业理论所主张采取的保护措施具有暂时性，一旦新兴工业达到正常效率水准即可废除。之后原来被保护的部门应能自力无需保护也能应付国外的竞争。

(二)萌芽经济论

这种观点和前一种观点多少有些联系。他们的区别是，这种观点认为，在发展中国家或地区，新兴工业最初缺乏竞争能力，并非由于某个工业部门缺乏效率，而是因为整个国民经济本身发展的落后，普遍缺乏熟练劳动力、电力及其他基础设施不足、购买力低，从而限制了大多数工业品的市场扩大。加上资本市场缺少或不健全，借款利息过高，对工业投资缺乏信心以及现有资本不足。此外，分配制度缺乏效率，工业品的分配不经济。类似这些问题并非由于哪一个工业部门单独造成的，而是与整个社会有关，因此，只有许多工业部门同时成长才能改变。在这种情况下，"萌芽经济论"主张鼓励促进各行各业的增长(百业俱兴，"平衡增长")，其中任何一种部门的成长都有利于解决工业发展的阻力。

这一理论认为，推动经济发展所必须付出的代价便是提高关税，使新兴工业的盈利能力提高到人们愿意投资的地步。因此，这种理论主张的是提高一般关税的水准而不是仅仅对少数特殊部门实施保护关税。

与保护幼稚工业理论的共同点是，萌芽经济论也不主张对永久不会在本国生产的产品课以关税，因为这种关税纯粹是以增加财政收入为目的，而不是为了促进本国经济发展所征收的保护关税。

(三)未利用资源论

这种观点认为，大多数发展中国家的重要特征之一，是许多资源都被闲置，没有加以利用。这些没有能被利用的资源中主要的是人力资源—劳动力，其次是土地、森林、水力、地下矿藏等其他自然资源。如果劳动力并非完全闲置，多数也是用在并非真正需要的地方，即所谓“隐蔽性失业”。

由于闲置的资源并不能增加一国的国民生产总值，因此通常被人们看作不必付出代价的资源。也就是说，利用这种资源，对于整个经济来说，并没有任何损失。

一个大的发展中国家如果存在着大量闲置的劳动力以及其他尚未利用的资源，只要利用对新兴工业进行补贴的办法不太过度，而这种补贴的办法并没有降低国民收入，则可借补贴新兴工业使其利用闲置资本以增加国民收入。因此，可以实施保护关税制度。从另一个角度看，未利用资源论可以说是“比较优势”原理的一种变形。主张只要生产的产品较之生产其他产品的不利程度低就可以。保护关税就是使本国产品的不利程度趋于最小的一种方法。

然而，不论是采取保护关税、进口限额、禁止进口、管制进口，或其他保护措施，短期效应是提高被保护产品的国内市场价格，增加消费者的负担。但是，更重要的是，保护主义还会给整个经济造成长期不良的影响。这种不良影响，可以大致归纳为以下几点：

1. *浪费经济资源*　对国内生产者加以保护的结果，使被保护产品的价格提高，从而使本国产品形成了一种垄断局面，若这种产品的需求弹性小，即对消费者来说是极为重要的必需品时，就等于由消费者直接对被保护产品进行补贴。这种产品价格提高后可以获得超额利润，因而有能力以较高的价格购进所需的生产要素。结果，被保护部门必然与其他未受保护的高效率部门争土地、资本、原料、人力、电力和其他能源以及交通运输等基本设施的使用。这些都会影响效率高的其他部门的发展。

2. *转移收入分配*　受保护的产品价格提高，如果消费者的收入并未增加，而受保护的产品又是需求弹性小的重要必需品，其结果必然使消费者减少对其他未受保护产品的需求，高效率部门的产品的市场将因此缩小。这等于把效率高的部门的收入，转移到效率低的部门去，也就等于阻碍了效率高而未受保护的部门的发展，整个经济增长都会因此受到不利影响。

3. *增加国际收支的不平衡*　一个国家传统的出口工业品生产部门，一般都具有相对优势而效率较高。保护新兴的部门，不但有可能占用原来可以创汇的出口部门生产所需的资源，而且也和出口部门争电力、运输等基本设施的使用，并且也提高了物价水平和生产成本。从国际收支的角度看，受保护的低效率部门的存在，有提高生产成本并使进口更加有利而使出口更为困难的趋向。其影响所及，一方面提高了进口需求，使外汇支出增加；另一方面也降低了借出口增加外汇收入的可能性。结果，不但发展国家国际收支的不平衡问题更加严重，而且也会使经济发展受到阻碍。

4. *阻碍生产力的提高*　实行保护政策，由于国内市场的狭小以及其他不利因素的存在，往往会使受保护的产品成本增加。而且，在垄断的局面下，厂商也往往不求提高生产效率和改进产品质量。在这种情况下，厂商为求本身的存在，对政府保护的依赖程度越来越大，因此保护的期限也越来越长。在长期的保护下，应用现代生产技术的诱因必然减少，从而将阻碍生产力的提高，使国民经济将长期处于停滞、落后的局面。

5. 导致生产效率的低下 受保护的部门必然是生产效率低的部门。然而，在整个国民经济体系中，各部门之间都具有广泛的密切联系。一种受保护部门的产出，很可能是另一种部门的投入。因此，通过投入产出连锁反应的作用，受保护部门的低效率可能延伸到其他部门。

四、贸易自由化与“修正的自由贸易政策”

事实上，贸易是双边活动，一国的保护政策必然涉及对方的利益，从而促使对方采取报复行动，使用相应的保护措施，使原来的保护政策失去作用，变得毫无意义。

20 世纪 70 年代初，在石油危机发生后，发达国家政府和各种国际经济组织及机构都大力鼓吹贸易自由化。加强市场机制和实行贸易自由化，也是联合国、世界银行和国际货币基金组织推动第三世界国家经济调整与改革的指导方针。“私营化、自由化、国际化”是许多发展中国家经济改革的趋向。

然而，完全竞争的自由放任条件在现实生活中并不存在，而保护主义在当今世界却广泛流行。在这种情况下，传统的自由贸易理论显然已不能应付这种新形势，因此，“修正的自由贸易理论”便应运而生。

“修正的自由贸易”，是由英国经济学家、1977 年度诺贝尔经济学奖获得者詹姆士·爱德华·米德(James Edward Meade)提出的。他的代表作《国际经济政策的理论》一书被誉为“国际经济学中的一个里程碑”。他在这部纯经济分析的巨著中推导出的国际经济政策建议，就是“修正的自由贸易”。他认为，贸易限制包括对生产要素的国际间自由流动的限制，在经济理论上是不足取的。因为，保护主义政策不能真正使一个国家的国内经济和对外收支都平衡，也不能使世界资源得到充分有效的利用，以创造最高的国民收入，并在各国间实现合理的分配。詹姆士·爱德华·米德说：“在现代世界上恢复一个自由的经济秩序，并不意味着仅仅是自由放任的一种消极行动，它需要国际经济组织(如果没有超国家的组织)的大大发展……”即要有国际机构的协调与监督。可见，詹姆士·爱德华·米德所主张的并不是无条件的自由放任，而是一种有监督的自由的国际经济秩序。

第三节 发展中国家的外贸发展战略

按照限制发展或鼓励发展对外贸易两个基本方向，可以把发展中国家的对外贸易发展战略分为内向型和外向型两大类，每一类又可分为初级的和次级的两种。

初级内向(Primary inward-Looking)是指经济上完全自给自足，以农业经济为主、不与外国进行贸易的一种发展战略；次级内向(Secondary inward-Looking)又称进口替代(Import Substitution)，指通过采取贸易保护政策，发展国内消费品或制造品的生产，来取代原来需要进口的同类商品。

初级外向(Primary outward-Looking)是指对外贸易中以农产品、初级产品的生产和出口为主，同时换回发展这些生产或工业部门所需要的制成品、资本品；次级外向(Secondary outward-Looking)又称出口替代(Export Substitution)是指采用鼓励或保护措施，发展以制造品为主的生产和出口。

根据上述分类，发展中国家的对外贸易战略大体可划分为三种：进口替代战略；出口替代战略;综合性的外贸战略。

一、进口替代战略

进口替代就是当进口商品的规模达到可以进行国内生产的最小经济规模(这里所谓最小经济规模,指按照一个国家的资源赋存状况,在和国外生产者进行竞争的条件下,能确保一定利润(或收益)的最低限度的生产规模。)时,通过采取某些限制进口的政策,将这一市场保护起来,利用它来建立和发展国内同类商品生产的工业。

进口替代可以说是利用国际贸易所开拓的国内市场发展经济的一种方式。对于在19世纪选择了初级产品出口机会的国家来说,进口替代必然成为其国内工业化的起点。

在二次大战后发展中国家进口替代过程中,以下几项措施起到了重要的作用:

1. 进口限额　进口限额亦称限制进口数量,指政府在一定时期内,对若干种进口商品规定数量或金额方面的限额,其对于进口替代的作用是抬高进口商品在国内市场上的价格,以排除其在价格以至于质量方面与国内同类商品的竞争。这是因为,一旦对进口商品在数量上进行管制,进口商品在国内市场上就会因供不应求而形成价格上涨。管制越严,进口数量越少,价格上涨程度就越高。这样,国内同类替代品的产量和价格也同时趋于上升,既抵消了它在生产上的高成本,也填补了由于限制进口而形成的国内市场上的供给缺口。

2. 外汇管制　为保证进口替代产业的发展,政府集中使用外汇,并把较多外汇分配给进口替代部门投入物品的进口者,而不是被限制物品的进口者。而由于在国内通货膨胀过程中,汇率的调整慢于币值本身的变化,这样,官定汇率便越来越偏离外汇实际供求状况所决定的均衡汇率,形成过高的汇率。这种情况对于拥有较多外汇的进口替代部门是十分有利的,因为这样会降低进口物品的国内价格,从而降低进口替代部门产品按国内价格结算的成本。

但是,这种做法对出口部门却是明显不利的,因为这样实际上就降低了出口物品的国内价格。所以,在这一过程中,由于汇率偏高,出口部门的部分收入以隐蔽的形式转移到了掌握大量外汇的进口替代部门手中。

3. 关税　实行进口限额会带来繁琐的行政手续,并进一步带来庞大的行政开支,效率往往也并不高。随着进口替代范围扩大,这方面的问题日益严重,这样,进口限额便让位于关税。主要办法是“差别关税”。消费品关税率最高,中间物品次之,资本品最低。上述三项政策以及其他进口替代政策,使推行这些政策的发展中国家的进口结构发生了迅速变化。在许多国家,除粮食外,消费品进口普遍趋于减少,而中间物品和资本品的进口则趋于增加。但同时,上述各项政策也使许多国家的国内生产结构出现了一系列偏向。

(1)鼓励进口替代部门使用进口物品。由于汇率偏高,使用进口投入物品进行生产就十分有利,结果导致进口替代产业多用进口物品的技术倾向。

(2)损害出口部门的利益。汇率偏高对于出口部门是一种隐蔽的“课税”,而对进口物品使用部门却是一种隐蔽的“补贴”。

(3)生产的低效率。进口限额和差别关税限制了外来产品的竞争,这样,国内进口替代产业就很少有降低成本、改进质量、提高生产效率的压力,从而造成了整个国内生产的低效率。

所以,在经历了最初的发展之后,进口替代工业化在许多国家都趋于停滞。

二、出口替代战略

在进入20世纪60年代以后,伴随着进口替代范围的扩大而来的外汇进一步短缺和发展的停滞，迫使一些发展中国家纷纷放弃了进口替代工业化政策，而转向了“制成品出口导向型”发展战略，即通过促进消费品等工业制成品的生产和出口，替代传统的初级产品的生产和出口，由此来推动国内工业化和经济发展。就是所谓出口替代。

从传统的进口替代工业化到出口替代工业化，必然要求发展中国家的政策发生相应的转变，以促进出口替代部门的建立和发展。概括起来，主要有以下几方面：

(1)对若干能迎合国内外市场的商品课征产品税。这种做法是在继续维持高汇率的同时试图抵消其对出口部门的影响(出口部门的减产)，以确保出口的一项很消极的措施，其目的在于提高出口商品的国内价格，以便减少该产品的国内消费部分。该项措施对出口部门的生产本身没有任何积极鼓励作用。

(2)补贴、产品税减免、所得税优惠、对出口部门投入物品实行优惠供给价格和运费折让等。这些做法也是在继续维持高汇率的同时试图抵消其对出口部门生产的不利影响，以鼓励出口部门的生产。

(3)外汇留成。在高汇率的情况下，为确保出口部门的利益，令出口部门保留部分外汇，按市场汇率出售或用于进口所需投入物品，而无需按官定汇率将出口所获全部外汇结售从事货币管理部门。

(4)合理汇率。鼓励出口，最根本的办法还是政府渐渐放宽其外汇管制，使汇率更接近于实际水平，以便全面推动现有的出口，并促使新的出口出现。

(5)出口退税和出口补贴。在对出口部门所需进口原料、零部件等课征进口关税的情况下，为抵消由此带来的出口成本的提高，可通过退还关税来减轻出口部门的负担，以增强其国际竞争能力。而当某一进口替代部门经进一步扩展有望成为新的出口部门时，通过出口补贴，就可以更快地促成这一转变。

如同在进口替代工业化的情况下会发生所谓“过度保护”的问题一样，在出口替代工业化的情况下，也会发生“过度补贴”的问题。但是，后者所产生的问题一般要小于前者。这是因为：第一，补贴手段本身就使决策者较容易地判断鼓励出口所付出的成本的大小；第二，鼓励出口多采用间接干预的手段，其成本必定低于进口替代场合对经济的直接干预；第三，出口部门无论在国内市场上受到怎样的保护，其在国际市场上也必然要和其他生产者进行价格和质量方面的激烈竞争；第四，在明显存在规模经济的情况下，出口导向型战略比起以国内市场为对象的进口替代战略来，对于企业形成最优生产规模，无疑是一种更为优越的方式。

从 20 世纪 70 年代以来的情况看，在发展中国家，出口替代工业化出现了一些值得注意的新趋向：

(1)向高级进口替代和高级出口替代阶段过渡。在一些制成品出口获得了成功的国家和地区，为了进一步增强出口能力，在原有的初级进口替代和初级出口替代基础上，开始向高级进口替代和高级出口替代阶段过渡。反映在国内生产结构上，就是钢铁、石油化工、造船、汽车、电子仪表、机械等中间物品和投资物品部门的比重相对增加，而消费品部门的比重相对降低；反映在出口结构上，则是传统的消费品出口比重下降，而中间物品和投资物品的出口比重上升。这种趋势的出现，主要有三个原因：一是在这些国家和地区，随着工业化的进展，低工资的优势和其他更落后的发展中国家相比正在消失；二是发达国家的经济衰退通过外资企业波及到这些国家和地区，这种在生产和销售上高度依赖发达国家的制成品出口经济的脆弱性显现了出来；三是发达国家贸易保护主义的抬头。因此，这些国家和地区正在着手由劳动密集型的产业结构向技术密集型的产业结构的过渡。

(2)国际分工的重新安排。与上述过程相适应,在第一批制成品出口国(或地区)和后来的制成品出口国(或地区)之间发生了国际分工的重新安排,就像在20世纪60年代发达国家所做的那样,香港特区、韩国的企业纷纷把他们从美国和日本接过来的生产线又向其他发展中国家转移。

(3)向发达国家以外的市场渗透。经互会成员国的市场和发展中国家的市场,尽管就其在制成品出口市场中所占比重来说,似乎尚不是最重要的,但其重要性正在上升。1976年,发展中国家有32%的制成品是销往发展中国家的,经互会成员国从非石油输出国组织发展中国家进口的制成品占其全部进口制成品的15%。这些数字都表明这种增加的重要性。

三、综合的外贸发展战略

一些发展经济学家认为,进口替代战略比较适用于经济发展水平不很高的大国,出口替代战略比较适用于经济较发达的中、小国家,而一些经济发展落后、地域广大、人口众多的发展中大国,发展初级产品的出口仍不失为上策。因此对大多数发展中国家来说,不应片面地、单一地实行某种外贸战略,而应实行综合性的外贸战略,即同时发展初级产品出口,进口替代工业、出口替代工业,互相补充、互相促进,稳步地发展。当然,根据各国情况的不同,这三种战略在不同时期也可以有所侧重。

此外,综合的外贸发展战略措施还能在一定程度上对达成宏观经济发展中的各种目标进行调控。

[案例]2007年中国的进出口关税调控措施及政策效果

中国成为全球第二大贸易国,并没有给中国人带来多少喜悦,相反,外贸顺差带来的矛盾日渐突出。为了缓解贸易顺差过大,促进外贸平衡,政府先后利用多种政策工具,出台一揽子政策措施进行调控。

从2007年7月1日起,中国对部分商品的出口退税进行调整,共涉及2 831项商品,约占海关税则中全部商品总数的37%。在鼓励进口方面,2007年中国出台了鼓励进口的政策和措施,进一步简化企业的进口程序,并实施《自动进口许可管理目录》,取消了338个税目的自动进口许可证管理等一系列措施。

2007年10月中国外贸出口增速比上月放慢了0.5个百分点,而进口增速则加快9.4个百分点,从而使1至10月的出口、进口增速分别比前9个月放缓、增长了0.6个百分点,贸易顺差扩大势头持续放缓。高能耗、高污染和资源性商品出口普遍出现下降或增速回落。进口提速、外贸顺差增速放缓表明中国加大进口力度以及调控资源型产品出口的政策正在逐步取得效果。

作为调整经济结构、转变经济增长方式的突破口,进出口是较为关键的。2007年,国家颁布了《外商投资产业指导目录(2007年修订)》。从长期来说,《目录》的出台将会改变外商对中国投资的结构,从而降低中国加工贸易出口的比例。

于2007年通过并于2008年开始施行的《企业所得税法》,统一了内外资企业的所得税标准,降低了外资企业预期的利润水平,加上出口退税的大幅调整,降低了外商对加工贸易产品的投资热情,对外贸平衡有着长远意义。

近几年,中国企业对外投资迅速增长,增长速度持续超过30%,表明中国经济发展已进入一个新阶段,即从商品输出向生产和资本输出转变;从寻求商品市场向开拓利用资源转变;从世界工厂向世界公司转变。

国家有关部门鼓励企业“走出去”对外直接投资，允许银行、保险公司、证券经营机构等以自有资金和集合客户的资金对外金融投资。拓宽金融机构、企业和个人资金流出渠道，有利于增加企业和个人的投资选择，分散风险，促进资源的合理配置，减少资本和金融项目顺差，在一定程度上有利于促进国际收支平衡。

第四节　世界贸易组织(WTO)与经济发展

一、世界贸易组织的发展历程

(一)关贸总协定

建立世贸组织的设想是在1944年7月举行的布雷顿森林会议上提出的，当时设想在成立世界银行和国际货币基金组织的同时，成立一个国际性贸易组织，从而使它们成为二次大战后左右世界经济的“货币一金融一贸易”三位一体的机构。1947年联合国贸易及就业会议签署的《哈瓦那宪章》同意成立世贸组织，不过未能成立，而是由同年拟订的关贸总协定成为为推行贸易自由化的临时契约。自1946年开始23个国家开始进行关税谈判，谈判达成了45 000个关税减让，影响到100亿美元的贸易额，占国际贸易的1/5。上述关税减让及规则合在一起构成了关贸总协定，于1948年1月1日正式生效。随着经济与贸易的突飞猛进，关贸总协定也逐渐发展扩大，极大地促进了世界贸易的高速发展。但是，关贸总协定主要是致力于通过关税减让的方式促进货物贸易的发展，这与20世纪80年代世界贸易的现实不再相适应。

(二)世界贸易组织

1986年9月，关贸总协定第八轮谈判乌拉圭回合谈判开始。该轮谈判不仅包括了传统的货物贸易问题，而且还涉及知识产权保护和服务贸易以及环境等新问题，这样关贸总协定如何有效地贯彻执行乌拉圭回合达成的各项协议就自然而然地提到了多边贸易谈判的议事日程上。无论从组织机构还是从协调职能来看，关贸总协定面对复杂的乌拉圭回合多边谈判协议均显示出不足性，有必要在其基础上创立一个正式的国际贸易组织来协调、监督和执行新一轮多边贸易谈判的成果。

1990年初，时为欧共体轮值主席国的意大利首先提出了建立多边贸易组织的倡议，同年7月，欧共体把这一倡议以12个成员国的名义向乌拉圭回合体制职能谈判小组正式提出，随后得到加拿大，美国的支持。

1990年12月布鲁塞尔部长会议正式做出决定，责成体制职能小组负责多边贸易组织协议的谈判。经过3年的谈判，1993年11月形成了“建立多边贸易组织协议”，并根据美国的动议，把多边贸易组织改名为“世界贸易组织”，于1995年1月31日，世贸组织举行成立大会，取代关税与贸易总协定。世贸组织成员分四类：发达成员、发展中成员、转轨经济体成员和最不发达成员。至2010年，世贸组织正式成员增加到153个。

与关贸总协定相比，世贸组织涵盖货物贸易、服务贸易以及知识产权贸易，而关贸总协定只适用于商品货物贸易。

二、世贸组织的宗旨、职能及基本原则

(一)宗旨

世贸组织的宗旨为:“提高生活水平,保证充分就业和大幅度、稳步提高实际收入和有效需求,扩大货物和服务的生产与贸易”,“积极努力确保发展中国家,尤其是最不发达国家在国际贸易增长中的份额,与其经济发展需要相称”。

其目标是:“建立一个完整的、更有活力和持久的多边贸易体系,以包括关税与贸易总协定、以往贸易自由化努力的成果和乌拉圭多边贸易谈判的所有成果。”

(二)职能

管理和执行共同构成世贸组织的多边及诸边贸易协定;

为成员提供多变贸易谈判的平台,并为多变谈判成果提供执行机构;

解决成员间发生的贸易争端;

对各成员的贸易政策与法规进行定期审议;

以适当的方式与国际货币基金组织,世界银行及其附属机构进行合作。

(三)基本原则

总的原则为:非歧视贸易原则;不断扩大的市场准入程度;促进公平竞争,致力于建立开放、公平、无扭曲竞争的“自由贸易”环境和规则;鼓励经济改革。

1. 非歧视贸易原则　包括最惠国待遇、透明度和国民待遇条款;非歧视原则的第一种形式是“最惠国待遇”条款,即各成员对于其他成员的产品,必须给予不低于给予任何其他国家产品的优惠待遇。第二种形式是“国民待遇”,它要求一旦货物已经进入某个市场,他们必须获得不低于相同的当地制造商品所获得的优惠待遇。

2. 保护措施　货物贸易采用关税保护,反对数量限制;服务贸易实行市场经营权开放原则;知识产权方面要加强保护。

3. 稳定贸易发展原则　要求各国履行所规定的义务。

4. 公平竞争原则　要求用市场供求价格参与国际竞争,如出现人为降低价格,则允许成员方采取反倾销和反补贴等措施进行保护。

5. 发展中国家特殊待遇原则　对发展中国家的保护程度大于发达国家:发展中国家关税可较发达国家高;可继续享受普惠制;向世贸组织过渡期长于发达国家;可利用“宽松条款”;可从世贸组织得到特殊援助。

6. 地区贸易原则　允许成员方组织经济贸易集团,促进贸易自由化。

7. 磋商协调原则　通过争端解决机制解决贸易纠纷,不主张采取报复措施。

8. 保障措施原则　同意出问题的成员方运用“例外条款”保护自己。

9. 透明度原则　各国的贸易政策及政府的管理行为要透明,成员方发生纠纷时,以公布的贸易政策为解决依据。进入世贸组织以后,各国的政策不能随意更改,如更改要经别国同意,并且定期接受政策评审。

三、世贸组织机构及决策机制

(一)组织机构

(1)部长会议由所有成员方的代表参加,至少每两年举行一次会议。部长会议应一个成员方的要求,就任何多边贸易协议的全部事务做出决定。

(2)总理事会由所有成员方的代表组成,定期召开会议。总理事会在部长休会期间,承担其职能。下设争端解决机构、贸易政策机制评审机构和其他附属机构,如理事会等。

(3)理事会为总理事会附属机构。其中货物贸易理事会、服务贸易理事会、知识产权理事会为最重要的理事会。由所有成员方代表组成。每一理事会每年至少举行8次会议。

(4)委员会部长会议下设贸易和发展委员会、国际收支限制委员会、预算、财政和管理委员会。上述委员会的成员对所有成员方代表公开。

多方贸易协议设置的机构职能由多方贸易协议赋予,在世界贸易组织体制框架内运作,并定期向总理事会通告其活动。

(5)秘书处为世贸组织的日常办事机构。由部长会议任命的总干事领导。总干事的权力、职责、服务条件和任期由部长会议通过规则确定。秘书处设在日内瓦,拥有500多名工作人员。

(二)决策机制

(1)采用合意决策的做法。即如果任何一个与会的成员方对拟通过的决议不正式提出反对,就算达成合意。

(2)如通过合意未达成决定时,以投票决定。在部长会议和总理事会上,成员方均有一票投票权,除非另有规定,通常以多数票为准。

(3)部长会议和总理事会拥有对世贸组织各项协议的解释权,运用解释做出的决定以成员方3/4投票为准。

(4)如要免除成员方义务,需部长会议以3/4投票方式表决。

(三)加入世贸组织的程序

第一阶段,申请方政府向世贸组织提交备忘录,论及与世贸组织协议有关的所有方面,这一备忘录成为工作组审查加入申请的基础;

第二阶段,申请方政府与有兴趣的成员政府进行双边谈判以达成其在货物贸易及服务贸易方面的承诺。这一双边过程以及其他一些事项确立了申请方加入时给予世贸组织成员的具体利益。

谈判完成后,工作组起草加入的基本条件。

最后,工作组提出最终报告,其内容包括加入议定书草案以及由双边谈判达成的承诺表,提交给总理事会或部长会议以备通过。如世贸组织成员的2/3多数投赞成票,申请方便可签署议定书从而加入世贸组织。

四、世贸组织在世界经贸发展中的作用

(一)促进世界范围的贸易自由化和经济全球化

通过关税与贸易协定使全世界的关税水平大幅度下降,极大地促进了世界范围的贸易自由化。1999 年,发达国家成员的关税将从 6.3%削减到 3.9%,免税进口的制成品从 20%提高到 43%。

此外,世贸组织还在农业、纺织品贸易、安全保障措施、反倾销与反补贴、投资、服务贸易、知识产权以及运作机制等方面都做出有利于贸易发展的规定。所有这些协定和协议都会改善世贸自由化和全球经济一体化,使世界性的分工向广化与深化发展,为国际贸易的发展奠定稳定的基础,使对外贸易在各国经济发展中的作用更为重要。

(二)使传统的贸易政策措施得到改观

世界贸易制度将进入协商管理贸易时代,各国的贸易政策将建立在"双赢"的基础上,"贸易保护"和"贸易制裁"的作用与含义都发生了很大的变化。世贸组织不是一个纯"自由贸易"组织,而是一个致力于"开放、公平、无扭曲竞争"的国际贸易组织。它致力于扩大货物贸易、服务贸易和与贸易有关的投资措施的自由化,同时又致力于加强与贸易有关的知识产权的保护并允许各成员方对贸易予以必要的保护。而且,出于竞争的需要,保护措施可以向世贸组织未列入的措施领域发展,如生态环境、社会条款、技术、文化等方面。

(三)使世界市场的竞争方式与竞争手段改变

在世贸组织的推动下,世界市场的竞争会更加激烈,国际大市场上的价值规律会更充分地发挥作用。成员方竞争的基础是它们的综合能力,包括生产条件、需求条件、出口产业产品结构的健全、企业开拓国内外市场的战略,以及机遇的运用与政府的管理决策。单一式的竞争让位于综合式的竞争,即在竞争中把货物贸易、服务贸易、投资、知识产权有机地结合起来;粗放式的竞争让位于集约式的竞争,即依靠拼价格、拼数量、拼优惠条件的竞争让位于非价格的优良投资环境、注意知识产权保护的竞争;企业金字塔式的组织机构让位于矩阵式灵活实用的组织机构;规模经济让位于规范经济。这些都将在世贸组织的运作之下进一步发展。

五、中国与世贸组织

加入世贸组织是中国融入世界经济主流的最有效的途径。世贸组织成员方之间的贸易占整个国际贸易的 90%,因此世贸组织对于国际贸易的发展起着决定性的作用。中国如不加入这个"经济联合国",就会被排除在世界经济主流之外。

(一)中国复关及入世的历程

中国 1986 年 7 月申请复关,至 2001 年历时 15 年,其经历了以下几个阶段:

第一阶段:接受审议。1986 年 7 月中国申请复关,把关税减让作为"入门费";总协定 1987 年 3 月成立中国工作组,负责中国复关谈判事宜。1987 年 3 月至 1989 年夏天,工作组对中国的关税制度等进行审议,这两年的审议工作进展顺利。

第二阶段:停顿。1989 年夏天,复关谈判受阻。此后的两年半期间,中国工作组的谈判处

于停顿状态，直到1992年下半年出现转机。

第三阶段：形势好转，正常状态。1992年10月，中国工作组开始起草中国复关的法律文件——《议定书》，要求中国在关税等方面向总协定靠拢。

第四阶段：双边谈判。随着《议定书》起草的进展和深入，共有包括美国、欧盟、日本、澳大利亚、泰国等38个成员方与中国谈判。当时已有10个国家结束与中国的谈判，它们是土耳其、韩国、捷克、斯洛伐克、巴基斯坦、新加坡、印度尼西亚、匈牙利、日本及新西兰。但对中国复关起决定作用的美国和欧盟未与中国达成协议。

1994年全年，中国拟赶在世贸组织成立之前成为其创始成员国，进行了一年的冲刺，但终未如愿。从此中国“复关”谈判正式改名为“入世”谈判。

1998年7月美国总统克林顿访华，双方均认为是中美完成谈判达成协议的好机会，双方在很多领域的谈判有所进展，但终因双方在农产品关税减让和服务贸易开放上的分歧，未能达成协议。1999年4月，朱镕基总理访问美国、加拿大，使中国加入世贸组织的进程有了巨大的进展。2000年世贸组织在美国西雅图启动第九轮回合谈判，称为“千年回合”。这一轮谈判涉及的范围更广、内容更为复杂，并形成中美农产品贸易协定，对中国在2001年获准加入世贸组织起到至关重要的作用。

(二)中国“入世”后的权利

1. 享有多边的、无条件的和稳定的最惠国待遇　1994年关贸总协定第1条第1款规定：“一成员方对来自或运往其他国家的产品所给予的利益、待遇、特权或豁免，应当立即无条件地给予来自或运往所有其他成员方的相同产品。”“入世”之前，中国只能通过双边贸易协定在某些国家获得最惠国待遇，而这种双边的最惠国待遇是非常不稳定的，容易遭到双边政治关系的影响。

2. 享有“普惠制”待遇及其他给予发展中国家的特殊照顾　“普惠制”又称“普遍优惠制”，是根据关贸总协定的第四部分、东京回合的“授权条款”以及“乌拉圭回合”有关规则对发展中国家出口的制成品和半制成品所给予的单方面减免关税的特殊优惠待遇。

除普惠制这种最重要的优惠外，在世贸组织实施管理的多边协议中都规定了对发展中国家成员的某些特殊优惠，这些优惠是单方面给予的，发展中国家无需做出对等的回报。如1994年关贸总协定附件九关于第36条的规定，在减让税率方面“不应当期望发展中的成员方在贸易谈判过程中做出与他们各自的发展、财政和贸易方面的需要相抵触的贡献”。在新的世贸组织各条协议中也都规定了对发展中国家成员的特殊优惠。

3. 充分利用争端解决机制　随着中国对外开放程度的扩大，各种经济贸易上的纠纷也会逐渐增多。在双边贸易中，发达国家往往利用国内的、单边主义的、甚至过时的法律条款对中国实行歧视待遇，一旦中国“入世”，就可以通过世贸组织特设的贸易争端解决机构和程序，比较公平地解决贸易争端，维护中国的贸易利益。

4. 获得在多边贸易体制中“参政议政”的权利　世贸组织是“经济联合国”，“入世”前，中国以观察员身份参加，只有表态权，没有表决权。在“入世”后，中国可以参与各个议题的谈判和贸易规则的制定，更有利于维护中国在世界贸易中的地位和合法权益，并在建立和维护公正合理的国际经济秩序等方面发挥更大的作用。

此外，还能利用世贸组织的讲台，宣传中国改革开放政策，积极发展和世界各国的经济合作、贸易和技术交流；还将得到世贸组织汇集的世界各国经济贸易的信息资料。还可利用世贸组织的基本原则,享有采取例外与保护措施的权利。

(三)应尽的义务

1. 削减关税　1994年关贸总协定第二十八条附加第一款规定:各成员方"在互惠互利基础上进行谈判,以大幅度降低关税和进出口其他费用的一般水平,特别是降低那些使少量进口都受阻碍的高关税",目前发达成员方的加权平均进口税已从45年前的40%下降到3.8%左右,发展中成员方也下降到11%左右。而中国在"入世"前,平均税率仍高于发展中国家的平均水平。中国"入世"之后的首要义务就是逐步将中国关税加权平均水平降到关贸总协定要求的发展中国家水平,并将最高关税一般地约束在15%以下。事实证明,这项义务的实现虽然促使中国许多产业更直接地面临国外产品的竞争,但是并没有影响到整体经济的发展,而且使得广大国内消费者有更大的受益。

2. 逐步取消非关税措施　中国本来是实行贸易管制的国家,除关税外,也存在种种非关税措施,在复关和"入世"谈判中主要议题之一就是要求中国削减如进口许可证、配额以及外汇管制、技术检验标准等非关税措施,作为"入世"费。这些非关税措施和关税一起被纳入市场准入的谈判,达成的任何协议都将按世贸组织的最惠国待遇原则,同等给予一切成员方。

3. 取消被禁止的出口补贴　1994年关贸总协定第十六条第二节第二、第三款规定:一成员方对某一出口产品给予补贴,可能对其他的进口和出口成员方造成有害的影响,对他们的正常贸易造成不适当的干扰,并阻碍本协定目标的实现。因此,各成员方应力求避免对产品的输出实施补贴。中国自1991年1月开始,在调整汇率的基础上,对所有产品,包括工业制成品和初级产品出口实行企业自主经营、自负盈亏的经营机制,已达到了世贸组织的有关要求。取消补贴后,亏损商品主要通过汇率调整和出口退税的方法获得补偿。

4. 开放服务业市场　乌拉圭回合谈成的服务贸易总协定(GATS),要求成员方对服务贸易执行与货物贸易同样的无歧视和无条件的最惠国待遇、国民待遇、透明度和逐步地降低贸易壁垒,开放银行、保险、运输、建筑、旅游、通讯、法律、会计、咨询、商业批发、零售等行业。世贸组织统计的服务行业多达150多种,都属于开放范围。中国在逐步地、有选择地、有范围地开放服务业,引进竞争机制之后,提高了中国服务业的质量,并带动了服务业的出口。

5. 扩大知识产权的保护范围　世贸组织实施管理的"与贸易有关的知识产权协定"要求各成员方扩大对知识产权的保护范围。发达国家在先进科技工艺专利、名牌商标、科技文化著作及计算机软件等方面拥有很大优势和利益,扩大知识产权的保护无疑是符合他们的愿望的。中国作为发展中国家与发达国家水准尚有一段距离。中国"入世"对知识产权扩大保护范围以后(如扩大到对化工产品、药品、食品、计算机软件等),中国有关企业通过支付专利许可证费用来合法地购买西方发达国家的专利,政府也严惩任何有损国家和企业名誉的侵权行为,如假冒外国名牌商标的行为。

6. 放宽和完善外资政策　世贸组织实施的"与贸易有关的投资措施协议"与中国引进外资有密切的关系。中国改革开放以来已颁布了有关引进外资的各种条例和法律,对外资引进实行各种鼓励和优惠。这些鼓励和优惠是对一切外国投资者的无差别待遇,这是符合世贸组织非歧视待遇原则的。

但中国引进外资法规在给予外国投资者"国民待遇"方面,一方面在税收等重要项目上给予外国投资者"超国民待遇",使国内企业遭受不平等竞争;另一方面在若干国内收费上实行双重作价,造成外商很大抱怨,"入世"之后近十年的发展中,这方面的政策进行了重大调整,2007

年开始统一了内外资企业的所得税标准。同时,允许外商投资的范围进行扩大,"硬件"和"软件"环境得以改进。

7. *增加贸易政策的透明度* 世贸组织要求成员方经常提供国内经济贸易情况的报告,并定期接受审议。世贸组织建立了对各成员方贸易制度定期审查和通报的制度。中国以往除公开颁布一些重要法律、条例外,一般习惯于制定若干内部决定,因此被认为是缺乏透明度的国家。中国已分步公布或废除了以往众多的内部决定,以适应要求。

(四)中国为世贸组织的各项活动发挥了积极作用

至2010年,中国加入世界贸易组织已经9年。中国切实履行承诺,认真行使权力,积极参与世界贸易组织各项活动,发挥了建设性作用,成为发展中国家积极融入全球化进程的一个典范。

加入世界贸易组织9年来,"透明度"和"非歧视"等世界贸易组织原则已成为中国立法的原则依据,全球视野、创新眼光、竞争意识、发展意识、法治观念、知识产权观念正在深入人心,企业素质与国民素质得到了更深层次和更具普遍意义的提升。

截至2010年,中国加入世界贸易组织的所有承诺已全部履行完毕,建立起了符合规则要求的经济贸易体制,成为全球最开放的市场之一。在货物贸易领域,中国关税平均水平从加入前的15.3%降低到2009年的9.8%,还按所承诺的时间表全部取消了进口配额和进口许可证等非关税措施,彻底放开对外贸易经营权。在服务贸易领域,在按世界贸易组织规则分类的160多个服务贸易部门中,中国已经开放了100个,涉及银行、保险、电信、分销、会计、教育等重要服务部门,为外国服务提供者提供了广阔的市场准入机会。中国已建立符合世界贸易组织要求的法律体系,清理了3 000多部法律、法规和规章,对贸易体制和政策进行了全面的调整,中国的贸易体制和环境更加稳定,更具可预见性。

此外,中国还在稳定世界经济的过程中发挥了重要作用。在2008年开始发生的世界金融危机中,中国采取了以扩大内需为重点的举措,积极应对危机;同时继续保持市场开放,以实际行动反对各种形式的保护主义,没有采取任何保护主义措施。2009年,中国进口增长2.8%,是主要经济体中唯一进口呈现正增长的国家,支撑了不少受危机困扰的国家的出口,创造了就业,为全球经济复苏做出了重要贡献。

虽然世界贸易组织发起的第九轮多边贸易谈判多哈回合谈判由于发达国家和发展中国家间的分歧一直举步维艰,还未达成协议,但是作为一个发展中国家和世界贸易组织的新成员,中国始终积极推动多哈谈判,为打破僵局发挥着重要作用。2009年,中国及时提出"尊重授权,锁定成果,多边谈判为基础"的三项谈判原则,得到了大多数成员的认可和支持,并体现在二十国集团峰会宣言中。同年底的世界贸易组织第七届部长级会议上,中国呼吁改善和加强以世界贸易组织为代表的多边贸易体制,推动成员共同向世界发出"开放、前行、改革"的积极信号。中国全面参与各个领域的谈判,提交了100多份提案,在技术层面为推动谈判做出了实质性贡献,并做出了实质性的关税削减承诺,按照目前谈判达成的结果,中国的农业和工业品的关税将削减30%左右;中国的服务业部门也将进一步开放11个分部门。

自加入世界贸易组织以来,中国全面参与了世界贸易组织的各项活动。在贸易政策审议方面,中国加入世界贸易组织9年来,分别于2006年、2008年和2010年接受了世界贸易组织的三次贸易政策审议,回答了60余个成员提出的近3 700个问题。通过审议,展示了中国坚定实行开放的经贸政策,参与多边贸易体制的负责任大国形象。在发展方面,中国积极响应世界贸易组织“促贸援助”倡议，多次向促贸援助框架下的多哈发展议程全球信托基金进行捐助，帮助其他发展中成员，特别是最不发达成员，从多边贸易体制中全面获益，并更好地融入世界经济。中国还积极支持世界贸易组织机制建设，先后向世界贸易组织推荐了上诉机构成员人选以及相关委员会主席人选，支持世界贸易组织能力建设活动，多次为促贸援助活动捐款，支持最不发达国家提高参与多边贸易体制的能力，还为越南、老挝、白俄罗斯等新加入世界贸易组织的国家提供官员培训等。

【本章结构】

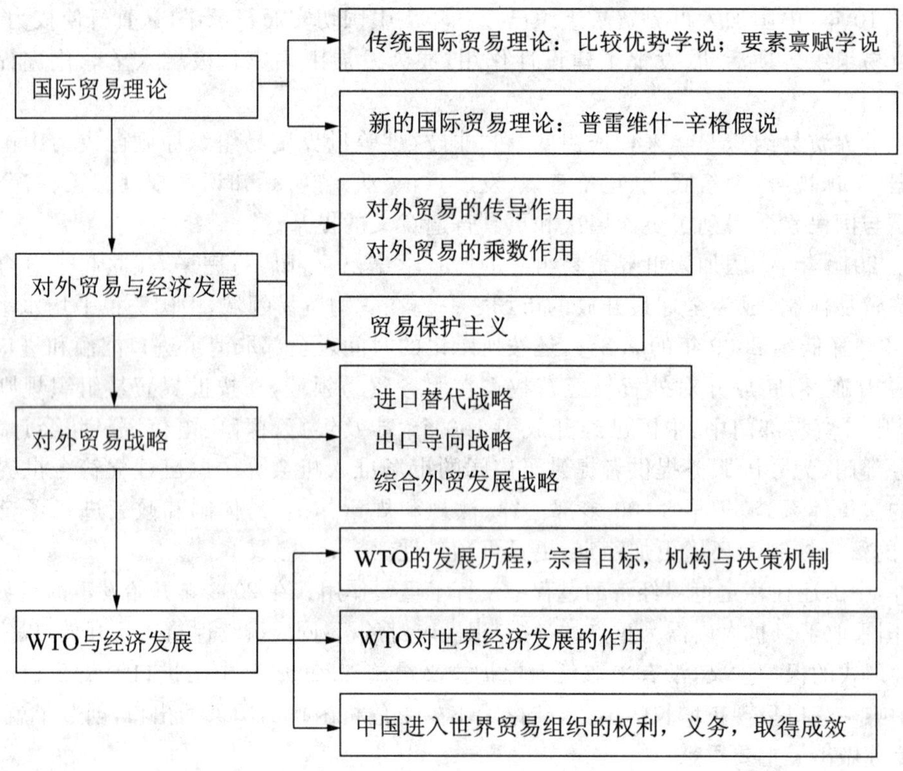

【本章思考题】

1. 传统贸易理论与新的贸易理论相比，有什么主要的不同？

2. 请从一个角度阐明对自由贸易的支持；再从另一个角度阐明对贸易保护的支持。请为你的阐述提供有力的证据。

3. 简要说明发展中国家不同外贸发展战略的主要政策措施。

4. 请简要论述中国进入世界贸易组织之后取得的成效，并说明为什么这些成效与“入世”有关。

【参考文献】

[1] [美]德布拉吉·瑞. 发展经济学. 陶然，等，译. 北京：北京大学出版社，2002

[2] 车维汉. 发展经济学. 北京：清华大学出版社，2006

第十四章　发展中国家经济发展案例

【引言】

发展中国家在几十年的发展中取得了很大的成就，其间，经济发展战略的调整、治理结构变化的制度创新和变迁，以及区域经济一体化等改革推动着整个进程。发展成效则不只体现在发展中国家内部构成的变化，不断涌现的新兴工业化国家向发达国家的演变，以及最不发达的经济体的各具特色的发展；而且在世界经济格局中多元特征愈发显著，发展中国家的经济在一些危机时刻能够超越发达国家的经济所能发挥的作用。不过，发展中国家仍然需要应对很多的挑战，包括如何调整经济结构、转变经济发展模式；如何兼顾经济发展质与量的平衡；如何解决贫富差距扩大问题以及降低资源消耗等。本章将回顾发展中新兴工业化国家的发展过程，并讨论其间国际环境的变化和各个经济体自身发展之间的紧密关系。

【学习目标】

1. 理解发展历程有其一定的规律，同时也各具特点。
2. 理解发展中国家的范围的动态性。
3. 了解发展中国家在国际经济格局中的重要地位。

第一节　发展中国家的外部环境

在21世纪的发展中国家处于一个发达得多的外部世界中。不过，这个世界在变化，一方面是两个世界间的连接方式更加多样化，连接中经济互相渗入的程度非常高，依赖是相互间的、而不再限于单向的；另一方面是经济发展规律在发达世界似乎受到了挑战，无休止的创新之后却出现了波及全球的金融危机、经济危机，发展中世界为这些危机的压力所困的同时，也显现出其不同的经济结构状态所产生的应对力量。

一、全球化的表现

一般认为，“全球化”这个词最早由T.莱维于1985年提出，用来形容此前20年间国际经济的巨大变化，即商品、服务、资本和技术在世界性生产、消费和投资领域中的扩散。国际货币基金组织(IMF)在1997年5月发表的一份报告中称，“全球化是指跨国商品与服务贸易及国际资本流动规模和形式的增加，以及技术的广泛迅速传播使世界各国经济的相互依赖性增强。”

(一)全球化是一种经济现象

即各国市场和各地区性市场的一体化。丹尼·罗德里克在《全球化走得太远了吗?》和托马斯·弗里德曼在《凌志汽车与橄榄树——理解全球化》中进行了这个界定。罗德里克认为,全球化是指“各种商品、服务和资本市场的国际一体化”。弗里德曼则将全球化定义为“资本、技术和信息通过形成单一全球市场并在某种程度上形成地球村的方式,实现跨越国家疆界的一体化”。弗里德曼并不低估经济全球化在政治、文化领域的各种后果,只是将这些后果放在次要地位。市场一体化显然是一个过程,而且各国和各地区卷入一体化程度显然是不同的。换句话说,如果将全球化理解为各种市场的一体化,那么其推进显然是不平衡的。为了衡量各种市场一体化的程度,德国学者舒尔泽和乌尔斯普隆认为,需要将各种不同的全球化说法简化为一个共同的衡量指标。由此,他们对全球化作出了自己的定义:如果说完全一体化的全球市场的特点是商品、服务和资本、劳动力、技术等生产要素的国际性流动完全没有障碍,那么我们就可以将全球化定义为“国际套利成本的减少”。

(二)全球化是一种进化过程

与经济界、新闻界大多数人的理解不同,一些社会学家、人类学家、历史学家和文化研究专家将全球化看作一种进化过程,即一个由诸多过程构成的巨大而多面的复合体,牵涉到人类生活的各个方面。从这种意义上理解的全球化,以澳大利亚社会学家马尔科姆·沃特斯在《全球化:关键性思想》一书中使用的定义为典型代表。沃特斯认为,全球化是“一种社会过程,其中对社会安排和文化安排的地理制约因素消失,而且人们越来越意识到它们正在消失”。像较早一些社会学理论家如韦伯和帕森斯一样,沃特斯从三个不同的“社会生活领域”即经济、政治、文化的角度来讨论全球化,而没有赋予某个领域以首要地位。不过,沃特斯认为,由于各种象征和符号具有以惊人的速度在世界上到处移动的能力,因此研究全球化的注意力应集中于文化领域。

与那些认为全球化可以扭转的经济学家和新闻界人士不同,许多社会学家、人类学家、历史学家和文化研究专家在讨论全球化时,认为全球化具有不可逆转性,作为一个由诸多过程构成的巨大而多面的复合体,其不断向前推进的进程谁也不能驾驭或者制止。

多数社会学家、人类学家、历史学家和文化研究专家将全球化与现代化和资本主义联系起来,认为只是资本主义和现代化出现后,全球化才成为一种不可逆转的线性过程。例如,沃特斯认为,在人类历史上,“某种程度的全球化总是在发生着,但大约直到本千年的中叶,其发展是非线性的。它通过各种帝国的扩张、掠夺性的和贸易上的远洋探险、宗教思想的传播等一波一波地推进。不过,欧洲的中世纪是一个内向性的领地论时期,它将注意力集中于地方性,是全球化进程的一个衰退时期。我们目前所经历的全球化的线性延伸,开始于15世纪、16世纪,即‘现代早期’。从技术上看,……全球化进程是与现代化联系在一起的。”

美国新墨西哥州立大学社会学与人类学系教授罗宾逊则直截了当地认为,全球化就是资本主义生产方式在全世界的扩展。在他看来,“全球化的核心从理论上看由两个相互交织的过程构成:①资本主义生产在全世界的扩展和取代所有前资本主义关系这一历经数个世纪的过程接近达到顶峰;②最近数十年里,从各国之间在一体化的国际市场中——其中,不同生产方式被‘接合’在较广阔的社会形态之内——通过商品交换和资本流动实现的联系,向生产过程本身的全球化的过渡。全球化意味着由各国之间基于某种世界经济形成的联系向某种基于全球经济的新兴跨国社会或者说全球社会过渡。全球化的实质是全球资本主义,它取代了资本主义的民族国家阶段。”

总的来看,社会学家、人类学家、历史学家和文化研究专家更强调全球化的意识方面。如上所述,沃特斯的定义中包含了人类意识内容,而罗兰·罗伯森则进一步从人类意识方面指出了全球化的新近阶段与以往的不同之处:“作为一个概念的全球化,既指世界的压缩,又指世界是一个整体的意识的增强。”罗伯森认为,所谓“世界是一个整体的意识”或者说“全球意识”的增强,是指个体参照整个世界而不是参照世界的一部分(地区或国家)来说明自己的现象世界的概率增大。我们不仅可以从传播媒介和消费偏好这样的现象中体会到人们的趣味的全球化,而且我们在文化上用全球性术语重新定义我们面临的所有问题,或者说使这些问题相对化。例如,人们从“世界秩序”的意义上重新定义政治、军事问题;从某种“国际性衰退”中定义经济问题;从“世界性”产品(如“世界 汽车”)的意义上定义营销问题;从普适主义的意义上定义宗教问题;从人权的意义上定义公民资格问题;从“拯救地球”的意义上定义污染和净化问题;等等。

(三)发达世界引致的危机在全球化背景下的表现

全球化并不只是通过积极的资源、产品甚至文化流动促进了世界经济的繁荣,在产生危机的时候,也因为这些无障碍的流动而促进了危机的快速蔓延。而新自由主义的相关思想和做法是促成全球一体化的一个重要推动力。新自由主义在继承资产阶级古典自由主义经济理论的基础上,以反对和抵制凯恩斯主义为主要特征,适应国家垄断资本主义向国际垄断资本主义转变要求的理论体系和政策主张。“华盛顿共识”[①]的形成与推行,是新自由主义从学术理论嬗变为国际资本主义经济范式的标志。其在经济上的主要观点是继承了资产阶级古典自由主义经济理论的自由经营、自由贸易等思想,并走向极端,大力宣扬自由化和私有化,主张一切经济现象由“看不见的手”调节,一切事情要放手让经济主体和行为主体自己做主,自由决定;认为一切经济主体都应实行私有化,产权要明晰到私人,私有制比公有制效率高。

二、全球化对发展中国家的意义

在国际经济交往日益密切和国际经济交往规则逐步统一的基础上发展起来的经济全球化趋势,在很大程度上改变了各国经济发展的环境。

生产要素在国际间的流动是经济全球化发展的基础。它具体表现为资本、劳动力和技术的流动。在国际资本流动方面,战后的发展历程大致可以分为四个阶段。第一阶段,从战后到1972 年的石油危机,国际范围内的私人银行贷款和证券投资受到限制,市场交易行为出现“欧洲美元交易”。第二阶段,从 1973 年开始到 1982 年,固定汇率制度被浮动汇率制度所代替。第三阶段,20 世纪 80 年代,出现了发展中国家的债务危机。第四阶段,1988 年以来,国际资本流动呈现全球化的特征。就商品流动而言,战后关贸总协定的多边贸易谈判及其相应的国际贸易规则,大大降低了国际商品流动的障碍,致使全球贸易的增长速度一直高于经济的增长速

---

① 1990 年,美国国际经济研究所在华盛顿召开有关拉美经济调整与改革的研讨会,在拉美国家经济采用和将要采用的政策上取得共识.

度。与商品、资本的流动性相比,劳动力的流动性受限制最大。人口增长率的格局和经济发展速度决定了全球劳动力流动的格局。1950—1985 年期间,世界人口年均增长率为 1.9%。20 世纪 60 年代之前,世界移民的输出国主要是欧洲,输入国主要是美国、加拿大、澳大利亚、阿根廷和巴西。20 世纪 60 年代之后,欧美大陆间的移民有所放慢。西欧成了净输入国,移民主要来自欧洲其他国家和发展中国家,其中发展中国家成了主要的输出国。各国在鼓励引进高技术人才的同时,对普通劳动力流入的限制却越来越严格。经济全球化的进程,不仅没有带来更加自由的劳动力流动,反而使发达国家的劳动者越来越担心外国劳动力会抢走他们的工作机会,甚至一些极右势力和团体显示出种族排外倾向。这是全球化进程中一个重要矛盾:发达国家一方面倡导全球化,另一方面坚决反对劳动力的自由流动。

发达国家与发展中国家经济实力的对比决定了国际经济规则的主导权掌握在发达国家手中。在发达国家内部,尽管不同国家的利益冲突很多,但对国际经济规则基本发展方向的立场却是一致的。在发展中国家内部,经济发展水平和在国际经济中地位的差异,造成一部分发达的发展中国家越来越多地接受和拥护发达国家的立场。

(一)发展中国家在经济全球化的负面影响主要表现:

第一,通过自然资源在全球范围内的合理配置,使生产成本降低,效率提高,产量增加,从而创造出更多的财富。但是,在现有的国际分工的条件下,由于它们的经济地位决定,广大的发展中国家将始终处于出售廉价原材料的地位,而在生产链中增值最多的下游部门始终处于发达国家的控制之下,因此在经济全球化条件下财富将越来越集中于少数国家及其利益集团手中,从而导致世界范围内贫富差别的进一步扩大。

第二,由于经济全球化浪潮的冲击,关税和非关税的保护措施取消以后,发达国家廉价的商品将毫无阻挡地冲击发展中国家市场,从而使它们软弱的民族经济受到严重损害。结果,发展中国家将更加难以依靠本国的力量发展经济,如果想要发展也只能依靠引进发达国家跨国公司,在国内设厂、办企业,从而不得不将本国工人和居民重新置于外国资本的剥削和控制之下。

第三,在经济实力不足的情况下放开市场,实行贸易和金融自由化,将为发展中国家带来巨大风险,其中金融自由化的风险最大。金融自由化不仅可以削弱本国宏观经济政策的实际效应,而且还可以诱发国内的金融危机,甚至由此导致整个经济的危机。

第四,由于广大发展中国家在自身经济实力不足的情况下迅速地融入世界经济,从而使它们的经济更加容易受到世界经济,特别是发达国家经济波动的影响。因此,一些发展中国家的经济将变得越来越不稳定。

(二)发展中国家在经济全球化的更多积极状态:

在全球化所提供的市场、技术等有利的资源流动平台上,加上发展中国家不断的经济发展战略调整和探索。

1. *发展中国家经济已经成为世界经济新的增长点* 东亚的"四小龙"已连续 30 年快速增长,80 年代以后,中国、东盟又加入了快速增长行列。拉美经济本来在发展中国家中水平较高,经过 80 年代的曲折后,90 年代已呈现出平稳增长态势。亚洲"四小龙"、东盟 4 国,加上中国内地,1985 年在全球贸易额中占 9.3%,1994 年提高到 16.9%。这个比重超过了美国所占

14.11%及日本所占 7.9%。据国际货币基金组织公布的数字，1987—1996 年 10 年里，发展中国家人均国民生产总值年均增长 3.6%，亚洲国家为 6%，而发达国家为 1.6%。世界银行 1996 年 5 月的报告描述了 1984—1994 年 10 年里世界贸易和外国直接投资快速发展后说："发展中国家既是这一发展进程的重要参加者，也是主要的力量源泉，但各发展中国家之间发展水平极不平衡。"

根据对世界银行、世贸组织和国际货币基金组织从 2000 年至 2009 年的多份研究报告的数据分析，世界经济格局已经呈现出较大变革：153 个发展中国家在全球 GDP 中的比重由 2000 年的 22%升至 2008 年的 47%，在全球贸易中的比重由 2000 年的 36%升至 2008 年的 45%。一批发展中大国的率先快速发展，为广大中小国家的发展产生激励和示范作用，使它们汇入到和平与发展的历史潮流中，并通过自主发展与合作发展相结合，正在改变发展中国家群体在国际产业分工体系中的地位。

目前全球范围内的发展中大国至少有 17 个，包括中国、印度、巴西、南非、墨西哥、阿根廷、沙特、土耳其、埃及、哈萨克斯坦、印尼、巴基斯坦、伊朗、埃塞俄比亚、尼日利亚、委内瑞拉、阿尔及利亚等。进入 21 世纪以来，发展中大国努力把握经济全球化和世界多极化趋势所带来的发展机遇，不断调整内外战略，实现了幅度不一的较快发展。其中中国、印度、巴西、南非、墨西哥、阿根廷、沙特、土耳其、印尼的发展举世瞩目，这 9 个国家也因此成为 20 国集团成员，该集团被认为是"由大国构成的俱乐部"。

2. *发展中国家吸引了越来越多的外资以及开始对外投资*　世界直接投资 1994 年为 2 040 亿美元，其中 800 亿美元投向发展中国家，占 39.21%。1995 年世界直接投资为 3 250 亿美元，增长了 59.3%，其中 1 046 亿美元投向发展中国家，占世界直接投资的 32.18%，投资中大部分投向了 8 个发展中国家。中国吸收世界直接投资，1994 年为 338 亿美元，1995 年为 380 亿美元，1996 年为 400 亿美元，仅次于美国。美国认定的世界 10 个新兴大市场绝大部分为发展中国家。发展中国家中的新兴工业经济体已开始对外直接投资，1990—1995 年，亚洲"四小龙"对东盟的投资为 377 亿美元，超过了日本的 251 亿美元的投资。到 1996 年 6 月为止，中国内地吸收的直接投资 1 546 亿美元，其中 60%来自香港资本。

2004 年数据表明，新兴工业化国家及地区(Newly-industrialized countries，NICs)，即包括亚洲的中国，新加坡，香港，马来西亚，泰国，以及拉美的墨西哥、巴西和阿根廷几乎接收了世界范围的总的对外直接投资总额的 95%，而所有非洲国家只接收到少于 4%的数额。世界最穷的 50 个国家则只接收到少于 2%的数额。而且，多数跨国公司的投资过去集中于矿业和种植业，而现在矿业只占了 7%，制造业和服务业占了一半。世界范围内跨国公司的投资是 1 万亿美元，大概有 1/3 在发展中国家。

3. *发展中国家经济对发达国家的依赖程度在减少*　发达国家在 20 世纪 90 年代初，以及 2007 年先后发生了经济危机，对发展中国家经济影响和冲击不大，这和 20 世纪 70、80 年代的情况有很大差别。80 年代中期亚洲"四小龙"对美出口占其出口总额的 35%，1991 年已降至 28%左右。1986 年在美国进口总额中，亚洲为 34.15%，1995 年降为 22.7%。东亚发展中国家与地区之间形成了贸易和投资的自我循环，改变了过去和美、日之间的三角关系，1994 年其内部贸易额已占全部贸易额的 43%。

继 2007 年发生世界金融危机，之后虽然很多发达国家的经济开始走出停滞，但是经济增长仍然缓慢，如加拿大在 2010 年第二季度 GDP 增速放缓至 2%，低于市场预期，更大大低于第一季度5.8%的增速。与此同时，新兴经济体增速强劲，如印度2010年第二季度GDP增速同比增长8.8%，为两年多以来的最高值。而新兴经济体与西方国家经济结构之间的差异、充足的资源供应以及政府的有效干预，是保证经济高速增长的主要原因。

4. 经济区域化、集团化迅猛发展　世行报告显示，在规模经济，更多要素流动和更低运输成本以及全球一体化情形下，国家间进行区域合作就会增加出口，且意味着通过建立国际供应链能够生产出更低廉的最终产品，并实现经济多元化。几乎所有的西非经济和货币联盟的成员国都能从至少7个产群的合作中获益，包括各种水果和蔬菜及其制成品、木材和其加工品、棉花、低技术制成品、化学产品和矿石，从而减少它们对咖啡和可可等传统农产品出口的过度依赖①。

经济区域化进程中，不只是南南合作在加强，南北合作也在加强。

20世纪90年代以来，北美自由贸易协定、APEC等区域化经济组织的特点，是发达国家与发展中国家的经济联合，已不再仅仅是同等经济发展水平的国家联合。这既是经济全球化的表现，又是世界经济三个中心——美国、日本、西欧，在冷战后世界中激烈竞争和抢占市场的表现。这也说明了发展中国家经济地位的上升。

发展中国家之间的合作，也进入了一个新的领域。中国、印度等发展中大国积极与东盟构建合作，收到互利共赢实效。2010年1月，中国-东盟自贸区正式运转，这是东盟区域合作的变革性发展。海湾合作委员会6国在发展中大国沙特的引领下，在积极推动阿盟和伊斯兰世界范围内互助合作的同时，主动深化与“基础四国”(中国、印度、巴西、南非)在贸易、投资、能源、基础设施等领域内的合作。作为“东向政策”的组成部分，海湾合作委员会首先推进与中国建立自贸区，继而再向印度、巴西、南非扩展，这些举措既促进了6国经济的快速发展，也起到了阿拉伯世界经济变革发动机的作用。

第二节　东亚模式的案例

在发展中国家的现代化推进过程中，拉美和东亚的现代化发展取得了令人瞩目的成绩，崛起而成为新兴工业化国家和地区，而其发展经验被称为“拉美模式”和“东亚模式”。其中，又以后来居上的东亚现代化发展更为突出，其增长速度远远超过自工业革命以来的西方国家所创造的最高纪录。近年来，东亚已发展成为继西欧和北美之后的第三大工业化地带，与拉美形成鲜明对比的是，东亚在经济增长的同时，实现了一定程度的社会发展。东亚是第三次现代化浪潮中最为引人注目的地区。亚洲“四小龙”在20世纪60年代加入经济增长的行列，带动了东亚经济发展的全面提速；随后，东盟的印度尼西亚、马来西亚、泰国、菲律宾也加入了经济增长的行列。中国、越南是较晚出现的增长极，特别是中国从1978年改革开放后，将经济建设作为国家发展的中心，国民经济开始全面发展崛起，为东亚地区经济增长的重要带动因素。多个经济增长极的连续崛起和并存，在自身经济高速增长的同时，彼此互动，带动了整个东亚地区的经济增长，使整个地区保持了生机和活力。东亚成为了全球经济增长中成就最突出的地区，被称为“东亚奇迹”。

① 2009年世界发展报告：重塑世界经济地理. 第263页.

一、韩国经济发展实践

朝鲜半岛地处亚洲大陆的东北部，自北向南延伸，全长 1 100 公里。韩国的总面积为 99 000平方公里。韩国耕地面积为 195 万公顷，主要分布在西部和南部平原、丘陵地区，约占国土总面积的 22%。韩国的领海与太平洋最西部的海域交汇。朝鲜半岛北部与中国和俄罗斯接壤，东部濒临东海，与邻国日本隔海相望。除与大陆相连的半岛之外，韩国还拥有 3 200 个大小岛屿。韩国总人口 4 874.7 万(2010 年世界银行统计)，主要为高丽人，占全国民族总人口的 99%，是一个民族比较单一的国家。矿产资源较少，主要工业原料均依赖进口。2010 年，韩国 GDP 达到 1.002 万亿美元，人均 GDP 约为 20 500 美元。是外向型经济，出口占的比重比较大。

韩国于 20 世纪初沦为日本殖民地，1948 年独立。1948 年南部的工业产值仅为殖民地时期的 20%，经济陷入瘫痪状态。在 20 世纪 50 年代，其国民预算的一大部分是采取接受美国援助的形式，并主要对发达国家，特别是美国和日本开展进出口贸易。

从 1961 年朴正熙发动政变以来，有二十多年处于军人专统统治下。新政府把“现代化”和“脱贫”作为国家建设目标，决定走一条由国家引导和组织市场经济的“政府主导型资本主义”发展道路。1961 年开始的第一次经济发展五年计划明确提出出口导向型工业化战略，重点发展以出口为目的的纺织、服装、制鞋、胶合板、杂货等可以充分利用廉价劳动力的工业部门。在资源贫乏、劳动力过剩、资本不足、技术落后、国内市场狭小的韩国实施进口替代型工业化，既无法缓解就业力，也无法解决慢性的国际收支赤字，产业也难以享受规模效益。当时的韩国拥有的唯一比较优势，就是廉价的劳动力资源。

从 20 世纪 70 年代之后正式走上发展经济的轨道，创造了举世闻名的“汉江奇迹”。直到 20 世纪 70 年代初，韩国的出口产品仍以纺织、家用电器、船舶等劳动密集型产品为主。终极产品的出口增长诱发对原材料、中间产品等基础投入品的进口，导致贸易连年赤字。繁荣的出口部门并未能带动其他产业部门的发展，经济的二元化现象严重，加工贸易型工业化战略开始暴露出弊端。同时，劳动密集型轻工业产品领域的比较优势也难以继续维持，在发达国家又遇到贸易保护壁垒，发展重化工业并尽快确立国际竞争力已势在必行。于是，韩国在从 1972 年开始实施的第三次、四次五年计划中，大力推动重化工业化。1973 年“重化工业化宣言”中指定的钢铁、有色金属、石油化工、机械和造船、电子等六大战略性部门得到了政府关税保护和低息融资等培育支持。

从 20 世纪 80 年代起，致力于发展电子计算机、移动电话等信息通讯设备制造业和半导体、集成电路、LCD(液晶显示器)等能动部件制造业，并开始在资本、技术密集型产品领域与发达国家竞争。韩国一改贫穷与落后的面貌，呈现出繁荣和富裕的景象，成为国际市场上一个具有竞争力的国家。并于 1988 年举办了汉城奥运会。韩国自 1982 年起实施“经济社会发展五年计划”，意味着修正过去的“增长第一主义”发展战略，开始注重持续稳定增长和推行西方的“福利社会”目标。

进入 20 世纪 90 年代以后，韩国面临了新的挑战。国内工资水平迅速上升，韩元升值，发达国家的贸易保护主义愈演愈烈，在国际市场上遇到来自中国、东南亚等后发国家的竞争压力，这些原因导致韩国企业的国际竞争力减退，制造业发展受阻，经济增长和出口速度放慢。韩国开始进入由出口主导向内需主导的转变阶段，把行政改革、产业结构调整、金融改革作为主要实施内容。1995 年，韩国 GNP 达4 517亿美元，排名世界第 11 位，人均 GDP 首次超过1 万美元。在 1996 年初，韩国人均收入已经达到了 8 356 美元，韩国加入“发达国家俱乐部”—OECD(经济合作与发展组织)，成为该组织第 29 个成员国。从许多标准看，它不再是发展中国家。就在韩国全面步入国际化、自由化阶段之际，突然遇到 1997 年席卷亚洲广大地区的金融危机。

韩国爆发金融危机后人们对韩国的发展模式进行了反思，认为韩国在新的历史条件下沿用曾有效的经济发展模式，导致危机发生。外向型发展模式在实行中产生并积累的贸易逆差，是外债增加与外汇储备危机的原因之一。政府主导型发展模式在新的环境下延缓了经济的市场化进程，降低了整个经济的竞争力。对以大企业为主导的发展模式出现的弊端，未能及时加以纠正，终于导致大批企业破产。

韩国经济的高速增长和迅速的工业化，主要依靠生产要素的大量投入来实现，从而有别于以渐进地改进生产性(投入产出比)为主的欧美模式。据 OECD 的分析，1970—1995 年的 25 年资本投入的增长率，美国为 2.3%，日本为 5.7%，而韩国则高达 12.4%。政府对市场经济的主导，主要是通过两种手段进行：一是制定经济发展中长期计划和经济政策，二是建立由政府控制的金融体系，通过配置资金来引导经济走向。政府对经济的介入，在国力薄弱、民间力量尚不成熟的初期阶段是有必要和有效的，然而过度的干预难免会扭曲市场秩序，阻碍资源的合理配置。韩国经济中政府、金融、企业三者之间不正常的关系，是导致金融危机爆发的根源。

二、中国经济发展实践

(一)中国模式的提出及其特征

中国在东亚后来居上的发展更为引人注目，因而很多时候其发展经验被称为“中国模式”。又称“中国道路”、“北京共识”等，它特指中国经济模式。改革开放 30 年，中国经济平均以 9.75%的速度快速增长，国内生产总值由 1978 年的 3 600 亿元人民币上升到 2007 年的 24.66 万亿元人民币，中国经济总量在世界上的排位由第 10 位上升到 2006 年的第 4 位，之后又超过德国和日本到 2010 年的第 2 位；农村贫困人口减少到不足 3 000 万，为全球千年发展目标的实现做出很大贡献。在“东亚模式”和“拉美模式”产生的效果逐渐退减的时期，中国的经济及社会成就引起全球的关注，其像发动机一样带动了亚洲乃至世界经济的发展。

“中国模式”是指在向市场经济过渡过程中，市场经济制度主要不是依靠从外部(西方)“引进的”政策和规则，而是根据自己国家的国情和改革进程中形成的政策、规则、路径和方式，逐步实现国家的新制度安排。如果从制度变迁的视角审读中国模式的意义，它意味着中国开创了一条中国式的制度创新道路，中国模式在改革开放进程中逐渐形成，具有制度内生性，即中国转型的“内生性制度安排”。

从基本经济制度上看，中国由过去单一公有制转变为以公有制为主体的多种所有制经济共同发展的基本经济制度，形成了多种所有制并存交融的混合经济；由过去分配方式单一、平均主义倾向严重的分配制度转变为多种分配方式并存、公平与效率并重、既有差别而差别又不能过大、既鼓励部分人先富又强调最终要达到共同富裕的分配制度；从经济体制上看，中国已经根本改变传统的计划经济体制，初步建立起社会主义市场经济体制，这种体制不同于自由放任的市场经济体制，在主要以市场机制配置资源的基础上，更多地发挥市场、价格、竞争作用的同时,也特别注重合理地发挥政府宏观调控和战略指导的作用;从经济结构上看,改革开放以来,中国经济结构根据国情和国际环境,在不断的调整中趋向合理化。在轻工业快速发展、农业得到加强之后,重工业太重、轻工业太轻、农业落后的畸形产业结构已经改变,目前重点发展的是装备制造业、高技术产业和服务业;工业化与城市化不协调、城市化严重滞后的局面已经改观,在城市化加速发展的同时,并没有出现部分拉美国家和印度等国那样的过度城市化;正在实施西部大开发战略、东北老工业基地振兴战略、中部崛起战略,以缩小地区差距,实现地区平衡协调发展;从经济增长方式上看,中国的经济增长方式长期以来都是以粗放型为主,主要依靠高投入、高消耗发展经济,这种情况现在已经开始改变,新模式强调要依靠技术进步、加强管理,以低投入、高产出、高效益的集约型增长方式为主。从经济发展战略上看,中国已经成功实现战略转换,由重工业优先发展的赶超战略转变成现代化战略;由重速度、重数量、轻效益、轻质量的倾向转变成以经济效益为中心,注重效益、质量、合理的速度;由片面强调自力更生、闭关锁国转变成对外开放;实施科教兴国战略、可持续发展战略。

中国模式的制度安排的内生性主要体现于以下特征。

(1)独立自主。首先是自己的事情自己办。改革开放以来,实行出口导向型发展战略,充分利用国际国内两个市场、两种资源,尽管外贸依存度较大,但不是外部依赖经济,更谈不上"依附型积累",经济增长主要依靠中国自身的城镇化、工业化进程的推动,独立自主的发展实质始终没有变。其次是坚持把自己的事情办好。最根本的一条,就是努力使经济增长速度保持在较高水平。第三是,开放中既不盲目排外,也不简单复制别国模式,而是实现与世界的良性互动,形成自立主导型全方位开放模式。

(2)改革创新。首先是坚持改革方向,即使在创新的制度与原有制度过度发生冲突的过程中,产生诸如社会生活中收入分配差距拉大、部分民众权益受到侵害、官员腐败等社会经济问题,也没有否定改革的方向。而是在不断增强改革决策科学性、改革举措协调性的前提下,最终依靠改革的不断深化加以解决。第二是因地制宜,鼓励创新,不搞一刀切。正是在这种改革方略的指导下,各地在社会经济发展、民主政治建设、文化体制改革等方面涌现出一系列带有本地特色的"模式"和"经验",有力推进了各地的改革开放和现代化建设。第三是循序渐进,正确处理改革、发展、稳定的关系。其改革进程突破了中外教科书的各种理论范式,打破了西方改革家的线性规划,也避免了诸如"休克疗法"带来的剧烈社会震荡。"中国模式"没有走极端、搞单一化,而是实行多元化、多样化、混合化。既否定了单一公有化,又没有搞全盘私有化,从而能够发挥多种所有制的优势和作用;既改变了方式单一的平均主义倾向严重的分配制度,扩大收入差距,鼓励部分人先富,又强调缩小过大的收入差距,防止贫富高低悬殊、两极分化,最终要达到共同富裕,公平效率并重,更有利于发展和稳定;既改变了传统的计划经济体制,又没有一切市场化、完全自由放任化,注重发挥了政府宏观管理的作用,更有利于纠正市场失灵和政府失灵,特别是致力于公共基础设施的大规模建设,为中国经济发展创造了极为有利的条件。在实行对外开放的同时,并没有放弃对本国企业、产业、经济的必要的合理的保护;既充分利用国外的资本、资源、先进技术和管理方法,又减少对外国的依赖,促进本国企业和产业的发展,维护本国的经济安全。中国的模式转换也没有采取激进式的"休克疗法",而是渐进式的"摸着石头过河",先易后难,先试验后推广,重点突破与整体推进相结合,"双轨"过渡,积极稳妥,循序渐进,这样阻力更小,成本更低,到目前为止的实践证明是更成功的方式。

(3)实践本位。"摸着石头过河",着力推进实践基础上的体制、制度和理论创新。建设中国特色社会主义没有现成的经验可以借鉴，前人也没有具体论述，一切只能在实践中探索。基本的原则是在实践中不拘泥于既有理论，同时重视不拘一格培养和使用人才，而且将人民生活水平的提高作为重要的发展目标，使得看似经验主义的实践过程有着基本的价值观进行指导。

中国模式虽然在社会经济方面都取得了显著的成效，但还不成熟、不完善。尤其体现在其社会影响方面需要受到更多的关注。

(1)新的社会资源和结构的形成。在这个经历着市场取向转型的社会中，新的经济整合机制的引入，不仅构成了新阶层产生的社会基础，而且导致社会分层新机制的出现。例如，私营企业家阶层的崛起，中间阶层或“白领”阶层的形成。一般认为，现代化的社会结构，是中间大两头小的橄榄形状，但目前中国社会还是金字塔形，与橄榄形结构的形成还有相当距离。

(2)不平等叠加。在向市场体制转型的初期，市场机制具有一定程度的平等化效应。但是，随着市场机制逐渐成为社会资源和社会机会分配的主要机制后，市场化过程所带来的社会不平等也逐渐成为主要的不平等机制。更为重要的是，由于转型社会混合体制的特征，两种体制中所含有的不平等机制在当前中国社会中被叠加在一起，造成了巨大的社会分化。

(3)市场化机制取代再分配机制。改革开放30年来最大的变化是市场机制或者经济因素也成为了社会分层的主要机制，至少成为了与政治因素比肩的重要因素。可以看到，随着市场化的发展，除了经济因素的影响力上升外，家庭背景的影响力也有显著上升，教育作为现代社会的一般要素，在改革前后都保持着显著的影响。

(二)中国区域经济发展中的几种模式

近30年来，各地不断涌现出温州模式、苏南模式、珠江模式、长治模式、华西模式、大邱庄模式等。不下10种之多。其中苏南模式、温州模式和珠江模式，几乎是人所共知的三大区域经济模式，也是始终相提并论，争论最多、流传甚广的三大模式。三种模式所涵盖的区域均已大大超出当初的命名地。“苏南经济”是一种集体经济，产品主要为大工业配套服务，其口号是走共同富裕的道路。而“温州经济”是个体私有经济，产品以小商品为主，直接面对市场，更多地强调让一部分人先富起来。从工业化的发动者看，“温州模式”属私人发动型，“苏南模式”更倾向于政府(社区)发动型，“珠江模式”则兼而有之；从筹资途径看，“苏南模式”和“温州模式”倾向于资金自给型(内生型)，“珠江模式”则倾向于引进外资型(外来型)；从制度变迁、体制转轨的路径依赖看，苏南是典型的自上而下的体制内供给型强制性制度变迁，温州则是自下而上的体制外需求型诱致性制度变迁，珠江两者兼而有之，而且由于地缘因素，更具“外来冲击——内部回应”的制度演化特征。客观地说，三大模式在中国改革开放和社会主义市场经济体制建设中，都作出了不可磨灭的贡献。

三大模式是特定时代背景下的产物，也是区域历史文化背景下的产物。三大模式也在发展变化。一方面，三大模式既有融合互补，殊途同归的一面，也有继续存在并分化的一面。趋同的地方有很多，如现代企业制度建设，混合经济，产业升级及民营化等许多方面。互补的空间也很大，如引进外资型工业化已经不局限于珠三角，苏南的外资企业已经成为工业化的重要力量，私人型工业化也不局限于温州，民营企业在苏南、珠三角也已渐成气候；另一方面，“模式”也许会消失，但区域经济特征还将会继续存在。文化传承有相对稳定性。随着区域竞争的加剧和分权式改革进程，区域经济特征仍会存在甚至不排除强化的可能。市场化、全球化、民主化、知识化已经成为不可逆转的时代潮流。市场化要求经济行为遵守市场规律；全球化则把我们带进了世界市场；民主化要求各类主体有自主意识；知识化要求重视人的无形价值，尊重知识。

还有其他的一些县域经济发展模式，比如湖北襄阳县的农业产业化发展模式考虑当地资源禀赋选择了具有优势的农业主导产业，积极推动科技创新，培养人才，并链接市场，其农业增加值位居全国第二；再如安徽绩溪县从机制上创造条件，通过科技投入、人才培养等渠道积极引进科技成果；另如，福建石狮市从小企业到品牌企业的发展经历，直接造就了该城市新兴支柱产业的发展以及城市化的发展。

"中国模式"的经验在于，国家的政策为不同区域的发展提供了开发的空间和积极的支持条件；与此同时，始于单个区域的发展又聚合而推动了整个国家的经济总量增长和经济结构的变化，并且在城乡收入水平的提高等方面也显露成效。

(三)中国在世界经济格局中的位置以及面临的挑战

中国的现代化进程与经济全球化是紧密联系在一起的。20 世纪 90 年代以来，世界经济发展中的一个重要特点就是经济全球化的进程明显加快，表现为生产、分配、消费、市场、投资与贸易、科技、信息、知识、智慧、人才、企业等各方面的全球化。经济全球化是社会生产力发展的必然结果，面对经济全球化的迅猛发展和国际经济规则的变化，中国经济所面临的机遇和挑战都将是前所未有的。面对经济全球化的冲击，中国经济进一步改革开放是一个必然的趋势，但同时应该坚持自立型发展模式。作为一个发展中国家，中国在资金、技术、管理经验等方面处于不利的国际竞争地位上，因此需要引进国外的资金、技术和管理经验实现经济赶超；另一方面，现行的国际经济规则，客观上把所有国家锁定到了国际分工的特定链条上。这要求对原有的体制和政策作出适时的调整，以便抓住机遇，有效地应对挑战，使中国及时地融入世界经济，利用经济全球化的有利时机，更快地发展经济，增强其国际竞争力。

2009 年中国经济增幅 8.7%，与西方各国普遍负增长形成鲜明反差，独自拉动了世界经济 50%的增长。中国在 G20 机制中举足轻重，在全球气候谈判中已成为新的全球治理机制的重要成员，在世界事务中的作用和影响明显提高，是形成世界格局多极化的一个重要因素。

尽管中国取得了巨大的发展，但离发达国家水平差距仍非常大。根据世界银行《世界发展报告》，2008 年中国人均 GDP 是 2 940 美元，而发达国家的人均值是 39 345 美元；中国 25～64 岁人口中受过高中及以上教育者占 18%，而美国和韩国分别是 87%和 66%。根据 UNDP《2009 人类发展报告》，人类发展指数的世界平均值是 0.753，中国为 0.772，只略高于平均值，排在世界第 92 位。这些数据表明，中国在相当长的时期内将仍是发展中国家。

此外，全球化通过资源和产品流动加速了各种危机的传递。2007 年起源于美国的危机发端于过度信贷消费和虚拟经济泡沫，因此西方发达国家在危机后采取了适度抑制消费并重振实业，这意味着美欧的消费率下降，消费品自给率的上升，其剪刀差效应则反映为进口需求的结构性下降。根据中国商务部和海关总署的数据统计，2009 年中国经济外贸依存度约为 45%，美欧市场约占中国出口的 38%，比前一年均有所下降。为应对美欧进口市场进一步收缩的前景，中国一方面应继续加大内需，减少对美欧市场的依赖，另一方面应加大对新兴市场的开发，特别是非洲和拉美市场。

随着全球化的深入，国际竞争会更加激烈。中国虽早已摆脱了初级原料型的出口结构，目前出口产品 95%已是工业制成品，但其中 72%属于劳动密集型产品，高新技术产品出口仅占

28%，且基本属于来料加工，其核心技术和产品的研发大部分掌握在外资手中。随着中国劳工和环保标准进一步提高，并考虑到人民币汇率可能出现的调整，加上欧美出于战略考虑对中国产品可能采取的政策性歧视，中国的劳动密集型低附加值产品出口将受到其他低成本国家产品的有力竞争。因此，进一步加快高新技术研发，增加出口产品的科技含量和自主知识产权比重，提高中国在国际产业链中的地位，是中国经贸应对全球化的必由之路。国际贸易统计数据表明，高新技术产品出口受汇率影响的程度相对较低，近年来中国外贸顺差也主要归功于高新技术产品出口。

在资本全球流动越来越顺畅、国际金融整合程度越来越高的背景下，一国发生的金融危机能迅速传导到全球。发达国家目前仍占据国际经济体系主导地位，掌控着绝大部分跨国公司，很容易利用全球化机制、通过国际经营策略向发展中国家转嫁本国金融和经济危机，占有这些国家的财富，操控这些国家的政局，这对发展中国家是一个严重挑战。中国面对这样的挑战，首先，应加强对外资的金融监管，并根据自身条件决定金融开放程度，其次应加强全国行业统筹，形成能与跨国公司抗衡的大型骨干企业网络；再者，应培训熟悉跨国公司运作的人才，建立健全相关法律，依法加强对跨国公司的管理；最后，今天中国的经济实力已经到了可以建立自己的跨国公司、对国际资源进行整合的地步，只有当中国的跨国公司能够在国际经济舞台上与西方跨国公司自如地较量时，中国才真正拥有了抵御西方转嫁金融经济危机的能力，才能够真正成为全球化的赢家。

第三节　拉美模式的案例

拉丁美洲系指美国以南的美洲地区。这个地区在 15 世纪末以后的 300 多年间主要是由西班牙、葡萄牙等拉丁语系国家的殖民地，故称拉丁美洲。从地理上说，人们常把拉美分为 4 个部分，即南美洲、中美洲、北美洲的墨西哥，以及加勒比地区。拉美地域广阔，人口密度不大，但自然资源十分丰富。拉美面积为 2 070 多万 km^2，目前人口约 5 亿，人口密度为 24 人/km^2。目前拉美一共有 33 个独立国家，主要有墨西哥、巴西、阿根廷、智利、委内瑞拉、秘鲁、哥伦比亚、古巴等；此外还有 12 个未独立地区，目前仍处于英、美、荷兰等国的殖民统治下。拉美矿业资源丰富，发展现代化工业所需要的 20 多种最重要的矿物原料，拉美都有，其中很多矿物的储量占世界前列，如巴西、秘鲁、玻利维亚的铁矿，智利、秘鲁的铜矿，墨西哥的银矿，智利的硝石，哥伦比亚的绿宝石，牙买加的铝土，墨西哥、委内瑞拉的石油和天然气等。此外，拉美土地肥沃、气候宜人、雨量充沛，非常适合粮食和经济作物的生长，拉美耕地面积为 1.6 亿 hm^2，可耕地面积高达 7 亿 hm^2，森林面积 9.2 亿 hm^2；拉美海岸线长达 4.5 万 km，渔业资源丰富，盛产对虾、金枪鱼、沙丁鱼等，秘鲁沿海、巴西沿海和加勒比海是拉美的三大渔场。

拉美经济在发展主义理论指导下，取得了稳定持久的增长，但这种高速增长和 20 世纪 60 年代末、70 年代初的欧洲和日本经济的复兴、世界经济的繁荣、国际贸易的增长、外资增加以及跨国公司作用的日益突出不无关系。1973 年发生石油危机后，西方国家经济停滞，通胀并发，大量资金涌入拉美，为拉美国家举借外债提供了外部条件。为保持经济的高速增长，拉美一些国家提出“债务发展”模式，即通过外债来实现国家工业的现代化。“债务发展”模式的主要内容是借钱用以扩大再生产，增加出口，增加收入，还债并进行资本输出。20 世纪 70 年代，巴西、墨西哥、阿根廷等拉美主要国家都走上了这一模式。

一、阿根廷经济发展实践

阿根廷国土面积近278万km^2，居世界第8位；自然资源相当丰富。20世纪初，阿根廷经济发展水平曾处于世界前列，居第8位，现在也是南美第三大经济体系。2009年的人均GDP达到7 726美元。

从二次世界大战到20世纪80年代初，阿根廷政府一直处于文人政府与军政府的交替执政之中。在这一时期，和其他拉美国家一样，阿根廷采取了保护国内市场、积极扶持幼稚工业、建立国有企业、完善基础实施、利用外国资本和开展区域经济一体化等为主要内容的进口替代政策。为了保护国内市场，除了实行大量的非关税壁垒以外，阿根廷对进口产品征收高额关税，有的高达90%。针对国内储蓄的不足、国内资金匮乏的局面，阿根廷先后出台了吸引外资的投资法规和政策，如弗朗迪西时期的14 780号外国投资法、庇隆政府的外资投资法。而且，阿根廷大力实施国有化，将央行、铁路、电信等收归国有。进口替代工业化发展模式是阿根廷改变过去完全依赖初级产品出口状况、争取民族独立、发展民族经济的必然趋势，该模式也使阿根廷的经济在战后至20世纪80年代初的30多年间取得了令人瞩目的成就。据统计，阿根廷1945—1980的GDP年均增长率达到3.1%。但是，这种发展模式也有不可克服的许多弊病。一是劳动生产率低，在20世纪50年代中期至60年代中期，阿根廷的劳动生产率几乎没有增长。二是限制了国内市场的扩大，之所以如此，是过度保护造成的，阿根廷对电器行业的有效保护率为195%。三是没有规模效益，在阿根廷1965年，全国共有13家汽车生产厂，最大的一家年产量也不足6万辆。因此，生产成本很高。最后，国际收支状况没有得到改善。进口替代并没有减少多进口的依赖程度，如阿根廷在整个进口替代时期进口占GDP的比重是不断增长的。1958年为6%，1988年为17%。由于进口替代策略并没有使阿根廷的民族经济真正建立起来，相反，这种模式给阿根廷却带来了许多严重问题。尤其是阿根廷的赤字财政政策，使财政赤字占GDP的比重在不断提高。如1975年，赤字占GDP的比重超过12%。在当时国际市场上的利率低下、国内外汇收入减少的情形下，阿根廷的外债负担也愈来愈重。这样，阿根廷几乎整个80年代都处于一种危机之中，在80年代，阿根廷GDP年均增长率为只有−1.5%。在这期间，虽然政府实行了各种经济调整政策。如削减公共开支，减少货币发行量，调高关税，加快国营企业转为私有的过程，遏制通货膨胀和减少财政赤字等。但是，这些措施并没有产生预期的效果，20世纪80年代末，通货膨胀率更增加到每年200%。

20世纪90年代以来，为了整治恶性通货膨胀，并在IMF和美国的要求下，实行了经济市场化、贸易自由化和国企私有化的新自由主义经济政策。首当其冲的就是实行兑换计划和美元和比索的1∶1固定汇率制。该计划规定，中央银行以其100%的黄金和外汇储备支持基本货币，并只有在为了购进美元时才能增发货币。这就杜绝了过去政府增发钞票弥补赤字的弊病，从而使通货膨胀这一顽疾得以根治。1991年以来，阿根廷通胀水平一直呈下降趋势，1999年甚至为负值。另一项重大改革措施就是私有化，方式包括出售股权、债务资本化等多种方式。在不到三年的时间里，多数国有企业被卖掉，私有化领域涉及电信、民航、石油、化工、铁路、电力、供水、钢铁、煤炭、军工、金融等一切有关国计民生的部门。私有化的目的是想使阿根廷成为吸引外资资本的热点，政府通过私有化得到了大量资金，但这种激进的模式，产生了极其严重的后果。由于私有化过程缺乏透明度，产生了很多腐败现象，使国家遭受了巨大损失。在一些公共部门，产生了新的垄断，市场效率因此变得更低。私有化加剧了失业和贫困，贫富两极分化更加严重，社会更加不稳定。政府虽然通过私有化收入可以弥补财政赤字，但由于缺乏配套的财政政策改革，各级政府财政支出不断上升，在私有化浪潮结束后，财政问题日益严重。私有化为国家带来了大笔的收入。1999 年，私有化收入高达 25.8 亿美元。此外，阿根廷还实行贸易自由化，降低关税和非关税壁垒，放宽外资限制，进行税法改革等。这些改革措施有力地促进了经济的发展。在 20 世纪 90 年代，阿根廷的财政收支基本保持平衡，吸引外资数量不断增长。1998 年，共吸引外资 188 亿美元，为 90 年代最高水平。国际收支状况得到大幅改善。但是，阿根廷的外债总额却逐年增多，1999 年上升到约 1 440 亿美元，几乎占 GDP 的一半。在贸易领域，阿根廷政府取消了进口限制，推行贸易自由化。其目的是为了促进出口增长，使高附加值产品成为出口结构的主体，增加就业。但实际情况却正好相反，在扩大了进口的同时却对出口造成了损害，失业率开始大幅度上升。其主要原因是：首先，币值高估、过高的劳动力成本使得许多产品缺少国际竞争力，由于富国的贸易壁垒和巴西的货币贬值等因素，外贸出现了逆差；其次，私有化并没有促进产业结构的调整，也没有使企业全面实施出口导向发展战略，绝大多数外资控股的企业实行的是内向型发展战略；此外，过度的垄断也导致大量中小企业破产，失业人数增加。在金融和资本市场，阿根廷实行的是金融自由化和资本自由化政策。在此背景下，大批外国银行都在阿根廷设立了分行，跨国银行所占银行业资产比重在短短数年内就超过了 60%。梅内姆政府放开对外资的限制，取消了外汇管制，实行货币自由兑换，资本利润出入自由，结果导致政府丧失了监管和宏观调控能力，无法抵御金融恐慌制止资本大量外逃，难以阻止金融危机蔓延并触发社会混乱和政治动荡。

经济改革成效显著，1991—1999 年经济年均增长率为 4.7%，与 20 世纪 80 年代形成巨大反差，其人均 GDP 就已经超过了 8 000 美元，是“发展世界中的发达国家”。但是，阿根廷的贫困人口已接近 1/2，失业率高达 25%，昔日的中产阶级也大量沦为贫困阶级，最后终于爆发了金融危机和社会危机。

2001 年金融危机爆发后，阿根廷政府采取了一系列措施，通过复苏经济，实施公共工程，扩大就业，提高工资，抑制通货膨胀，增拨经费救济贫困家庭等方法，贫困化的势头有所缓解。2004 年阿根廷贫困人口已占全国总人口的 44.2%，赤贫人口达 550 万，失业率升到 25%，通货膨胀率高达 29%。作为社会稳定基石的庞大的中产阶级，也在以极快的速度消失。这一切对于长期处于高福利、高收入的阿根廷民众是一个极大的打击。金融领域动荡不断、“限制提款”规定迟迟未解禁，使民众对国家金融稳定与安全丧失了信心；挥之不去的经济危机阴影，摧毁了民众对经济发展前景的信心；多届政府执政基础薄弱，号令不畅，软弱无能，影响了民众对政府执政能力的信心，民众不惜采取极端的手段以泄愤怒。遭遇了金融危机的重创后，阿根廷开始反思本国的经济发展模式。基什内尔上台后对阿根廷的经济政策进行了调整，确保经济的平稳运行和公共财政的健康成为政府经济政策的核心，同时政府也加强了对金融市场的监管和干预。最近几年，世界经济稳步增长，国际市场上初级产品价格不断走高，为阿根廷走出金融危机的困境创造了有利的外部环境。其国内生产总值的平均增长速度在 8%左右，在拉美地区名列前茅。2007 年阿根廷的出口额达到 520 亿美元，年底外汇储备达到 450 亿美元。

阿根廷的经济发展在新兴市场国家中具有几个明显优势。首先是政治和社会局势稳定。基什内尔执政期间，阿政府奉行稳健的财政政策，对外贸易保持较高顺差，抵御金融风险的能力大大加强，宏观经济保持健康运行。在此期间，阿根廷贫困人口比例从54%下降到23.4%，失业率从17.8%减少到8.2%，资薪水平保持每年两位数的增长。阿根廷国会2007年还修改了相关法律，通过减税为中低收入阶层积累财富。这些措施一方面极大缓解了社会矛盾，另一方面也壮大了中产阶级力量，为阿根廷经济发展和社会稳定创造了有利条件。其次，阿根廷的经济增长潜力尚未被充分开发。阿根廷拥有丰富的农业资源和矿产资源，但是由于种种政策限制，这些资源一直没有得到充分利用。例如阿根廷是南美地区石油储量较多的国家之一，但是石油勘探和开采仍然处于较为落后的状态。这些丰富的资源如果能够得到充分开发，将有助阿根廷经济实现飞跃。另外，阿根廷的人才储备优势明显。初等和高等教育在拉美都处于领先地位，本土大学和商学院培养了数量可观的优秀人才。阿根廷人有着浓厚的家乡传统观念，随着国民经济的复苏和发展，大批在海外留学工作的阿根廷人纷纷回国效力。海德思哲国际咨询公司最近公布的一份研究报告称，今后5年内，阿根廷的人才竞争力在拉美国家中都将高居首位。

但是阿根廷经济发展中同样面临几个不容忽视的问题。最大的问题是阿根廷经济发展缺乏外向型和全球化的战略。例如，阿根廷很多大型企业都只满足于在本国市场发展，缺乏在海外扩张的计划。其次，产业升级进展缓慢。阿根廷从20世纪20年代就成为世界农业大国，并一度跻身发达国家之列。但是此后阿根廷并未及时进行产业升级，仍然将农牧业视为立国之本。一些世界信息产业巨头想到阿根廷投资设厂，却发现困难重重，只能放弃投资计划。第三，消费过旺，投资不足。阿根廷人超前消费的观念极强，消费旺盛虽然在一定程度上有助于经济增长，但是过度消费却造成国民储蓄和投资不足。目前，投资缺乏，基础设施发展缓慢，能源供应不足已成为阿根廷经济发展的一大瓶颈。

二、巴西经济发展实践

巴西占据了整个南美洲几乎大半的面积。它的北部、西部和南部与除了智利和厄瓜多尔的所有南美洲国家接壤。它的东部拥有长达13 490 km的南大西洋海岸线。巴西拥有850万 km^2 的土地面积，是拉丁美洲的第一大国和世界第5大国。森林覆盖面积大约占整个国土面积的一半，这里有世界上最大的热带雨林，包括茂密的森林，半干旱的灌木丛林，巴西的地形崎岖的山坡、山脉和平原以及一大片沿海岸线的狭长地带。气候基本上属于热带或亚热带气候。巴西的土壤并没有太大的农业价值(仅有17%的土地是可耕地)，并且常常在经过几轮耕作以后便地力耗尽了。它的草场也并不十分富饶，只适合于放牧而不适于耕作。

二战以后，巴西实行进口替代政策，采用控制进口、多种汇率和高关税的办法保护本国工业建设，将一些英美外资企业收归国有，并兴建了大批国营企业。在20世纪50年代巴西从一个农业国成为工业国，其将运输、动力、食品、教育，特别是技术人员的培训列为国家重点发展项目，工业化和基础设施的建设取得很大进展。在60年代，巴西开始了以劳动力密集型产品代替进口为主的工业化，同时对钢铁、电力等基础部门大量投资。1964年，巴西发生军事政变，推翻选举产生的古拉特政府，军人上台执政，布朗库出任总统。为实现其“在一代人的时间内，使巴西进入发达国家行列”的目标，军人政权制定了一系列的经济发展计划，后被人们称为“巴西发展模式”。它通过军人统治的高压手段实现了政治稳定，并利用有利的国际环境，大量引进外资以推动经济增长；大力发展进口替代的基础工业，开展大规模的扫盲运动和劳动力培训等。这使巴西经济得到了高速增长。

巴西经济从上世纪中叶以来，大致可分为以下几个阶段：

第一阶段，1948—1980 年间，“巴西经济奇迹”。

从 1968 年到 1974 年，巴西的年均国民生产总值增长率达到 10.1%，人均国民收入由 473 美元增至 715 美元，对外贸易额由 99 亿美元增至 205 亿美元。在当时被称为世界经济发展史上的“巴西经济奇迹 ”。1967—1974 年，巴西经济创造了年均增长 10.1%的“巴西奇迹”。在政治上，巴西实行的是军事高压统治。军人的专制统治在很大程度上有助于实现政治稳定，为经济发展提供了一个安全环境。在经济上，巴西的经济决策与管理基本上是由懂行的经济专家来担当的，在军人统治的 20 多年中，宏观经济政策保持了相对稳定，政府采取各种手段干预经济，有效地推动了经济增长。巴西政府制定了政治经济行动计划(1965)、第一个全国发展计划(1968—1970) 、第二个全国发展计划(1972—1974)以及巴西矿产资源开发十年计划和全国钢铁十年计划等。另外，还由国家投资兴建了一系列冶金、机器制造、石化、能源等方面的企业。在大力发展基础设施的同时，巴西建立起一个包括机械制造、化工、电子、纺织等行业的比较完备的工业体系。在引进外资的同时，巴西还利用国家资本在一些重要部门新建了一批工业企业，在交通运输、公用事业、石油等部门占据优势，其中铁路运输、港口、电讯等完全由国家资本控制。经过几十年努力，巴西已经实现了经济起飞，进入中等收入国家行列。

第二阶段，20 世纪 80 年代到 90 年代，受高通货膨胀困扰，经济 10 年徘徊，停滞不前，增长和衰退互相交织，交替出现。一些拉美经济学家称过去的 10 年是“失去的 10 年”，甚至是“倒退的 10 年”。尽管军人专制统治下的巴西取得了令人注目的成就，但在经济增长的同时也出现了一系列社会经济问题。首先，大规模投资超出国力所能承受的限度，基本建设战线过长，外债负担过重。在 20 世纪七八十年代，投资兴建了一批大型项目，如核电站、水电站，这些项目耗费了巨额资金，如迄今世界最大的伊泰普水电站耗资达 160 亿美元。而由于国内积累率低，许多项目的建设资金以外债的形式筹集，结果背上了沉重的外债包袱，陷入恶性通货膨胀之中。在 1981—1985 年发展计划中，共列出 43 项工程，投资总额为 720 亿美元，其中超过 50%靠借外债筹集。外债总额在 1987 年达 1 213 亿美元。随着国际金融市场利率的提高，巴西陷入借债还息的恶性循环中。通货膨胀加剧，且居高不下。据统计从 1981 年到 1990 年底通货膨胀从 91.5%增加到 2 359.9% 。其次，国营部门在国民经济中所占比重过大，国家垄断资本同外国垄断资本相勾结，官僚主义和贪污腐败之风盛行。巴西的银行、公用事业、采矿业、钢铁业等大部分由国家控制，国家资本占全国纯资本的比例达 48.7% 。国家投资兴建的国营企业劳动生产效率低下，经济效益极低，亏损严重，致使政府财政赤字不断增加。而赤字由中央银行发行货币解决，由此引起了严重的通货膨胀。再次，分配严重不公，贫富差距过大。巴西政府在“先增长，再分配 ”的政策指导下，将分配不公视为经济增长的必然结果，造成城乡差别严重，贫富分化明显。巴西东南部是经济最发达的地区，集中了全国人口的 44%，工业生产的 89%；而全国 29%的人口生活的东北部，仍以粗放耕作的农业为主，成为巴西乃至拉美最贫困的地区。圣保罗东南部的豪华别墅与东部的贫民窟形成了鲜明的对比。农村的大农场主具有较高现代化生产水平；而广大中小生产者仍从事手工作业，处于传统农业阶段。巴西国家资本对主要工业的垄断及兴建大型项目，使中小企业受到排挤，面临破产。巴西“经济奇迹”的背后潜伏着发展的隐患。因石油危机、国际贷款率的提高，从 20 世纪 80 年代起，巴西经济衰退，失业人口激增，社会动荡不安。严重的外债负担和恶性通货膨胀使巴西的投资停顿、经济停滞，人均国民生产总值下降 6.6%。严峻的现实表明，以军人专政、国家资本主义、高度集中和垄断的经济，高关税保护、高外债、高通货膨胀和分配不公为特征的巴西模式已经陷入困境。

第三阶段，从 20 世纪 90 年代开始，巴西向外向型经济模式转轨。1994 年政府实施了雷亚尔货币稳定计划，有效解决了高通胀问题，并在此基础上进行了宏观经济结构改革，大力推进私有化。1997 年后，由于受亚洲和俄罗斯金融危机的冲击，巴西经济发展受阻。1999 年初金融市场剧烈动荡，政府被迫放弃 1994 年以来实行的固定汇率制，货币大幅贬值，经济受到重创。其后受国内电力危机、大选因素和阿根廷经济危机影响，金融市场波动频繁，加之国际经济大环境不景气，经济增长速度缓慢，通膨率和失业率均有所上升。卢拉政府上台后采取稳健的经济政策。目前，巴西金融形势稳定，外资流入增加，生产恢复增长，就业形势改善，经济实现温和增长。

近年来，巴西国内局势安定，经济政策稳健，宏观经济形势保持稳定，加上国际大宗商品价格不断上涨，使得巴西的经济增速较前几年明显加快。外国直接投资、外汇储备、就业率、对外贸易等主要经济指标均创历史最好纪录，巴西经济步入良性增长轨道。据巴西政府公布的官方统计报告，2007 年巴西 GDP 实现增长 5.4%，达 2.558 万亿雷亚尔，人均 GDP 达 13 515 雷亚尔，增长 4.0%。农牧业、工业和服务业产品附加值分别增长 5.3%、4.9% 和 4.7%。自 2009 年巴西跃居世界第八大经济体，为“金砖四国”以及“基础四国”之一；2010 年的经济增长率达 6.7%。进入 21 世纪以来，巴西公共债务余额（包括联邦、州和市三级政府净债务）与 GDP 的百分比连续 5 年下降，2007 年 12 月巴西公共债务余额为 1.15 万亿雷亚尔，相当于 GDP 的 42.8%，创 1999 年以来新低。2010 年吸引外国投资 484.62 亿美元，比 2009 年增长 86.7%，为历史新高。巴西工业仍是吸引外国直接投资最多的部门，为 193 亿美元；其次为农业、矿业和石油等初级产品行业，为 181.5 亿美元。而对巴西投资最多的国家依次为卢森堡 86.3 亿美元、荷兰 66.9 亿美元和瑞士 64.3 亿美元。不过，其经常项目逆差也增至 475.18 亿美元，这个数目是 2009 年 243 亿美元的近两倍，同时也大大超过了 1998 年 334 亿美元的历史最高纪录。

展望未来，巴西经济依然保持强有力的后劲。当前巴西政府正通过扩大内需来推动经济发展。2007 年，巴西政府出台了一系列经济刺激措施，计划在 2010 年前投入 3 020 亿美元建设公路、港口、电力和房屋等基础设施，并宣布在 2008 年减税 108 亿美元以刺激国内投资的增长。2008 年 4 月巴西国家石油管理局称，在巴西大陆架桑托斯盆地发现了一个新油田，储量可能达 330 亿桶，这将是世界第三大油田。新油田的发现将为巴西经济注入新的活力。

第四节　印度经济发展案例

印度的国土面积在世界上居第七位，人口11亿，仅次于相邻的中国而位居第二。印度有7 516 km的海岸线。印度位于北纬8.4至37.6度之间，气候差异很大。20世纪中叶，印度摆脱了两百多年的殖民统治，获得了独立。半个多世纪以来，印度的发展模式也走过了一条非同寻常的曲折道路。1947年，领导印度民族独立运动的国大党领袖尼赫鲁开始执政，选择了在政治上采用西方式的民主制度，在经济上实行公私混合经济和中央计划的“印度式社会主义”发展道路。这就是所谓偏向于苏联模式的“尼赫鲁模式”。此模式下，印度建立起了公私混合经济。私人投资则集中在家用电器、石化、机动车、通讯等以进口零件和半成品为基础的成本低、收益快的企业。政府对经济负有全面的责任，并直接经营军工、原子能、钢铁、飞机等公共产业和基础工业。国家垄断了基本的具有战略意义的重工业，其余一些制造加工消费品的部门则留给私营企业去发展。半个世纪以来，印度经济长期保持稳步发展的态势，没有出现大的危机和动荡。

印度经济发展的几个阶段：

第一，从独立到1980年，近30年的年均增长率为3.5%，印度学者讥讽为“印度教徒增长率”；但经济摆脱了长期停滞的状态，发展缓慢，重要原因是政府对经济发展过程的过度干预，使经济发展的活力受到严重的束缚。

第二，20世纪80年代初，政府对经济进行了重要的调整，诸如放松对私营经济发展的限制，让私营经济更快的发展；改善对公营经济的管理，焕发公营经济的活力；把进口替代和出口促进结合起来，更多利用国外资源发展经济。这些经济政策的调整，加速了经济发展速度。1980年到1990年，年增长速度提高到5.8%。

第三，1991年印度发生了国际收支危机，同时也开始了最为重要的经济改革。除军火、原子能和铁路等关系国家安全的领域外，其他领域均向各部门开放，大幅度修改反垄断法，放松对私营经济发展的限制，逐渐地减少国家在公营企业中的股份，加强公营经济改革；大幅度地降低进口关税，逐渐地放松外资进入的限制，进一步扩大对外开放等。从而使印度经济自由化、市场化、全球化、现代化，发展速度明显加快。1992年至2000年，增长率则提高到6.4%，部分年份增长率接近8%。现在，印度已成为世界上经济增长较快的国家之一，经济规模位居世界前列。2001年，印度国民生产总值已达到22万亿卢比，约合5 000亿美元，居世界第11位；人均国民生产总值从独立时的40美元提高到目前的近500美元，按照购买力平价法计算，印度国民生产总值已达2.5万亿美元。

印度模式把国家控制、中央计划、自给自足、工业民族化和私有制结合在一起。国家控制经济的最上层，其余为私有，受国家监督。而国家监督的方法是生产许可证制度，没有许可证，企业不能生产任何产品。但审批许可证的程序繁琐复杂，关卡重重，在许可证的审批过程中贪污受贿、走后门等腐败行为层出不穷。许可证制度使印度形成一种“权贵经济”。许可证制度和高关税保护使印度企业免除了国外竞争的压力，但缺乏竞争和闭关自守导致消费品普遍缺乏、质次价高、生产技术落后。由于长期受苏联模式的影响，印度优先发展重工业，大搞国有化和中央计划，强调发展进口替代工业和自给自足。在此思想指导下，印度建立了一个包括钢铁、机械制造、化学、电子等部门的比较完整的工业体系。很快产业结构内部比例失调，使得国家的财政负担越来越重，外债越来越多。在农村未实行彻底的土地改革，地主所有制和财产关系未受到大的触动，传统生产方式仍在农村占统治地位，剩余产品为地主、债主所剥夺，农业发展缓慢。

不过，印度经济发展取得的成效是显著的。2007 年 GDP 达 1.17 万亿美元，2000 年至 2007 年间的年均增长率为 7.8%，按购买力平价计算的人均国民总收入达 2 740 美元。其中计算机产业的增长速度达年均 50%。

虽然印度的经济发展取得了巨大的成就，但仍面临诸多问题和挑战。

首先，印度的人口已超过 11 亿，比独立初期翻了两番，而且还在以 1.4% 的年增长率继续增长，年新增人口和劳动力都在 1 500 万以上。人口增长过快，给印度社会经济发展造成了诸多问题，如劳动力就业问题、人民贫困问题、生态环境问题等。随着人口增加特别是城市人口的增加和工业的发展，印度可持续发展仍将面临巨大的压力。

其次，印度目前存在包括地区发展不平衡、城乡差距和贫富悬殊等的社会两极分化问题。作为一个多民族、多语言、多宗教、多种姓的多元复合社会，印度常爆发民族冲突，宗教矛盾常酿成严重骚乱，民族整体向心力弱。种姓制度和等级制度构成了一个既得利益集团的网络，官官相护、假公济私、钱权交易等长期以来成为印度经济社会发展的积弊。

第三，由于印度长期在经济结构上的弱点，火力发电、水力发电及核电等虽有较大发展，但工业生产、电力、供水、交通和通讯仍满足不了经济发展和人民生活需要。铁路、公路、航空、港口在安全、速度等方面存在严重问题，行路难一直是困扰印度经济发展的大问题。交通设施的极端落后，造成了工业生产、商品流动的阻塞，也造成了农村地区整体发展不平衡。基础设施严重滞后的瓶颈效应，使印度经济发展的潜力受到影响。农业由于气候的影响和投资不足发展缓慢，相对滞后。

第四，人多地少，水土流失严重，荒漠化程度加剧，生态环境进一步恶化。在印度，有 1.43 亿公顷土地受到水土流失的侵蚀。现代工业的发展和城市人口的增加也造成巨大的环境污染问题。

第五，在政治民主加国家资本主义模式下，政府对市场的管制使市场发育发展的内在动力被抑制，并发生严重扭曲；公职人员的权力寻租使贪污腐败滋长蔓延。

21 世纪之后，印度所保持的上升趋势，蕴涵着巨大的发展潜力，充分反映了印度经济改革的成功。推动印度未来发展的主要因素有：

第一，丰富的人力资源将是印度经济持续发展的基础。对科技教育事业前后一贯的重视，为印度科技人才的培养提供了极为有利的条件。

第二，迅速崛起的信息产业是推动印度经济快速增长的关键。近十余年来，印度信息业在计算机软件业的带动下迅猛发展。目前，印度已经成为仅次于美国的世界第二计算机软件开发大国。信息产业对印度经济的推动作用是十分巨大的。

第三，国际环境有利于印度的变化，为印度经济发展提供了机遇。21 世纪初，地缘政治的影响，加上印度本身的发展带来国际地位的上升，一些大国与印度之间的关系（如印度与美国、与俄罗斯、与东盟等）变得密切并不断加强。有利的国际环境为印度经济的发展提供了难得的机遇。

【本章结构】

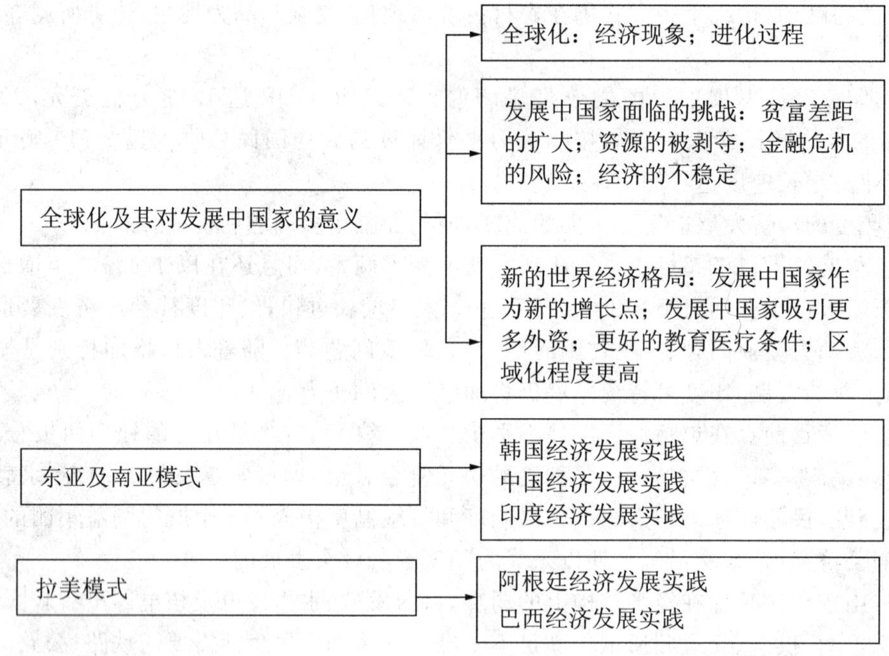

【本章思考题】

1. 对于经济全球化作为经济现象，或者经济全球化作为进化过程，你有何看法？
2. 发展中国家在经济全球化过程中面临什么机遇与挑战？
3. 总结“东亚模式”以及“拉美模式”各自的发展特征。
4. 中国的发展被作为一种模式提出，是否有其充分的理由。
5. 对比分析中国与印度在发展进程中的异同。

【参考文献】

[1] 国家统计局. 农业与农村经济三十年辉煌成就——改革开放30年我国经济社会发展成就系列报告之八. 中华人民共和国国家统计局网，2008-11-5
[2] 慧丰. 二战以来阿根廷经济发展历程. 凤凰网，2001-12-31
[3] 梁光严. 国外两种较常见的全球化定义. 中国社会科学院网，2004-12-27
[4] 林耸，马宗国. 新“苏南模式”研究. 商业时代，2004(11)：58～59
[5] 路剑于，黄之宏. “温州模式”的昨天、今天和明天. 温州网-温州日报，2008-4-14
[6] 邱国. 世纪之初印度经济发展状况及前景. 南亚研究，2001(2)
[7] 宋洁云，冯俊扬. 展望五国：阿根廷经济机遇与挑战并存. 新华社，2007-12-20
[8] 王盛章，赵桂溟. 中国县域经济及其发展战略. 北京：中国物价出版社，2002
[9] 文富德. 浅析印度经济发展的前景. 南亚研究季刊，2002(3)
[10] 徐更生. 21世纪初：世界与中国. 北京：经济科学出版社，2002
[11] 赵冬缓. 新发展经济学教程. 北京：中国农业大学出版社，2000